本书系黑龙江省教育厅人文社会科学研究项目
《21世纪汉语走向世界的理论构想》（编号：11554123）成果

■ 大学公共课系列教材

大学语文新读本

DAXUE
YUWEN XIN DUBEN

主　编◎范　莹　龚　宏

编委会◎（按姓氏笔画排序）
刘　威　麦慧韡
陈　曦　姚　远
袁洪福

北京师范大学出版集团
BEIJING NORMAL UNIVERSITY PUBLISHING GROUP
北京师范大学出版社

图书在版编目(CIP)数据

大学语文新读本／范莹，龚宏主编．—北京：北京师范大学出版社，2010.8（2020.4重印）
（大学公共课系列教材）
ISBN 978-7-303-11293-7

Ⅰ．①大… Ⅱ．①范… ②龚… Ⅲ．①汉语－高等学校－教材 Ⅳ．①H1

中国版本图书馆CIP数据核字（2010）第140288号

营 销 中 心 电 话　010-58802181 58805532
北师大出版社高等教育分社网　http://gaojiao.bnup.com
电 子 信 箱　gaojiao@bnupg.com

出版发行：北京师范大学出版社 www.bnup.com
北京新街口外大街19号
邮政编码：100875
印　　刷：三河市兴达印务有限公司
经　　销：全国新华书店
开　　本：170 mm × 230 mm
印　　张：18.75
字　　数：341千字
版　　次：2010年8月第1版
印　　次：2020年4月第12次印刷
定　　价：28.00元

策划编辑：马佩林　　责任编辑：马佩林
美术编辑：毛　佳　　装帧设计：毛　佳
责任校对：李　菡　　责任印制：马　洁

目 录

中国古代文学部分

中国现当代文学部分

外国文学部分

中国古代文学部分

邶风·击鼓

阅读提示

“死生契阔，与子成说。执子之手，与子偕老。”对于现在的人们来说，与爱人相伴到老已不再是奢求，可叹的是，这却俨然更像是每个人心头的梦想。回首两千多年前，那一声声的战鼓，伴着的是怎样的缠绵与痛楚。

原　文

邶风·击鼓

《诗经》

击鼓其镗①，踊跃②用兵。土国城漕③，我独南行④。
从孙子仲，平陈与宋。不我以归，忧心有忡⑤。
爰居爰处？爰丧其马？于以⑥求之？于林之下。
死生契阔⑦，与子成说⑧。执子之手，与子偕老。
于嗟⑨阔兮，不我活⑩兮。于嗟洵⑪兮，不我信兮。

（选自《诗经选》，北京，人民文学出版社，1979）

背景知识

《诗经》是我国第一部诗歌总集，收入自西周初年至春秋中叶五百多年的诗歌305篇，先秦称为《诗》，或取其整数称《诗三百》，西汉时被尊为儒家经典，始称《诗经》，并沿用至今。《诗经》分为“风”“雅”“颂”三部分，都因音乐得名。“风”是地方乐调，收录当时十五国的民歌；“雅”分大、小雅，多为贵族所

---

① 镗（táng同嘡）：鼓声。其镗，即“镗镗”。
② 踊跃：跃起争雄，为争霸而发动战争。
③ 土国：在国都参加土木建造之类的劳役。城漕：在漕邑做修筑城墙的劳役。
④ 独：孤独。南行：到南部去服劳役。
⑤ 忧心有忡（chōng）：忧心忡忡。忡，忧虑的样子。
⑥ 于以：于何，到何处。
⑦ 契阔：聚散。契，合；阔，离。
⑧ 成说：成言也犹言誓约。
⑨ 于（xū）嗟（jiē）：即“吁嗟”，犹言今之哎哟。
⑩ 活：相会。
⑪ 洵（xún）：远。

作的乐章；“颂”是用于宗庙祭的乐歌。

《诗经》的作者，绝大部分已经无法考证。其所涉及的地域，主要是黄河流域，西起山西和甘肃东部，北到河北省西南，东至山东，南及江汉流域。其内容丰富，涵盖深广，全面地展示了周代时期的社会生活，真实地反映了中国奴隶社会从兴盛到衰败的历史面貌。艺术形式上以四言为主，兼有杂言，用赋、比、兴多种表现手法，结构上多采用重章叠句的形式加强抒情效果。《诗经》是中国现实主义文学的光辉起点。

导　读

一、《国风》，是构成《诗经》的三大主要部分之一。“风”是乐曲的统称，《国风》即西周初年至春秋时代华夏诸侯国的乐歌。《国风》共15组，包括周南、召南、邶、鄘、卫、王、郑、桧、齐、魏、唐、秦、豳、陈、曹的乐歌，共160篇，占《诗经》篇章近半壁江山。《国风》是当时当地流行的歌曲，带有地方色彩。

《国风》的主要内容包括以下四个方面：

1. 表达人民反抗剥削压迫的愿望和对劳役、兵役的痛苦与反感。如《豳风·七月》《魏风·伐檀》《魏风·硕鼠》《唐风·鸨羽》《豳风·东山》等。本文也可以归入这一类型。

2. 对劳动的讴歌。如《周南·芣苡》是妇女们采集车前子时边采边唱的歌，《魏风·十亩之间》唱出了采桑姑娘在劳动中的欢乐和劳动后的愉悦心情。表达了一种乐观与豁达：“生虽是艰难的事情，却总有许多快乐在这艰难之中。”

3. 表现爱国情操和对统治阶级丑恶行径的批判。如《秦风·无衣》描写战士们在国难当头保卫家园、慷慨从军、同仇敌忾的豪情。《陈风·株林》揭露陈灵公的荒淫无耻；《鄘风·相鼠》则对统治者进行了无情鞭笞。

4. 表达爱情的恋歌和反映女性婚姻与命运的诗篇。如《周南·关雎》生动地描写了青年男子对心仪姑娘的相思之情。《召南·摽有梅》写一个女子唯恐青春易逝而急于求偶的热切心情，大胆活泼，真挚动人。《邶风·静女》写一对青年男女幽会，富于生活情趣。

二、《击鼓》题记为：“击鼓，怨州吁也。卫州吁用兵暴乱，使公孙文仲将而平陈与宋，国人怨其勇而无礼也。”

春秋鲁隐公四年（前719年），卫国公子州吁联合宋、陈、蔡三国共同伐郑，领军大将孙子仲带兵久久不归，战士思乡归心似箭，军心涣散无心征战。本诗创作于这样的历史背景之下，前三章征人自叙出征情景，直至队伍军心涣散，承接严密，诗歌情绪饱满、如泣如诉。后两章于征战之中追忆与妻子执手作别，信誓犹在耳边，可悲可叹如今归期难望，悲从中来，大作悲声。战争的折磨、战士内心的悲凉与凄苦，士卒长期征战之悲已经无以复加。

本诗头两句在结构上很有特色：首句“击鼓其镗”用一阵阵镗镗的击鼓声造成一种紧张急迫的气氛；然后再交待“击鼓”的原因——“踊跃用兵”，因为国家要有战事，所以才镗镗击鼓。“逆起得势”，将读者直接引入诗歌情境中，具有很强的表现力，这种形式对后来的诗歌创作产生了很大的影响。如王维《观猎》：“风劲角弓鸣，将军猎渭城”；杜甫《画鹰》：“素练风霜起，苍鹰画作殊”。

清人乔亿言此诗乃“征戍诗之祖”，大部分人将其归作一首士兵厌战诗，其间穿插了对妻子的思念以更大程度地反衬对战争的厌恶。也有人认为这是一首爱情诗，始终围绕着对爱情的不舍与怀恋，甚至全诗都可以看做是写给爱人的信。但不论将其归作何处，“执子之手，与之偕老”已经流传千年，撞击着人们心底深处的柔软，这一句所承载的缠绵俨然成了完美爱情的一种象征与代表。

《击鼓》颇具现代性，本诗以抒写个人愤懑为主，袒露自身与主流意识的背离，宣泄自己对战争的抵触情绪。或许作者是不自觉而为之，但作品在对战争本相的透视之中，呼唤着对个体生命存在的尊重，体现着对个人幸福的执著追求。这种来自心灵深处真实而朴素的歌唱，是对人之存在的最具人文关怀的阐释，是先民们为后世的文学作品树立起的一座人性高标。

思考与讨论

1. 有人说《击鼓》是爱情诗，有人说它是战争诗，为什么会有这样的分歧？谈谈你的看法。

2. 你能想出《诗经》里还有哪些是描写战争中人们生活的作品吗？

3. 结合本文，体会《诗经》的现实主义特色。

阅读视线

《诗经·卫风·伯兮》也是《诗经》中表现爱情与战争的一首著名诗篇。

卫风·伯兮

伯兮朅兮，邦之桀兮。伯也执殳，为王前驱。
自伯之东，首如飞蓬。岂无膏沐？谁适为容！
其雨其雨，杲杲出日。愿言思伯，甘心首疾。
焉得谖草？言树之背。愿言思伯，使我心痗。

（选自《诗经选》，北京，人民文学出版社，1979）

推荐阅读书目

1. 朱东润：《诗三百篇探故》，上海，上海古籍出版社，1981。

2. 孙作云：《诗经与周代社会研究》，北京，中华书局，1966。

3. 刘晶雯：《闻一多诗经讲义》，天津，天津古籍出版社，2005。

渔　父

阅读提示

文章通过河边偶遇，屈原与渔父的一段对话，展现出两个人在面对自然、社会、政治上的丑恶时的两种不同的处事风格，意味深长，发人深思。正是有了这一问一答的对比映衬，本文才得以完美地展现出不同价值观的冲突，成为千古名篇。

原　文

渔　父

《楚辞》

屈原既放[①]，游于江潭，行吟泽畔，颜色憔悴[②]，形容枯槁[③]。渔父见而问之曰："子非三闾大夫与[④]？何故至于斯？"屈原曰："**举世皆浊我独清，众人皆醉我独醒**，是以见放。"渔父曰："圣人不凝滞于物，而能与世推移[⑤]。世人皆浊，何不淈其泥而扬其波[⑥]？众人皆醉，何不餔其糟而歠其醨[⑦]？何故深思高举，自令放为？"屈原曰："吾闻之，新沐者必弹冠，新浴者必振衣。**安能以身之察察**[⑧]**，受物之汶汶乎**[⑨]？宁赴湘流，葬于江鱼之腹中，安能以皓皓之白[⑩]，而蒙世俗之尘埃乎？"渔父莞尔而笑，鼓枻而去[⑪]。歌曰："**沧浪之水清兮，可以濯吾缨**[⑫]**；沧浪之水浊兮，可以濯吾足。**"遂去，不复与言。

（选自金开诚、董洪利、高路明：《屈原集校注》，北京，中华书局，1981）

---

① 放：放逐，流放。
② 颜色：脸色。
③ 形容：形体和容貌。
④ 三闾大夫：战国时期楚国的官职。主管楚国屈、景、昭三姓王族的事务。
⑤ 与世推移：随着世俗进退转移。
⑥ 淈（gǔ）其泥而扬其波：意为把水进一步搅浑。淈，搅浑。
⑦ 餔：食。糟：酒滓。歠：同"啜"，饮。醨（lí）：薄酒。
⑧ 察察：清晰的样子，这里指清洁。
⑨ 汶（mén）汶：不明的样子，这里指污秽。
⑩ 皓皓：洁白而有光彩的样子。
⑪ 鼓枻（yì）：敲打船桨。枻即楫，船桨。
⑫ 濯：洗涤。缨：冠之系带。

背景知识

屈原（约前 339—前 278），姓芈，氏屈，名平，字原；又名正则，字灵均。战国时楚国著名文学家、政治家，在楚怀王时期，任过左徒、三闾大夫等职，主张联齐抗秦，提倡“美政”，遭谗去职，后因对楚国政治感到绝望，投汨罗江而死。

屈原是中国文学史上第一位伟大的诗人，他创立了“楚辞”这种文体，为中国古代的诗歌创作开辟了一片新天地。后人也因此将《楚辞》与《诗经》并称为“风、骚”。“风、骚”是中国诗歌史上现实主义和浪漫主义两大优良传统的源头。此外，屈原还开创了“香草美人”的创作传统。

导　读

《渔父》一文存在两大疑问。其一，关于作者，历来说法不一。东汉王逸的《楚辞章句》曾明确指出：“《渔父》者，屈原之所作也。”但又说：“楚人思念屈原，因叙其辞以相传焉。”其言前后矛盾，从此众说纷纭，或认为是屈原所作，或认为是楚人悼念屈原所作。今人一般都认为此文并非屈原所作。但无论作者是谁，本文都不失为一篇展现屈原伟大人格的力作。其二，关于文章的内容，可以理解为实有其事，但也可能是通过自设问答的形式表现屈原内心的矛盾。

屈原和渔父的对话实际上反映了两种不同的人生态度，展现了两种不同的价值观。一个与世推移，随波逐流；一个深思高举，遗世独立。一个和光同尘，顺天应人；一个洁身自好，坚守理想。一个避世隐身，全身远害；一个宁赴湘流，以身殉国。通过二者的对比映衬，更凸显屈原志尚高洁、不随流俗、忠贞为国、至死不渝的崇高品格。

虽然文中屈原、渔父两个形象形成了强烈的对比，作者在二者之间也有自己明确的选择，但对于渔父所持的人生态度，作者也并未给予否定和批判。《渔父》的价值在于相当准确地写出了屈原的思想性格，而与此同时，还成功地塑造了一位高蹈遁世的隐者形象。后世众多诗赋词曲作品中吟啸烟霞的渔钓隐者形象，从文学上溯源，都不能不使我们联想到楚辞中的这篇《渔父》。“渔父”意象寄托着中国文人对这种与世无争的超然生活的向往。渔父是真正的隐者，留给世界的是一个飘逸的背影，乘扁舟漂游水上，自然、惬意、无拘无束。得意时出仕兼济天下，失意则归隐吟风啸月，是中国文人千载不变的人生轨迹。因此，后世文人面临挫折时，“渔父”意象总能够触发情思，让他们吟咏不绝。

本文在语言上，主要以对话形式展开，以便于陈事说理、直抒胸臆，这似乎开启了赋体主客问答、抑客伸主的基本表达形式。在句式上以散句为主，多用对偶、排比修辞手法，不仅凝练概括，充满哲理意味，而且节奏规律，音韵抑扬顿挫，读起来起伏有致，琅琅上口。

全文仅二百余字，却融记叙、议论、抒情于一体，既富于哲理意味又充盈着浓浓的诗意，不愧为千古名篇。

思考与讨论

1.《渔父》一文的修辞有何特征？这种修辞具有怎样的艺术表达效果？

2. 在屈原的执著与渔父的旷达之间，你更欣赏哪一个？理由是什么？

3.《渔父》一文通过自设问答的形式表现内心矛盾，优点是什么？

阅读视线

卜　居

《楚辞》

屈原既放，三年不得复见，竭知尽忠，而蔽鄣於谗，心烦虑乱，不知所从。乃往见太卜郑詹尹曰："余有所疑，愿因先生决之。"詹尹乃端策拂龟曰："君将何以教之？"

屈原曰：

"吾宁悃悃款款，朴以忠乎？
将送往劳来，斯无穷乎？
宁诛锄草茅，以力耕乎？
将游大人，以成名乎？
宁正言不讳，以危身乎？
将从俗富贵，以媮生乎？
宁超然高举，以保真乎？
将呢訾栗斯，喔咿嚅兒，以事妇人乎？
宁廉洁正直，以自清乎？
将突梯滑稽，如脂如韦，以洁楹乎？
宁昂昂若千里之驹乎？
将氾氾若水中之凫，与波上下，偷以全吾躯乎？
宁与骐骥亢轭乎？将随驽马之迹乎？
宁与黄鹄比翼乎？将与鸡鹜争食乎？
此孰吉孰凶？何去何从？
世溷浊而不清：
蝉翼为重，千钧为轻；
黄钟毁弃，瓦釜雷鸣；

谗人高张，贤士无名。

吁嗟默默兮，谁知吾之廉贞？”

詹尹乃释策而谢曰：“夫尺有所短，寸有所长，物有所不足，智有所不明，数有所不逮，神有所不通，用君之心，行君之意。龟策诚不能知事。”

（选自金开诚、董洪利、高路明：《屈原集校注》，北京，中华书局，1981）

推荐阅读书目

1. 潘啸龙：《楚辞导读》，北京，中国国际广播出版社，2008。
2. 赵逵夫：《屈原与他的时代》，北京，人民文学出版社，1996。

西北有高楼

阅读提示

说到中国诗歌，一般首先想到的是唐诗宋词，但其实在诗歌的花园里，还有另外一些作品同样闪耀着动人的光辉，《古诗十九首》这一组东汉无名文人之作，正是这样的一朵奇葩。

原　文

西北有高楼

《古诗十九首》

西北有高楼，上与浮云齐。
交疏结绮窗①，阿阁三重阶②。
上有弦歌声，音响一何悲！
谁能为此曲？无乃杞梁妻③。
清商④随风发，中曲⑤正徘徊。
一弹再三叹，慷慨⑥有馀哀。
不惜⑦歌者苦，但伤知音⑧稀。
愿为双鸿鹄⑨，奋翅起高飞⑩。

（选自《汉魏六朝诗选》，北京，人民文学出版社，1978）

背景知识

《古诗十九首》组诗名，最早见于《文选》，为南朝梁萧统从传世无名氏《古

---

① 交疏：镂花窗格。这句言其花窗玲珑工细。

② 三重阶：形容楼阁高大宏丽。

③ 无乃：莫不是。

④ 清商：本为乐曲名，这里泛指凄清之音。

⑤ 中曲，乐曲中断部分。

⑥ 慷慨：指不得志的心情。

⑦ 惜：悲，叹惜。

⑧ 知音：识曲的人，借指知心的人。相传俞伯牙善鼓琴，钟子期善听琴，子期死后，伯牙再不弹琴，因为再没有知音的人。这两句是说，我难过的不只是歌者心有痛苦，而是她内心的痛苦没有人理解。

⑨ 鸿鹄：据朱骏声《说文通训定声》：“凡鸿鹄连文者即鹄。”鹄，就是“天鹅”。

⑩ 高飞：远飞。这两句是说愿我们像一双鸿鹄，展翅高飞，自由翱翔。

诗》中选录十九首编入《昭明文选》。把这十九首诗编辑在一起，并为它们加了一个总的题目——《古诗十九首》。

在中国诗歌史上，它是继《诗经》《楚辞》之后最重要的作品之一，在五言诗的发展上有重要地位，此后中国诗歌就脱离了《诗经》的四言体式，脱离了《楚辞》的骚体和楚歌体，开始了沿袭两千年成熟的五七言体式。它的题材内容和表现手法为后人师法，几至形成模式。《古诗十九首》语言质朴自然，描写生动真切，情景交融，意味隽永，其艺术风格也影响到后世诗歌的创作与批评。

导 读

一、《古诗十九首》是东汉末年的一些下层文人所作，作者已不可考，但这些诗作无论形式还是内容，都开一代先声。它们在对日常时世、人事、名利、享乐等咏叹中，直抒胸臆，深发感慨。以质朴的语言抒发了知识分子怀才不遇的抑郁，对现实的不满和愤慨，以及内心难以排遣的忧郁与苦闷。这种感叹抒发着生命短促、人生无常的悲伤。

《古诗十九首》的艺术成就历来获得高度评价。《文心雕龙·明诗》云："观其结体散文，直而不野，婉转附物，诏怅切情，实五言之冠冕也。"《诗品》云："文温以丽，意悲而远，惊心动魄，可谓几乎一字千金"；"人代冥灭，而清音独远。"谢榛《四溟诗话》云："《古诗十九首》格古调高，句平意远，不尚难字，而自然过人矣。"这些评价被后世公认，影响了一代又一代的文学创作。《古诗十九首》上承《诗经》、汉乐府的优秀文学传统，下启建安文学，是文人五言诗的创作的开端。它把"人"的主题第一次引入两汉文学，反映了汉代文人生命意识的觉醒，以强烈的忧患意识，走入了人的觉醒时代。《古诗十九首》的显著地位和影响，使它已经从《文选》中独立出来。

二、《西北有高楼》整首诗都洋溢着诗人怀才不遇的苦闷悲寂。诗歌采取虚景实情的描写手法，开篇将"高楼"与"浮云"相比，衬托了高楼的高峻，而"浮"字也使景物显得更加飘渺。然而正因为楼高，只能与浮云齐，反衬了高楼的孤寂，抒发了诗人的寂寥之感。随后两句"交疏结绮窗，阿阁三重阶"则写了高楼的雕栏画栋，细致的描写从侧面刻画了高楼的辉煌气势。诗人想象楼上飘来的弦歌声不绝如缕，令闻者听之动容。"谁能为此曲"到"慷慨有馀哀"六句是诗人听到了弦歌声后联想到自己所处的不遇境地而后悲伤：如此技艺高超的女子都不得知音，好像自己没有遇到赏识者一般。于是诗人许下"愿为双鸿鹄，奋翅起高飞"的愿望，希望两个孤独之人能相互做伴。

本诗借助于对具体形象——一个假想的歌者与一个假想的听者的描绘，传达了对真理的执著追求以及渴求知音的愿望。歌者的演奏是无意的，但音乐中流露的悲哀，引起了听者的驻足彷徨，使这两个主人公的感情有机地融合在一起，相互映衬。在万籁俱寂中，听那"音响一何悲"的琴曲，诗人心中已生涟漪，"谁能为此曲，无乃杞梁妻”似乎有杞梁妻那哭颓杞都之悲。“弦歌者”铮铮弹奏，“清商随风发，中曲正徘徊”，这悲弦奏到“中曲”，便渐渐舒徐迟回，接着是铿然“一弹”，琴歌顿歇，只留声声叹息。“一弹再三叹，慷慨有馀哀”，在这阵阵的叹息声中有几多的慷慨之情，楼下的诗人已经感动万分：“不惜歌者苦，但伤知音稀。”可惜歌者不知，当他借铮铮琴声倾诉的时候，他的凄清的音乐已经深深打动了诗人，并且产生了共鸣：“愿为双鸿鹄，奋翅起高飞。”“鸿鹄”、“高飞”代表着一种追求，而双鸿鹄则蕴涵着对知音、知己的期盼，点明主旨。《西北有高楼》表达了超脱于物质、偏重于精神的知音难觅，一曲“不惜歌者苦，但伤知音稀”、“愿为双鸿鹄，奋翅起高飞”的悲歌，唱得迂回哀婉，诗人的内心痛苦，正借助于这痛苦中的奇幻之思，表现得分外悱恻和震颤人心。

思考与讨论

1. 这首诗描绘的是怎样的一个场景？寄托着作者怎样的感情？

2. 音乐在这首诗里起着重要的作用，作者对音乐的描写与白居易的《琵琶行》相比较，有何异同？

3. 你认为诗中的高楼是虚拟的还是确实存在的？

阅读视线

《行行重行行》是《古诗十九首》的第一首，写的是思妇的离愁别恨，全诗长于抒情，韵味深长，语言朴素自然又精练生动，风格接近民歌。

行行重行行

行行重行行，与君生别离。
相去万余里，各在天一涯。
道路阻且长，会面安可知？
胡马依北风，越鸟巢南枝。
相去日已远，衣带日已缓。
浮云蔽白日，游子不顾返。
思君令人老，岁月忽已晚。
弃捐勿复道，努力加餐饭。

（选自《汉魏六朝诗选》，北京，人民文学出版社，1978）

推荐阅读书目

1. 隋树森：《古诗十九首集释》，北京，中华书局，1955。
2. 马茂元：《古诗十九首初探》，西安，陕西人民出版社，1981。
3. 余冠英：《汉魏六朝诗选》，北京，人民文学出版社，1978。
4. 何文焕：《历代诗话》，北京，中华书局，1980。

白马篇

阅读提示

建安风骨的精神气质令人神往，曹氏三父子的文名千古流传。才华横溢、出身不凡的曹植在杜甫出现之前曾被誉为“诗圣”，《白马篇》是其传世的代表作品。

原　文

白　马　篇①

曹　植

白马饰金羁，连翩西北驰②。借问谁家子，幽并游侠儿。少小去乡邑，扬声沙漠垂。宿昔秉良弓，楛矢何参差③。控弦破左的，右发摧月支。仰手接飞猱，俯身散马蹄④。狡捷过猴猿，勇剽若豹螭⑤。边城多警急，虏⑥骑数迁移，羽檄⑦从北来，厉马⑧登高堤。长驱蹈⑨匈奴，左顾陵鲜卑⑩。弃身锋刃端，性命安可怀⑪？父母且不顾，何言子与妻！名编壮士籍，不得中顾私。捐躯赴国难，视死忽如归。

背景知识

曹植（192—232），字子建，曹操第三子，曹丕同母弟，三国时期著名诗人，

---

① 本篇属《杂歌曲·齐瑟行》，又名《游侠篇》。

② 连翩：接连不断，这里形容轻捷迅急的样子。魏初西北方为匈奴、鲜卑等少数民族居住区，驰向西北即驰向边疆战场。

③ 宿昔：昔时，往日。秉：持。楛（hù）矢：用楛木做箭杆的箭。何：多么。“宿昔”二句：意思是说昔日良弓不离手，箭出尽楛矢。

④ 控：引，拉开。左的：左边的射击目标。摧：毁坏。与下文的“散”（破裂），都有穿透之意。月支：与“马蹄”都是射贴（箭靶）的名称。接：迎接飞驰而来的东西。猱（náo）：猿类，善攀缘，上下如飞。

⑤ 剽：行动轻捷。螭（chī）：传说中的猛兽，如龙而黄。

⑥ 虏：胡虏，古时对北方少数民族的蔑称。

⑦ 羽檄：檄是军事方面用于征召的文书，插上羽毛表示军情紧急，所以叫羽檄。

⑧ 厉马：奋马，策马。

⑨ 蹈：奔赴。

⑩ 陵：陵蹈，以武临之。

⑪ 怀：顾惜。

其诗歌对后世有很大影响，才华也颇受后世诗人推崇。后人将曹植与其父曹操、其兄曹丕，合称“三曹”。曹植天资过人，文武全才，一度拟议立为太子，引来曹丕的嫉妒，由此招致祸患。曹操死后，曹丕即位，曹植饱受压迫，最后郁郁而终，年仅四十一岁。

曹植的创作分为前后两期，以曹丕称帝（220年）为界：前期受曹操宠爱，常随征伐，诗文多写其安逸生活和建功立业的抱负；后期备受曹丕父子迫害，郁郁而终，诗文主要抒写理想与现实的矛盾所引起的悲愤以及追求个人自由解脱的心境。慷慨的精神贯穿其创作的始终，《白马篇》是其前期作品，“白马游侠”的诗歌意象就是这一精神的集中体现，也是曹植理想人格的化身。

导　读

一、本篇采用汉乐府歌辞《杂曲歌·齐瑟行》的形式，以篇首二字为诗题。汉献帝建安年间到魏文帝黄初年间（196—226），是中国诗歌史上的一个黄金时代。当时作为魏国统治者的曹氏父子都爱好、重视文学，他们招揽文士，众多优秀诗人以他们为中心聚集起来。这些诗人身经乱世，目击苦难而又直面现实，继承了汉乐府民歌的现实主义传统，普遍采用五言体，写出了一系列传世诗篇。其中有不少的作品反映了社会的动乱和人民流离失所的痛苦，体现了要求国家统一的愿望。他们的作品尤以风骨遒劲而著称，并具有慷慨悲凉的阳刚之气，形成了独特风格，被后人誉为“建安风骨”。历来文人常把建安作品作为效法的典范，唐代陈子昂盛赞“汉魏风骨”，李白有“蓬莱文章建安骨”的诗句。代表作家有“三曹”“建安七子”等。

这一时期，最有价值的文学作品，除了那些反映战乱和人民苦难的篇目外，就是抒发渴望为国家建功立业的理想抱负的篇章。代表作当属曹操的《龟虽寿》和曹植的《白马篇》。前者是一位“幽燕老将”的“壮士之歌”，《白马篇》则是一位英雄少年的“理想之歌”。

二、此诗运用写人、叙事、抒情、言志相结合的手法，重在写人。采用乐府中常见的铺陈、排比、比喻、夸张等手法，塑造了一个敏捷勇敢、武艺精绝、忠心报国的英雄形象。

“白马饰金羁，连翩西北驰”，开头两句飒爽帅气，描绘出驰马奔赴西北战场的英雄身影，暗表紧张的气氛，战事的紧急；接着以“借问”领起，以铺陈的笔墨补叙英雄的来历和经历：“少小去乡邑，扬声沙漠垂”等诗句，渲染出少年游侠辞别家乡，在边陲建功立业而扬名遐迩的勃勃英姿。“控弦破左的，右发摧月支”极力铺写其超凡入圣的射技。“仰手接飞猱，俯身散马蹄。狡捷过猴猿，勇剽若豹螭”，则写其异乎常人的勇敢及矫捷的身手。这一部分极力写一个“勇”字。

“边城”六句，遥接篇首，具体说明“西北驰”的原因和英勇赴敌的气概。“长驱蹈匈奴，左顾陵鲜卑”，游侠少年勇赴国难，驰骋疆场，屡立奇功。“弃身锋刃端，性命安可怀？父母且不顾，何言子与妻？”展示英雄捐躯为国、视死如归的崇高精神境界，充溢着诗人对少年英雄奋不顾身、为国效力的由衷讴歌和钦佩之情。这部分极力表现了白马少年的“忠”，使人读来激情澎湃，荡气回肠。

值得注意的是，曹植在《白马篇》中并非作为一个旁观者在描写游侠，他在诗中寄托了自己的愿望和理想。诗中歌颂少年游侠英勇豪迈的气概和忠贞为国的崇高品质，正是曹植胸中志气的反映。朱乾在《乐府正义》中说：“幽并游侠，实自况也……篇中所云‘捐躯赴国难，视死忽如归’，亦子建素志，非泛述矣。”这首诗是曹植早年所作，那时他正是意气风发的翩翩少年，某种意义上来说，《白马篇》就是当时曹植的自我写照，涌动着浓厚的青春气息，寄托着诗人为国家建功立业的愿望与憧憬。

思考与讨论

1. 作品对“游侠儿”的描写是相当形象生动的，作者借助这一形象想表达怎样的思想感情？“游侠儿”与作者关系是怎样的？

2. 同样是在边陲的广阔背景下展开的诗歌，请比较一下这首诗和唐代绝大部分的边塞诗歌有哪些显著的不同？

3. 《白马篇》里的游侠形象与《史记》中的侠客形象有什么不同？

阅读视线

建安文学重点描写黑暗的社会现实，吟咏战乱时期悲凉的人生，高歌统一国家的理想，表达对美好未来的追求，比较真实地反映了汉末的社会现实以及文人们的思想情操，涌现出了一系列有代表性的作品。

七哀诗（其一）

王　粲

西京乱无象，豺虎方遘患。
复弃中国去，委身适荆蛮。
亲戚对我悲，朋友相追攀。
出门无所见，白骨蔽平原。
路有饥妇人，抱子弃草间。
顾闻号泣声，挥涕独不还。
未知身死处，何能两相完？
驱马弃之去，不忍听此言。
南登霸陵岸，回首望长安。

悟彼下泉人，喟然伤心肝。

（选自《文选》，上海，上海古籍出版社，1986）

饮马长城窟行

陈　琳

饮马长城窟，水寒伤马骨。
往谓长城吏，慎莫稽留太原卒！
官作自有程，举筑谐汝声！
男儿宁当格斗死，何能怫郁筑长城。
长城何连连，连连三千里。
边城多健少，内舍多寡妇。
作书与内舍，便嫁莫留住。
善待新姑嫜，时时念我故夫子！
报书往边地，君今出语一何鄙？
身在祸难中，何为稽留他家子？
生男慎莫举，生女哺用脯。
君独不见长城下，死人骸骨相撑拄。
结发行事君，慊慊心意关。
明知边地苦，贱妾何能久自全？

（选自《玉台新咏》，上海，上海古籍出版社，2005）

推荐阅读书目

1. 余冠英：《三曹诗选》，北京，人民文学出版社，1985。

2. 李宝均：《曹氏父子和建安文学》，上海，上海古籍出版社，1982。

3. 查屏球：《从游士到儒士：汉唐士风与文风论稿》，上海，复旦大学出版社，2005。

古风（其十九）

阅读提示

李白的行为和思想一直在“仕”与“隐”之间矛盾、徘徊。最终两个都没有达到，反而成就了一个前无古人后无来者的“诗仙”。

原　文

古风（其十九）

李　白

西岳莲花山①，迢迢见明星②。
素手把芙蓉，虚步蹑太清③。
霓裳曳广带④，飘拂升天行。
邀我登云台，高揖卫叔卿⑤。
恍恍与之去，驾鸿凌紫冥。
俯视洛阳川，茫茫走胡兵。
流血涂野草，豺狼尽冠缨⑥。

（选自《李太白全集》，北京，中华书局，1977）

背景知识

李白（701—762），字太白，号青莲居士，又号“谪仙人”。祖籍陇西成纪（现甘肃省秦安县北），隋朝末年其先祖因罪被贬中亚西域的碎叶城。李白幼时随父迁居绵州昌隆（今四川江油）青莲乡。他的一生，绝大部分时间在漫游中度过。

李白是我国唐代伟大的浪漫主义诗人，被后人尊称为“诗仙”，与杜甫并称为“李杜”。他的诗歌总体特色是热情奔放、雄奇伟丽，而且善于从民歌、神话

---

① 莲花山：西岳华山上的莲花峰，峰上有宫，宫前有池，池生千叶莲。

② 明星：仙女名。《太平广记》：“居华山，服玉浆，白日升天。”

③ 虚步蹑太清：虚步：凌空而行。蹑：行走。太清：天空。《抱朴子·内篇·杂应》：“上升四十里，名为太清。”

④ 曳：拖。广带：衣裙上宽阔的飘带。

⑤ 卫叔卿：传说中的仙人。《神仙传》卷八：“卫叔卿者，中山人也，服云母得仙。”

⑥ 豺狼：比喻安史之乱的叛军。冠缨：穿戴官吏的衣帽。

中吸取营养和素材，构成其特有的瑰丽绚烂的色彩。李白是屈原以后最具个人特色和浪漫情怀的诗人。

导　读

李白是中国诗歌史上最杰出的诗人之一，他的文风豪放飘逸，作品中充满奇绝的想象、气吞山河的意象，语言风格则是“清水出芙蓉，天然去雕饰”。他在七言歌行和五言古诗等诗歌体裁上均留有名篇佳作。

在《古风》（其十九）里，诗人通过描写洁净美好的仙境和污秽可怕的人间，表现了出世和用世的两种思想的矛盾。诗歌的第一部分描绘了如梦如幻而神奇美丽的仙界，寄托对超现实的追求。作者以虚实、动静相结合的手法，描绘出一个无忧无虑、温馨祥和的极乐世界：“素手把芙蓉，虚步蹑太清。霓裳曳广带，飘拂升天行。”第二部分由遗世独立的幻境转向严酷的现实世界：“俯视洛阳川，茫茫走胡兵。流血涂野草，豺狼尽冠缨。”现实中的人民惨遭屠戮，血流遍野。外有胡兵，内有奸佞，社会的动乱惊醒了诗人超脱现实的美梦。

李白用游仙的方式抒泄政治上壮志难酬、怀才不遇的悲愤，即用描梦游神仙之境界，绘缥缈灵动之美景，抒心中忧愤之情怀，形成一种独特的游仙体诗。就其本义而言，游仙诗指的是歌咏仙人漫游之情的诗。其体裁多为五言，句有十句、十二句或十六句不等。关于游仙诗的类型，前人曾做过种种划分：从作者思想倾向出发，以富贵而游仙者，为游仙诗之正体，以坎坷而游仙者，为游仙诗之变体；或从表现形式出发，以作者同神仙共游为古体，作者不在内，仅神仙自游为近体。

游仙诗源于汉代以前的歌赋。早在《楚辞》中已有抒写仙人轻举登霞的篇章。汉乐府之中，亦有反映神仙思想的作品，如十九首郊庙歌中的《日出入》《天马》都表达了畅游太空的理想。不过，作为一种成熟的体裁，游仙诗的流行则是汉代以后的事。魏晋阶段，不仅道人创作游仙诗，文人亦相继创作游仙诗，蔚然成一代诗风，故我国第一部文学作品选集——梁朝萧统所编《文选》列“游仙”为文学体裁之一。刘勰在《文心雕龙》中对游仙诗有专门的评说，至于钟嵘的《诗品》就更加细致地品评郭璞等人的作品风格。魏晋南北朝以后，尽管游仙诗不像此前那样兴盛，但作此等诗歌者依然大有人在。像李白、白居易、李贺等人仍颇具游仙之遗风。游仙诗在思想上往往表现出超越世俗社会局限的强烈愿望；在艺术上，游仙诗想象奇特，善于运用夸张、拟人、象征等多种修辞手法；而道家神仙典故的运用，则使游仙诗更具备浪漫的色调。

李白的游仙诗创作贯穿一生：青年李白的游仙诗中的仙道思想夹裹着儒家的进取精神；中年“赐金还山”后的游仙诗包含了对现实不公、政治黑暗的抗争意识；晚年游仙诗有追求生命永存的心理。本文为李白的晚年作品，诗中充满了大胆的想象和奇异的夸张，语出惊人，行文跌宕。仙境的浪漫美好与现实的悲壮沉重形成巨大反差，诗歌情调从悠扬急速变换到厚重，风格由飘逸洒脱骤然转为沉郁悲愤，所有这些和谐统一于本诗中，令人不得不佩服“诗仙”过人的笔力与惊世的才气。诗人借游仙表现了对现实的反抗和对理想的追求，使魏晋以来宣扬高蹈遗世的游仙诗获得了新的生命。

思考与讨论

1. 李白晚年时期的游仙诗，常常在丰富的想象中驰骋，把道家神仙的传说融入瑰丽奇伟的艺术境界，该如何理解其仙游？

2. 通过学习本篇，结合杜甫的《兵车行》，分析浪漫主义诗歌与现实主义诗歌的区别。

3. 李白的思想具有复杂性，生性浪漫使其飘逸洒脱，却又常怀忧国忧民之心，摆脱不了沉重的现实，可谓既出世又入世。这些特点在本篇是如何体现的？

阅读视线

李贺的《梦天》在艺术构思上变幻奇谲，与李白的《古风》（其十九）有迥异之处。同为游仙诗，李白诗的前后两部分一幻一真，一虚一实；而李贺诗却是一虚一玄，更显精奥含蕴。

梦　　天

李　贺

老兔寒蟾泣天色，云楼半开壁斜白。
玉轮轧露湿团光，鸾佩相逢桂香陌。
黄尘清水三山下，更变千年如走马。
遥望齐州九点烟，一泓海水杯中泻。

（选自《李贺诗选读》，郑州，河南人民出版社，1978）

推荐阅读书目

1. 葛景春：《李白思想艺术探骊》，郑州，中州古籍出版社，1991。

2. 郁贤皓：《李白与唐代文史考论》，南京，南京师范大学出版社，2008。

秋兴八首（其一）

阅读提示

诗必称唐诗，唐诗是中国古代文学史上的一朵奇葩。其中七言律诗至杜甫方可称臻于精美完备，杜甫晚年的《秋兴八首》是律诗中的扛鼎之作。

原　文

秋兴八首（其一）

杜　甫

玉露①凋伤枫树林，巫山巫峡气萧森。
江间②波浪兼天涌，塞上③风云接地阴④。
丛菊两开⑤他日⑥泪，孤舟一系故园心。
寒衣处处催刀尺⑦，白帝城⑧高急暮砧⑨。

（选自仇兆鳌：《杜诗详注》，北京，中华书局，1979）

背景知识

杜甫（712—770）字子美，自号少陵野老，河南巩县（今河南巩义市）人。因其曾任左拾遗、检校工部员外郎，因此后世称其杜拾遗、杜工部；又因为他曾长居于长安城外的少陵，也称他杜少陵。杜甫与李白合称“李杜”，为了与另两位诗人李商隐与杜牧即“小李杜”区别，杜甫与李白又合称“大李杜”，杜甫也常被称为“老杜”。

杜甫是盛唐时期伟大的现实主义诗人。他人格高尚，怀着一颗积极入世的儒

---

① 玉露：形容秋天的白露。

② 江间：即巫峡。

③ 塞上：即巫山，为出入三峡的要塞。

④ 接地阴：风云满地，天色昏暗。

⑤ 丛菊两开：菊花再度开放。杜甫于765年离开成都，淹留于云安（今四川云阳）与夔州一带，至此已见两度秋光。

⑥ 他日：可作两解，一作往日，一作来日。

⑦ 催刀尺：赶紧裁制新衣。

⑧ 白帝城：夔州城。

⑨ 急暮砧：傍晚的捣衣声似乎分外急促。砧，捣衣石。

士之心，密切关注社会生活，常选具有普遍意义的社会题材。众多优秀作品，显示出唐代由开元、天宝盛世转向分裂衰微的历史过程，故被称为“诗史”。一生写诗1400多首，精于各种诗歌形式，被后世尊称为“诗圣”。代表作有“三吏”“三别”等，有《杜工部集》传世。

导　读

秋兴者，遇秋而遣兴也，感秋生情之意。《秋兴八首》创作于大历元年（766年）暮秋，杜甫寓居夔州，时年五十五岁，已处在人生之秋，眼看晚年多病，知交零落，壮志难酬，心境非常寂寞、抑郁。当此秋风萧瑟之时，不免触景生情，感发诗兴，故曰《秋兴》。

《秋兴八首》是一组抒怀之作，但作者并不仅仅在慨叹个人境遇，而是在抒发故国之思，是唐代社会悲剧在爱国诗人身上的沉痛表现。杜甫自肃宗乾元二年（759年）弃官，其时已七载，大唐帝国已入衰境，其间安史作乱，吐蕃、回纥入侵，安史余党负固不臣，官军内攘害民，以及由此导致的“城社丘墟，人民涂炭”“宫廷丧乱，骨肉抛离”种种情事，一起搅动着杜甫的情思。国家动乱，民生凋敝，诗人自己的境遇也不胜悲凉，素来爱国忧民，悲天悯人的他不禁触景生情，慨叹身世之飘零，悲感故国之不复，怀念故乡，咏叹今昔。故王阮亭认为：“《秋兴八首》皆雄浑丰丽，沉着痛快。其有感于长安者，但极言其盛而所感自寓于中。徐而味之，凡怀都恋阙之情，慨往伤今之意，与乎戎寇交侵，小人病国，风俗之非旧，盛衰之相寻，所谓不胜其悲者，固已不出乎意言之表矣。”郝敬曰：“《秋兴八首》，富丽之词，沉浑之气，力扛九鼎，勇夺三军，真大方家如椽之笔”“声韵雄畅，词采高华，气象冠冕，是真足虎视词坛，独步一世。”

杜甫七律的主导风格是“沉郁顿挫”。管世铭云：“七言律诗，至杜工部而曲尽其变。盖昔人多以自在流行出之，作者独加以沉郁顿挫。”方东树云：“杜公所以冠绝古今诸家，只是沉郁顿挫，奇横恣肆，起结转承，曲折变化，穷极笔势，迥不由人。”“沉郁”原为思虑深沉之意。先唐人说到“沉郁”时，往往与“思”联系在一起，如陆机《思归赋》曰“伊我思之沉郁，怆感物而增悲”，钟嵘《诗品序》曰“方今皇帝资生知之上才，体沉郁之幽思”等，都证明了这一点。至于“顿挫”，其含义比较明确，陆机《文赋》云：“箴顿挫而清壮。”《后汉书·郑孔荀传》云：“北海天逸，音情顿挫。”李贤注：“顿挫犹抑扬也。”可见“顿挫”意即抑扬、起伏、中有停顿，这既可指感情、声调，也可指文气、章法。古人评杜诗的风格是“沉郁顿挫”，《秋兴八首》其一可谓是典型。诗从巫峡秋景始，推及江间塞上，带出孤独之感，牵出长安之念，后又回到白帝暮砧声，感情之沉重，结构之跌宕，诗中尽显。

似乎艺术总是要与苦难相连，漂泊动荡时期的杜甫创作了为数众多的杰作，他曾这样评价自己："晚节渐于诗律细。"（见《遣闷戏呈路十九曹长》）"诗律细"，并不是专指雕章琢句的工巧，而是说诗律达到了一种"从心所欲""不烦绳削"的熟练境地。这时所作的律诗达到了极高的艺术水平，而《秋兴》则更被誉为是他七律中的"裘领"，是"一生心神结聚之作"。

八首诗章法严整、脉络分明，是一个完整的组诗，其主题是"心怀故国"。"每依北斗望京华""故国平居有所思"是八篇的纲领，而其一是总领的序曲。诗人用无尽的秋色将秦川与巴山蜀水连接起来，寄托自己的故国之思；又用滔滔大江沟通今昔，寄寓自己抚今追昔之感，"明写秋景，虚含兴意；实拈夔府，暗提京华"。诗歌的前两联勾画出了一幅瑟瑟秋景图，其势引领八章。江间塞上，状其悲壮；丛菊孤舟，写其凄紧。这两句所写的自然现象，是社会动荡不安、自感没有出路的象征。从眼前丛菊的开放，联系到故园。从故园的沉思又被白帝城黄昏的砧声打断，这中间有从夔州府到长安，又从长安到夔州府的往复。寄寓着诗人自伤漂泊、忧国思乡的心情。全诗于凄清哀怨中，具沉雄博丽的意境。格律精工，词彩华茂，沉郁顿挫，悲壮凄凉意境深宏，读来令人荡气回肠。这里的环境描写有力地烘托了社会氛围：巫山巫峡，秋声秋色，秋景秋意影射着阴沉萧森、动荡不安的社会环境。诗中无处不在的秋色，笼罩一切，而它一年又一年，如期而至，又无言地昭示着大自然的岁华摇落，宇宙间的时光如流，人世上的生命不永。那条"波浪兼天"的大江，是永恒的时间纽带，它牵系着人类的历史和未来，淘洗着无数王朝的更替，冲洗着无数生命的流程。懂了秋天和大江，才有可能读懂杜甫。

思考与讨论

1. 《秋兴八首》大量写景，但是景中含情，请分析这些景色中所包含的感情。
2. 这首诗的"悲秋"含义可以体现在哪些方面？

阅读视线

《秋兴八首》是一个完整的乐章，八首蝉联，结构严密，主题为"故国之思"，体现了诗人晚年的思想感情和艺术成就，被公认为杜甫抒情诗中艺术性最高的诗。

秋兴八首（其二）

夔府孤城落日斜，每依北斗望京华。
听猿实下三声泪，奉使虚随八月槎。
画省香炉违伏枕，山楼粉堞隐悲笳。
请看石上藤萝月，已映洲前芦荻花。

秋兴八首（其三）

千家山郭静朝晖，日日江楼坐翠微。
信宿渔人还泛泛，清秋燕子故飞飞。
匡衡抗疏功名薄，刘向传经心事违。
同学少年多不贱，五陵衣马自轻肥。

秋兴八首（其四）

闻道长安似弈棋，百年世事不胜悲。
王侯第宅皆新主，文武衣冠异昔时。
直北关山金鼓振，征西车马羽书驰。
鱼龙寂寞秋江冷，故国平居有所思。

秋兴八首（其五）

蓬莱宫阙对南山，承露金茎霄汉间。
西望瑶池降王母，东来紫气满函关。
云移雉尾开宫扇，日绕龙鳞识圣颜。
一卧沧江惊岁晚，几回青琐点朝班。

秋兴八首（其六）

瞿塘峡口曲江头，万里风烟接素秋。
花萼夹城通御气，芙蓉小苑入边愁。
珠帘绣柱围黄鹄，锦缆牙樯起白鸥。
回首可怜歌舞地，秦中自古帝王州。

秋兴八首（其七）

昆明池水汉时功，武帝旌旗在眼中。
织女机丝虚夜月，石鲸鳞甲动秋风。
波漂菰米沉云黑，露冷莲房坠粉红。
关塞极天惟鸟道，江湖满地一渔翁。

秋兴八首（其八）

昆吾御宿自逶迤，紫阁峰阴入渼陂。
香稻啄余鹦鹉粒，碧梧栖老凤凰枝。
佳人拾翠春相问，仙侣同舟晚更移。
彩笔昔曾干气象，白头吟望苦低垂。

推荐阅读书目

1. 叶嘉莹：《杜甫秋兴八首集说》，上海，上海古籍出版社，1988。
2. 华文轩：《杜甫研究资料汇编》，北京，中华书局，1961。
3. 仇兆鳌：《杜诗详注》，北京，中华书局，1979。
4. 莫砺锋：《杜甫评传》，上海，上海古籍出版社，1982。

无　题

阅读提示

李商隐的《无题》虽言“无题”却总关情，似有无尽意而言又止，风格独特引人遐思。

原　文

无　题

李商隐

来是空言去绝踪，月斜楼上五更钟。
梦为远别①啼难唤，书被催成墨未浓。
蜡照半笼金翡翠②，麝熏③微度绣芙蓉。
刘郎④已恨蓬山远，更隔蓬山一万重。

（选自周振甫选注：《李商隐选集》，上海，上海古籍出版社，1986）

背景知识

李商隐（813—858），字义山，号玉溪生、樊南生。晚唐诗人。原籍怀州河内（今河南沁阳），祖辈迁荥阳（今河南郑州）。诗作文学价值很高，他和杜牧合称“小李杜”，与温庭筠合称为“温李”。他的诗有独特的艺术成就，构思新巧，词藻华美，想象丰富，格律严整，风格“深情绵邈”，浓丽缠绵。但有的作品伤感情绪浓重，用典过多，隐晦难懂，后人有“诗家总爱西昆好，独恨无人作郑笺”之叹。他以无题诗最为著名，无题诗具有“朦胧”的特点，旨意隐秘，却令人回味无穷，在艺术上有巨大魅力。有《李义山诗集》。

导　读

一、《无题》诗是李商隐最具代表性的诗歌，其最大的特点在于朦胧性。刘

---

① 梦为远别：因为远别而成梦。

② 蜡照半笼金翡翠：以金线绣成的翡翠鸟图案的帏帐，上部为烛光所不及，所以说“半笼”。

③ 麝熏：麝香熏染。

④ 刘郎：相传东汉人刘晨入天台山采药迷路，遇仙女相邀至山洞。返回故乡时子孙已七世。后重入天台山访仙女，已不见踪迹。事见刘义庆《幽明录》。

勰在《文心雕龙》的《隐秀》篇最早谈到了朦胧，“隐之为体，义生文外，秘响旁通，伏采潜发……始正而末奇，内明而外润，使玩之者无穷，味之者不厌矣”。

朦胧，通俗地讲就是不甚清晰明了、隐约、仿佛、依稀、迷离、空灵、缥缈……作者的思想感情在某种情况下不便直接抒发，于是精心选择意象，苦心经营结构，力求将真实意图埋得深而不露。读这类诗歌更需要精心研读，否则会因过于晦涩而迷茫。但是尽管这类诗思绪脉络不易理顺，意象组合却超越常规，能够产生极强烈的陌生化感觉，反而能紧紧扣动读者心弦，所谓味之弥深，钻之愈坚。读者寻寻觅觅，经过曲折而有趣味的探求，似乎理解了作者的心境，体味到诗的真正意蕴，但又不能清晰地说出来，使人愈发地喜爱它。

《无题》诗意境迷离、语言精美、结构错综，千年来引来众说纷纭，爱慕者无数。它们代表了李商隐在诗歌领域的创新，使朦胧这一风格由发展而成熟，臻于巅峰。冯浩评价李商隐的诗：“总因不肯吐一平直之语，幽咽迷离，或此或彼，忽断忽续，所谓善于埋没意绪者。”能够精确指出他在这方面的杰出成就。

二、《无题》具体在写什么难以确认，但这并不妨碍诗歌本身的动人，浓厚的感伤从字里行间倾泻而出，似乎是在抒写着爱情的失意、哀怨、感伤与幻灭。意境之朦胧，达到只可意会不可言传的程度。在诗歌当中没有具体的故事，更多的是传达一种情绪，不存在真实可考的场景，只有一种缥缈、难以把握的情境。“来是空言去绝踪”首句劈空而起，下笔不凡。它省略了一切情节和背景，将抒情主人公的内心感受直接呈现在读者面前，写出了梦醒后的失望和落寞。本来此诗写一男子对远隔天涯的所爱女子的思念，“梦为远别”是全诗的眼目。但是诗人并没有按照远别—思念—入梦—梦醒的顺序来写，而是用逆挽法，先从梦醒时的情景写起。第二句点明时间和地点。第三句至第四句接述梦醒后的情景梦境还没远去，因梦而引起的强烈相思来不及等待墨汁磨浓，就急切地匆匆下笔给对方写信。但是周围用金线绣着翡翠鸟的帷帐，绣着芙蓉的锦被以及室内淡淡的麝香，都使诗人怀疑是否还在梦中。这种亦真亦幻的笔触，很好地传达出诗人可望而不可即的对爱情的矛盾心态。“刘郎已恨蓬山远，更隔蓬山一万重”借刘郎遇仙的典故来表明幻梦消退后的慨叹，“蓬山”是中国神话中的三座仙山之一，是可望而不可即的地方，诗人用此表达了远别之恨。本已是阻隔不通，难以会合，而对方却又走得更远，远隔万重的蓬山，相见更成了遥不可及的梦。在这里叹息的是爱情的隔阻以及由此带来的种种浓厚悲伤的情绪，令人印象深刻。或许是因为很多东西一旦具体就会失去很多可能，中国文化多是讲究留白的，好的作品要不说破，留有余韵。所以有时作品的具体内容缺失或混乱，会产生更为强烈的艺术效果，引发读者多方面的感受而产生联想。在这里为了表现情思复杂、婉转深微的心境，诗人有意识地淡化或改变固有的自然时空顺序，代之以较自由的心理时空顺序，以便达到更有效的抒情目的。

《无题》，事件是隐藏的，主题是不确定的，为表达感情的需要，使用象征的手法，并且与比喻或写实水乳交融，极富表现力和感染力。前人对此多有评论。纪昀说："《无题》诸作，大抵感怀托讽，祖述乎美人香草之遗，以曲传其郁结，故情深调苦，往往感人。"汤大奎说："玉溪《无题》诗，托兴遥深，自是骚人遗意。"这些诗歌中，诗人的感情不但深藏不露反而更加耐人寻味。千百年来，人们对这些诗歌到底有无寄托，争论纷纭，迄今仍无定论。现在学术界大体上可以肯定的是，部分无题诗有一定寄托，有些却是抒发真挚的爱情，并无什么深刻的政治寓意。诗人表现于无题诗中的是一种莫名的愁绪，其来龙去脉自己都未必完全明白，以"无题"名之，自然也会引发不同的认知结果。读者大可以按照自己的理解去体味，去感动，对错与否其实并不重要。

思考与讨论

1. 诗人在描写爱情方面会采取不同的方法，试以李商隐的《无题》与白居易的《长恨歌》作比较，说说两者在艺术表现手法上有什么异同。

2. 李商隐的《无题》诗为何喜欢用典？有何作用？

3. 你还知道哪些具有朦胧美的诗歌？

阅读视线

李商隐的代表作"锦瑟"，虽有诗名，但不过是按古诗的惯例以篇首二字为题，实是借瑟以隐题的一首无题诗。

锦　瑟

李商隐

锦瑟无端五十弦，一弦一柱思华年。
庄生晓梦迷蝴蝶，望帝春心托杜鹃。
沧海月明珠有泪，蓝田日暖玉生烟。
此情可待成追忆，只是当时已惘然。

（选自周振甫选注：《李商隐选集》，上海，上海古籍出版社，1986）

推荐阅读书目

1. 刘学楷、余恕诚、黄世中编：《李商隐资料汇编》，北京，中华书局，2001。

2. 王永宽、尚立仁主编：《李商隐与中晚唐文学研究》，郑州，中州古籍出版社，2003。

3. 吴调公：《李商隐研究》，上海，上海古籍出版社，1982。

水调歌头·黄州快哉亭赠张偓佺

阅读提示

苏轼是北宋以来最受世人喜爱的一位文人，这固然是因为他极高的文学成就，但他在作品中所展露出的那种超然的人生境界更是让无数后世人向往不已。对这些人来说，苏轼已经成为他们精神上屹立不倒的偶像。

原　文

水调歌头·黄州快哉亭赠张偓佺①

苏　轼

落日绣帘卷，亭下水连空②。知君为我新作，窗户湿青红③。长记平山堂④上，攲枕江南烟雨，杳杳没孤鸿。认得醉翁语，“山色有无中”⑤。

一千顷，都镜净，倒碧峰⑥。忽然浪起，掀舞一叶白头翁⑦。堪笑兰台公子，

---

① 张偓佺：张怀民，字梦得，又字偓佺，在黄州与苏轼有交游。元丰六年六月，张梦得谪居黄州，营新居于江上，在其住宅的西南筑亭，苏轼命名为“快哉”，本篇就是此时所作。苏辙有《黄州快哉亭记》。

② 水连空：水天相连。

③ 这两句意谓张怀民为了接待友人观赏，对亭子加以修饰。新作：新建，新筑。湿青红：涂上青油朱漆。

④ 平山堂，在江苏省江都县西北蜀冈上，欧阳修为扬州太守时所建，这里用以比况快哉亭的风雅。

⑤ 这两句是说当能领略到醉翁诗句中所描述的那种山色若有若无的美妙景象。醉翁，欧阳修的号。欧阳修《醉偎香》词有“平山栏槛倚晴空，山色有无中”之句。这里山色若有若无是烟雨造成的。王维《汉江临汛》诗已有“江流天地外，山色有无中”句，欧阳修可能是用王维诗句。

⑥ 这三句是描写水面明净，山峰倒影的景象。

⑦ 一叶：指小舟。白头翁：指操舟的老汉。

未解庄生天籁，刚道有雌雄①。一点浩然气，千里快哉风②！

（选自唐圭璋：《全宋词》，郑州，中州古籍出版社，1996。）

背景知识

苏轼（1037—1101），字子瞻，一字和仲，自号东坡居士，眉州眉山（今四川眉山县）人。苏洵长子，嘉祐二年（1057）与胞弟苏辙同榜得中进士。神宗年间他因反对王安石变法而被迫外任，先后任杭州通判，密州、徐州、湖州知府。后以“作诗讪谤朝廷”罪被贬为黄州团练副使。哲宗时召还为翰林学士，但后又再被远贬到惠州、儋州。徽宗立，遇赦召还，途中病逝在常州。苏轼是一位中国历史上少有的集多方面才能与成就于一身的大家，散文、诗词、书画无不精工。有《苏东坡集》《东坡乐府》。

导　读

这首词作于元丰六年（1083），那时苏轼仍被贬在黄州。张怀民此时也谪居黄州，但其心境坦然，不为物困。钦佩于他的气度，苏轼为他的亭台取名为“快哉亭”，又特作此词相赠。

词的上片将写景与叙事融为一体。作者从亭上的坐处望出去，只见夕阳映照下的水空相连，不由想起了当年在平山堂时的情景，那时的景色也像如今的一般空濛，今景昔景，同映眼前，难分彼此。而那时空中一只“孤鸿”的身影现在想来竟也似成了自己此时处境的写照，此中感慨，自是不言而喻。下片则把写景与抒情、议论融为一体。特写江面之景：初时优美平静，但突然风起浪涌，浪头一叶小舟也随之上下掀舞，舟中的老渔翁却依然从容操桨。于是作者故意曲解宋玉的话，嘲笑他的“雄风”“雌风”之说，因为风者“天籁”也，只要胸中有了“浩然之气”，自然能领略快哉之风！这一结，将作者的登临之感、览物之情推向高潮，表现了作者旷达、磊落的襟怀。全词结构大起大落、大开大合，跌宕多姿，错落有致。

---

① 这三句是说可笑宋玉等人不懂得庄子风是天籁之语，偏说什么风有雌、有雄。宋玉《风赋》写道，楚襄王游赏兰台之宫，宋玉、景差侍从，有风飒然而至，襄王说：“快哉此风！寡人所与庶人共者邪？”宋玉回答：“此独大王之雄风耳，庶人安得而共之！”楚王不解，宋玉解释风有雌、有雄，大王之风，宁体便人，是雄风；庶人之风，生病造热，是雌风。宋玉的话是含有讽喻的。天籁，指自然界的音响，《庄子·齐物论》有“女闻地籁，而未闻天籁”的话。刚道：偏说，硬说。

② 这两句意思是风无所谓雌雄，而人的处境和襟怀却不一样，只要人能怀有一种浩然的正气，那么在任何境遇中都能享有无穷的快意雄风。《孟子·公孙丑上》：“我善养吾浩然之气。……其为气也，至大至刚，以直养而无害，则塞于天地之间。”

这首词与一般的写景抒情词迥然不同。苏轼对词创作的一大贡献便是“以诗为词”，在本为“艳科”“小道”的词中注入了深刻的议论与哲理思索，此词即是明证。词中对人生哲理的思索“精微超旷”（刘熙载：《艺概·诗概》），所抒之怀抱，酣畅淋漓，表现了“东坡之词旷”的风貌。

思考与讨论

1. 结合你所读过的苏轼的其他作品，说一说苏词的艺术特色。
2. 词中所谓的“快哉风”具体应该怎样理解？

阅读视线

定风波·莫听穿林打叶声

苏　轼

三月七日，沙湖道中遇雨，雨具先去，同行皆狼狈，余独不觉。已而遂晴，故作此。

莫听穿林打叶声，何妨吟啸且徐行。竹杖芒鞋轻胜马，谁怕？一蓑烟雨任平生。

料峭春风吹酒醒，微冷。山头斜照却相迎。回首向来萧瑟处，归去，也无风雨也无晴。

（选自唐圭璋：《全宋词》，郑州，中州古籍出版社，1996。）

推荐阅读书目

1. 王水照：《苏轼传：智者在苦难中的超越》，天津，天津人民出版社，2008。
2. 夏承焘等：《宋词鉴赏辞典》，上海，上海辞书出版社，2003。

青玉案·元夕

阅读提示

“辛词豪”是人们对辛弃疾词风最主要的印象，但作为南宋时期最杰出的词人，他的创作风貌是极为丰富的。婉约词他同样可以写得十分别致，而且这首《青玉案》更引发了后人深广的思索。

原　文

青玉案·元夕[①]

辛弃疾

东风夜放花千树[②]，更吹落，星如雨[③]。宝马雕车香满路。凤箫声动，玉壶[④]光转，一夜鱼龙[⑤]舞。

蛾儿雪柳[⑥]黄金缕，笑语盈盈暗香去。众里寻他千百度，蓦然[⑦]回首，那人[⑧]却在，灯火阑珊[⑨]处。

（选自夏承焘等选注：《唐宋词选》，北京，中国青年出版社，1959）

背景知识

辛弃疾（1140—1207），字幼安，号稼轩，历城（今山东省历城区）人。22岁时聚众两千，参加耿京领导的抗金义军，任掌书记。失败后，南归宋朝，历任湖北、江西、湖南、福建、浙东安抚使等职。毕生以复国为己任，立志恢复中

---

① 元夕：正月十五日叫做上元，上元的晚上叫做元夕、元宵或元夜，也就是灯节。

② 花千树：指灯多。

③ 星如雨：用星比灯，或指焰火。

④ 玉壶：指灯。《武陵旧事》“元夜”条：“灯之品极多，……其后福州所进，则纯用白玉，晃耀夺目，如清冰玉壶，爽澈心目。”

⑤ 鱼龙：古代百戏（和现在的杂技差不多）之一。《汉书·西域传》：“漫衍、鱼龙、角抵之戏。”颜师古注曰：“鱼龙者……激水化为比目鱼，……化成黄龙……敖（同遨）戏于庭，炫耀日光。”

⑥ 蛾儿雪柳：都是元宵节女子头上的装饰。

⑦ 蓦然：忽然。

⑧ 那人：指所爱之人。因为是念念不忘的人，不必提名道姓，所以用“那人”代替。

⑨ 阑珊：零落，状灯火较少。

原，但因刚直疾恶，屡遭群小排挤，赋闲十数年。故把一腔抱负忠愤都寄之于词。现存词六百余首，题材广泛，内容丰富，词风多样，而以豪放悲壮为主，与苏轼并称“苏辛”。有《稼轩词》《稼轩长短句》。

导　读

这首词可算是辛弃疾婉约词的代表作，但却不能归为细腻柔媚一派，而是有自己独特的韵致。词中描绘的是一幅元宵灯节时的热闹画面，结尾处则峰回路转，别开一种境界。

词的上片全是对灯节夜间街上喧哗繁闹景象的描写，笔触生动。火树银花、鼓乐齐鸣似尽在眼前。花似春风催放、烟火如雨降落，作者在实写景致时融入了自己的想象，于是景便显得愈发绚丽耀目。下片前半开始写街上的人，而且是一些盛装出游、谈笑不停的女子们，她们与“我”擦身而过，一缕幽香犹在风中拂动。可“我”并未驻足，因为“我”已心有所系。“我”在人群中千百次的寻找，总未找到，心由焦灼、失望而渐平静——就在这时，“蓦然回首”，却发现“那人”却在“灯火阑珊处”！这时，才让人省悟到，那些灯光、烟火、箫乐、社舞、丽人，原来都是为了衬托那一个人的存在。一切繁闹在这个静静的身影前，都失却了色彩，如果这人不在，再热闹的景象也无法吸引“我”多看一眼。

这个自甘寂寞、与众不同的形象，如果联系辛弃疾一生的遭遇来理解的话，不难发现他们之间的共同之处——辛弃疾请缨报国无路，屡遭冷落排挤，也坚守信念，绝不肯与投降派同流合污。这不正是那词中人的现实写照吗？梁启超评此词时说：“自怜幽独，伤心人别有怀抱。”（《艺蘅馆词选》）便是看到了这一点。

思考与讨论

1. 辛弃疾的词风都有哪些特点，能否据所知的例子讲述一二？

2. 王国维在《人间词话》中举出人之所成大学问、大事业者必经的三种境界，选用了三句宋词来比喻，本词最后一句被喻作第三种，这种说法有道理吗？

阅读视线

蝶　恋　花

晏　殊

槛菊愁烟兰泣露，罗幕轻寒，燕子双飞去。明月不谙离恨苦，斜光到晓穿朱户。

昨夜西风凋碧树，独上高楼，望尽天涯路。欲寄彩笺兼尺素，山长水阔知何处！

凤 栖 梧

柳 永

伫倚危楼风细细，望极春愁，黯黯生天际。草色烟光残照里，无言谁会凭阑意。

拟把疏狂图一醉，对酒当歌，强乐还无味。衣带渐宽终不悔，为伊消得人憔悴。

（选自唐圭璋：《全宋词》，郑州，中州古籍出版社，1996）

推荐阅读书目

1. 陶尔夫、刘敬圻：《南宋词史》，哈尔滨，黑龙江人民出版社，1992。
2. 李华编著：《宋词三百首译注》，南昌，百花洲文艺出版社，2009。

暗香（旧时月色）

阅读提示

南宋时，词已发展到“至工”“至巧”的艺术水准，姜夔作词就非常注重艺术锤炼，被视为此时期词坛的代表人物之一，他的自度曲更能够全面展示自己在词这种文体上的创作能力。

原　文

暗香（旧时月色）

姜　夔

辛亥①之冬，予载雪诣石湖，止既月，授简索句，且征新声，作此两曲。石湖把玩不已，使工伎肄习之，音节谐婉，乃名之曰《暗香》《疏影》②。

旧时月色③。算几番照我，梅边吹笛？唤起玉人，不管清寒与攀摘④。何逊而今渐老，都忘却、春风词笔⑤。但怪得、竹外疏花，香冷入瑶席⑥。

江国。正寂寂。叹寄与路遥⑦，夜雪初积。翠尊易泣⑧，红萼无言耿相忆。长记曾携手处，千树压、西湖寒碧⑨。又片片、吹尽也，几时见得⑩。

（选自俞平伯选注：《唐宋词选释》，北京，人民文学出版社，1979）

---

① 辛亥：宋光宗绍熙二年（1191）。

② 《暗香》《疏影》：林逋《山园小梅》：“疏影横斜水清浅，暗香浮动月黄昏。”

③ 以下数句皆回忆前事，起笔明点。温庭筠《经故秘书崔监扬州南塘旧居》：“唯向旧山留月色。”周紫芝《清平乐》：“月到旧时明处，共谁倚阑干。”

④ 贺铸《浣溪沙》：“玉人和月摘梅花。”

⑤ 梁何逊有《早梅诗》，一名《扬州法曹梅花盛开》。杜甫《和裴迪》：“东阁官梅动诗兴，还如何逊在扬州。”这里将何逊来比况自己。

⑥ “竹外疏花”用东坡诗，见下注⑨。“香冷瑶席”指在范成大席上赏梅花。

⑦ “寄与”出陆凯《寄范晔》诗，寄赠梅花更早的故事见于《说苑》：“越使诸发执一枝遗梁王。梁王之臣曰韩子，顾左右曰：‘恶有一枝梅乃遗制国之君乎！’”《初学记》卷二十八引刘向《说苑》，今本无此文。

⑧ 《绝妙好词》及洪正治本《白石诗词》，“泣”并作“竭”，词意盖本周邦彦《浪淘沙慢》“翠尊未竭”；各本多作“泣”。用“泣”或“竭”，就句意论并可通，如黄孝迈《湘春夜月》“空尊夜泣”，亦即此句之意。且“易泣”“无言”对偶亦工。

⑨ “长记”以下，又记往事，与起首相应。苏轼《和秦太虚梅花》“江头千树春欲暗，竹外一枝斜更好。”东坡此篇中还有“西湖处士”“孤山山下”等句，盖姜句所出。

⑩ 结句拟周邦彦《六丑》结句：“恐断红尚有相思字，何由见得？”

背景知识

姜夔（1155—1209?），字尧章，号白石道人，饶州鄱阳（今江西鄱阳）人。少随父游宦，父卒依姐而居。一生未仕，往来于鄂、苏、皖、浙间，与当时诗人、词客交游。他是南宋中后期一位重要词人、诗人和诗论家，尤以词名世。他长于音律，能自制词曲，缀以音谱。其词内容广泛，以抒怀、咏物、恋情为主，在宋词发展史上有重要的地位。有《白石道人歌曲》《白石道人诗集》《白石诗话》等。

导　读

南宋末年张炎的《词源·杂论》中有这样一段话："诗之赋梅，唯和靖一联而已。世非无诗，不能与之齐驱耳。词之赋梅，唯白石《暗香》《疏影》二曲，前无古人，后无来者，自立新意，真为绝唱。"咏梅之词南宋后也有很多，但后人仍往往首推姜夔的此二首自度曲，作品魅力，可见一斑。

据题序，可知这两首词作于光宗绍熙二年辛亥（1191）冬季作者在范成大的苏州附近的石湖别墅做客时。范与姜都甚喜爱梅花，遂有此作。但二词用意晦涩，历来有批评家苦思求解，甚至穿凿附会。就词意来看，《暗香》似可视为一首咏梅兼抒怀之作。上片由回忆写起，只见一幅高雅清冷的玉人摘梅画面；然后转入现实，作者自谦文才已老，但眼前梅香梅影，又引起了他的一番诗兴。下片先接前忆，进一步抒发折梅也难寄的相思之情；后半又折回开头的回忆场景，生动的如在眼前，最后"几时见得?"句，既是对梅花之叹，又是对故人之忆，韵味深长。周济在《宋四家词选》中批《暗香》曰："前五句为盛时如此，'何逊而今渐老'四句，为衰时如此。'长记曾携手处'二句，为想其盛时。'又片片'二句，为感其衰时。"将词的脉络分析得非常明显。

姜夔的这二首咏物词完全打破了前人的传统写法，不再是平面的描摹刻画，而是创造出富有立体感的艺术境界和人格化的艺术形象。词中运用了大量典故，虚实结合、多角度地进行描写；物人统一，内外兼重，达到了至为高远的艺术境界。

思考与讨论

1. 读了《暗香》，试着体会它在音韵上有怎样的特点。
2. 思考为什么这二首词会成为宋词中最令人费解的作品。
3. 你还知道哪些咏梅的诗词，它们与《暗香》有何异同之处?

阅读视线

疏　影

姜　夔

苔枝缀玉，有翠禽小小，枝上同宿。客里相逢，篱角黄昏，无言自倚修竹。昭君不惯胡沙远，但暗忆江南江北。想佩环、月夜归来，化作此花幽独。

犹记深宫旧事，那人正睡里，飞近蛾绿。莫似东风，不管盈盈，早与安排金屋。还教一片随波去，又却怨玉龙哀曲。等恁时、重觅幽香，已入小窗横幅。

（选自唐圭璋编：《全宋词》，郑州，中州古籍出版社，1996）

梅花引·荆溪阻雪

蒋　捷

白鸥问我泊孤舟，是身留，是心留？心若留时，何事锁眉头？风拍小帘灯晕舞，对闲影，冷清清，忆旧游。

旧游旧游今在否？花外楼，柳下舟。梦也梦也，梦不到，寒水空流。漠漠黄云，湿透木棉裘。都道无人愁似我，今夜雪，有梅花，似我愁。

（选自唐圭璋编：《全宋词》，郑州，中州古籍出版社，1996）

推荐阅读书目

1. 叶嘉莹：《南宋名家词选讲》，北京，北京大学出版社，2007。
2. 杨海明：《唐宋词与人生》，石家庄，河北人民出版社，2002。

（双调）庆东原

阅读提示

元代是一个夹缝时代，文化价值的丧失与终极意义的失落，使元代文人充满了生存与文化的焦虑，他们在边缘与中心的冲突中痛苦挣扎，最终走向市井与田园，归隐叹世成为元曲的重要主题。

原　文

（双调）庆东原①

白　朴

忘忧草②，含笑花③，
劝君闻早冠宜挂④。
那里也能言陆贾⑤！
那里也良谋子牙⑥！
那里也豪气张华⑦！
千古是非心，
一夕渔樵话⑧。

（选自《全元散曲》，北京，中华书局，1962）

背景知识

白朴（1226—1312后），字太素，一字仁甫，号兰谷，原籍陨州（今山西河

---

① 庆东原：曲牌名，双调中的曲调。白朴原作共三首，这是第一首，无题。

② 忘忧草：即萱草，又名紫萱，食后如酒醉。古人认为它可以忘忧。嵇康《养生论》："合欢蠲忿，萱草忘忧，愚知所共知也。"

③ 含笑花：常绿灌木，初夏开花，花如兰。"开时常不满，若含笑焉。"

④ 闻早：趁早。冠宜挂：挂冠，辞官归隐的代语。

⑤ 陆贾：汉高祖谋臣，以能言善辩知名。

⑥ 子牙：姜太公，名姜尚，又名吕尚，字子牙。辅佐文王、武王灭商有功，封于齐，为周代齐国的始祖。

⑦ 张华：字茂先，西晋文学家。曾劝谏晋武帝伐吴，灭吴后持节都督幽州诸军事，虽为文人而有武略，故称豪气张华。

⑧ 渔樵话：渔人樵夫所说的闲话。张升《离亭燕》："多少六朝兴废事，尽入渔樵闲话。"

曲县）人，后居真定（今河北正定县），故又称真定人。他是元代著名的文学家、杂剧家，元曲四大家之一。

白朴博览群书，学问精深，幼年丧乱，仓徨失母，生长于动荡的年代终身未仕。在元代杂剧的创作中，白朴具有重要的地位，著杂剧 16 种，今存 3 种：《梧桐雨》《东墙记》《墙头马上》，其中《梧桐雨》尤为著名。词集有《天籁集》，散曲有《天籁集摭遗》一卷，收其小令 37 首，套曲 4 套。

在元统一全国后，白朴移家金陵（今南京市），放浪于山水之间，以诗酒为乐。这首小令就是在那个时候创作的讽世之作。

导　读

一、元曲是中华民族灿烂文化宝库中的一朵奇葩，它在思想内容和艺术成就上都体现了独有的特色，和唐诗宋词鼎足并举，成为我国文学史上三座重要的里程碑。

元曲包括杂剧和散曲，是元代文学主体。元杂剧的成就和影响远远超过散曲，因此也有人以“元曲”单指杂剧，元曲也即“元代戏曲”。

杂剧的戏剧形式是由故事情节、曲词、宾白、科介等几部分组成。科介是演出提示，规定表演动作和舞台效果，宾白就是说白，曲词是歌唱部分。元杂剧剧本一般由四折组成，一套乐曲伴唱一折，所以“折”是音乐的单元，也是剧情的大段落。在四折之外，还可以有楔子。楔子当于序幕，但也像过场戏放在折与折之间。剧本的结尾一般有两句或四句对子，叫“题目正名”，来总结内容，最后一句常用作剧本名称，比如《窦娥冤》：题目：秉鉴持衡廉访法，正名：感天动地窦娥冤。

散曲是可配乐演唱的歌曲形式。根据《青楼集》的记载，元散曲的歌唱有多种形式，像表演唱、舞蹈伴唱、乐器伴唱等。在宴会上，演员解语花“左手持荷花，右手举杯，歌骤雨打新荷曲”；连枝秀“有招饮者，酒酣则自起舞，唱《青天歌》，女童亦舞而和之，真仙音也”。元散曲主要有小令和套数（又叫散套、套曲）两种形式。小令原是民间的小调，文人的小令多半较典雅，民间的小令语言俚俗。小令以描写为主，比起唐宋诗词通俗生动，确具有一番独特风格与精神。

元曲的兴起对于我国民族诗歌的发展、文化的繁荣有着深远的影响和卓越的贡献，它不仅是文人咏志抒怀表达情感的途径，而且为反映元代社会生活提供了人民群众喜闻乐见的崭新艺术形式。

二、本文是一篇叹世的小令。叹世是中国古代文人长写不疲的题目，尤其是南宋词，许多篇章包容有山川之叹、家国之叹、身世之叹。元曲家继承了这一主题，但却有着不同于以往诗词的特点。较之于之前的文学诗词，元曲的表意较为直白，讲究显露畅达。由于听众除了传统的文人雅士，还有村夫俗子，因此元曲追求直率明快，更为淋漓酣畅。有时不但不婉转、不含蓄，而且，多数冲口而出，直陈胸臆。在语言选用方面，元曲也有突破之处。“曲尚通俗”选词造句尽量口语化，不过分雕琢辞藻，并且允许群众口语进入曲中，生动俚俗，具有独特的表现力。

这首小令正是这方面的代表作。白朴以“忘忧草”、“含笑花”两种植物起兴，劝人忘却忧愁，常开怀，然而世间不如意事常十之八九，如何摆脱？一切忧愁烦恼都因功名利禄而起，要想脱离忧愁，就要把这一切都抛下，与其在宦海沉浮里追逐，不如挂冠归家，做个逍遥的隐士。远离是非不断的官场，才有可能笑口常开。这里“宜”字颇具深意，抛弃功名，宜早不宜迟，远离尘嚣，方得清净。作者一生不仕，这里以挂冠相劝，进一步否定功名利禄。接下来是一组鼎足对：能言善辩的陆贾、足智多谋的姜子牙、豪气纵横的张华，他们的一生都是功名盖世，荣利加身。然而，这又如何？再多的丰功伟绩可曾使生命多留一刻？到头来不论怎样的荣耀之身不是都化为了尘土？沧海桑田，泯灭了一切喧嚣。三个相同的句式，三次重叠的“那里也”三个衬字，加重了慨叹的语气，建功立业的能人们，今安在？篇末作结，戛然而止：“千古是非心，一夕渔樵话”。人们所争所看重的那些是与非、功与过，在千百年后不过是渔父樵夫茶余饭后、品评闲聊的谈资罢了。人生苦短，不如远离是非，留得清白自在。这样的思想，不无消极之处，可是这与作者所生的乱世，元代的社会状况有莫大关系，已然看尽了官场政治的黑暗腐朽，没有别的办法，只好做个洁身自好的隐士了。叹世之作往往带着某种愤慨、感伤或者凄婉，白朴的这篇小令却写得旷达、洒脱。然而，在这表面的悠然潇洒之后，那份辛酸无奈，也透着了然后的苍凉吧。

思考与讨论

1. 元曲的语言别具特色，吸取民间文学特色，语言平易，具有浓郁的生活气息。请结合这些特点分析《庆东原》的语言特色。

2. 你还知道哪些叹世之作？与《庆东原》相比你更喜欢哪一个？

阅读视线

叹世归隐是元曲的重要主题，马致远的《蟾宫曲·叹世》也是颇具特色的一部叹世之作。

（双调）蟾宫曲·叹世

马致远

东篱半世蹉跎，竹里游亭，小宇婆娑。有个池塘，醒时渔笛，醉时渔歌。严子陵他应笑我，孟光台我待学他。笑我如何？倒大江湖，也避风波。

（选自《全元散曲》，北京，中华书局，1962）

推荐阅读书目

1.（明）臧懋循编：《元曲选》，杭州，浙江古籍出版社，1998。

2. 马显慈：《关汉卿白朴马致远三家散曲之比较研究》，北京，中华书局，2004。

3. 胡世厚：《白朴论考》，郑州，中州古籍出版社，1991。

4. 俞平伯：《论诗词曲杂著》，上海，上海古籍出版社，1983。

先秦诸子语录

阅读提示

在中国历史上，春秋战国是思想和文化最为辉煌灿烂、群星闪烁的时期。这一时期百家竞起，诸子争鸣，学派纷呈，形成了前所未有的“百家争鸣”的局面。

原　文

先秦诸子语录

子曰①：“为政以德，譬如北辰②，居其所而众星共之③。”（《论语·为政》）

子贡曰④：“如有博施于民，而能济众⑤，何如？可谓仁乎？”子曰：“何事于仁⑥，必也圣乎！尧舜其犹病诸⑦。**夫仁者，己欲立而立人，己欲达而达人。**能近取譬⑧，可谓仁之方也。”（《论语·雍也》）

颜渊问仁⑨。子曰：“**克己复礼为仁**⑩。一日克己复礼，天下归仁焉⑪。为仁由己，而由人乎哉？”颜渊曰：“请问其目⑫。”子曰：“**非礼勿视，非礼勿听，非礼勿言，非礼勿动。**”颜渊曰：“回虽不敏，请事斯语矣⑬。”（《论语·颜渊》）

子曰：“其身正，不令而行；其身不正，虽令不从⑭。”（《论语·子路》）

---

① 子：古代对男子的尊称，这里及以下《论语》各条皆指孔子。

② 北辰：北极星。

③ 共：同“拱”，环抱、围绕。

④ 子贡：即端木赐，孔子弟子。

⑤ 济：救助。

⑥ 何事于：即何止于。

⑦ 尧、舜：传说中的两位圣君。其：副词，表示推测，大概、恐怕。病：为难，不足。诸：“之乎”的合音。

⑧ 近：就近，指自身。取譬：即引譬连类，由己及人。

⑨ 颜渊：颜回，孔子弟子。

⑩ 克：克制，控制。复：合乎，符合。

⑪ 归：赞许，称道。

⑫ 目：条目，纲领。

⑬ 事：遵照，实行。

⑭ 虽：即使。

子张问于孔子曰[①]："何如斯可以从政矣[②]？"子曰：**"尊五美，屏四恶[③]，斯可以从政矣。"**子张曰："何谓五美？"子曰："君子惠而不费[④]，劳而不怨，欲而不贪[⑤]，泰而不骄[⑥]，威而不猛。"子张曰："何谓惠而不费？"子曰："因民之所利而利之，斯不亦惠而不费乎？择可劳而劳之，又谁怨？欲仁而得仁，又焉贪？君子无众寡，无小大，无敢慢，斯不亦泰而不骄乎？君子正其衣冠，尊其瞻视，俨然人望而畏之，斯不亦威而不猛乎？"子张曰："何谓四恶？"子曰："不教而杀谓之虐，不戒视成谓之暴[⑦]，慢令致期谓之贼[⑧]，犹之与人也[⑨]，出纳之吝谓之有司[⑩]。"（《论语·尧曰》）

庖有肥肉[⑪]，厩有肥马，民有饥色，野有饿莩[⑫]，此率兽而食人也。兽相食，且人恶之；为民父母，行政，不免于率兽而食人，恶在其为民父母也[⑬]。（《孟子·梁惠王上》）

老吾老，以及人之老；幼吾幼，以及人之幼[⑭]：天下可运于掌。（《孟子·梁惠王上》）

齐宣王见孟子于雪宫。王曰："贤者亦有此乐乎？"孟子对曰："有。人不得，则非其上矣[⑮]。不得而非其上者，非也[⑯]；为民上而不与民同乐者，亦非也。**乐民之乐者，民亦乐其乐；忧民之忧者，民亦忧其忧。**乐以天下，忧以天下，然而不王者，未之有也。"（《孟子·梁惠王下》）

天时不如地利，地利不如人和。三里之城，七里之郭[⑰]，环而攻之而不胜。夫环而攻之，必有得天时者矣；然而不胜者，是天时不如地利也。城非不高也，

---

① 子张：即颛孙师，孔子弟子。

② 斯：才，就。

③ 屏：排除，摈弃。

④ 惠而不费：对人慈惠而不耗费财物。

⑤ 欲而不贪：有所追求而不贪婪。

⑥ 泰：舒泰。

⑦ 不戒视成：不告戒却要看到成果。

⑧ 慢令致期：命令下得晚却要限期完成。

⑨ 犹之与人：同是给人东西。

⑩ 出纳：这里偏指"出"。有司：本是官吏的通称，此指小吏，可意译为"小家子气"。

⑪ 庖：厨房。

⑫ 饿莩（piǎo）：饿死的人。莩：通"殍"。

⑬ 恶在：何在，哪里在。

⑭ 老吾老句：前一"老"字，作敬爱解。前一"幼"，作爱抚解。用为动词。

⑮ 非其上：责怪君王。非：责备，责怪。

⑯ 非：不对。

⑰ 城：内城。郭：外城。

池非不深也，兵革非不坚利也，米粟非不多也；委而去之[①]，是地利不如人和也。故曰：域民不以封疆之界[②]，固国不以山溪之险，威天下不以兵革之利。**得道者多助，失道者寡助。寡助之至，亲戚畔之[③]。多助之至，天下顺之。**以天下之所顺，攻亲戚之所畔，故君子有不战，战必胜矣。（《孟子·公孙丑下》）

民为贵，社稷次之，君为轻。是故得乎丘民而为天子[④]，得乎天子为诸侯，得乎诸侯为大夫[⑤]。诸侯危社稷，则变置[⑥]。（《孟子·尽心下》）

马骇舆[⑦]，则君子不安舆[⑧]；庶人骇政，则君子不安位。马骇舆，则莫若静之；庶人骇政，则莫若惠之。选贤良，举笃敬[⑨]，兴孝弟[⑩]，收孤寡，补贫穷，如是，则庶人安政矣。庶人安政，然后君子安位。传曰：**"君者，舟也；庶人者，水也。水则载舟[⑪]，水则覆舟。"**此之谓也。（《荀子·王制》）

小国寡民[⑫]。使有什伯之器而不用[⑬]，使民重死而不远徙。虽有舟舆，无所乘之[⑭]；虽有甲兵，无所陈之；使民复结绳而用之[⑮]。**甘其食，美其服，安其居，乐其俗**[⑯]。邻国相望，鸡犬之声相闻，民至老死不相往来。（《老子》八十章）

若使天下兼相爱，国与国不相攻，家与家不相乱，盗贼亡有，君臣父子皆能孝慈[⑰]，若此则天下治。故圣人以治天下为事者，恶得不禁恶而劝爱[⑱]！**故天下兼相爱则治，交相恶则乱。**故子墨子曰："不可以不劝爱人者，此也。"（《墨子·兼爱上》）

杀一人，谓之不义，必有一死罪矣。若以此说往，杀十人，十重不义，必有

---

① 委：放弃。去：离去，逃跑。
② 域民不以封疆之界：限制人口外流不能依靠边境的界限。
③ 畔：通"叛"。
④ 得乎丘民：获得老百姓的信任。丘民：田野上的民众。
⑤ 大夫：指诸侯的臣属。
⑥ 变置：废旧立新。
⑦ 马骇舆：即"马骇于舆"，马在驾车中受到惊骇。骇，受惊。舆，车。
⑧ 君子：这里指统治者。
⑨ 笃敬：忠厚，指忠厚的人。
⑩ 弟：通"悌"，尊敬兄长。
⑪ 则：能够。
⑫ 小、寡：都用作动词，使动用法。
⑬ 什：十倍。伯：通"佰"，百倍。
⑭ 所：代词，用途，需要。
⑮ 复：重新。结绳：上古时没有文字，以结绳记事。
⑯ 甘，美，安，乐：意动用法。
⑰ 孝慈：古时尊敬长辈谓"孝"，关爱晚辈谓"慈"。
⑱ 前一"恶"作"何"解。后一"恶"作仇恨解。劝爱：倡导仁爱。

十死罪矣；杀百人，百重不义①，必有百死罪矣。当此天下之君子，皆知而非之，谓之不义。今至大为不义，攻国，则弗知非，从而誉之，谓之义。情不知其不义也②，故书其言以遗后世③；若知其不义也，夫奚说书其不义以遗后世哉④？（《墨子·非攻上》）

今有不才之子，父母怒之弗为改，乡人谯之弗为动⑤，师长教之弗为变。夫以父母之爱，乡人之行，师长之智，三美加焉而终不动，其胫毛不改⑥。州部之吏，操官兵、推公法，而求索奸人，然后恐惧，变其节，易其行矣。故父母之爱，不足以教子，必待州部之严刑者，民固骄于爱，听于威矣。故十仞之城⑦，楼季弗能逾者⑧，峭也；千仞之山，跛牂易牧者⑨，夷也。故明王峭其法而严其刑也。布帛寻常⑩，庸人不释；铄金百溢⑪，盗跖不掇⑫。不必害，则不释寻常；必害手，则不掇百溢。故明主必其诛也⑬。是以赏莫如厚而信，使民利之；罚莫如重而必，使民畏之；法莫如一而固，使民知之。故主施赏不迁，行诛无赦。誉辅其赏，毁随其罚，则贤不肖俱尽其力矣。（《韩非子·五蠹》）

背景知识

孔子（前551—前479），名丘，字仲尼，鲁国陬邑（今山东曲阜）人，春秋时期著名的思想家、政治家和教育家，儒家学派的创始人。《论语》主要记载孔子及其弟子的言行，由孔子的弟子及再传弟子记录编纂而成。

孟子（约前372—前289），名轲，字子舆，战国时邹（今山东邹县）人，继承并发展了孔子的思想学说，是孔子之后先秦儒家学派的主要代表人物。《孟子》主要记载孟子的言行，由孟子和他的弟子万章、公孙丑等编撰而成。

荀子（约前313—前283），名况，字卿，赵国人，曾任楚国兰陵（今山东苍山县）令，终老其地。荀子是战国时期重要的思想家、教育家，对春秋以来的儒

① 重（chóng）：倍。
② 情：诚，的确。
③ 书：记载。
④ 奚说：用什么话来解说。
⑤ 谯：斥骂。
⑥ 其胫毛不改：连腿上的毛也不改变一根。
⑦ 仞：七尺。一说八尺。
⑧ 楼季：魏文侯之弟。这里引他，当是以善跳跃著名。
⑨ 牂（zāng）：母羊。
⑩ 寻：八尺。常：十六尺。
⑪ 铄金：熔化了的黄金。溢，同“镒”，一镒二十四两。
⑫ 掇：拾取。
⑬ 必：作动词，必定执行。诛：刑罚。

学有所扬弃并有所发展，战国后期的著名人物韩非和李斯都出自他的门下。著有《荀子》一书，现存文33篇，是战国时期儒家学派的经典著作。

老子（约前571—前471），历来说法不一，有人认为他就是老聃，姓李名耳，字伯阳，春秋末楚国苦县（今河南鹿邑）人，曾做过周朝的“守藏室之史”，后退隐。道家学派的创始人。《老子》又名《道德经》等，道家经典著作，相传为老子所著，但学术界对此书作者及其成书年代多有歧见。

墨翟（约前468—前376），相传原为宋国人，后长期居住鲁国。先曾学习儒术，因不满儒家的烦琐礼节与厚葬糜财，半途反叛，另立新说，创立了墨家学派。《墨子》一书是墨家著作的汇集本，旧题为墨翟所著，其实主要是墨家弟子对墨子言行的记载。

韩非（约前280年—前233年），战国末期韩国人，为韩国公子。不仅是战国时期法家思想的集大成者，也是战国末期集诸子学说之大成的思想家。后世称“韩子”或“韩非子”。著有《韩非子》一书，共五十五篇，是战国时期法家学派的经典著作。

导　读

春秋战国时期，正是中国思想史上百家竞起，诸子争鸣，学派纷呈的辉煌时代。他们或出谋划策，奔走游说；或著书立说，互相辩难；他们议论时事，阐述哲理，各成一家之言，形成了一个前所未有的“百家争鸣”的局面。先秦诸子的学说在中国思想史上占有崇高地位，后世思想学派莫不渊源于此，诸子著作是了解中国古代社会政治、经济、文化的宝贵资料。先秦诸子的思想博大精深，这里侧重选录了有关各学派政治主张的论述。

儒家学派的开创者孔子，他的理论的核心是“仁”，他认为仁就是要爱人，要求人与人之间要相互爱护，融洽相处；实现“仁”要做到待人宽容，“己所不欲，勿施于人”。而体现仁的制度或行为的准则是“克己复礼”。在政治上，他主张以礼治国，“为政以德”，认为用道德和礼教来治理国家是最高尚的治国之道。孟子继承和发展了孔子的德治思想，他主张行“仁政”而王天下。民本思想是孟子的主要政治思想，他提出统治者要去爱人民，要“老吾老以及人之老，幼吾幼以及人之幼”，要“乐民之乐”“忧民之忧”，并进一步提出“民为贵，社稷次之，君为轻”的主张。荀子则改造儒家思想，综合了法家和道家思想的积极合理成分，使儒家思想更能适应社会的需要。他主张“仁义”和“王道”，“以德服人”，并提出水能载舟亦能覆舟的比喻，成为许多后世明君的治国之道。道家学派对治世思想的论述并不多，老子主张道法自然，顺其自然，提倡清静无为，以柔克刚。其政治理想是“小国寡民”“无为而治”。老子认为，社会以国小人少为最佳，老百姓“安居”“乐俗”，无复它求，社会自然安定。墨子作为墨家学派的创始人，提出了“兼爱”“非攻”的政治主张。墨子认为人类一切罪恶的根源是“不相爱”，因而提倡“兼爱”。他同情人民的疾苦，认为给人民带来灾难的，莫过于统治者为了争权夺利而发动的战争。因此他反对不义的战争，提倡“非攻”。法家是战国时期的重要学派之一，因主张以法治国，故称之为法家。春秋时期，管仲、子产即是法家的先驱。战国初期，李悝、商鞅、申不害、慎到等开创了法家学派。至战国末期，韩非集法家思想学说之大成，他综合了商鞅的“法”、慎到的“势”和申不害的“术”而加以发展，主张因时制宜，强调法治和君主集权。

通过这些语录，我们不但可以了解先秦各学派不同的政治主张，而且也可以领略先秦时期逐渐成熟的写作技巧和语言艺术。这些语录，朴实明快、精辟警策，又蕴涵着巨大的思想内涵，读来发人深思。同时，比喻、对偶、排比等修辞手法的运用，也增强了语言的生动练达和说理的气势。

思考与讨论

1. 选择一位你熟悉的先秦诸子谈一谈他的思想主张及你对这一主张的看法。
2. 阅读本文，谈一谈各学派都提出了怎样的主张。
3. 简要评述孟子“仁政”思想的进步意义和历史局限。

阅读视线

汉书·艺文志诸子略（节选）

班　固

儒家者流，盖出于司徒之官，助人君顺阴阳明教化者也。游文于六经之中，留意于仁义之际，祖述尧舜，宪章文武，宗师仲尼，以重其言，于道最为高。孔子曰：“如有所誉，其有所试。”唐虞之隆，殷周之盛，仲尼之业，已试之效者也。然惑者既失精微，而辟者又随时抑扬，违离道本，苟以哗众取宠。后进循之，是以五经乖析，儒学寖衰，此辟儒之患。

道家者流，盖出于史官，历记成败存亡祸福古今之道，然后知秉要执本，清虚以自守，卑弱以自持，此君人南面之术也。合于尧之克攘，易之嗛嗛。一谦而四益，此其所长也。及放者为之，则欲绝去礼学，兼弃仁义，曰独任清虚可以为治。

阴阳家者流，盖出于羲和之官，敬顺昊天，历象日月星辰，敬授民时，此其所长也。及拘者为之，则牵于禁忌，泥于小数，舍人事而任鬼神。

法家者流，盖出于理官，信赏必罚，以辅礼制。易曰“先王以明罚饬法”，此其所长也。及刻者为之，则无教化，去仁爱，专任刑法而欲以致治，至于残害至亲，伤恩薄厚。

名家者流，盖出于礼官。古者名位不同，礼亦异数。孔子曰：“必也正名乎！名不正则言不顺，言不顺则事不成。”此其所长也。及警者为之，则苟钩鈲析乱而已。

墨家者流，盖出于清庙之守。茅屋采椽，是以贵俭；养三老五更，是以兼爱；选士大射，是以上贤；宗祀严父，是以右鬼；顺四时而行，是以非命；以孝视天下，是以上同：此其所长也。及蔽者为之，见俭之利，因以非礼，推兼爱之意，而不知别亲疏。

从横家者流，盖出于行人之官。孔子曰：“诵诗三百，使于四方，不能专对，虽多亦奚以为？”又曰：“使乎，使乎！”言其当权事制宜，受命而不受辞，此其所长也。及邪人为之，则上诈谖而弃其信。

杂家者流，盖出于议官。兼儒、墨，合名、法，知国体之有此，见王治之无不贯，此其所长也。及荡者为之，则漫羡而无所归心。

农家者流，盖出于农稷之官，播百谷，劝耕桑，以足衣食，故八政一曰食，二曰货。孔子曰“所重民食”，此其所长也。及鄙者为之，以为无所事圣王，欲使君臣并耕，誖上下之序。

小说家者流，盖出于稗官。街谈巷语，道听涂说者之所造也。孔子曰：“虽小道，必有可观者焉，致远恐泥，是以君子弗为也。”然亦弗灭也。闾里小知者之所及，亦使缀而不忘。如或一言可采，此亦刍荛狂夫之议也。

凡诸子百八十九家，四千三百二十四篇。

诸子十家，其可观者九家而已。皆起于王道既微，诸侯力政，时君世主，好恶殊方，是以九家之说蠭出并作，各引一端，崇其所善，以此驰说，取合诸侯。其言虽殊，辟犹水火，相灭亦相生也。仁之与义，敬之与和，相反而皆相成也。易曰：“天下同归而殊涂，一致而百虑。”今异家者各推所长，穷知究虑，以明其指，虽有蔽短，合其要归，亦六经之支与流裔。使其人遭明王圣主，得其所折中，皆股肱之材已。仲尼有言：“礼失而求诸野。”方今去圣久远，道术缺废，无所更索，彼九家者，不犹瘉于野乎？若能修六艺之术，而观此九家之言，舍短取长，则可以通万方之略矣。

（选自《汉书》，北京，中华书局，1962）

推荐阅读书目

1. 杨伯峻：《论语译注》，北京，中华书局，2006。
2. 金良平：《孟子译注》，上海，上海古籍出版社，2004。
3. 傅佩荣：《傅佩荣说孔孟论人生》，西安，陕西人民出版社，2007。

冯谖客孟尝君

阅读提示

此文立意奇绝，行文变化莫测，跌宕顿挫，波澜层出，高潮迭起，使人如入武夷九曲，步步引人入胜，是一篇充满情趣的冯谖传。

原　文

冯谖客孟尝君

《战国策》

齐人有冯谖者①，贫乏不能自存，使人属孟尝君②，愿寄食门下。孟尝君曰："客何好？"曰："客无好也。"曰："客何能？"曰："客无能也。"孟尝君笑而受之曰："诺。"

左右以君贱之也，食以草具③。居有顷，倚柱弹其剑，歌曰："长铗归来乎④。食无鱼。"左右以告，孟尝君曰："食之，比门下之客⑤。"居有顷，复弹其铗，歌曰："长铗归来乎。出无车。"左右皆笑之，以告，孟尝君曰："为之驾，比门下之车客。"于是乘其车，揭其剑⑥，过其友曰："孟尝君客我⑦。"后有顷，复弹其剑铗，歌曰："长铗归来乎。无以为家⑧。"左右皆恶之，以为贪而不知足。孟尝君问："冯公有亲乎？"对曰："有老母。"孟尝君使人给其食用，无使乏。于是冯谖不复歌。

---

① 冯谖（xuān）：齐国游说之士，谖，一作"煖"，《史记》中又作"驩"，音皆同。

② 属：同"嘱"，嘱托，请求。孟尝君：齐国贵族，姓田名文，齐靖郭君田婴少子，为齐相。轻财好士，门下食客常数千人，与魏信陵君、楚春申君、赵平原君一起被称为"战国四公子"。

③ 食（sì）以草具：给他吃粗糙的食物。草具：装盛粗劣的饮食的食具。

④ 长铗（jiá）归来乎：大意是长铗啊，我们还是回去吧！长铗：犹长剑。

⑤ 比门下之客：按照中等门客的生活待遇。孟尝君对门客的待遇分为三等：下等（草具之客），食无鱼；中等（门下之客），食有鱼；上等（车客），出有车。

⑥ 揭：高举。

⑦ 客我：以我为客。

⑧ 无以为家：没有能力养家。

后孟尝君出记①，问门下诸客："谁习计会②，能为文收责于薛者乎③？"冯谖署曰④："能。"孟尝君怪之，曰："此谁也？"左右曰："乃歌夫'长铗归来'者也。"孟尝君笑曰："客果有能也，吾负之⑤，未尝见也。"请而见之，谢曰⑥："文倦于事⑦，愦于忧⑧，而性懦愚⑨，沉于国家之事，开罪于先生⑩。先生不羞⑪，乃有意欲为收责于薛乎？"冯谖曰："愿之。"

于是约车治装⑫，载券契而行⑬，辞曰："责毕收，以何市而反⑭？"孟尝君曰："视吾家所寡有者。"驱而之薛⑮。使吏召诸民当偿者，悉来合券⑯。券遍合，起矫命以责赐诸民⑰，因烧其券。民称万岁。

长驱到齐，晨而求见。孟尝君怪其疾也，衣冠而见之，曰："责毕收乎？来何疾也。"曰："收毕矣。""以何市而反？"冯谖曰："君云'视吾家所寡有者'，臣窃计，君宫中积珍宝，狗马实外厩，美人充下陈，君家所寡有者以义耳。窃以为君市义。"孟尝君曰："市义奈何？"曰："今君有区区之薛，不拊爱子其民⑱，因而贾利之⑲。臣窃矫君命，以责赐诸民，因烧其券，民称万岁，**乃臣所以为君市义也**。"孟尝君不说，曰："诺，先生休矣⑳。"

后期年㉑，齐王谓孟尝君曰："寡人不敢以先王之臣为臣。"孟尝君就国于

---

① 记：账册。一说，指书状之类文件。
② 习：熟悉。计会（kuài）：会计账目。
③ 责：同"债"。薛：孟尝君的领地，今山东枣庄附近。
④ 署：署名、签名，引申为表示。
⑤ 负：对不起，辜负。实际意思是埋没人才。
⑥ 谢：道歉。
⑦ 倦于事：忙于事务，疲劳不堪。
⑧ 愦（kuì）：心思烦乱。
⑨ 懦：同"懦"，懦弱。
⑩ 开罪：得罪。
⑪ 不羞：不以此感到羞辱。
⑫ 约车治装：准备车马、整理行装。
⑬ 券契：债务契约。
⑭ 市：买。反：同"返"。
⑮ 之：到，往……去。
⑯ 合券：验合债券。古代契约分为两半，立约双方各执其一。
⑰ 矫命：假托（孟尝君）命令。
⑱ 拊爱：体恤爱护。子其民：把民众看做自己的子女。
⑲ 贾（gǔ）利：用商人放债的办法来获取利润。
⑳ 休矣：意为"算了吧"。
㉑ 后期（jī）年：一周年之后。期年：整整一年。

薛①，未至百里，民扶老携幼迎君道中。孟尝君顾谓冯谖②：“先生所为文市义者，乃今日见之。”冯谖曰：**“狡兔有三窟，仅得免其死耳。**今君有一窟，未得高枕而卧也。请为君复凿二窟。”

孟尝君予车五十乘，金五百斤，西游于梁③。谓惠王曰④：“齐放其大臣孟尝君于诸侯⑤，诸侯先迎之者，富而兵强。”于是梁王虚上位⑥，以故相为上将军，遣使者，黄金千斤、车百乘，往聘孟尝君。冯谖先驱诫孟尝君曰：“千金，重币也；百乘，显使也。齐其闻之矣。”梁使三反⑦，孟尝君固辞不往也。

齐王闻之，君臣恐惧，遣太傅赍黄金千斤⑧，文车二驷⑨，服剑一⑩，封书谢孟尝君曰：“寡人不祥⑪，被于宗庙之祟⑫，沉于谄谀之臣⑬，开罪于君。寡人不足为也⑭，愿君顾先王之宗庙⑮，姑反国统万人乎⑯?”冯谖诫孟尝君曰：“愿请先王之祭器⑰，立宗庙于薛⑱。”庙成，还报孟尝君曰：“三窟已就，君姑高枕为乐矣。”

孟尝君为相数十年，无纤介之祸者⑲，冯谖之计也。

（选自周晓薇、王其祎校点：《战国策》，沈阳，辽宁教育出版社，1997）

背景知识

《战国策》，简称《国策》，最初有《国策》《国事》《短长》《事语》《长书》

---

① 就国：回封地。

② 顾：回（头）视看。

③ 梁：魏国。因为当时魏已迁都到大梁（今河南开封），故称之为梁。

④ 惠王：梁惠王。

⑤ 放：放逐。

⑥ 虚上位：空出最高职位。

⑦ 三反：先后三次往返。反：同“返”。

⑧ 赍（jī）：携带。

⑨ 文车：装饰精美豪华的车。驷：四马驾驶的车。

⑩ 服剑：王所自佩的剑。

⑪ 不祥：意为糊涂。一说不吉祥，没福气。

⑫ 被于宗庙之祟：受到祖宗神灵的警告。

⑬ 沉于谄谀之臣：被阿谀奉承的臣子所迷惑。

⑭ 不足为：不值得你看重并辅助。一说无所作为。

⑮ 顾：顾念。

⑯ 姑：姑且。反：同“返”。万人：百姓。

⑰ 请先王之祭器：请分出一些祭祀先王的器物。

⑱ 立宗庙于薛：在薛地再建一座齐国宗庙。这是巩固和强化薛作为封地的政治地位的重要举措，因为宗庙一立，封地就不能再取消。

⑲ 纤介：细小。纤：细丝。介：同“芥”，细微的芥籽。

等多种名称。《战国策》是一部国别体史书。记事上接春秋，下至秦灭六国，主要记述了战国时期的纵横家的政治主张和策略，展示了战国时期的历史特点和社会风貌，是研究战国历史的重要典籍。其中文章并非一人所作，作者大多是战国后期纵横家，也可能有若干篇是秦汉间人所作。最后经西汉学者刘向汇集、整理，按东周、西周、秦、齐、楚、赵、魏、韩、燕、宋、卫、中山依次分国编写，分为12国策，共33篇，并定名为《战国策》。

《战国策》不仅是一部历史著作，也是我国古代一部优秀的散文集。它标志着先秦叙事散文发展的一个新时期。《战国策》文章辩丽横肆，铺张扬厉，气势纵横，论事透辟，写人传神，还善于运用比喻和寓言故事说理，对后世的传记散文和说理散文的发展起到了重要作用。

导　读

本文选自《战国策·齐策四》。战国时代是一个社会激剧变化和动荡的时代。各国统治集团为了维护和扩大自己的统治权益，都大力网罗人才，养士之风盛行。当时魏国的信陵君、赵国的平原君、楚国的春申君和齐国的孟尝君被称为“战国四公子”，他们都以养士而闻名。冯谖就是齐国孟尝君的门客。

文章主要记叙了孟尝君善待冯谖，冯谖为他焚券市义、营造三窟，从而使孟尝君终身无祸的经过，展现了冯谖足智多谋、有胆有识、深谋远虑、竭忠尽智的谋士形象和孟尝君礼贤下士的品德，也从一个侧面反映了战国时期养士、用士的历史风貌。

《战国策》的突出特点之一是刻画了姿态各异的人物群像，而本文正体现了这一特点。文章通过冯谖一步一步为孟尝君巩固政治地位的事件，塑造出一个鲜明的人物形象。首先，采用先抑后扬、欲露先隐的手法。文章开头极写冯谖“无好”“无能”的自荐是一抑；成为门客之后，寄人篱下却再三弹铗而歌提出非分要求和左右对他的“笑之”和“恶之”是再抑；而他千金市义归来，孟尝君一句“先生休矣”是三抑。贬抑之极，似乎他只是一个无才无德、毫无可用却不知厌足的市井小人。而后随着市义远见的实现，经营三窟的成功，连续展示冯谖过人的智识和才能，使其恃才傲物、智谋不凡的谋士形象表现得淋漓尽致。其次，是对比映衬与烘托手法的运用。文中在展示冯谖性格发展过程中，又以门客对他的评价和孟尝君对他先后不同的态度，处处对比映衬，以左右的势利和孟尝君的短视，烘托出他的远见卓识和高人一筹，收到了一箭双雕的表达效果。此外，文章还通过富有个性的人物语言来刻画人物形象，使人物生动传神，个性鲜明，充分显示出作者艺术构思的巧妙用心。

本文叙事，波澜起伏，姿态横生；故事情节生动完整，一波三折；人物形象生动传神，个性鲜明，极富艺术感染力。

思考与讨论

1. 本文是如何运用多种手法塑造冯谖这一人物的？请具体分析。

2. 本文在情节安排上有何特点？

3. 文中有哪些人物言语具有含蓄的色彩？请举例分析。

4. 从选择、设计人生道路的角度，谈谈“狡兔三窟”的意义。

5. 试将本文与《史记·孟尝君列传》中的所选段落进行对比，比较两篇文章在情节与风格上的不同之处。

阅读视线

孟尝君列传（节选）

《史记》

初，冯驩闻孟尝君好客，蹑蹻而见之。孟尝君曰：“先生远辱，何以教文也？”冯驩曰：“闻君好士，以贫，身归于君。”孟尝君置传舍，十日，孟尝君问传舍长曰：“客何所为？”答曰：“冯先生甚贫，犹有一剑耳，又蒯缑。弹其剑而歌曰‘长铗归来乎，食无鱼’。”孟尝君迁之幸舍，食有鱼矣。五日，又问传舍长。答曰：“客复弹剑而歌曰‘长铗归来乎，出无舆’。”孟尝君迁之代舍，出入乘舆车矣。五日，孟尝君复问传舍长，舍长答曰：“先生又尝弹剑而歌曰‘长铗归来乎，无以为家’。”孟尝君不悦。

居期年，冯驩无所言。孟尝君时相齐，封万户于薛。其食客三千人，邑入不足以奉客，使人出钱于薛。岁余不入，贷钱者多不能与其息，客奉将不给。孟尝君忧之，问左右：“何人可使收债于薛者？”传舍长曰：“代舍客冯公形容状貌甚辩，长者，无他伎能，宜可令收债。”孟尝君乃进冯驩而请之曰：“宾客不知文不肖，幸临文者三千余人。邑入不足以奉宾客，故出息钱于薛。薛岁不入，民颇不与其息。今客食恐不给，愿先生责之。”冯驩曰：“诺。”辞行，至薛，召取孟尝君钱者皆会，得息钱十万。乃多酿酒，买肥牛，召取钱者，能与息者皆来，不能与息者亦来，皆持取钱之券书合之。齐为会，日杀牛置酒。酒酣，乃持券如前合之，能与息者，与为期；贫不能与息者，取其券而烧之。曰：“孟尝君所以贷钱者，为民之无者以为本业也；所以求息者，为无以奉客也。今富给者以要期，贫穷者燔券书以捐之。诸君强饮食，有君如此，岂可负哉！”坐者皆起，再拜。

孟尝君闻冯驩烧券书，怒而使使召驩。驩至，孟尝君曰：“文食客三千人，故贷钱于薛。文奉邑少，而民尚多不以时与其息，客食恐不足，故请先生收责之。闻先生得钱，即以多具牛酒而烧券书，何？”冯驩曰：“然。不多具牛酒即不能毕会，无以知其有余不足。有余者，为要期；不足者，虽守而责之十年，息愈多，急，即以逃亡自捐之。若急，终无以偿，上则为君好利不爱士民，下则有离上抵负之名，非所以厉士民彰君声也。焚无用虚债之券，捐不可得之虚计，令薛民亲君而彰君之善声也，君有何疑焉！”孟尝君乃拊手而谢之。

齐王惑于秦、楚之毁，以为孟尝君名高其主而擅齐国之权，遂废孟尝君。诸客见孟尝君废，皆去。冯驩曰：“借臣车一乘，可以入秦者，必令君重于国而奉邑益广，可乎？”孟尝君乃约车币而遣之。冯驩乃西说秦王曰：“天下之游士冯轼结靷西入秦者，无不欲强秦而弱齐；冯轼结靷东入齐者，无不欲强齐而弱秦。此雄雌之国也，势不两立为雄，雄者得天下矣。”秦王跽而问之曰：“何以使秦无为雌而可？”冯驩曰：“王亦知齐之废孟尝君乎？”秦王曰：“闻之。”冯驩曰：“使齐重于天下者，孟尝君也。今齐王以毁废之，其心怨，必背齐；背齐入秦，则齐国之情，人事之诚，尽委之秦，齐地可得也，岂直为雄也？君急使使载币阴迎孟尝君，不可失时也。如有齐觉悟，复用孟尝君，则雌雄之所在未可知也。”秦王大悦，乃遣车十乘黄金百镒以迎孟尝君。冯驩辞以先行，至齐，说齐王曰：“天下之游士冯轼结靷东入齐者，无不欲强齐而弱秦者；冯轼结靷西入秦者，无不欲强秦而弱齐者。夫秦齐雌雄之国，秦强则齐弱矣，此势不两雄。今臣窃闻秦遣使车十乘载黄金百镒以迎孟尝君。孟尝君不西则已，西入相秦则天下归之，秦为雄而齐为雌，雌则临淄、即墨危矣。王何不先秦使之未到，复孟尝君，而益与之邑以谢之？孟尝君必喜而受之。秦虽强国，岂可以请人相而迎之哉！折秦之谋，而绝其霸强之略。”齐王曰：“善。”乃使人至境候秦使。秦使车适入齐境，使还驰告之，王召孟尝君而复其相位，而与其故邑之地，又益以千户。秦之使者闻孟尝君复相齐，还车而去矣。

自齐王毁废孟尝君，诸客皆去。后召而复之，冯驩迎之。未到，孟尝君太息叹曰：“文常好客，遇客无所敢失，食客三千有余人，先生所知也。客见文一日废，皆背文而去，莫顾文者。今赖先生得复其位，客亦有何面目复见文乎？如复见文者，必唾其面而大辱之。”冯驩结辔下拜。孟尝君下车接之，曰：“先生为客谢乎？”冯驩曰：“非为客谢也，为君之言失。夫物有必至，事有固然，君知之乎？”孟尝君曰：“愚不知所谓也。”曰：“生者必有死，物之必至也；富贵多士，贫贱寡友，事之固然也。君独不见夫趣市朝者乎？明旦，侧肩争门而入；日暮之后，过市朝者掉臂而不顾。非好朝而恶暮，所期物忘其中。今君失位，宾客皆去，不足以怨士，而徒绝宾客之路。愿君遇客如故。”孟尝君再拜曰：“敬从命矣。闻先生之言，敢不奉教焉。”

太史公曰：吾尝过薛，其俗闾里率多暴桀子弟，与邹、鲁殊。问其故，曰：“孟尝君招致天下任侠奸人入薛中，盖六万余家矣。”世之传孟尝君好客自喜，名不虚传矣。

（选自《史记》，北京，中华书局，1959）

推荐阅读书目

1. 缪文远、罗永莲、缪伟：《战国策》，北京，中华书局，2006。

2. 缪文远：《战国策精粹解读》，北京，中华书局，2004。

3. 郭丹：《左传战国策讲演录》，桂林，广西师范大学出版社，2008。

秋　水（节选）

阅读提示

庄子作为道家思想的代表人物，其哲学思想博大精深。庄子之文也以雄奇奔放、绚丽多姿的特色而被视为先秦诸子散文中的奇葩。通过本文不仅可以使我们领略到庄子博大精深的哲学思想，还可以使我们在充满形象的寓言故事、丰富而奇特的想象、汪洋恣肆而富于诗性的语言中，体味《庄子》的文学之美。

原　文

秋　水（节选）

《庄子》

秋水时至，百川灌河，泾流之大①，两涘渚崖之间②，不辨牛马。于是焉河伯欣然自喜③，以天下之美为尽在己。顺流而东行，至于北海，东面而视，不见水端，于是焉河伯始旋其面目④，望洋向若而叹曰⑤：“野语有之曰⑥‘闻道百以为莫己若’者⑦，我之谓也⑧。且夫我尝闻少仲尼之闻而轻伯夷之义者⑨，始吾弗信，今我睹子之难穷也，吾非至于子之门则殆矣，吾长见笑于大方之家⑩。”

北海若曰：“井鼃不可以语于海者，拘于虚也⑪；夏虫不可以语于冰者，笃于时也⑫；曲士不可以语于道者，束于教也⑬。今尔出于崖涘，观于大海，乃知

---

① 泾流：水流。

② 涘：岸。渚：水中的小洲。

③ 河伯：黄河之神，名冯夷。

④ 旋其面目：改变了（自得的）表情；或解为“转动头脸”。

⑤ 望洋：仰视貌。若：即下文“北海若”，海神。

⑥ 野语：俗语，谚语。

⑦ 闻道百以为莫己若：听说了很多道理，以为没有人比得过自己。莫己若：“莫若己”的倒装。

⑧ 我之谓：“谓我”的倒装。

⑨ 少仲尼之闻而轻伯夷之义：以为仲尼的见闻浅陋、伯夷的高义微不足道。

⑩ 大方之家：通晓大道的人。

⑪ 鼃：同“蛙”。虚：同“墟”，指处所。

⑫ 笃：固，鄙陋不通达；或解为“限”。时：时令季节。

⑬ 曲士：乡曲之士。曲，偏僻住所，乡里。束：束缚。教：教养。

尔丑[1]，尔将可与语大理矣。天下之水，莫大于海，万川归之，不知何时止而不盈；尾闾泄之[2]，不知何时已而不虚[3]；春秋不变，水旱不知。此其过江河之流，不可为量数。而吾未尝以此自多者[4]，自以比形于天地而受气于阴阳[5]：吾在天地之间，犹小石小木之在大山也。方存乎见少[6]，又奚以自多！计四海之在天地之间也，不似礨空之在大泽乎[7]？计中国之在海内，不似稊米之在大仓乎[8]？号物之数谓之万，人处一焉[9]；人卒九州[10]，谷食之所生，舟车之所通，人处一焉[11]。此其比万物也，不似豪末之在马体乎[12]？五帝之所连[13]，三王之所争，仁人之所忧，任士之所劳[14]，尽此矣[15]。伯夷辞之以为名，仲尼语之以为博，此其自多也，不似尔向之自多于水乎[16]？”

河伯曰：“然则吾大天地而小豪末，可乎？”

北海若曰：“否。夫物，量无穷[17]，时无止，分无常[18]，终始无故[19]。是故大知观于远近，故小而不寡，大而不多，知量无穷；证曏今故[20]，故遥而不闷[21]，掇而不跂[22]，知时无止；察乎盈虚[23]，故**得而不喜，失而不忧**，知分之无常也；明

---

① 乃：才。丑：陋劣，低水平。

② 尾闾：神话中海水泄出的地方。泄：排泄。

③ 已：停止。虚：空虚。

④ 多：赞美，自负。

⑤ 受气于阴阳：（不过是）禀受阴阳之气而形成的一物（而已）。

⑥ 方：正。存：省察。见少：显得很少。

⑦ 礨（lěi）空：蚁穴。

⑧ 稊（tí）米：小米。大：读作“太”。

⑨ 人处一焉：指人在万物中仅居其一。

⑩ 卒：读为“萃”，聚集。

⑪ 人处一焉：指个人在人类中仅居其一。

⑫ 豪末：毫毛的末梢。豪：通“毫”。

⑬ 连：连续。指其接续的事业。

⑭ 任士：能人。

⑮ 尽此矣：都不出这个范围。

⑯ 向：过去。

⑰ 量：器量。

⑱ 分（fèn）：时运。

⑲ 终始：结束与开始。故：通“固”，即固定的意思。

⑳ 证曏：证明。曏，明。今故：即今古。

㉑ 遥：长。闷：郁闷。

㉒ 掇：即短。跂：同“企”，企盼、向往。

㉓ 盈虚：满与亏。

乎坦途[①]，故**生而不悦，死而不祸**，知终始之不可故也。**计人之所知，不若其所不知；其生之时，不若未生之时**。以其至小，求穷其至大之域，是故迷乱而不能自得也。由此观之，又何以知豪末之足以定至细之倪[②]！又何以知天地之足以穷至大之域！”

（选自［清］王先谦：《庄子集解》，北京，中华书局，1987）

背景知识

庄子（约前 369 年—前 286 年），姓庄名周，战国时期宋国蒙（今河南省商丘东北）人。曾做过漆园吏。生活贫穷困顿，但却鄙弃荣华富贵、权势名利，力图在乱世保持独立的人格，追求逍遥无待的精神自由。庄子是战国中期道家学派的代表人物。著有《庄子》一书，其文大都构思精巧，想象丰富奇特，文笔汪洋恣肆，词藻瑰玮奇谲，并多采用寓言形式，善作连类比喻，富于浪漫色彩。庄子无论在哲学思想方面，还是文学语言方面，都给予了我国历代的思想家和文学家以深刻、巨大的影响，在我国思想史、文学史上都有极重要的地位。

导　读

《庄子》共 33 篇，分“内篇”“外篇”“杂篇”三个部分。一般认为，“内篇”的 7 篇文字是庄子所写的；“外篇”15 篇一般认为是庄子的弟子们所写，或者说是庄子与他的弟子一起合作写成的，它反映的是庄子真实的思想；“杂篇”11 篇的情形就要复杂些，应当是庄子学派或者后来的学者所写。

《秋水》一文虽属“外篇”，但是很多人认为，《庄子》博大精深的哲学思想、汪洋恣肆的文章风格、“意出尘外，怪生笔端”的形象世界，在文章中都得到了相当清楚的体现。因此，《秋水》一文，特别是第一章，非庄子不能作，文中想象奇谲的寓言故事，生动传神的形象描写，深邃玄妙的思想见解，汪洋恣肆的语言风格，在《庄子》全书中均堪称一等。

本文选自《秋水》的第一章，全章共七节，本文节选了前两节。通过河伯与北海若的两段问答，形象地阐述了小大之辨及其不确定性，认为无论是大小、多少、长短、有无，还是贵贱、得失、生死，都是相对的、不确定的，没有明确界限的，得出人的认识和判断具有相对性的观点，进而引申出对得失、生死泰然处之的生存哲学。

文章开篇，描绘了秋水时至、百川灌河的盛大场面，由此自然引发出河伯的沾沾自喜，接着东流入海的河伯望洋兴叹、自识其丑，由此展开了河伯与北海若

---

① 坦途：大道，指循环往复的变化之道。

② 倪：端倪，（大小的）边界。

的第一层对话，北海若通过层层类比与比喻，形象地阐发了大小之别，说明了世间万物皆有其存在的局限性，人的认识和判断受到时间和空间等客观条件的限制，具有相对性。而当河伯在破除了自以为是的成见后，随即又陷入了小不及大的新成见中，北海若又从“量无穷”“时无止”“分无常”“终始无故”四个方面，阐述了庄子相对主义思想，并引申出“得而不喜，失而不忧”“生而不悦，死而不祸”这种超脱旷达的人生哲学，得出了“计人之所知，不若其所不知；其生之时，不若未生之时”的人类认知与价值判断。

应该明确的是，文中关于宇宙无限、认识无止境的观点，虽然在客观上对鞭策人们永远不要局限于个人有限的见闻、永远不要骄傲自满，有很大的启发和教育意义。但是，庄子把相对绝对化，这种极端的相对主义是不符合辩证法的。

本文以奇幻的寓言说理，“寓真于诞，寓实于玄”，充满了奇幻色彩与浪漫气息。在说理过程中，逻辑上环环相扣，周密完足，语言生动活泼、自然流畅，处处显示了作者卓尔不凡的思想与见解。

思考与讨论

1. 本文是怎样将抽象的哲理化为具体的形象的？
2. 请指出本文中哪些语句在后世化为成语？
3. 在先秦诸子中，庄子和韩非子都运用寓言说理，比较二者的不同之处。

阅读视线

秋　水（节选）

《庄子》

河伯曰：“世之议者，皆曰：‘至精无形，至大不可围。’是信情乎？”

北海若曰：“夫自细视大者不尽，自大视细者不明。夫精，小之微也；垺，大之殷也；故异便。此势之有也。夫精粗者，期于有形者也；无形者，数之所不能分也；不可围者，数之所不能穷也。可以言论者，物之粗也；可以意致者，物之精也。言之所不能论，意之所不能察致者，不期精粗焉。是故大人之行，不出乎害人，不多仁恩；动不为利，不贱门隶；货财弗争，不多辞让；事焉不借人，不多食乎力，不贱贪汙；行殊乎俗，不多辟异；为在从众，不贱佞谄；世之爵禄不足以为劝，戮耻不足以为辱；知是非之不可为分，细大之不可为倪。闻曰：‘道人不闻，至德不得，大人无己。’——约分之至也。”

河伯曰：“若物之外，若物之内，恶至而倪贵贱？恶至而倪小大？”

北海若曰：“以道观之，物无贵贱；以物观之，自贵而相贱；以俗观之，贵贱不在己。以差观之，因其所大而大之，则万物莫不大；因其所小而小之，则万物莫不小；知天地之为稊米也，知豪末之为丘山也，则差数覩矣。以功观之，因其所有而有之，则万物莫不有；因其所无而无之，则万物莫不无；知东西之相反而不可以相无，则功分定矣。以趣观之，因其所然而然之，则万物莫不然；因其所非而非之，则万物莫不非；知尧、桀之自然而相非，则趣操覩矣。昔者尧、舜让而帝，之、哙让而绝，汤、武争而王，白公争而灭。由此观之，争让之礼，尧、桀之行，贵贱有时，未可以为常也。梁丽可以冲城，而不可以窒穴，言殊器也。骐骥、骅骝一日而驰千里，捕鼠不如狸狌，言殊技也。鸱鸺夜撮蚤，察豪末，昼出瞋目而不见丘山，言殊性也。故曰：盖师是而无非，师治而无乱乎？是未明天地之理，万物之情者也。是犹师天而无地，师阴而无阳，其不可行明矣。然且语而不舍，非愚则诬也！帝王殊禅，三代殊继。差其时，逆其俗者，谓之篡夫；当其时，顺其俗者，谓之义之徒。默默乎河伯！女恶知贵贱之门，小大之家！”

河伯曰：“然则我何为乎？何不为乎？吾辞受趣舍，吾终奈何？”

北海若曰：“以道观之，何贵何贱，是谓反衍；无拘而志，与道大蹇。何少何多，是谓谢施；无一而行，与道参差。严乎若国之有君，其无私德；繇繇乎若祭之有社，其无私福；泛泛乎其若四方之无穷，其无所畛域；兼怀万物，其孰承翼？是谓无方。万物一齐，孰短孰长？道无终始，物有死生，不恃其成。一虚一满，不位乎其形。年不可举，时不可止；消息盈虚，终则有始。是所以语大义之方，论万物之理也。物之生也，若骤若驰，无动而不变，无时而不移。何为乎？何不为乎？夫固将自化！”

河伯曰：“然则何贵于道邪？”

北海若曰：“知道者必达于理，达于理者必明于权，明于权者不以物害己。至德者火弗能热，水弗能溺，寒暑弗能害，禽兽弗能贼；非谓其薄之也，言察乎安危，宁于祸福，谨于去就，莫之能害也。故曰：天在内，人在外，德在乎天；知天人之行，本乎天，位乎得，蹢躅而屈伸，反要而语极。”

曰：“何谓天？何谓人？”

北海若曰：“牛马四足，是谓天；落马首，穿牛鼻，是谓人。故曰：无以人灭天，无以故灭命，无以得殉名，谨守而勿失，是谓反其真。”

夔怜蚿，蚿怜蛇，蛇怜风，风怜目，目怜心。

夔谓蚿曰：“吾以一足趻踔而行，予无如矣！今子之使万足，独奈何？”

蚿曰：“不然。子不见夫唾者乎？喷则大者如珠，小者如雾，杂而下者不可胜数也。今予动吾天机，而不知其所以然。”

蚿谓蛇曰：“吾以众足行而不及子之无足，何也？”

蛇曰：“夫天机之所动，何可易邪？吾安用足哉！”

蛇谓风曰：“予动吾脊胁而行，则有似也；今子蓬蓬然起于北海，蓬蓬然入于南海，而似无有，何也？”

风曰：“然。予蓬蓬然起于北海而入于南海也，然而指我则胜我，鳍我亦胜我。虽然，夫折大木，蜚大屋者，唯我能也，故以众小不胜为大胜也。为大胜者，唯圣人能之。”

孔子游于匡，宋人围之数币，而弦歌不惙。子路入见，曰：“何夫子之娱也？”孔子曰：“来，吾语汝！我讳穷久矣，而不免，命也；求通久矣，而不得，时也。当尧、舜而天下无穷人，非知得也；当桀、纣而天下无通人，非知失也。时势适然。夫水行不避蛟龙者，渔父之勇也。陆行不避兕虎者，猎夫之勇也。白刃交于前，视死若生者，烈士之勇也。知穷之有命，知通之有时，临大难而不惧者，圣人之勇也。由，处矣！吾命有所制矣！”

无几何，将甲者进，辞曰：“以为阳虎也，故围之。今非也，请辞而退。”

公孙龙问于魏牟曰：“龙少学先王之道，长而明仁义之行；合同异，离坚白；然不然，可不可；困百家之知，穷众口之辩；吾自以为至达已。今吾闻庄子之言，汒焉异之；不知论之不及与？知之弗若与？今吾无所开吾喙，敢问其方？”

公子牟隐机太息，仰天而笑曰：“子独不闻夫埳井之鼃乎？谓东海之鳖曰：‘吾乐与！出跳梁乎井干之上，入休乎缺甃之崖；赴水则接腋持颐，蹶泥则没足灭跗；还虷、蟹与科斗，莫吾能若也！且夫擅一壑之水，而跨跱埳井之乐，此亦至矣。夫子奚不时来入观乎？’东海之鳖左足未入，而右膝已絷矣。于是逡巡而却，告之海曰：‘夫千里之远，不足以举其大；千仞之高，不足以极其深。禹之时十年九潦，而水弗为加益；汤之时八年七旱，而崖不为加损。夫不为顷久推移，不以多少进退者，此亦东海之大乐也。’于是埳井之鼃闻之，适适然惊，规规然自失也。且夫知不知是非之竟，而犹欲观于庄子之言，是犹使蚊负山，商蚷驰河也，必不胜任矣！且夫知不知论极妙之言，而自适一时之利者，是非埳井之鼃与？且彼方跐黄泉而登大皇，无南无北，奭然四解，沦于不测；无东无西，始于玄冥，反于大通；子乃规规然而求之以察，索之以辩，是直用管窥天，用锥指地也，不亦小乎？子往矣！且子独不闻夫寿陵馀子之学行于邯郸与？未得国能，又失其故行矣，直匍匐而归耳！今子不去，将忘子之故，失子之业。”

公孙龙口呿而不合，舌举而不下，乃逸而走。

庄子钓于濮水，楚王使大夫二人往先焉，曰：“愿以境内累矣！”

庄子持竿不顾，曰：“吾闻楚有神龟，死已三千岁矣，王巾笥而藏之庙堂之上。此龟者，宁其死为留骨而贵乎？宁其生而曳尾于涂中乎？”

二大夫曰：“宁生而曳尾涂中。”

庄子曰：“往矣，吾将曳尾于涂中。”

惠子相梁，庄子往见之。或谓惠子曰：“庄子来，欲代子相。”于是惠子恐，搜于国中，三日三夜。

庄子往见之曰："南方有鸟，其名曰鹓雏，子知之乎？夫鹓雏发于南海而飞于北海，非梧桐不止，非练实不食，非醴泉不饮。于是鸱得腐鼠，鹓雏过之，仰而视之曰：'吓！'今子欲以子之梁国而吓我邪？"

庄子与惠子游于濠梁之上。庄子曰："鲦鱼出游从容，是鱼之乐也。"惠子曰："子非鱼，安知鱼之乐？"庄子曰："子非我，安知我不知鱼之乐？"惠子曰："我非子，固不知子矣；子固非鱼也，子之不知鱼之乐，全矣。"庄子曰："请循其本。子曰，'女安知鱼乐'云者，既已知吾知之而问我。我知之濠上也。"

（选自［清］王先谦：《庄子集解》，北京，中华书局，1987）

推荐阅读书目

1. 陈引驰：《庄子精读》，上海，复旦大学出版社，2005。
2. 于丹：《庄子心得》，北京，中国民主法制出版社，2007。

大　学（节选）

阅读提示

《大学》就像一把开启儒学大门的钥匙，为我们打开了一扇通往儒学殿堂的大门，引领我们去领略儒家经典的奥义。

原　文

大　学（节选）

《礼记》

大学之道①，在明明德②，在亲民③，在止于至善④。知止而后有定⑤，定而后能静⑥，静而后能安⑦，安而后能虑，虑而后能得⑧。物有本末⑨，事有终始⑩，知所先后，则近道矣。

古之欲明明德于天下者，先治其国。欲治其国者，先齐其家⑪。欲齐其家者，先修其身⑫。欲修其身者，先正其心⑬。欲正其心者，先诚其意⑭。欲诚其

---

① 大学之道：大学的宗旨。大：旧读为“太”，大学，古代一种高级学校的名称。《大戴礼记·保傅》说：“古者年八岁而出就外舍（即小学），学小艺焉，履小节焉；束发而就大学，学大艺焉，履大节焉。”当时能入大学学习者，多为贵族子弟，即“王太子、王子、群后之子以至卿大夫、元士之适（嫡）子”（《尚书·大传》）。至于用大学为篇题，郑玄认为：“名曰《大学》者，以其记博学可以为政也。”朱熹读“大”为 dà，认为：“大学者，大人之学也。”

② 明明德：前一个“明”字用作动词，义为“显明”；明德，即光辉的品德。

③ 亲民：依字面可解为“亲爱人民”；程颐认为“亲”当作“新”，“新民”即使人民的道德境界不断更新。

④ 止：达到且能坚守不移。关于“明明德”、“亲民”、“止于至善”，朱熹说：“此三者，大学之纲领也。”

⑤ 知止：知道应该达到的目标。定：有确定的志向。

⑥ 静：心态平静。

⑦ 安：精神安宁。

⑧ 得：有所收获。

⑨ 物有本末：万物都有主次轻重。

⑩ 事有终始：万事都有先后次序。

⑪ 齐其家：管理好自己的家庭或家族。齐，整治。

⑫ 修其身：修养自身的品性。

⑬ 正其心：端正其心。

⑭ 诚其意：使其意念诚实。

意者先致其知①，致知在格物②。**物格而后知至，知至而后意诚，意诚而后心正，心正而后身修，身修而后家齐，家齐而后国治，国治而后天下平。**自天子以至庶人，壹是皆以修身为本③。其本乱而末治者否矣④。其所厚者薄，而其所薄者厚，未之有也⑤。此谓知本，此谓知之至也⑥。

（选自［清］朱彬：《礼记训纂》，北京，中华书局，1996）

背景知识

《礼记》又称《小戴礼记》，相传为汉代戴圣编纂，全书共49篇。所谓“记”，通常是解经的书。汉代把孔子编定的典籍称为“经”，弟子对“经”的解说是“传”或“记”。《礼记》就是用来阐释《礼经》（即《仪礼》）经文的意义或对经文的内容加以补充的辅助性资料。它是战国至西汉儒者论述当代礼俗及拟古说礼的文章汇编，主要是孔子及其后学传述礼制、论说礼仪的著作。《礼记》所录文章的写作时间，最早者约为战国时期，最晚者约为西汉后期至新室政权覆亡。

《大学》原为《礼记》第四十二篇。宋朝程颢、程颐兄弟把它从《礼记》中抽出，编次章句。朱熹将《大学》《中庸》《论语》《孟子》合编注释，称为“四书”，从此《大学》成为儒家经典。至于《大学》的作者，程颢、程颐认为是“孔氏之遗言也”。朱熹把《大学》重新编排整理，分为“经”一章，“传”十章。朱熹认为：“经一章盖孔子之言，而曾子述之；其传十章，则曾子之意而门人记之也。”

导　读

本文所选是《大学》的第一章，集中阐释了儒家学派关于教育的宗旨以及实现这一教育宗旨的具体步骤和方法，即朱熹所归纳的“三纲领”与“八条目”。

文章第一节，提出了大学教育的基本宗旨，即“三纲领”的内涵和意义。所谓“三纲领”，是指“明明德”“亲民”“止于至善”。它提出教育的基本宗旨就是首先强调自我的道德完善，然后推己及人使人民的道德境界不断更新，这是从个体的道德完善向整体的道德完善的努力。而其最终的目标是“止于至善”，即达到最完善的道德境界并且坚守不移。这“三纲领”既是《大学》的纲领旨趣，也

---

① 致其知：获得知识。

② 格物：推究事物的道理。关于“格物”“致知”“诚意”“正心”“修身”“齐家”“治国”“平天下”，朱熹说：“此八者，大学之条目也。”

③ 壹是：一律。本：根本。

④ 本：指“修身”。末：相对于本而言，指枝末、枝节。这里指身外的种种事务。否：不对，不行。

⑤ 所厚者：指“本”。所薄者：指“末”。

⑥ 知之至：智慧的极致。知，即智。

是儒家教育的目标所在，它鲜明地体现了儒家学派的重德思想。

文章第二节，论述了实现这一教育宗旨的具体步骤和方法，即“八条目”。所谓“八条目”，是指“格物”“致知”“诚意”“正心”“修身”“齐家”“治国”“平天下”。实际上它包括“内修”和“外治”两大方面：“修身”是“本”，它涵摄了“格物”“致知”“诚意”“正心”，是“内修”，即内心的修养；“齐家”“治国”“平天下”是“末”，是“外治”，是外在的实践。它突出反映了儒家学派“内修外治”“内圣外王”的思想。

统观四书五经，我们发现，儒家的全部学说实际上都是围绕着这“三纲领”“八条目”展开的。所以它就像一把开启儒学大门的钥匙，为我们打开了一扇通往儒学殿堂的大门。

思考与讨论

1. 儒家所说的“大学”与今天的大学区别在哪里？

2. 说明文中排比句和蝉联句的表达作用，文中所使用的排比、蝉联句式，在逻辑上严密吗？

3. 与儒家所说的“大学”相比，蔡元培先生在《〈北京大学月刊〉发刊词》中提出了怎样的近代大学理念？

阅读视线

《北京大学月刊》发刊词

蔡元培

北京大学之设立，既二十年于兹，向者自规程而外，别无何等印刷品流布于人间。自去年有《日刊》，而全校同人始有联络感情、交换意见之机关，且亦借以报告吾校现状于全国教育界。顾《日刊》篇幅无多，且半为本校通告所占，不能载长篇学说，于是有《月刊》之计划。

以吾校设备之不完全，教员之忙于授课，而且或于授课以外，兼任别种机关之职务，则夫《月刊》取材之难，可以想见。然而吾校必发行《月刊》者，有三要点焉：

一曰尽吾校同人所能尽之责任　所谓大学者，非仅为多数学生按时授课，造成一毕业生之资格而已也，实以是为共同研究学术之机关。研究也者，非徒输入欧化，而必于欧化之中为更进之发明；非徒保存国粹，而必以科学方法，揭国粹之真相。虽曰吾校实验室、图书馆等，缺略不具；而外界学会、工场之属，无可取资，求有所新发明，其难固倍蓰于欧美学者。然十六七世纪以前，欧洲学者，其所凭借，有以逾于吾人乎？即吾国周、秦学者，其所凭借，有以逾于吾人乎？

苟吾人不以此自馁，利用此简单之设备、短少之时间，以从事于研究，要必有几许之新义，可以贡献于吾国之学者，及世界之学者。使无月刊以发表之，则将并此少许之贡献，亦靳而不与，吾人之愧歉当何如耶？

二曰破学生专己守残之陋见　吾国学子，承举子、文人之旧习，虽有少数高材生知以科学为单纯之目的，而大多数或以学校为科举，但能教室听讲，年考及格，有取得毕业证书之资格，则他无所求；或以学校为书院，媛媛姝姝，守一先生之言，而排斥其他。于是治文学者，恒蔑视科学，而不知近世文学，全以科学为基础；治一国文学者，恒不肯兼涉他国，不知文学之进步，亦有资于比较；治自然科学者，局守一门，而不肯稍涉哲学，而不知哲学即科学之归宿，其中如自然哲学一部，尤为科学家所需要；治哲学者，以能读古书为足用，不耐烦于科学之实验，而不知哲学之基础不外科学，即最超然之玄学，亦不能与科学全无关系。有《月刊》以网罗各方面之学说，庶学者读之，而于专精之余，旁涉种种有关系之学理，庶有以祛其褊狭之意见，而且对于同校之教员及学生，皆有交换知识之机会，而不至于隔阂矣。

三曰释校外学者之怀疑　大学者，“囊括大典，网罗众家”之学府也。《礼记》《中庸》曰：“万物并育而不相害，道并行而不相悖。”足以形容之。如人身然，官体之有左右也，呼吸之有出入也，骨肉之有刚柔也，若相反而实相成。各国大学，哲学之唯心论与唯物论，文学、美术之理想与写实派，计学之干涉与放任论，伦理学之动机论与功利论，宇宙论之乐天观与厌世观，常樊然并峙于其中，此思想自由之通则，而大学之所以为大也。吾国承数千年学术专制之积习，常好以见闻所及，持一孔之论。闻吾校有近世文学一科，兼治宋、元以后之小说、曲本，则以为排斥旧文学，而不知周、秦、两汉文学，六朝文学，唐、宋文学，其讲座固在也；闻吾校之伦理学用欧、美学说，则以为废弃国粹，而不知哲学门中，于周、秦诸子，宋、元道学，固亦为专精之研究也；闻吾校延聘讲师，讲佛学相宗，则以为提倡佛教，而不知此不过印度哲学之一支，借以资心理学、论理学之印证，而初无与于宗教，并不破思想自由之原则也。论者知其一而不知其二，则深以为怪。今后《月刊》以宣布各方面之意见，则校外读者，当亦能知吾校兼容并收之主义，而不至以一道同风之旧见相绳矣。

以上三者，皆吾校所以发行《月刊》之本意也。至《月刊》之内容，是否能副此希望，则在吾校同人之自勉，而静俟读者之批判而已。

（选自《蔡元培全集》，第3卷，北京，人民教育出版社，2001）

推荐阅读书目

1. 刘强：《大学》，北京，中国纺织出版社，2007。
2. 《四书五经鉴赏辞典》，上海，上海辞书出版社，2005。

项羽本纪（节选）

阅读提示

有人把《史记》誉之为悲剧英雄画廊，西楚霸王项羽则是悲剧群像中的绝代典型，“项羽之死”这个片断便是这部旷世悲剧的最后一幕。

原　文

项羽本纪（节选）

《史记》

项王军壁垓下①，兵少食尽，汉军及诸侯兵围之数重。夜闻汉军四面皆楚歌②，项王乃大惊，曰：“汉皆已得楚乎？是何楚人之多也！”项王则夜起，饮帐中。有美人名虞，常幸从③；骏马名骓④，常骑之。于是项王乃悲歌忼慨⑤，自为诗曰：“力拔山兮气盖世，时不利兮骓不逝⑥。骓不逝兮可奈何，虞兮虞兮奈若何⑦！”歌数阕⑧，美人和之。项王泣数行下，左右皆泣，莫能仰视⑨。

于是项王乃上马骑⑩，麾下壮士骑从者八百余人，直夜溃围南出⑪，驰走。平明⑫，汉军乃觉之，令骑将灌婴以五千骑追之。项王渡淮，骑能属者百余人耳⑬。项王至阴陵⑭，迷失道，问一田父，田父绐曰⑮“左”。左，乃陷大泽中，

---

① 壁：作动词，筑营驻扎。垓下：地名，故址在今安徽亳县东南的城父村。
② 四面皆楚歌：四面八方都响起用楚方言所唱的歌曲。喻指楚人多已降汉。
③ 幸从：受宠爱而侍从。
④ 骓（zhuī）：毛杂苍白色的马。
⑤ 忼慨：同“慷慨”，悲愤激昂。
⑥ 逝：奔驰。
⑦ 奈若何：将你怎么办。
⑧ 阕：曲终。数阕：数遍。
⑨ 莫：没有人。
⑩ 骑（jì）：名词，一人一马为一骑。
⑪ 直夜：当夜。溃围：突破重围。
⑫ 平明：天刚亮。
⑬ 属：跟随。
⑭ 阴陵：今安徽定远县西北。
⑮ 田父：农夫。绐（dài）：欺骗。

以故汉追及之。项王乃复引兵而东，至东城[①]，乃有二十八骑。汉骑追者数千人。项王自度不得脱[②]，谓其骑曰："吾起兵至今八岁矣，身七十余战，所当者破，所击者服，未尝败北，遂霸有天下。然今卒困于此，此天之亡我，非战之罪也。今日固决死，愿为诸君快战[③]，必三胜之，为诸君溃围，斩将，刈旗[④]。令诸君知天亡我，非战之罪也。"乃分其骑以为四队，四向[⑤]。汉军围之数重。项王谓其骑曰："吾为公取彼一将。"令四面骑驰下，期山东为三处[⑥]。于是项王大呼驰下，汉军皆披靡[⑦]，遂斩汉一将。是时赤泉侯为骑将[⑧]，追项王。项王瞋目而叱之[⑨]，赤泉侯人马俱惊，辟易数里[⑩]。与其骑会为三处。汉军不知项王所在，乃分军为三，复围之。项王乃驰，复斩汉一都尉，杀数十百人。复聚其骑，亡其两骑耳。乃谓其骑曰："何如？"骑皆伏[⑪]，曰："如大王言。"

于是项王乃欲东渡乌江[⑫]。乌江亭长檥船待[⑬]，谓项王曰："江东虽小，地方千里，众数十万人，亦足王也。愿大王急渡。今独臣有船，汉军至，无以渡。"项王笑曰："天之亡我，我何渡为！且籍与江东子弟八千人渡江而西，今无一人还；**纵江东父兄怜而王我，我何面目见之？纵彼不言，籍独不愧于心乎！**"乃谓亭长曰："吾知公长者。吾骑此马五岁，所当无敌，尝一日行千里，不忍杀之，以赐公。"乃令骑皆下马步行，持短兵接战。独籍所杀汉军数百人。项王身亦被十余创[⑭]。顾见汉骑司马吕马童[⑮]，曰："若非吾故人乎[⑯]？"马童面之[⑰]，指王翳曰[⑱]："此项王也。"项王乃曰："吾闻汉购我头千金，邑万户，吾为若德[⑲]。"乃

---

① 东城：今安徽定远县东南。
② 度（duó）：揣测，估计。脱：脱身。
③ 快战：痛快地一战。
④ 刈（yì）：斩断，砍倒。
⑤ 四向：向四面出击突围。
⑥ 期：约定。山东：山的东面。为三处：意谓分三处集合。
⑦ 披靡：惊溃散乱的样子。
⑧ 赤泉侯：汉将杨喜，因破项羽有功，后封赤泉侯。
⑨ 瞋目：瞪大眼睛。叱：大声呵斥。
⑩ 辟易：倒退。
⑪ 伏：通"服"。
⑫ 乌江：今安徽和县东北之乌江浦。
⑬ 亭长：秦汉时十里一亭，亭有亭长。檥：同"舣"，移船靠岸。
⑭ 被：受。创：伤。
⑮ 顾：回头看。
⑯ 故人：老友。
⑰ 面之：面对着项王。
⑱ 指王翳：把项王指给王翳看。
⑲ 吾为若德：我为你做件好事吧。德：功德，引申为好事。

自刎而死。王翳取其头，余骑相蹂践争项王，相杀者数十人。最其后，郎中骑杨喜，骑司马吕马童，郎中吕胜、杨武各得其一体。五人共会其体，皆是，故分其地为五：封吕马童为中水侯，封王翳为杜衍侯，封杨喜为赤泉侯，封杨武为吴防侯，封吕胜为涅阳侯。

……

太史公曰[①]：吾闻之周生曰[②]“舜目盖重瞳子”[③]，又闻项羽亦重瞳子，羽岂其苗裔邪[④]？何兴之暴也[⑤]！夫秦失其政，陈涉首难[⑥]，豪杰蜂起，相与并争，不可胜数。然羽非有尺寸[⑦]，**乘势起陇亩之中**[⑧]**，三年遂将五诸侯灭秦**[⑨]，分裂天下，而封王侯，政由羽出[⑩]，号为霸王，位虽不终，近古以来未尝有也。及羽背关怀楚[⑪]，放逐义帝而自立[⑫]，怨王侯叛己，难矣。**自矜功伐**[⑬]**，奋其私智而不师古**[⑭]，谓霸王之业，**欲以力征经营天下**[⑮]，五年卒亡其国，身死东城，尚不觉寤，而不自责，过矣[⑯]。乃引“天亡我，非用兵之罪也”[⑰]，岂不谬哉！

（选自韩兆琦：《史记笺证》，南昌，江西人民出版社，2004）

背景知识

司马迁（前145—?），字子长，夏阳（今陕西韩城）人。西汉著名史学家，文学家。司马迁生于史官世家，自幼刻苦好学，博览群书；二十岁开始多次出游，考察风俗民情，搜集遗闻旧事。这为他后来写作《史记》打下了坚实基础。

---

① 太史公：即太史令，司马迁自称。

② 周生：汉时儒者，姓周，名不详。

③ 盖：疑而不能确定之辞。重瞳子：旧说指一只眼睛里有两个眸子。

④ 苗裔：后代子孙。

⑤ 暴：骤然，突然。

⑥ 首难：首先发难，起义。

⑦ 尺寸：指极少的封地、权势等凭借。

⑧ 陇亩：指田间，民间。

⑨ 将：率领。五诸侯：齐、赵、韩、魏、燕五国的起义军。

⑩ 政：政令。

⑪ 背关怀楚：放弃关中，怀归楚地。指的是项羽不扼据关中而还军建都彭城。

⑫ 放逐义帝：项羽之叔项梁起兵时，立楚王后代熊心为怀王。灭秦后项羽尊其为义帝。后项羽自立为西楚霸王，徙义帝往长沙郴县，并阴令人于途中杀之。

⑬ 自矜：自夸，自负。功伐：指武力征伐之功。

⑭ 奋：逞。私智：一己之能。不师古：不师法古代帝王的行为业绩。

⑮ 经营：治理，整顿。

⑯ 过：错。

⑰ 引：自认为。

元封三年（前 108 年），继承父职，任太史令。太初元年（前 104 年），开始编著《史记》。天汉三年（前 98 年），因替李陵投降匈奴辩护，获罪入狱，受腐刑。出狱后任中书令，他含垢忍辱，继续发愤著书，完成了这部不朽的历史巨著。

《史记》是我国第一部纪传体通史，所记史事，起自黄帝，迄于汉武帝，全面叙述了我国古代三千年间政治、经济、文化等多方面的历史情况。全书包括十二“本纪”、三十“世家”、七十“列传”、十“表”、八“书”，共一百三十篇，是一部“究天人之际，通古今之变，成一家之言”的伟大著作。《史记》既是历史的“实录”，同时也具有相当高的文学价值。书中人物形象栩栩如生，语言简洁生动。在史学与文学方面，都具有划时代的意义，被鲁迅先生誉为“史家之绝唱，无韵之《离骚》”。

导　读

《项羽本纪》是《史记》中最重要、最精彩的篇章之一。全文通过起义反秦、巨鹿之战、坑杀秦卒、鸿门宴、杀义帝、封诸侯、楚汉纷争、垓下之围、乌江自刎等一系列重要场面，记录了项羽一生的主要业绩，成功地塑造了项羽这位叱咤风云的悲剧性英雄形象，并在各种矛盾冲突中，展现了秦汉之际错综复杂的社会变革。

本文是《项羽本纪》中的最后一个部分，描述了项羽垓下被围后诀别虞姬、东城大战、乌江自刎三个生死攸关的场面，丰富和发展了一代枭雄项羽的鲜明个性和英雄品格。项羽不仅是一位叱咤风云、气盖一世的英雄豪杰，更是一位情感丰富、个性鲜明的悲剧英雄。

本文文字朴素洗练，情节跌宕起伏，人物形象丰满，具有很高的艺术性。文章多角度、多层面地刻画了项羽这位悲剧英雄，让其外在形象和内心世界都展现得十分鲜明，显露出项羽的多重性格特征，有血有肉，生动丰满。首先，文中运用一系列的场面描写来表现项羽丰富的性格特征。被围垓下，四面楚歌，霸王别姬，悲歌慷慨，表现了英雄末路多情而又无可奈何的心境；东城大战则主要展现了项羽一贯的勇猛无比、所向披靡的主导性格，但“天之亡我，非战之罪”的反复呼告，则将他恃勇自负的内心世界充分暴露出来；因愧见江东父老而自刎乌江的场面描写，则展现了项羽宁死不辱，知耻重义的内心世界。其次，文章还善于选取最能表现人物性格特征的细节来塑造人物形象。如：“虞兮虞兮奈若何”的悲歌慷慨；“天之亡我，非战之罪”的刚愎自负；“瞋目叱之”、“辟易数里”的所向披靡；“愧见父老”的宁死不辱，知耻重义等。再次，文中还通过“项王瞋目叱之”与“赤泉侯人马俱惊，辟易数里”；项王以头颅送故人，而汉军将士“争项王”等进行对比映衬，来刻画人物的性格特征。这种多角度、多层面刻画人物的方法，使人物形象浑厚而富于立体感，使项羽的多重性格跃然纸上。

篇末的“太史公曰”，司马迁不以成败论英雄，对项羽的评价中肯而扼要，既肯定了项羽“乘势起陇亩之中”“将五诸侯灭秦”的历史功绩，也批评了他目光短浅、缺乏政治远见、“自矜功伐”、“欲以力征经营天下”的致命错误，对他的失败寄予了惋惜与同情。作者的评价公允深刻，而且寓有作者的身世感，使项羽这个悲剧人物形象具备了浓厚的抒情色彩。

思考与讨论

1. 本文主要描述了垓下之围中的哪三个场面？这三个场面各表现了项羽怎样的性格？

2. 指出文中的细节描写之处，并说出这些细节加工的表现作用。

3. 结合文中“太史公曰”一段评议，谈一谈你对项羽功过及其失败原因的看法。

阅读视线

报任安书

司马迁

太史公牛马走司马迁再拜言，少卿足下：曩者辱赐书，教以顺于接物，推贤进士为务。意气勤勤恳恳，若望仆不相师，而用流俗人之言，仆非敢如此也。仆虽罢驽，亦尝侧闻长者之遗风矣。顾自以为身残处秽，动而见尤，欲益反损，是以独郁悒而与谁语。谚曰：“谁为为之！孰令听之！”盖钟子期死，伯牙终身不复鼓琴。何则？士为知己者用，女为说己者容。若仆大质已亏缺矣，虽才怀随、和，行若由、夷，终不可以为荣，适足以见笑而自点耳。书辞宜答，会东从上来，又迫贱事，相见日浅，卒卒无须臾之间，得竭至意。今少卿抱不测之罪，涉旬月，迫季冬，仆又薄从上雍，恐卒然不可为讳，是仆终已不得舒愤懑以晓左右，则长逝者魂魄私恨无穷。请略陈固陋。阙然久不报，幸勿为过！

仆闻之：修身者，智之符也；爱施者，仁之端也；取与者，义之表也；耻辱者，勇之决也；立名者，行之极也；士有此五者，然后可以托于世，而列于君子之林矣。故祸莫憯于欲利，悲莫痛于伤心，行莫丑于辱先，诟莫大于宫刑。刑余之人，无所比数，非一世也，所从来远矣。昔卫灵公与雍渠同载，孔子适陈；商鞅因景监见，赵良寒心；同子参乘，袁丝变色，自古而耻之。夫以中才之人，事有关于宦竖，莫不伤气，而况慷慨之士乎！如今朝廷虽乏人，奈何令刀锯之余，荐天下之豪俊哉！

仆赖先人绪业，得待罪辇毂下，二十余年矣。所以自惟：上之，不能纳忠效信，有奇策才力之誉，自结明主；次之，又不能拾遗补阙，招贤进能，显岩穴之士；外之，又不能备行伍，攻城野战，有斩将搴旗之功；下之，不能积日累劳，取尊官厚禄，以为宗族交游光宠。四者无一遂，苟合取容，无所短长之效，可见如此矣。向者，仆常厕下大夫之列，陪外廷末议，不以此时引维纲，尽思虑，今以亏形为扫除之隶，在阘茸之中，乃欲仰首伸眉，论列是非，不亦轻朝廷、羞当世之士耶！嗟乎！嗟乎！如仆尚何言哉，尚何言哉！

且事本末未易明也：仆少负不羁之行，长无乡曲之誉。主上幸以先人之故，使得奏薄技，出入周卫之中。仆以为戴盆何以望天，故绝宾客之知，忘室家之业，日夜思竭其不肖之才力，务一心营职，以求亲媚于主上。而事乃有大谬不然者！

夫仆与李陵，俱居门下，素非能相善也。趣舍异路。未尝衔杯酒，接殷勤之余欢；然仆观其为人，自守奇士。事亲孝，与士信，临财廉，取与义，分别有让，恭俭下人，常思奋不顾身，以徇国家之急。其素所蓄积也，仆以为有国士之风。夫人臣出万死不顾一生之计，赴公家之难，斯以奇矣。今举事一不当，而全躯保妻子之臣，随而媒孽其短，仆诚私心痛之！且李陵提步卒不满五千，深践戎马之地，足历王庭，垂饵虎口，横挑强胡，仰亿万之师，与单于连战十有余日，所杀过半当。虏救死扶伤不给，旃裘之君长咸震怖，乃悉征其左、右贤王，举引弓之人，一国共攻而围之。转斗千里，矢尽道穷，救兵不至，士卒死伤如积，然陵一呼劳军，士无不起，躬自流涕，沫血饮泣，更张空拳，冒白刃，北向争死敌者。陵未没时，使有来报，汉公卿王侯，皆奉觞上寿。后数日，陵败书闻，主上为之食不甘味，听朝不怡，大臣忧惧，不知所出。仆窃不自料其卑贱，见主上惨怆怛悼，诚欲效其款款之愚，以为李陵素与士大夫绝甘分少，能得人死力，虽古之名将不能过也。身虽陷败，彼观其意，且欲得其当而报于汉；事已无可奈何，其所摧败，功亦足以暴于天下矣。仆怀欲陈之而未有路，适会召问，即以此指推言陵之功，欲以广主上之意，塞睚眦之辞。未能尽明，明主不晓，以为仆沮贰师，而为李陵游说，遂下于理。拳拳之忠，终不能自列，因为诬上，卒从吏议。家贫，货赂不足以自赎，交游莫救，左右亲近，不为一言。身非木石，独与法吏为伍，深幽囹圄之中，谁可告愬者！此真少卿所亲见，仆行事岂不然乎？李陵既生降，隤其家声，而仆又佴之蚕室，重为天下观笑。悲夫！悲夫！事未易一二为俗人言也。

仆之先，非有剖符丹书之功，文史、星历，近乎卜祝之间，固主上所戏弄，倡优所畜，流俗之所轻也。假令仆伏法受诛，若九牛亡一毛，与蝼蚁何以异！而世又不与能死节者，特以为智穷罪极，不能自免，卒就死耳。何也？素所自树立使然也。人固有一死，或重于太山，或轻于鸿毛，用之所趋异也。太上不辱先，其次不辱身，其次不辱理色，其次不辱辞令，其次诎体受辱，其次易服受辱，其次关木索、被箠楚受辱，其次剔毛发、婴金铁受辱，其次毁肌肤、断肢体受辱，最下腐刑，极矣。传曰：“刑不上大夫。”此言士节不可不勉励也。猛虎在深山，百兽震恐，及在槛阱之中，摇尾而求食，积威约之渐也。故有画地为牢，势不可入；削木为吏，议不可对，定计于鲜也。今交手足，受木索，暴肌肤，受榜箠，幽于圜墙之中，当此之时，见狱吏则头枪地，视徒隶则心惕息。何者？积威约之势也。及以至是，言不辱者，所谓强颜耳，曷足贵乎！且西伯，伯也，拘于羑里；李斯，相也，具于五刑；淮阴，王也，受械于陈；彭越、张敖，南面称孤，系狱抵罪；绛侯诛诸吕，权倾五伯，囚于请室；魏其，大将也，衣赭衣，关三木；季布为朱家钳奴；灌夫受辱于居室。此人皆身至王侯将相，声闻邻国，及罪至罔加，不能引决自裁，在尘埃之中，古今一体，安在其不辱也？由此言之，勇怯，势也；强弱，形也，审矣，何足怪乎！夫人不能早自裁绳墨之外，以稍陵迟，至于鞭箠之间，乃欲引节，斯不亦远乎！古人所以重施刑于大夫者，殆为此也。

夫人情莫不贪生恶死，念父母，顾妻子；至激于义理者不然，乃有所不得已也。今仆不幸，早失父母，无兄弟之亲，独身孤立，少卿视仆于妻子何如哉？且勇者不必死节，怯夫慕义，何处不勉焉！仆虽怯懦，欲苟活，亦颇识去就之分矣，何至自沈溺缧绁之辱哉？且夫臧获婢妾，由能引决，况仆之不得已乎？所以引忍苟活，幽于粪土之中而不辞者，恨私心有所不尽，鄙陋没世而文采不表于后世也。

古者富贵而名摩灭，不可胜记，唯倜傥非常之人称焉。盖文王拘而演《周易》；仲尼厄而作《春秋》；屈原放逐，乃赋《离骚》；左丘失明，厥有《国语》；孙子膑脚，《兵法》修列；不韦迁蜀，世传《吕览》；韩非囚秦，《说难》《孤愤》；《诗》三百篇，大底圣贤发愤之所为作也。此人皆意有所郁结，不得通其道，故述往事，思来者。乃如左丘无目，孙子断足，终不可用，退而论书策，以舒其愤，思垂空文以自见。

仆窃不逊，近自托于无能之辞，网罗天下放失旧闻，略考其行事，综其终始，稽其成败兴坏之纪，上计轩辕，下至于兹，为十表，本纪十二，书八章，世家三十，列传七十，凡百三十篇。亦欲以究天人之际，通古今之变，成一家之言。草创未就，会遭此祸，惜其不成，是以就极刑而无愠色。仆诚以著此书，藏诸名山，传之其人，通邑大都，则仆偿前辱之责，虽万被戮，岂有悔哉！然此可为智者道，难为俗人言也。

且负下未易居，下流多谤议，仆以口语遇此祸，重为乡党所笑，以污辱先人，亦何面目复上父母丘墓乎？虽累百世，垢弥甚耳！是以肠一日而九回，居则忽忽若有所亡，出则不知其所往。每念斯耻，汗未尝不发背沾衣也。身直为闺阁之臣，宁得自引于深藏岩穴邪？故且从俗浮沉，与时俯仰，以通其狂惑。今少卿乃教以推贤进士，无乃与仆私心剌谬乎？今虽欲自雕琢，曼辞以自饰，无益于俗，不信，适足取辱耳。要之死日，然后是非乃定。书不能悉意，略陈固陋。谨再拜。

（选自韩兆琦：《史记笺证》，南昌，江西人民出版社，2004）

推荐阅读书目

1. 顾竺：《史记十大名篇解读》，北京，华文出版社，2001。
2. 韩兆琦：《史记通论》，桂林，广西师范大学出版社，1996。
3. 史冷金：《煮酒论史》，西安，陕西师范大学出版社，2007。

祭十二郎文

阅读提示

韩愈三岁丧父，由长兄嫂抚养成人。他与侄子十二郎（韩老成）自幼相守，患难相依，虽为叔侄，情如兄弟。唐德宗贞元十九年（803 年），韩愈惊闻十二郎病逝的噩耗，痛不欲生，不愿相信与侄儿诀别的事实。直至七天之后，才挥笔写下这篇“衔哀致诚”的祭文。

原　文

祭十二郎文①

韩　愈

年月日②，季父愈闻汝丧之七日，乃能衔哀致诚，使建中远具时羞之奠③，告汝十二郎之灵：

呜呼！吾少孤，及长，不省所怙，惟兄嫂是依④。中年⑤，兄殁南方，吾与

---

① 《祭十二郎文》：选自《昌黎先生集》卷二十三。本文作于唐德宗贞元十九年（803），时作者三十六岁，在京师任职。十二郎：即韩愈的侄子韩老成。唐时口语，称年轻的男子为郎子。郎，即郎子。韩愈的父亲韩仲卿有子三人：韩会、韩介、韩愈。韩会无子，以韩介的次子老成为嗣子。韩愈三岁丧父，由大哥韩会及大嫂郑氏抚养。后来韩愈的大哥、大嫂、二哥以及二哥的长子百川都相继去世，兄弟辈中只有韩愈一人，侄辈中只剩十二郎一人。

② 年月日：这里的具体时间在拟搞时作了省略。一本作“贞元十九年五月二十六日”。按，下文记有“六月十七日”老成给韩愈书信的事，则这篇祭文不可能写于同年的五月，当是传抄之误。

③ “使建中”句：建中：当是韩愈的家人。时羞：应时的鲜美食物。奠：这里指祭品。句意谓让建中远远地准备了应时的祭品。

④ “吾少孤”四句：孤：幼年丧父。《孟子·梁惠王下》：“幼而无父曰孤。”怙：音 hù，依靠；所怙：指父亲。《诗经·小雅·蓼莪》：“无父何怙？”《新唐书·韩愈传》：“愈生三岁而孤，随伯兄会贬官岭表（即岭南）。会卒，嫂郑鞠之。”

⑤ “中年”二句：中年：韩会死时年四十二，故称中年。大历十二年（777）五月，韩会由起居舍人贬为韶州（唐属岭南道，治所在今广东省曲江县）刺史，不久即死于任所。时韩愈年十岁。

汝俱幼，从嫂归葬河阳[①]；即又与汝就食江南[②]，零丁孤苦，未尝一日相离也。吾上有三兄[③]，皆不幸早世，承先人后者，在孙惟汝，在子惟吾，两世一身[④]，形单影隻。嫂常抚汝指吾而言曰："韩氏两世，惟此而已！"汝时尤小，当不复记忆；吾时虽能记忆，亦未知其言之悲也。

吾年十九[⑤]，始来京城，其后四年，而归视汝。又四年[⑥]，吾往河阳省坟墓，遇汝从嫂丧来葬。又二年，吾佐董丞相于汴州[⑦]，汝来省吾，止一岁[⑧]，请归取其孥[⑨]。明年[⑩]，丞相薨，吾去汴州，汝不果来。是年，吾佐戎徐州[⑪]，使取汝者始行，吾又罢去[⑫]，汝又不果来。吾念汝从于东[⑬]，东亦客也，不可以久；图久远者，莫如西归，将成家而致汝。呜呼！孰谓汝遽去吾而殁乎！吾与汝俱少年，以为虽暂相别，终当久与相处，故舍汝而旅食京师[⑭]，以求斗斛之禄；诚知

---

① 河阳：在今河南省孟县西，是韩愈祖坟所在地。韩愈《女挐圹铭》："归女挐之骨于河南之河阳韩氏墓。"

② 就食江南：唐德宗建中二年（781），中原地区战乱不休，韩愈全家移居宣州（今安徽省宣城县），州有韩氏别业。韩愈《复志赋》："值中原之有事兮，将就食于江之南"。

③ "吾上"二句：吾：指我们，即韩愈和老成。意谓韩愈自己的两个哥哥和老成的哥哥百川都不幸早年去世。一说，吾，指韩愈自己。三兄：指韩愈的哥哥会、介和一个未及命名而夭折的哥哥。

④ 两世一身：两代都只剩下一个人。

⑤ "吾年十九"四句：贞元二年（786），韩愈十九岁，由宣州至长安，二十五岁登进士第，中间曾回宣州一次。

⑥ "又四年"三句：又四年：指贞元十一年（795），韩愈嫂郑氏死于贞元九年，贞元十一年，韩愈往河阳扫墓，恰好这时老成奉其母的灵柩归葬，与韩愈相遇。《昌黎先生集》卷二十三有《祭郑夫人文》。

⑦ 吾佐董丞相于汴州：董丞相：即董晋。汴州：今河南省开封市。贞元十二年（796）七月，董晋以检校尚书左仆射、同中书门下平章事任宣武节度使，韩愈在他属下任观察推官。

⑧ 止一岁：住了一年。

⑨ 请归取其孥：请求回宣州接取家眷来汴州。孥（nú）：妻子儿女的统称。

⑩ "明年"三句：薨：唐代称二品以上官员之死曰薨。（见《新唐书·百官志一》）贞元十五年（799），董晋死于汴州。《新唐书·韩愈传》："晋卒，愈从丧出，不四日，汴军乱，乃去依武宁节度使张建封。"

⑪ 吾佐戎徐州：佐戎：辅助军事工作。韩愈从汴州到徐州后，武宁节度使张建封辟韩愈为节度推官。徐州：今江苏省徐州市，是节度使府所在地。

⑫ 吾又罢去：贞元十六年（800）五月，张建封卒，韩愈赴洛阳。

⑬ "吾念汝"六句：东：指徐州。西：指河南的老家。致汝：让你来。这六句是说：我想如果你跟着我到东方作客，也不是长久之计，不如作长远打算，回到西方的老家，在那里把家安置好，然后把你接来。

⑭ 旅食：寄食他乡。韩愈离开徐州后，于贞元十七年（801）来长安选官，十九年，迁监察御史。斛（hú）：十斗为斛。斗斛之禄：形容微少的俸禄。

其如此，虽万乘之公相①，吾不以一日辍②汝而就也！

去年③，孟东野往，吾书与汝曰："吾年未四十，而视茫茫④，而发苍苍，而齿牙动摇。念诸父⑤与诸兄，皆康强而早世，如吾之衰者，其能久存乎？吾不可去，汝不肯来，恐旦暮死，而汝抱无涯之戚也。"孰谓少者殁而长者存，强者夭而病者全乎！呜呼！其信然⑥邪？其梦邪？其传之非其真邪？信也⑦，吾兄之盛德而夭其嗣乎？汝之纯明而不克蒙其泽乎？少者强者而夭殁，长者衰者而存全乎？未可以为信也。梦也，传之非其真也？东野之书⑧，耿兰之报，何为而在吾侧也？呜呼！其信然矣！吾兄之盛德而夭其嗣矣！汝之纯明宜业其家者⑨，不克蒙其泽矣！所谓天者诚难测⑩，而神者诚难明矣！所谓理者不可推，而寿者不可知矣！虽然，吾自今年来，苍苍者或化而为白矣，动摇者或脱而落矣，毛血日益衰，志气日益微，几何不从汝而死也！死而有知⑪，其几何离？其无知，悲不几时，而不悲者无穷期矣！汝之子始十岁⑫，吾之子始五岁，少而强者不可保，如此孩提者，又可冀其成立邪？呜呼哀哉！呜呼哀哉！

汝去年书云："比得软脚病⑬，往往而剧。"吾曰："是疾也，江南之人，常常有之。"未始以为忧也。呜呼！其竟以此而殒其生乎？抑别有疾而至斯乎？汝

---

① 万乘之公相：天子的国公宰相。公相：这里即指宰相。唐代的宰相一般都封为国公。

② 辍（chuò）：中途离开。

③ "去年"二句：去年：指贞元十八年（802）。孟东野：即孟郊，唐代著名诗人，是韩愈的好友。贞元十八年，孟郊由长安选官出任溧阳（今江苏省溧阳县）尉，溧阳距宣州不远，所以托他带信。

④ 视茫茫：看东西模糊不清。

⑤ 诸父：指伯父与叔父。

⑥ 信然：真的这样。

⑦ "信也"三句：嗣：子孙后代。这三句是说，若是真的，以我哥哥的美好德行，他的儿子会短寿吗？像你这样的资质聪明，不能够承受先人的恩泽么？

⑧ "东野"二句：这是指老成去世后孟东野在溧阳有信告韩愈，韩愈的家人耿兰也有报丧的信。

⑨ 宜业其家者：应该继承家业的人。业：用如动词，继承的意思。

⑩ "所谓天者"四句：这四句是说，所说的天道真难揣测，神机实在难以明白了；所说的天理不可推究，人的寿命长短也不可预知了。

⑪ "死而有知"五句：这五句是说，死了如果有知觉，我们分离的日子也不多了；如果死后没有知觉，那么，我悲伤的日子不会太多，而不悲伤的时候却是无尽期的。

⑫ "汝之子"二句：汝之子：老成有二子，长韩湘，次韩滂，滂出嗣为百川之后。（参见韩愈《韩滂墓志铭》）这里所说，当是韩湘。吾之子：韩愈的长子韩昶（chǎng），贞元十五年（799）生。

⑬ 比得软脚病：比（bì）：近来。软脚病：脚气病。

之书，六月十七日也。东野云，汝殁以六月二日，耿兰之报无月日。盖东野之使者[①]，不知问家人以月日，如耿兰之报，不知当言月日，东野与吾书，乃问使者，使者妄称以应之耳。其然乎？其不然乎？

今吾使建中祭汝，吊汝之孤与汝之乳母，彼有食可守以待终丧，则待终丧[②]而取以来；如不能守以终丧，则遂取以来[③]。其余奴婢，并令守汝丧。吾力能改葬[④]，终葬汝于先人之兆，然后惟其所愿。

呜呼！汝病吾不知时，汝殁吾不知日，生不能相养以共居，殁不得抚汝以尽哀[⑤]，敛[⑥]不凭其棺，窆[⑦]不临其穴，吾行负神明而使汝夭，不孝不慈，而不得与汝相养以生、相守以死；一在天之涯，一在地之角，生而影不与吾形相依，死而魂不与吾梦相接，吾实为之，其又何尤[⑧]！彼苍者天[⑨]，曷其有极！自今已往，吾其无意于人世矣！当求数顷之田于伊、颍[⑩]之上，以待余年，教吾子与汝子，幸其成；吾女与汝女，待其嫁，如此而已！呜呼！言有穷而情不可终，汝其知也邪？其不知也邪？呜呼哀哉！尚飨[⑪]！

（选自四部丛刊本《昌黎先生集》，参考马通伯《韩昌黎文集校注》）

背景知识

韩愈（768—824），字退之，河阳（今河南孟县）人。自言郡望昌黎，世称韩昌黎；贞元八年（792）登进士第，官终吏部侍郎，谥号“文”，故又称韩吏部或韩文公。韩愈是唐代中期著名的文学家：诗歌方面，他是一位具有独创性的大诗人，存诗三百余首，是“韩孟诗派”的代表人物；散文方面，他是唐代古文运

---

① “盖东野”七句：这几句都是作者推测之词。意谓东野派到宣州的使者，不知道向家人问明老成的丧期；耿兰报丧的书信，又不懂得应写出月日。而孟东野在信中所以写错了丧期，大概是他给韩愈写信时向使者讯问，使者随口胡说的一个日子。

② 终丧：守满丧期。古制，父死，子应守丧三年。

③ 取以来：把老成的儿子和老成的乳母接来。

④ “吾力”三句：改葬：把十二郎的灵柩暂时埋葬，将来再迁葬。兆：坟地。这三句是说，我将来有力量改葬的时候，一定把你的灵柩从宣州迁回，最终葬于祖先的坟地河阳，这样才算了却我的心愿。

⑤ 抚汝以尽哀：抚着你的遗体痛哭来表达我的哀伤。

⑥ 敛：同“殓”（liàn），给尸体穿衣下棺。

⑦ 窆（biǎn）：落葬，即下棺于墓穴。

⑧ 何尤：怨恨谁。

⑨ “彼苍者天”二句：苍者：青色的。曷：何。极：穷尽。《诗经·秦风·黄鸟》：“彼苍者天，歼我良人。”这两句是说，天啊！（我的痛苦）是没有尽头的！

⑩ 伊、颍：伊河和颍河，都在今河南省境内。

⑪ 尚飨：希望灵魂来享受祭品。

动的倡导者，与柳宗元并称“韩柳”，主张文以载道，文道合一。其散文气势丰沛、雄奇奔放，对当世和后世都有重大影响，被列为唐宋散文八大家之首。著有《昌黎先生集》。

导　读

明代徐师曾在《文体明辨》中说：“祭文者，祭奠亲友之辞也。古之祭文，止于告飨而已。中世以还，兼赞言行，以寓哀伤之意，盖祝文之变也。本篇却不拘旧格，尽脱前人窠臼，堪称祭文中的变体。在内容上，韩愈一反传统祭文以铺排郡望、藻饰官阶、历叙生平、歌功颂德为主的惯例，通篇追叙自己与十二郎共同的生活琐事和骨肉至情，宣泄十二郎之死所带给他的莫大哀痛，语言平实，感人肺腑；在形式上，韩愈破骈为散，开创性地运用第一人称、第二人称叙事、抒情。全篇用了四十个“汝”字称呼十二郎，好像十二郎没有死，叔侄两个人正在回忆往事，闲话家常。又好像十二郎虽然死了，他的灵魂正在聆听韩愈倾吐心声。生者在和死者进行一场“缺席的对话”，这种形式极大地增强了文章的感染力量。

对祭文体的创变，适应了作者情感表达的需要，使本文形成了“以情胜”的艺术特色，被誉为“祭文中千年绝调”（吴楚材、吴调侯《古文观止》）。作者把对家族零落的悲哀、失去亲人的沉痛、宦游离家的悔恨、久别竟至诀别的遗憾、少壮纯明者却是早亡的怨愤、疏忽侄子病情的歉疚、乍闻噩耗时的疑惑等等复杂而绵密的情感紧紧融注在与十二郎相关的生活琐事的叙述之中反复抒吐，一任丰沛的情感在叙事中层层激荡、步步深化、淋漓尽致地奔涌而出，恰如长歌当哭，撕肝裂肺，令人动容。正如《古文观止》的编选者曾评说的那样：“情之至者，自然流为至文。读此等文，须想其一面哭，一面写，字字是血，字字是泪。”韩愈的散文向来以雄奇奔放、气势不凡著称，有“韩如潮”之说。本文抒写哀情时纵横开阖，滔滔不绝，正是这种风格的充分体现。

更可宝贵的是，作者在抒发悲恸的情感之外，不忘妥善地安排亡者的后事，用教育十二郎的孩子来延续对侄子的骨肉亲情。儒家认为：治家是治国的基础，注重亲情伦理是忠君报国的前提。韩愈对亲情承担起庄严的责任，正是他作为一个儒者的高贵品格的体现，也是我们学习这篇文章的启示所在。

思考与讨论

1. 仔细品读文本，逐层分析本文所蕴涵的复杂情感。

2. 比较曹操的《祀故太尉桥玄文》和柳宗元的《为韦京兆祭太常崔少卿文》，分析本文在祭文写法上的突破。

3. 谈谈你对亲情的感悟。

阅读视线

祭妹文

袁枚

乾隆丁亥冬，葬三妹素文于上元之羊山，而奠以文曰：

呜呼！汝生于浙，而葬于斯，离吾乡七百里矣；当是时虽觭梦幻想，宁知此为归骨所耶？

汝以一念之贞，遇人仳离，致孤危托落，虽命之所存，天实为之；然而累汝至此者，未尝非予之过也。予幼从先生授经，汝差肩而坐，爱听古人节义事；一旦长成，遽躬蹈之。呜呼！使汝不识《诗》、《书》，或未必艰贞若是。

予捉蟋蟀，汝奋臂出其间；岁寒虫僵，同临其穴。今予殓汝葬汝，而当日之情形憬然赴目。予九岁，憩书斋，汝梳双髻，披单缣来，温《缁衣》一章；适先生奓户入，闻两童子音琅琅然，不觉莞尔，连呼则则，此七月望日事也。汝在九原，当分明记之。予弱冠粤行，汝掎裳悲恸。逾三年，予披宫锦还家，汝从东厢扶案出，一家瞠视而笑，不记语从何起，大概说长安登科、函使报信迟早云尔。凡此琐琐，虽为陈迹，然我一日未死，则一日不能忘。旧事填膺，思之凄梗，如影历历，逼取便逝。悔当时不将嫛婗情状，罗缕纪存；然而汝已不在人间，则虽年光倒流，儿时可再，而亦无可与为证印者矣。

汝之义绝高氏而归也，堂上阿奶，仗汝扶持；家中文墨，眣汝办治。尝谓女流中最少明经义、谙雅故者。汝嫂非不婉嫕，而于此微缺然。故自汝归后，虽为汝悲，实为予喜。予又长汝四岁，或人间长者先亡，可将身后托汝；而不谓汝之先予以去也。前年予病，汝终宵刺探，减一分则喜，增一分则忧。后虽小差，犹尚殗殜，无所娱遣；汝来床前，为说稗官野史可喜可愕之事，聊资一欢。呜呼！今而后，吾将再病，教从何处呼汝耶？

汝之疾也，予信医言无害，远吊扬州；汝又虑戚吾心，阻人走报；及至绵惙已极，阿奶问："望兄归否？"强应曰："诺。"已予先一日梦汝来诀，心知不详，飞舟渡江，果予以未时还家，而汝已辰时气绝；四肢犹温，一目未瞑，盖犹忍死待予也。呜呼痛哉！早知诀汝，则予岂肯远游？即游，亦尚有几许心中言要汝知闻，共汝筹画也，而今已矣！除吾死外，当无见期。吾又不知何日死，可以见汝；而死后之有知无知，与得见不得见，又卒难明也。然则抱此无涯之憾，天乎人乎！而竟已乎！

汝之诗，吾已付梓；汝之女，吾已代嫁；汝之生平，吾已作传；惟汝之窀穸尚未谋耳。先茔在杭，江广河深，势难归葬，故请母命而宁汝于斯，便祭扫也。其旁葬汝女阿印；其下两冢：一为阿爷侍者朱氏；一为阿兄侍者陶氏。羊山旷渺，南望原隰，西望栖霞，风雨晨昏，羁魂有伴，当不孤寂。所怜者，吾自戊寅年读汝哭侄诗后，至今无男，两女牙牙，生汝死后，才周晬耳。予虽亲在未敢言老，而齿危发秃，暗里自知；知在人间，尚复几日？阿品远官河南，亦无子女，九族无可继者。汝死我葬，我死谁埋？汝倘有灵，可能告我？

呜呼！生前既不可想，身后又不可知；哭汝既不闻汝言，奠汝又不见汝食。纸灰飞扬，朔风野大，阿兄归矣，犹屡屡回头望汝也。呜呼哀哉！呜呼哀哉！

（选自《袁枚全集》，第2册，王英志校点，南京，江苏古籍出版社，1993）

推荐阅读书目

1. 王人恩编：《古代祭文精华》，兰州，甘肃教育出版社，2001。
2. 《文史知识》编辑部编：《古代抒情散文鉴赏集》，北京，中华书局，1988。

秋声赋

阅读提示

中国文人向来是敏感而多情的。他们在对时序更替所带来的自然景物的荣枯盛衰进行审美和情感的关照中，融入个人的身世之感和生命体验，从而铸就了中国古典文学中的永恒主题——伤春和悲秋。宋玉在《九辩》中发出“悲哉，秋之为气也，萧瑟兮草木摇落而变衰”的悲叹，开启了文人悲秋的先河。其后，“宋玉之悲”便源源不绝。

原　文

秋　声　赋[①]

欧阳修

欧阳子方夜读书，闻有声自西南来者，悚然[②]而听之，曰：“异哉！”初淅沥以萧飒[③]，忽奔腾而砰湃[④]，如波涛夜惊，风雨骤至。其触于物也，鏦鏦铮铮[⑤]，金铁皆鸣；又如赴敌[⑥]之兵，衔枚[⑦]疾走，不闻号令，但闻人马之行声。余谓童子：“此何声也？汝出视之。”童子曰：“星月皎洁，明河[⑧]在天。四无人声，声在树间。”

余曰：“噫嘻悲哉，此秋声也，胡为而来哉[⑨]！盖夫秋之为状也，其色惨

---

① 《秋声赋》：选自《欧阳文忠公文集·居士集》卷十五。本文作于嘉祐四年（1059），作者时年53岁。

② 悚（sǒng）然：惊惧的样子。

③ 淅沥以萧飒：淅沥：细雨声，这里“淅沥”“萧飒”，都形容风声。以：而。

④ 砰湃（pēngpài）：同“澎湃”，波涛声。这里亦形容风声。

⑤ 鏦鏦（cōngcōng）铮铮：金属相击声。

⑥ 赴敌：奔击敌人。

⑦ 衔枚：枚：小木棍儿，状如箸。古代行军时，令士兵嘴里衔枚，以防说话。

⑧ 明河：明亮的天河。

⑨ 胡为而来哉：胡为：何为，即“为何”。而：一作“乎”。

淡①，烟霏云敛②；其容清明，天高日晶③；其气慄洌④，砭⑤人肌骨；其意萧条，山川寂寥。故其为声也，凄凄切切，呼号愤⑥发。丰草绿缛⑦而争茂，佳木葱茏⑧而可悦。草拂之⑨而色变，木遭之而叶脱。其所以摧败零落者，乃其一气之余烈⑩。夫秋⑪，刑官也，于时为阴⑫；又兵象⑬也，于行用金⑭。是谓天地之义气⑮，常以肃杀而为心。天之于物，春生秋实，故其在乐也⑯，商声主西方之音，夷则为七月之律。商，伤也，物既老而悲伤；夷，戮也，物过盛而当杀⑰。

"嗟夫！草木无情，有时飘零。人为动物，惟物之灵，百忧感其心⑱，万事

---

① 其色惨淡：指秋天草木枯黄，阴暗无色。

② 烟霏云敛：烟气飘飞，云雾消失。

③ 日晶：阳光灿烂。

④ 慄洌：即"凛冽"，寒冷。

⑤ 砭（biān）：古代治病用的砭石。做动词时指用针刺治病，引申为刺。

⑥ 愤：作"奋"。

⑦ 缛（rù）：稠密。

⑧ 葱茏：草木青翠茂盛的样子。

⑨ 草拂之：草掠过它。

⑩ 乃其一气之余烈：一气：指天地之气，此指秋气。余烈：剩余的威力。乃其一气：一作"乃一气"。

⑪ "夫秋"二句：《周礼》把官职按天、地、春、夏、秋、冬分为六类。因为秋有肃杀之气，所以把职掌刑法、狱讼的刑官分属于秋。

⑫ 于时为阴：时：指一年四季。古人以阴阳配合四时，把春夏分属于阳，把秋冬分属于阴。《汉书·律历志》："春为阳中，万物以生；秋为阴中，万物以成。"

⑬ 兵象：战争之象。因战争是肃杀之事，所以说秋是兵象。

⑭ 于行用金：行：五行，即金、木、水、火、土。旧说秋属于金。用金：古人认为秋天是金起作用的时候。《汉书·五行志》："金，西方，万物既成，杀气之始也。"用：一作"为"。

⑮ "是谓天地"二句：义：《汉书·天文志》："太白曰西方秋金，义也。"义是五行（仁、义、礼、智、信）之一，（见《荀子·非十二子》注）与水、火、木、金、土五行之"金"相配，指秋季。又《礼记·乡饮酒义》："天地严凝之气，始于西南，而盛于西北，此天地之尊严气也，此天地之义气也。"孔颖达疏："西南，象秋始。"古人以秋天为决狱讼、征不义、诛暴慢的时节，故张扬"义"之重要，"赏有义而罚不义"，有励"武人"之意。

⑯ "故其在乐"三句：乐：音乐。按我国传统乐理，乐分宫、商、角、徵（zhǐ）、羽五音。《礼记·月令》："孟秋之月，其音商，律中夷则。"五音中的商声、四方中的西方，都属于五行的"金"。乐又分十二律，每律分属一月。《史记·律书》："七月也，律中夷则。夷则，言阴气之贼万物也。"正义引《白虎通》："夷，伤也；则，法也，言万物始伤被刑法也。"

⑰ 杀：削减。

⑱ "百忧"四句：于：一作"乎"。精：精神。《庄子·在宥》："必静必清，无劳汝形，无摇汝精，乃可以长生。"

劳其形，有动于中，必摇其精。而况思其力之所不及，忧其智之所不能！宜其渥然丹者为槁木①，黝然黑者为星星。奈何以非金石之质②，欲与草木而争荣？念谁为之戕贼③。亦何恨乎秋声④！”

童子莫对，垂头而睡。但闻四壁虫声唧唧，如助予之叹息。

（据四部丛刊本《欧阳文忠公文集》）

背景知识

欧阳修（1007—1072），字永叔，号醉翁，晚年又号六一居士，谥号“文忠”，庐陵（今江西吉安）人，北宋著名的政治家、文学家、史学家。欧阳修是宋代文学史上最早开创一代文风的文坛领袖，积极倡导北宋古文运动，还奖掖了一批优秀的后辈文人。他本人诗、词、文都有很高成就，散文尤负盛名，是唐宋散文八大家之一。著有《欧阳文忠公文集》《六一词》《新五代史》等；还曾与宋祁合修《新唐书》。

导　读

《秋声赋》写“秋”以立意新颖著称。此文在对秋的声、色、容、气、意作了生动描绘，及对秋进行了深刻议论之后，又将无情的草木与有灵的人类进行对比，在尾四句推出题旨。借渲染秋天的肃杀萧条，烘托出人事忧劳（人生之秋）对人的伤害更甚于自然之秋对草木的摧残这一主题，就“悲秋”这一传统题材上，翻出新意、有所创新。

《秋声赋》写“秋”的手法别出心裁，独具匠心。全文紧紧围绕“秋声”来写，层次分明，结构严谨。文章一开头，就以先声夺人的气势，从富有想象的听觉和来自现实的视觉感受入手渲染秋声；接着，又从秋貌和秋义两个方面写秋声：先是从“色”“容”“气”“意”四个角度，诉诸人的听觉、视觉、感觉，对秋貌作具体而生动的描摹；然后，对秋义作情趣四溢而深刻精到地剖析，揭示出“秋”与“悲”的相互关系；最后，在对秋的理性解读的基础上，由自然之秋转入对人生之秋的议论，行文水到渠成又蕴含深沉。结尾处寥寥几笔却蕴含多重对

---

① “宜其”二句：渥然：润泽的样子。丹：红色。《诗经·秦风·终南》：“颜如渥丹。”渥然丹者：形容红润的容貌，比喻年青。槁木：枯木，比喻衰老。《庄子·齐物论》：“形固可使如槁木。”黝（yǒu）然：黑的样子，黝：一作“黟”。黝然黑者：形容乌黑的头发，比喻健壮。星星：形容白发发明的样子。谢灵运《游南亭》诗：“戚戚感物叹，星星白发垂。”这两句是说，红的面容变得枯槁，黑的头发变得花白。

② 非金石之质：指人的身体。

③ 戕贼：摧残

④ “亦何恨”句：意谓人的衰颓是被忧思折磨的结果，怎能怨恨秋声悲凉呢！

比映衬，使文章在思想内涵和情感内涵上都表现出深刻隽永、富于张力的特点。

《秋声赋》在文体上也有所创新。作者用散文的笔法写赋，骈散结合，夹叙夹议，融叙事、议论、写景、抒情为一体，“既部分保留了骈赋、律赋的铺陈排比、骈词俪句及设为问答的形式特征，又呈现出活泼流动的散体倾向，且增加了赋体的抒情意味。”（袁行霈主编：《中国文学史》第三卷）欧阳修的成功尝试，使得《秋声赋》成为文赋的定鼎之作，对文赋形式的确立具有里程碑式的意义。

思考与讨论

1. 从立意、手法、文体三个角度，简单分析本文在咏“秋”这一传统题材写作上的创新之处。

2. 搜集中国古代文学中有关“秋”的诗、词、曲、散文等作品，考察这些作品体现了作者怎样的审美体验和人生态度。

3. 以“秋”为题材，试写你对秋天的感悟。

阅读视线

九辩（节选）

宋　玉

悲哉秋之为气也！萧瑟兮草木摇落而变衰。憭慄兮若在远行；登山临水兮送将归。泬寥兮天高而气清；宋廖兮收潦而水清。憯凄增欷兮薄寒之中人；怆怳懭悢兮去故而就新；坎廪兮贫士失职而志不平；廓落兮羁旅而无友生；惆怅兮而私自怜。燕翩翩其辞归兮，蝉宋漠而无声；雁廱廱而南游兮，鹍鸡啁哳而悲鸣。独申旦而不寐兮，哀蟋蟀之宵征，时亹亹而过中兮，蹇淹留而无成。

悲忧穷戚兮独处廓，有美一人兮心不绎；去乡离家兮徕远客，超逍遥兮今焉薄？专思君兮不可化，君不知兮其奈何！蓄怨兮积思，心烦憺兮忘食事。愿一见兮道余意，君之心兮与余异。车既驾兮朅而归，不得见兮心伤悲；倚结軨兮长太息，涕潺湲兮下霑轼。忼慨绝兮不得，中瞀乱兮迷惑。私自怜兮何极？心怦怦兮谅直。

……

何时俗之工巧兮，背绳墨而改错！却骐骥而不乘兮，策驽骀而取路。当世岂无骐骥兮，诚莫之能善御。见执辔者非其人兮，故駶跳而远去。凫雁皆唼夫粱藻兮，凤愈飘翔而高举。圜凿而方枘兮，吾固知其鉏铻而难入。众鸟皆有所登栖兮，凤独遑遑而无所集。愿衔枚而无言兮，尝被君之渥洽。太公九十乃显荣兮，诚未遇其匹合。谓骐骥兮安归？谓凤皇兮安栖？变古易俗兮世衰，今之相者兮举肥。骐骥伏匿而不见兮，凤皇高飞而不下；鸟兽犹知怀德兮，何云贤士之不处？

骥不骤进而求服兮，凤亦不贪餧而妄食。君弃远而不察兮，虽愿忠其焉得？欲寂漠而绝端兮，窃不敢忘初之厚德。独悲愁其伤人兮，冯郁郁其何极？

霜露惨凄而交下兮，心尚幸其弗济。霰雪雰糅其增加兮，乃知遭命之将至。愿徼幸而有待兮，泊莽莽与野草同死。愿自直而径往兮，路壅绝而不通。欲循道而平驱兮，又未知其所以。然中路而迷惑兮，自压桉而学诵。性愚陋以褊浅兮，信未达乎从容。窃美申包胥之气盛兮，恐时世之不固。何时俗之工巧兮？灭规矩而改凿。独耿介而不随兮，愿慕先圣之遗教。处浊世而显荣兮，非余心之所乐。与其无义而有名兮，宁穷处而守高。食不媮而为饱兮，衣不苟而为温；窃慕诗人之遗风兮，愿托志乎素餐。蹇充倔而无端兮，泊莽莽而无垠。无衣裘以御冬兮，恐溘死不得见乎阳春。

（选自聂石樵：《楚辞新注》，北京，商务印书馆，2004）

推荐阅读书目

1. 王水照编：《唐宋散文精选》，南京，江苏古籍出版社，2000。
2. 易鑫鼎编：《中国古代散文研究论辩》，南昌，百花洲文艺出版社，2006。

西湖七月半

阅读提示

蜀人张岱，陶庵其号也。少为纨绔子弟，极爱繁华，好精舍，好美婢，好娈童，好鲜衣，好美食，好骏马，好华灯，好烟火，好梨园，好鼓吹，好古董，好花鸟，兼以茶淫橘虐，书蠹诗魔，劳碌半生，皆成梦幻。年至五十，国破家亡，避迹山居。所存者，破床碎几，折鼎病琴，与残书数帙，缺砚一方而已。布衣蔬莨，常至断炊。回首二十年前，真如隔世。（张岱《自为墓志铭》）

原　文

西湖七月半

张　岱

西湖七月半，一无可看，止可看看七月半之人。看七月半之人，以五类看之。其一，楼船箫鼓①，峨冠盛筵②，灯火优傒③，声光相乱，名为看月而实不见月者，看之；其一，亦船亦楼，名娃闺秀，携及童娈④，笑啼杂之，环坐露台⑤，左右盼望，身在月下而实不看月者，看之；其一，亦船亦声歌，名妓闲僧，浅斟低唱，弱管轻丝⑥，竹肉相发⑦，亦在月下，亦看月，而欲人看其看月者，看之；其一，不舟不车，不衫不帻⑧，酒醉饭饱，呼群三五，跻入人丛，昭庆、断桥⑨，嚣呼嘈杂，装假醉，唱无腔曲，月亦看，看月者亦看，不看月者亦看，而实无一看者，看之；其一，小船轻幌⑩，净几暖炉，茶铛旋煮⑪，素瓷静递⑫，好友佳人，邀月同坐，或匿影树下，或逃嚣里湖⑬，看月而人不见其看月

---

① 楼船：这里指有楼饰的游船。

② 峨冠：高冠。峨冠博带是古代士大夫的装束。

③ 优傒（xī）：倡优及仆从。

④ 童娈（luán）：俊美的男童。

⑤ 露台：楼船上的平台。

⑥ 管：指吹奏乐器，如箫、笛之类。丝：指弹拨乐器，如琴、瑟之类。

⑦ 竹肉相发：箫笛声和着歌声。竹：箫笛等竹制乐器。肉：歌喉。

⑧ 帻（zé）：古代男子包头发的头巾。

⑨ 昭庆、断桥：指昭庆寺、断桥，都是西湖名胜，为游人密集的地方。

⑩ 轻幌（huǎng）：轻细的帷幔。

⑪ 茶铛：煮茶的小锅。旋：随即。

⑫ 素瓷：精致雅洁的杯子。

⑬ 里湖：西湖以苏堤为界分为里湖和外湖两部分，苏堤以西为里湖。

之态，亦不作意看月者，看之。

杭人游湖，巳出酉归①，避月如仇。是夕好名，逐队争出，多犒门军酒钱，轿夫擎燎②，列俟岸上。一入舟，速舟子急放断桥，赶入胜会。以故二鼓以前，人声鼓吹，如沸如撼，如魇如呓，如聋如哑，大船小船一齐凑岸，一无所见，止见篙击篙，舟触舟，肩摩肩，面看面而已。少刻兴尽，官府席散，皂隶喝道去③，轿夫叫船上人，怖以关门④，灯笼火把如列星，一一簇拥而去。岸上人亦逐队赶门，渐稀渐薄，顷刻散尽矣。

吾辈始舣舟近岸⑤。断桥石磴始凉，席其上，呼客纵饮。此时月如镜新磨，山复整妆，湖复颒面⑥，向之浅斟低唱者出，匿影树下者亦出，吾辈往通声气，拉与同坐。韵友来，名妓至，杯箸安，竹肉发。月色苍凉，东方将白，客方散去。吾辈纵舟，酣睡于十里荷花之中，香气拍人，清梦甚惬。

（选自夏咸淳、程维荣点校：《陶庵梦忆　西湖梦寻》，上海，上海古籍出版社，2001）

背景知识

张岱（1597—1679），字宗子，又字石公，号陶庵、蝶庵，山阴（今浙江绍兴）人，明清易代之际著名的文学家。出身仕宦之家，早年生活豪华奢靡，落拓不羁，不求仕进。明亡后，“披发入山”，隐居著书，生活艰苦。他能诗善文，兼通戏曲、音乐，尤以小品文著称。文学上承袭公安派的清新和竟陵派的孤峭传统，但不为所囿，提倡任情适性的文风，形成了淡泊宁静、空灵流丽的风格。有《陶庵梦忆》《西湖梦寻》《琅嬛文集》《石匮书》等传世。

导　读

小品文是古代散文发展中的一个分支，篇幅短小，形式灵活，内容随意，讲求韵趣。小品文的萌芽最早可以追溯到先秦时代，历经两汉、晚唐两个发展的高潮阶段，到达晚明文坛，小品文在数量和质量上都显现出了前所未有的辉煌，流派众多，风格卓异，在中国古代散文史上堪称空前绝后。晚明小品文主张“独抒性灵，不拘格套”，作品大多直抒胸臆，信笔写出，率真自然，清新流丽，与传统唐、宋散文的“文以载道”主张不同。张岱是晚明小品文的集大成者，《西湖

---

① 巳出酉归：古人以十二地支记时，从晚上十一点开始，每两个小时为一个时辰。巳时，上午九点至十一点之间。酉时，下午五点至七点之间。

② 擎（qíng）燎：举着火把。

③ 皂隶：衙役。皂和隶都是地位很低的差役。

④ 怖以关门：以关城门来吓唬游人，使他们早归。

⑤ 舣（yǐ）：停船靠岸。

⑥ 颒（huì）面：洗面。形容湖面重新呈现出明净的样子。

七月半》是他的代表作品，也是晚明小品文的典范之作。

西湖美景是历代骚人墨客赞美讴歌的对象，张岱此文却能脱开窠臼、立意别致，不写西湖秀丽的景色，偏写七月半西湖看月之人的情态和心态，在冷眼旁观中重现了西湖昔日的繁华与风情，既是一幅风景画，又是一幅风俗画。作者将世风民习纳入山水的范围，作为观察体悟的重要对象，不仅从自然山水本身来获取诗情，还颇有兴致地观察各类“俗人”的“俗态”，在市民的游览热潮中获取新鲜的审美感受，尽管有对世俗的嘲讽与对文人雅士清高脱俗的标榜，但毕竟体现出对人情世态的某种关注。相较于魏晋山水的隐逸、唐宋山水的禅意，张岱此文多了一份扑面而来的生活气息，渗透着他独具个性的生活情调和艺术品格。

张岱的文学创作与明清之际的时代变乱有着紧密的关联。明亡前，他过着鲜衣美食、读书品艺的贵族生活；入清后，他坚持不事新朝，避居山中，布衣蔬食都难以为继，惟以著书写作来旧梦重温。他在《西湖梦寻·自序》中说：“余生不辰，阔别西湖二十八载，然西湖无日不入吾梦中。而梦中之西湖，未尝一日别余也。”本文对杭州人中元节游西湖盛况的描绘，就是作者梦中西湖的一部分。在这醉心而略带沧桑的追忆中，饱含着作者对于昔日繁华的留恋和国破家亡的感伤；在通篇喧哗与冷寂、庸俗与清雅的对比描摹中，也体现出作者清高自傲、风雅不俗的文士情怀。

思考与讨论

1. 文中描写了哪五类人看月的情态？他们看月的心态有何不同？

2. 搜集中国古代文学中关于描写西湖的作品，比较分析一下本文有何新颖之处？

3. 司马迁提出的“发愤著书”说、韩愈提出的“不平则鸣”说、欧阳修提出的“诗穷而后工”的说法等，都揭示出文学创作的一个规律：作家个人遭遇的坎坷往往成就他们在文学艺术上的巨大成功。考察一下屈原、苏轼、张岱、曹雪芹等作家的生平与创作经历，谈谈你对这一问题的看法。

阅读视线

童　心　说

李　贽

龙洞山农叙《西厢》末语云：“知者勿谓我尚有童心可也。”夫童心者，真心也。若以童心为不可，是以真心为不可也。夫童心者，绝假纯真，最初一念之本心也。若失却童心，便失却真心；失却真心，便失却真人。人而非真，全不复有初矣。

童子者，人之初也；童心者，心之初也。夫心之初曷可失也！然童心胡然而遽失也？盖方其始也，有闻见从耳目而入，而以为主于其内而童心失。其长也，有道理从闻见而入，而以为主于其内而童心失。其久也，道理闻见日以益多，则所知所觉日以益广，于是焉又知美名之可好也，而务欲以扬之而童心失；知不美之名之可丑也；而务欲以掩之而童心失。夫道理闻见，皆自多读书识义理而来也。古之圣人，曷尝不读书哉！然纵不读书，童心固自在也，纵多读书，亦以护此童心而使之勿失焉耳，非若学者反以多读书识义理而反障之也。夫学者既以多读书识义理障其童心矣，圣人又何用多著书立言以障学人为耶？童心既障，于是发而为言语，则言语不由衷；见而为政事，则政事无根柢；著而为文辞，则文辞不能达。非内含于章美也，非笃实生辉光也，欲求一句有德之言，卒不可得。所以者何？以童心既障，而以从外入者闻见道理为之心也。

夫既以闻见道理为心矣，则所言者皆闻见道理之言，非童心自出之言也。言虽工，于我何与？岂非以假人言假言，而事假事文假文乎？盖其人既假，则无所不假矣。由是而以假言与假人言，则假人喜；以假事与假人道，则假人喜；以假文与假人谈，则假人喜。无所不假，则无所不喜。满场是假，矮人何辩也？然则虽有天下之至文，其湮灭于假人而不尽见于后世者，又岂少哉！何也？天下之至文，未有不出于童心焉者也。苟童心常存，则道理不行，闻见不立，无时不文，无人不文，无一样创制体格文字而非文者。诗何必古选，文何必先秦。降而为六朝，变而为近体；又变而为传奇，变而为院本，为杂剧，为《西厢曲》，为《水浒传》，为今之举子业，皆古今至文，不可得而时势先后论也。故吾因是而有感于童心者之自文也，更说甚么《六经》，更说甚么《语》《孟》乎？

夫《六经》《语》《孟》，非其史官过为褒崇之词，则其臣子极为赞美之语。又不然，则其迂阔门徒，懵懂弟子，访忆师说，有头无尾，得后遗前，随其所见，笔之于书。后学不察，便谓出自圣人之口也，决定目之为经矣，孰知其大半非圣人之言乎？纵出自圣人，要亦有为而发，不过因病发药，随时处方，以救此一等懵懂弟子，迂阔门徒云耳。药医假病，方难定执，是岂可遽以为万世之至论乎？然则《六经》《语》《孟》，乃道学之口实，假人之渊薮也，断断乎其不可以语于童心之言明矣。呜呼！吾又安得真正大圣人童心未曾失者而与之一言文哉！

（选自《李贽文集》，第一卷，北京，社会科学文献出版社，2000）

推荐阅读书目

1. 黄卓越：《闲雅小品集观》，南昌，百花洲文艺出版社，1996。
2. 张厚余注析：《明清小品文选》，太原，山西古籍出版社，2008。
3. 翟昊、栾丹丹等：《明朝小品：士大夫的哀歌绝唱》，合肥，黄山书社，2010。

《西厢记》节选

阅读提示

郑振铎在《文学大纲》中说："中国的戏曲小说，写到两性的恋史，往往是两人一见面便相爱，便誓订终身，从不细写他们恋爱的过程与他们在恋爱时的心理。《西厢》的大成功便在它的全部都是婉曲的、细腻的写张生与莺莺的恋爱心境的，似这等的恋爱故事，除《西厢》外，中国无第二部。"郑振铎的评价正可在"闹简""赖简"两折、尤其是莺莺的身上找到依据。

原　文

第三本　张君瑞害相思

第二折

（旦上，云）红娘伏侍老夫人不得空便，偌早晚[①]敢待来也。起得早了些儿，困思上来，我再睡些儿咱。（睡科）（红上，云）奉小姐言语去看张生，因伏侍老夫人，未曾回小姐话去。不听得声音，敢又睡哩！我入去看一遭。（红唱）

【中吕粉蝶儿】风静帘闲，透纱窗麝兰香散，启朱扉[②]摇响双环。绛台高，金荷小，银釭犹灿[③]。比及[④]将暖帐轻弹，先揭起这梅红罗软帘[⑤]偷看。

【醉春风】则见他钗亸玉斜横[⑥]，髻偏云乱挽。日高犹自不明眸，畅好是懒、懒。（旦做起身长叹科）（红唱）半晌抬身，几回搔耳，一声长叹。

（红云）我待便将简帖儿与他，恐俺小姐有多少假处哩。我则将这简帖儿放在妆盒儿上，看他见了说什么。（旦做对镜科，见帖看科[⑦]）（红唱）

【普天乐】晚妆残，乌云亸，轻匀了粉脸，乱挽起云鬟。将简帖儿拈，把妆

---

① 偌早晚：这时候。偌，如此，这般。早晚，时候。

② 朱扉：红色的门。

③ "绛台高"三句：绛台，烛台。金荷，烛台承烛泪的荷形铜碟。银釭，灯，这里指烛光。

④ 比及：这是元代常用的语词，有等到、未及、既然、假如、若使、与其等意思。这里比及即未及。下面"比及你对夫人说呵"的比及作与其解。

⑤ 梅红罗软帘：紫红色的绫罗门帘。

⑥ 钗亸（duǒ）玉斜横：亸，下垂。玉，这里指头上的玉钗。

⑦ "旦做对镜科"二句：莺莺对镜本是准备梳妆，见了张生书简，忘了掩镜就看了。红娘从镜子里远远地看见她的"开拆封皮孜孜看"，正在满心欢喜；不想莺莺这时也从镜里发现了红娘的暗中窥视，双方就"决撒"了。这些地方见出当时舞台调度所达到的水平。

盒儿按，开折封皮孜孜[①]看，颠来倒去不害心烦。（旦怒叫）红娘！（红做意云）呀！决撒[②]了也！（红唱）厌的早扢皱了黛眉。（旦云）小贱人，不来怎么！（红唱）忽的波低垂了粉颈，氲的呵改变了朱颜[③]。

（旦云）小贱人，这东西那里将来的？我是相国的小姐，谁敢将这简帖来戏弄我？我几曾惯看这等东西？告过夫人，打下你个小贱人下截来。（红云）小姐使将我去，他著我将来。我不识字，知他写著什么？（红唱）

【快活三】分明是你过犯，没来由把我摧残；使别人颠倒恶心烦[④]。你不"惯"，谁曾"惯"？

（红云）姐姐休闹，比及你对夫人说呵，我将这简帖儿去夫人行出首去来。（旦做揪红科，云）我逗你耍来。（红云）放手，看打下下截来！（旦云）张生近日如何？（红云）我则不说。（旦云）好姐姐，你说与我听咱！（红唱）

【朝天子】张生近间、面颜，瘦得来实难看。不思量茶饭，怕见动弹；晓夜将佳期盼，废寝忘餐。黄昏清旦，望东墙淹泪眼。（旦云）请个好太医看他的症候咱。（红云）他症候吃药不济。（红唱）病患、要安，则除是出几点风流汗。

（旦云）红娘，不看你面呵，我将与老夫人，看他有何面目见夫人？虽然我家亏他，只是兄妹之情，焉有外事。红娘，早是你口稳哩；若别人知呵，什么模样。（红云）你哄著谁哩！你把这个饿鬼弄的他七死八活，却要怎么？（红唱）

【四边静】怕人家调犯[⑤]，"早共晚夫人见此破绽，你我何安"。问什么他遭危难？撺断得上竿，掇了梯儿看[⑥]。

（旦云）将描笔儿[⑦]过来，我写将去回他，著他下次休是这般。（旦做写科，起身科，云）红娘，你将去说："小姐看望先生，相待兄妹之礼如此，非有他意。再一遭儿是这般呵，必告夫人知道。"和你个小贱人都有说话。（旦掷书，下）（红唱）

---

① 孜孜：仔细注视的样子。

② 决撒：决裂，败露。或作厥撒。

③ "厌的早扢皱了黛眉"三句曲词：厌的，厌恶的样子。扢皱，即疙皱，这里指皱眉。氲（yūn）的，脸上起了红晕。明代戏曲家汤显祖说："三句递伺其发怒次第（状态）也。皱眉，将欲决撒也；垂颈，又踌躇也；变朱颜，则决撒矣。"

④ 使别人颠倒恶心烦：倒反使别人懊恼。别人，红娘自指。

⑤ 调犯：嘲讽，作弄。也作调泛。

⑥ "问什么他遭危难"三句：承上文说，既然莺莺口头上说得正经，又何心管张生的病症呢？"撺（cuān）断得上竿，掇了梯儿看。"当时成语，意思是哄别人上高竿，却拿开了梯儿在旁边寻开心。这原是指当时的竿技表演说的。撺断，怂恿。掇，搬走。

⑦ 描笔儿：妇女描花的笔。

【脱布衫】小孩儿家口没遮拦[①]，一迷的[②]将言语摧残。把似你使性子休思量秀才[③]，做多少好人家风范。（红做拾书科，唱）

【小梁州】他为你梦里成双觉后单，废寝忘餐。罗衣不奈五更寒，愁无限，寂寞泪阑干[④]。

【幺篇】似这等辰勾[⑤]空把佳期盼，我将这角门儿世不曾牢拴[⑥]，则愿恁做夫妻无危难。你向这筵席头上整扮，我做一个缝了口的撮合山[⑦]。

（红云）我若不去来，道我违拗他，那生又等我回报；我须索走一遭。（下）（末上，云）那书倩[⑧]红娘将去，未见回话。我这封书去，必定成事。这早晚敢待来也。（红上，云）须索回张生话去。小姐，你性儿忒惯得娇了；有前日的心，那得今日的心来？（唱）

【石榴花】当日个晚妆楼上杏花残，犹自怯衣单，那一片听琴心清露月明间。昨日个向晚，不怕春寒[⑨]，几乎险被"先生馔"[⑩]。那其间岂不胡颜[⑪]。为一个不酸不醋风魔汉，隔墙儿险化做了望夫山。

【斗鹌鹑】你用心儿拨雨撩云[⑫]，我好意儿传书寄简。不肯搜自己狂为，则待要觅别人破绽。受艾焙[⑬]权时忍这番，畅好是奸。（云）"张生是兄妹之礼，焉敢如此！"（唱）对人前巧语花言；（云）没人处便想张生，（唱）背地里愁眉泪眼。

---

① 没遮拦：乱闯。这里指说话不检点。

② 一迷的：一味的。

③ 把似你使性子休思量秀才：把似，假如。"把似……，休……"，是元代语法的"取舍复句"，类似现代汉语中"与其……，不如……"的句式。

④ 泪阑干：眼泪纵横的样子。

⑤ 辰勾：即水星，古人认为它很不容易看见。

⑥ 我将这角门儿世不曾牢拴：这里红娘的表白，意思是说自己从来就方便你们。角门儿，旁门儿。世不曾，从来不曾。

⑦ "你向这筵席头上整扮"二句：原本作："我向这筵席头上整扮，做一个缝了口的撮合山"。这里从张本、王本、毛本。两句意思是，你放心和张生成就婚姻，我不会走漏风声的。筵席，这里指结婚筵席。整扮，打扮齐整。撮合山，媒人。

⑧ 倩：请人。

⑨ "当日个晚妆楼上杏花残"五句：意思是说莺莺身子娇怯，从前春暖的时候在楼上还嫌衣薄，但那晚却不怕春寒，在夜露中一心听琴。杏花残，这里指春末夏初。

⑩ 几乎险被"先生馔"：《论语·为政篇》："有酒食，先生馔"。原指有酒食，供奉年长的人吃喝，但元曲运用这话时一般带有调笑性质。这里意思是说莺莺几乎被张生吞下去了。

⑪ 胡颜：丢脸。

⑫ 拨雨撩云：即挑逗爱情。古代诗词里常称男女欢会为云雨。

⑬ 受艾焙：艾焙，针灸术之一，用艾焙灸病人。这里比喻吃了苦头。

（红见末科）（末起云）小娘子来了？擎天柱①，大事如何了也？（红云）不济事了，先生休傻。（末云）小生简贴儿是一道会亲的符箓②，则是小娘子不用心，故意如此。（红云）我不用心？有天哩！你那简帖儿好听！（唱）

【上小楼】这的是先生命悭，须不是红娘违慢。那简帖儿倒做了你的招伏，他的勾头③，我的公案。若不是觑面颜，厮顾盼，担饶轻慢。（云）先生受罪，礼之当然。贱妾何辜？（唱）争些儿把你娘拖犯④。（末云）小姐几时能相会一面⑤？（红唱）

【幺篇】从今后相会少，见面难。月暗西厢，凤去秦楼，云敛巫山⑥。你也赸，我也赸，请先生休讪⑦，早寻个酒阑人散。

（红云）只此，再不必申诉足下肺腑。怕夫人寻，我回去也。（末云）小娘子此一遭去，再著谁与小生分剖；必索做一个道理，方可救得小生一命。（末跪下，揪住红科）（红云）张先生是读书人，岂不知此意，其事可知矣。（唱）

【满庭芳】你休要呆里撒奸⑧；你待要恩情美满，却教我骨肉摧残。老夫人手执著棍儿摩娑看，粗麻线怎透得针关⑨。直待我拄著拐帮闲钻懒，缝合唇送暖偷寒⑩。（云）待去呵，小姐性儿撮盐入火⑪。（唱）消息儿踏著泛；⑫（云）待不去呵——（末跪，哭云）小生这一个性命，都在小娘子身上。（红唱）禁不得你甜话儿热趱⑬，好著我两下里做人难。

（红云）我没来由分说！小姐回与你的书，你自看者。（末接科，开读科，

---

① 擎天柱：撑天的柱石，得力的助手。元剧常用“擎天白玉柱，架海紫金梁”来比喻国家栋梁和得力的人。

② 符箓（lù）：符咒。

③ 勾头：拘票。

④ “若不是觑面颜”四句曲文：意指若不是看面子，相照顾，宽恕轻率简慢，便差点儿把我也连累了。厮，相。担饶，饶恕。

⑤ （末云）小姐几时能相会一面：这句原本无，据《刘本》补正。

⑥ “凤去秦楼”二句：意思说好事不成。凤去秦楼，传说秦穆公把女儿弄玉嫁给萧史，后来他俩骑凤凰上天去了。云敛巫山，宋玉《高唐赋序》说楚襄王梦与神女相会于高唐，神女自称：“妾在巫山之阳，高唐之下，旦为朝云，暮为行雨。”

⑦ 赸：走开。讪：怨懑。

⑧ 呆里撒奸：外作痴呆内怀奸诈的意思。

⑨ 针关：针孔。

⑩ “直待我拄著拐帮闲钻懒”二句：意思是要我被老夫人打得脚跛嘴破，还为你们的爱情奔走吗？帮闲钻懒，指替那些有闲的懒散的人帮衬钻营。

⑪ 撮盐入火：盐入火，便会爆炸，比喻性情急躁。

⑫ 消息儿踏著泛：比喻如何触着小姐的隐处，她就要翻脸。消息儿，机关，暗窍。泛，翻动。

⑬ 热趱（zǎn）：紧紧地催逼。

云）呀，有这场喜事！撮土焚香，三拜礼毕。早知小姐简至，理合远接，接待不及，勿令见罪！小娘子，和你也欢喜。（红云）怎么？（末云）小姐骂我都是假。书中之意，著我今夜花园里来，和他“哩也波，哩也啰①”哩。（红云）你读书我听。（末云）是四句诗：待月西厢下，迎风户半开。隔墙花影动，疑是玉人来。（红云）怎见得他著你来？你解与我听咱。（末云）“待月西厢下”，著我月上来。“迎风户半开”，他开门待我。“隔墙花影动，疑是玉人来”，著我跳过墙来。（红笑云）他著你跳过墙来，你做下来②。端的有此说么？（末云）俺是个猜诗谜的社家③，风流隋何，浪子陆贾④，我那里有差的勾当。（红云）你看我姐姐，在我行也使这般道儿⑤。（唱）

【耍孩儿】几曾见寄书的颠倒瞒着鱼雁⑥，小则小心肠儿转关。写著道“西厢待月”等得更阑，著你跳东墙“女”字边“干”。原来那诗句儿里包笼著三更枣，简帖儿里埋伏着九里山⑦。他著紧处将人慢，您会云雨闹中取静，我寄音书忙里偷闲。

【四煞】纸光明玉板⑧，字香喷麝兰，行儿边湮透非春汗？一缄情泪红犹湿，满纸春愁墨未干。从今后休疑难，放心波玉堂学士⑨，稳情取金雀鸦鬟⑩。

【三煞】他人行别样亲，俺跟前取次看⑪，更做道孟光接了梁鸿案⑫。别人行

---

① 哩也波，哩也啰：不便说出的话，有音无义，犹如现在说“如此如此”“那个那个”之类。

② 做下来：干下了，暗指男女欢会。

③ 社家：宋元时代的伎艺如猜谜、歌唱、蹴鞠等都有社会组织，如猜谜的团体叫做“商谜社”。社家即行家的意思。

④ 风流隋何，浪子陆贾：隋何、陆贾都是汉高祖刘邦手下的谋士。

⑤ 道儿：诡计。

⑥ 鱼雁：古代传说有鱼腹藏信，雁足传书。这里指传递书信的人。

⑦ “原来那诗句儿里包笼著三更枣”二句：意指原来书信里藏着秘密。三更枣，据说佛家禅宗五祖给六祖传法时，交他粳米三颗，枣子一枚，六祖便明白了叫他在三“更”里“早”些来。九里山，传说韩信在九里山设下十面埋伏，把项羽打败。

⑧ 玉板：一种光洁匀厚的白棉纸。

⑨ 玉堂学士：翰林学士，皇帝的文学侍从。这是红娘取笑张生的话，当时张生还未中举。

⑩ 稳情取金雀鸦鬟：稳情，包管、准定的意思。金雀鸦鬟，指莺莺（唐李绅《莺莺歌》有“金雀鸦鬟年十七”句）。金雀，金雀钗。

⑪ 取次：随便，等闲。

⑫ 孟光接了梁鸿案：这里话用“举案齐眉”的典故。孟光反接了梁鸿献上的案（进食用的短足木盘），意思是讥笑莺莺主动约张生欢会。

甜言美语三冬暖，我跟前恶语伤人六月寒。我为头儿看[①]：看你个离魂倩女[②]，怎发付掷果潘安[③]。

（末云）小生读书人，怎跳得那花园过？（红唱）

【二煞】隔墙花又低，迎风户半拴，偷香手段今番按[④]。怕墙高怎把龙门跳，嫌花密难将仙桂攀[⑤]。放心去，休辞惮；（云）你若不去呵，（唱）望穿他盈盈秋水，蹙损他秋水春山[⑥]。

（末云）小生曾到那花园里，已经两遭，不见那好处；这一遭知他又怎么？（红云）如今不比往常。（唱）

【煞尾】你虽是去了两遭，我敢道不如这番。你那隔墙酬和都胡侃[⑦]，证果[⑧]的是今番这一简。（红下）

（末云）万事自有分定，谁想小姐有此一场好处。小生是猜诗谜的社家，风流隋何，浪子陆贾，到那里扢扎帮[⑨]便倒地。今日颓[⑩]天百般的难得晚。天！你有万物于人，何故争此一日？疾下去波！"读书继晷[⑪]怕黄昏，不觉西沉强掩门；欲赴海棠花下约，太阳何苦又生根？"（看天云）呀，才晌午也！再等一等。（又看科）今日万般的难得下去也呵。碧天万里无云，空劳倦客身心，恨杀鲁阳贪战[⑫]，不教红日西沉！呀，却早倒西也，再等一等咱。无端三足乌[⑬]，团团光烁

---

① 为头儿：带头儿，首先。

② 离魂倩女：用唐人陈玄佑《离魂记》的故事。唐代张镒把女儿倩娘许给王宙，后来张镒悔婚，倩娘的魂魄竟然离家跟着王宙去了。元人郑光祖曾将这个故事改编为杂剧《倩女离魂》。

③ 掷果潘安：传说晋代潘岳（字安仁）长得漂亮，每次坐车上街，许多妇女都把果子扔给他。

④ 按：实行。

⑤ "怕墙高怎把龙门跳"二句：这二句有双关的意味，因为张生是读书人，所以红娘一方面用跳龙门、攀仙桂鼓励他跳墙赴约；一方面讪笑他懦弱无能。龙门跳，传说黄河里的鲤鱼跳过龙门就能变成龙。仙桂攀，攀析月宫仙桂。科举时代把它们比喻成读书人登第。

⑥ 秋水春山：在古典诗词中往往以秋水比喻眼睛，以春山比喻眉毛。

⑦ 胡侃：胡调。侃，讲话的意思。

⑧ 证果：佛教称修练成功为证果。这里引申为好事成就 。

⑨ 扢（gē）扎帮：形容动作快速，也作扢搭帮，各扎帮。

⑩ 颓：粗野的话，指男性生殖器。

⑪ 读书继晷（guǐ）：努力读书。晷，日影，引申为时光。韩愈《进学解》："焚膏油（点灯）以继晷。"

⑫ 鲁阳贪战：传说鲁阳公与韩国人酣战到日暮，鲁阳公举戈一挥，太阳便倒回九十里。

⑬ 三足乌：太阳。传说太阳中有三只脚的金色乌鸦。

烁；安得后羿[①]弓，射此一轮落！谢天地，却早日下去也！……呀，却早发擂[②]也！……呀，却早撞钟也！拽上书房门，到得那里，手挽著垂杨滴流扑[③]跳过墙去。（下）

第三折

（红上，云）今日小姐著我寄书与张生，当面偌多般假意儿，原来诗内暗约著他来。小姐也不对我说，我也不瞧破他，则请他烧香。今夜晚妆处比每日较别[④]，我看他到其间怎的瞒我？（红唤科）姐姐，俺烧香去来。（旦上，云）花阴重叠香风细，庭院深沉淡月明。（红云）今夜月明风清，好一派景致也呵！（红唱）

【双调新水令】晚风寒峭[⑤]透窗纱，控金钩绣帘不挂。门阑凝暮霭，楼角敛残霞。恰对菱花，楼上晚妆罢。

【驻马听】不近喧哗，嫩绿池塘藏睡鸭；自然幽雅，淡黄杨柳带栖鸦。金莲蹴损[⑥]牡丹芽，玉簪抓住荼蘼架。夜凉苔径滑，露珠儿湿透凌波[⑦]袜。

（红云）我看那生和俺小姐巴不得到晚。（红唱）

【乔牌儿】自从那日初时想月华，捱一刻似一夏；见柳梢斜日迟迟下，早道“好教贤圣打”[⑧]。

【搅筝琶】打扮的身子儿诈[⑨]，准备著云雨会巫峡。只为这燕侣莺俦，锁不住心猿意马[⑩]。（云）不则俺那姐姐害，那生呵，（唱）二三日来水米不粘牙。因姐姐闭月羞花，真假、这其间性儿难按纳[⑪]，一地里胡拏[⑫]。

（红云）姐姐，这湖山下立地，我开了寺里角门儿。怕有人听俺说话，我且

---

① 后羿（yì）：传说后羿是远古时代的一个射箭能手，那时天上有十个太阳，晒得人畜不安，草木枯焦，后羿便把九个太阳射了下来。

② 发擂：打鼓起更。

③ 滴流扑：物件落地的声音。

④ 较别：不相同。

⑤ 寒峭：暮春的寒意。徐积《杨柳枝》诗：“清明前后峭寒时”。

⑥ 金莲蹴（cù）损：小脚踩伤。金莲，旧时缠脚女子的小脚。蹴，踩、踏。

⑦ 凌波袜：原指水仙穿的袜。凌波，形容水仙脚步的轻盈。曹植《洛神赋》：“凌波微步，罗袜生尘。”

⑧ 好教贤圣打：活该让神仙揍的意思。贤圣，神仙菩萨。

⑨ 诈：俊俏的意思。

⑩ 心猿意马：形容心神不定，就像猿猴跳跃，快马奔驰一样。

⑪ 按纳：捉摸

⑫ 一地里胡拏：一地里，一味的。胡拏，胡闹。

看一看。（做意了[①]，云）偌早晚傻角却不来？赫赫赤赤[②]，来。（末云）这其间正好去也，赫赫赤赤。（红云）那鸟[③]来了。（红唱）

【沈醉东风】我则道槐影风摇暮鸦，原来是玉人帽侧乌纱。一个潜身在曲槛边，一个背立在湖山下，那里叙寒温，并不曾打话。（红云）赫赫赤赤，那鸟来了。（末云）小姐，你来也。（搂住红科）（红云）禽兽，是我！你看得好仔细著，若是夫人怎了。（末云）小生害得眼花，搂得慌了些儿，不知是谁。望乞恕罪！（红唱）便做道"搂得慌"呵，你也索觑咱，多管是饿得你个穷神眼花。

（末云）小姐在那里？（红云）在湖山下。我问你咱，真个著你来哩？（末云）小生猜诗谜社家，风流隋何，浪子陆贾，准定扢扎帮便倒地。（红云）你休从门里去，则道我使你来。你跳过这墙去，今夜这一弄儿[④]助你两个成亲。我说与你，依著我者。（唱）

【乔牌儿】你看那淡云笼月华，似绛纸护银蜡；柳丝花朵垂帘下，绿莎茵铺著绣榻[⑤]。

【甜水令】良夜迢迢，闲庭寂静，花枝低亚[⑥]。他是个女孩儿家，你须索性儿温存，话儿摩弄，意儿谦洽；休猜做败柳残花。

【折桂令】他是个娇滴滴美玉无瑕，粉脸生春，云鬓堆鸦。恁的般受怕担惊，又不图甚浪酒闲茶。则你那夹被儿时当奋发，指头儿告了消乏[⑦]。打叠起嗟呀，毕罢了牵挂，收拾了忧愁，准备著撑达[⑧]。

（末作跳墙搂旦科）（旦云）是谁？（末云）是小生。（旦怒云）张生，你是何等之人！我在这里烧香，你无故至此。若夫人闻知，有何理说？（末云）呀，变了卦也！（红唱）

【锦上花】为甚媒人，心无惊怕；赤紧的夫妻每意不争差[⑨]。我这里蹑足潜踪，悄地听咱：一个羞惭，一个怒发。

【幺篇】张生无一言，（云）呀！（唱）莺莺变了卦。一个悄悄冥冥，一个絮絮答答。却早禁住隋何，迸住陆贾；叉手躬身，装聋做哑。

---

① 做意了：作某种表情的舞台提示。

② 赫赫赤赤：口哨声。在元杂剧中多作为男女私会的暗号。

③ 鸟：通屌，常用为骂人的粗话。这里作家伙解。

④ 一弄儿：一块儿。

⑤ "你看那淡云笼月华"四句：当时男女成亲要点红烛，铺绣榻。这四句说月色可以代替烛光，绿莎茵已铺好绣榻，意即可以成亲。

⑥ 低亚：低垂的样子，亚，通压。

⑦ "则你那夹被儿时当奋发"二句：指手淫。

⑧ 撑达：漂亮、痛快的意思。

⑨ "为甚媒人"三句：红娘以媒人自居，意说我为什么不怕呢？总以为夫妻会同心合意，没有争执的。赤紧，有吃紧意，也有无需紧张意。这里用后面语意。

（红云）张生背地里嘴那里去了？向前搂住丢翻[1]，告到官司，怕羞了你！（唱）

【清江引】没人处则会闲嗑牙[2]，就里[3]空奸诈。怎想湖山边，不记“西厢下”。香美娘处分破花木瓜[4]。

（旦云）红娘，有贼。（红云）是谁？（末云）是小生。（红云）张生，你来这里有什么勾当？（旦云）扯到夫人那里去！（红云）到夫人那里，怕坏了他行止。我与姐姐处分他一场。张生，你过来跪著！你既读孔圣之书，必达周公之礼，夤夜[5]来此何干？（唱）

【雁儿落】不是俺一家儿乔坐衙[6]，说几句衷肠话。我则道你文学海样深，谁知你色胆有天来大！

（红云）你知罪么？（末云）小生不知罪。（红唱）

【得胜令】谁著你夤夜入人家，非奸做贼拏。你本是个折桂客，做了偷花汉。不想去跳龙门，学骗马[7]。（云）姐姐，且看红娘面，饶过这生者！（旦云）若不看红娘面，扯你到夫人那里去，看你有何面目见江东父老[8]？起来！（红唱）谢小姐贤达，看我面遂情罢。若到官司详察，（云）“你既是秀才，只合苦志于寒窗之下，谁教你夤夜辄入人家花园，做得个非奸即盗。”先生呵，（唱）整备著精皮肤吃顿打。

（旦云）先生虽有活人之恩，恩则当报。既为兄妹，何生此心？万一夫人知之，先生何以自安？今后再勿如此，若更为之，与足下决无干休。（下）（末朝鬼门道云）你著我来，却怎么有偌多说话！（红扳过末云）羞也，羞也！却不“风流隋何，浪子陆贾？”（末云）得罪波“社家”。今日便早则死心塌地。（红唱）

【离亭宴带歇指煞】再休题春宵一刻千金价，准备着寒窗更守十年寡。猜诗谜的社家，㚞拍[9]了“迎风户半开”，山障[10]了“隔墙花影动”，绿惨[11]了“待月

---

① 丢翻：放倒。

② 闲嗑（kè）牙：说闲话。

③ 就里：内中，内幕。

④ 香美娘处分破花木瓜：指莺莺戳穿了张生华而不实的面目。花木瓜，比喻好看而不切实用，《水浒传》二十四回：“花木瓜，空好看。”

⑤ 夤（yín）夜：深夜。

⑥ 乔坐衙：假做坐堂问事。

⑦ 骗马：指那些不三不四的勾当。骗，跃身上马的意思。

⑧ 有何面目见江东父老：有什么面目见人。项羽在垓下兵败后，不肯渡过乌江，再图恢复，说自己无面目见江东父老，结果抽刀自杀。

⑨ 㚞（qí）拍：不合拍子，弄错了的意思。㚞，参差。

⑩ 山障：隔绝。

⑪ 绿惨：即绿惨红愁，伤春的意思，这里指好事无成。

西厢下”。你将何郎粉面搽，他自把张敞眉儿画①。强风情措大②，晴干了尤云殢雨心③，悔过了窃玉偷香胆，删抹了倚翠偎红话④。（末云）小生再写一篇，烦小娘子将去，以尽衷情如何？（红唱）淫词儿早则休，简帖儿从今罢。犹古自参不透风流调法⑤。从今后悔罪也卓文君，你与我游学波汉司马。（下）

（末云）你这小姐送了人也！此一念小生再不敢举。奈有病体日笃，将如之奈何？夜来得简方喜，今日强扶至此，又值这一场怨气，眼见得休也。则索回书房中纳闷去。桂子闲中落，槐花病里看。（下）

（选自《元杂剧选注》，北京，北京出版社，1983）

背景知识

王实甫，名德信，实甫是他的字，大都（今北京）人，元代剧坛最有才华的杰出作家之一。《录鬼簿》把他列入“前辈已死名公才人”而位于关汉卿之后，由此推知他与关汉卿同时而略晚，在元成宗元贞、大德年间（1295—1307）尚在世。据贾仲明追吊他的悼词《凌波仙》介绍，王实甫似乎是混迹于教坊勾栏、与演员歌妓往来的风流落拓的文人，在当时享有盛名。他创作杂剧十四种，完整保存的有《西厢记》《丽春堂》《破窑记》三种，另有《贩茶船》《芙蓉亭》曲文各一折，其他作品均已亡佚。

导　读

“闹简”“赖简”是《西厢记》第三本“张君瑞害相思杂剧”中的两折，处于全剧发展的中心，是《西厢记》非常精彩的场次。郭沫若说《西厢记》表现了“活的人性战胜了死的礼教”，“闹简”“赖简”所展现的正是这一“战胜”过程的反复和曲折。围绕着戏剧冲突的展开，红娘、张生、莺莺三个艺术形象也被生动而鲜活地塑造出来：红娘是“忙”人，她来来回回地传递情简，古道热肠，聪明伶俐，心直口快，时常还要调侃一下莺莺，敲打一下张生这个“傻角”；张生是个“真”人，他尊重红娘，跟她分享自己的喜悦，还甘心受点奚落。他对莺莺真

---

① “你将何郎粉面搽”二句：意指张生着意打扮，主动献殷勤，但却遭莺莺的拒绝。何郎，即何晏，三国魏宛人，喜欢打扮，粉白不去手，有傅粉何郎的称号。张敞，汉平阳人，夫妻感情很好，张敞曾替妻子画眉。“自把张敞眉儿画”，指莺莺拒绝张生的追求。

② 强风情措大：强风情，单恋。措大，亦作醋大，旧社会对贫寒的读书人的称呼，含有轻慢的意思。

③ 尤云殢（tì）雨：指男妇恋情。

④ 倚翠偎红：形容男女恋情。

⑤ 犹古自参不透风流调法：意说难道你还没有参透莺莺的风流手法吗？犹古自，尚且，还在。

心爱恋，刻骨相思，透着初恋男子的天真和志诚；莺莺是个“假”人，碍于相国之女的身份和教养，她“对人前巧语花言，没人处便想张生，背地里愁眉泪眼”，对红娘猜忌，对张生反复无常。在这一“闹”一“赖”的过程中，真实细腻地揭示出莺莺复杂的恋爱心理和丰富的内心世界。

张生和崔莺莺的故事，最早出自唐代元稹的传奇作品《莺莺传》（又名《会真记》）。这是一个浪漫而凄美的爱情故事，热心功名的张生最终抛弃了有“自献之羞”的莺莺，还把自己的负心行为粉饰为“善补过”。金代董解元在《莺莺传》的基础上创作了《西厢记诸宫调》（简称《董西厢》），强调“自今至古，自是佳人，合配才子。”张生对莺莺始乱终弃的悲剧被改造成了青年男女为争取婚姻自由大胆和封建家长展开斗争，并取得大团圆结局的喜剧。元代写情戏曲大师王实甫在《董西厢》的基础上，对故事再次进行了大胆创作，把叙事体的说唱文学进一步变成了代言体的戏曲，创作出了杂剧《崔莺莺待月西厢记》（简称《王西厢》），明确提出了“永老无别离，万古常完聚，愿普天下有情的都成了眷属”的爱情主张。

《王西厢》在描写张生和崔莺莺的爱情故事时，用真情来统驭性欲和婚姻，突出了人性的尊严和价值，歌颂了以两情相悦为基础的自主婚姻，从而赋予了《西厢记》超越时代的永恒魅力。《王西厢》打破了元杂剧的体制惯例，形成了五本二十折五楔子的宏大篇幅；塑造人物个性鲜明，丰满生动；语言华美，极富诗情画意，有“花间美人”的赞誉。思想和艺术上的巨大成就奠定了《西厢记》在中国文学史上“天下夺魁”（贾仲明：《凌波仙》）的卓越地位。

思考与讨论

1. 结合《西厢记》全本，分析崔莺莺的人物形象。

2. 结合《西厢记》全本，分析红娘的人物形象。

3. 搜集并阅读唐传奇《莺莺传》《董西厢》《王西厢》及唐宋诗词、说唱等多种文艺形式中有关张生和崔莺莺爱情故事的描写，考察西厢故事的演变过程及作品主旨变化所折射出来的社会心理的变迁。

阅读视线

莺莺传

元　稹①

贞元中，有张生者，性温茂，美风容，内秉坚孤，非礼不可入。或朋从游宴，扰杂其间，他人皆汹汹拳拳，若将不及，张生容顺而已，终不能乱。以是年二十三，未尝近女色。知者诘之。谢而言曰："登徒子非好色者，是有凶行；余真好色者，而适不我值。何以言之？大凡物之尤者，未尝不留连于心，是知其非忘情者也。"诘者识之。无几何，张生游于蒲。蒲之东十余里，有僧舍曰普救寺，张生寓焉。适有崔氏孀妇，将归长安，路出于蒲，亦止兹寺。崔氏妇，郑女也。张出于郑，绪其亲，乃异派之从母。是岁，浑瑊薨于蒲。有中人丁文雅，不善于军，军人因丧而扰，大掠蒲人。崔氏之家，财产甚厚，多奴仆。旅寓惶骇，不知所托。先是，张与蒲将之党有善，请吏护之，遂不及于难。十余日，廉使杜确将天子命以总戎节，令于军，军由是戢。郑厚张之德甚，因饰馔以命张，中堂宴之。复谓张曰："姨之孤嫠未亡，提携幼稚。不幸属师徒大溃，实不保其身。弱子幼女，犹君之生，岂可比常恩哉！今俾以仁兄礼奉见，冀所以报恩也。"命其子，曰欢郎，可十余岁，容甚温美。次命女："出拜尔兄，尔兄活尔。"久之，辞疾。郑怒曰："张兄保尔之命，不然，尔且掳矣。能复远嫌乎？"久之，乃至。常服睟容，不加新饰，垂鬟接黛，双脸销红而已。颜色艳异，光辉动人。张惊，为之礼。因坐郑旁。以郑之抑而见也，凝睇怨绝，若不胜其体者。问其年纪，郑曰："今天子甲子岁之七月，终于贞元庚辰，生年十七矣。"张生稍以词导之，不对。终席而罢。张自是惑之，愿致其情，无由得也。崔之婢曰红娘。生私为之礼者数四，乘间遂道其衷。婢果惊沮，腆然而奔。张生悔之。翼日，婢复至。张生乃羞而谢之，不复云所求矣。婢因谓张曰："郎之言，所不敢言，亦不敢泄。然而崔之姻族，君所详也。何不因其德而求娶焉？"张曰："余始自孩提，性不苟合。或时纨绮闲居，曾莫流盼。不为当年，终有所蔽。昨日一席间，几不自持。数日来，行忘止，食忘饱，恐不能逾旦暮，若因媒氏而娶，纳采问名，则三数月间，索我于枯鱼之肆矣。尔其谓我何？"婢曰："崔之贞慎自保，虽所尊不可以非语犯之。下人之谋，固难入矣。然而善属文，往往沉吟章句，怨慕者久之。君试为喻情诗以乱之，不然，则无由也。"张大喜，立缀《春词》二首以授之。是夕，

---

① 元稹，字微之，唐河南人。宪宗时举制科对策第一，历任中书舍人、承旨学士、工部侍郎同中书门下平章事、节度使等官职。诗与白居易齐名，世称"元白体"，对当时诗坛影响很大。著有《元氏长庆集》六十卷、补遗六卷。文中的张生，一般认为，实际就是元稹自己的化身。

红娘复至，持彩笺以授张，曰："崔所命也。"题其篇曰《明月三五夜》。其词曰："待月西厢下，迎风户半开。拂墙花影动，疑是玉人来。"张亦微喻其旨。是夕，岁二月旬有四日矣。崔之东有杏花一株，攀援可踰。既望之夕，张因梯其树而踰焉。达于西厢，则户半开矣。红娘寝于床上，因惊之。红娘骇曰："郎何以至?"张因绐之曰："崔氏之笺召我也。尔为我告之。"无几，红娘复来，连曰："至矣!至矣!"张生且喜且骇，必谓获济。及崔至，则端服严容，大数张曰："兄之恩，活我之家，厚矣。是以慈母以弱子幼女见托。奈何因不令之婢，致淫逸之词?始以护人之乱为义，而终掠乱以求之，是以乱易乱，其去几何?诚欲寝其词，则保人之奸，不义；明之于母，则背人之惠，不祥；将寄于婢仆，又惧不得发其真诚：是用托短章，愿自陈启。犹惧兄之见难，是用鄙靡之词，以求其必至。非礼之动，能不愧心?特愿以礼自持，毋及于乱!"言毕，翻然而逝。张自失者久之。复踰而出，于是绝望。数夕，张生临轩独寝，忽有人觉之。惊骇而起，则红娘敛衾携枕而至，抚张曰："至矣！至矣！睡何为哉!"并枕重衾而去。张生拭目危坐久之，犹疑梦寐；然而修谨以俟。俄而红娘捧崔氏而至。至，则娇羞融冶，力不能运支体，曩时端庄，不复同矣。是夕，旬有八日也。斜月晶莹，幽辉半床。张生飘飘然，且疑神仙之徒，不谓从人间至矣。有顷，寺钟鸣，天将晓。红娘促去。崔氏娇啼宛转，红娘又捧之而去，终夕无一言。张生辨色而兴，自疑曰："岂其梦邪?"及明，睹妆在臂，香在衣，泪光荧荧然，犹莹于茵席而已。是后又十余日，杳不复知。张生赋《会真》诗三十韵，未毕，而红娘适至，因授之，以贻崔氏。自是复容之。朝隐而出，暮隐而入，同安于曩所谓西厢者，几一月矣。张生常诘郑氏之情。则曰："我不可奈何矣。"因欲就成之。无何，张生将之长安，先以情谕之。崔氏宛无难词，然而愁怨之容动人矣。将行之再夕，不复可见，而张生遂西下。数月，复游于蒲，会于崔氏者又累月。崔氏甚工刀札，善属文。求索再三，终不可见。往往张生自以文挑，亦不甚睹览。大略崔之出入者，艺必穷极，而貌若不知；言则敏辩，而寡于酬对。待张之意甚厚，然未尝以词继之。时愁艳幽邃，恒若不识，喜愠之容，亦罕形见。异时独夜操琴，愁弄凄恻。张窃听之。求之，则终不复鼓矣。以是愈惑之。张生俄以文调及期，又当西去。当去之夕，不复自言其情，愁叹于崔氏之侧。崔已阴知将诀矣，恭貌怡声，徐谓张曰："始乱之，终弃之，固其宜矣。愚不敢恨。必也君乱之，君终之，君之惠也。则没身之誓，其有终矣，又何必深感于此行?然而君既不怿，无以奉宁。君常谓我善鼓琴，向时羞颜，所不能及。今且往矣，既君此诚。"因命拂琴，鼓《霓裳羽衣》序，不数声，哀音怨乱，不复知其是曲也。左右皆歔欷。崔亦遽止之，投琴，泣下流连，趋归郑所，遂不复至。明旦而张行。明年，文战不胜，张遂止于京。因赠书于崔，以广其意。崔氏缄报之词，粗载于此，曰："捧览来问，抚爱过深。儿女之情，悲喜交集。兼惠花胜一合、口脂五寸，致耀首膏唇之饰。

虽荷殊恩，谁复为容？睹物增怀，但积悲叹耳。伏承使于京中就业，进修之道，固在便安。但恨僻陋之人，永以遐弃。命也如此，知复何言！自去秋已来，常忽忽如有所失。于喧哗之下，或勉为语笑，闲宵自处，无不泪零。乃至梦寐之间，亦多感咽离忧之思。绸缪缱绻，暂若寻常，幽会未终，惊魂已断。虽半衾如暖，而思之甚遥。一昨拜辞，倏逾旧岁。长安行乐之地，触绪牵情。何幸不忘幽微，眷念无斁。鄙薄之志，无以奉酬。至于终始之盟，则固不忒。鄙昔中表相因，或同宴处。婢仆见诱，遂致私诚。儿女之心，不能自固。君子有援琴之挑，鄙人无投梭之拒。及荐寝席，义盛意深。愚陋之情，永谓终托。岂期既见君子，而不能定情，致有自献之羞，不复明侍巾帻。没身永恨，含叹何言！倘仁人用心，俯遂幽眇，虽死之日，犹生之年。如或达士略情，舍小从大，以先配为丑行，以要盟为可欺，则当骨化形销，丹诚不泯，因风委露，犹托清尘。存没之诚，言尽于此。临纸呜咽，情不能申。千万珍重，珍重千万！玉环一枚，是儿婴年所弄，寄充君子下体所佩。玉取其坚润不渝，环取其终始不绝。兼乱丝一绚、文竹茶碾子一枚。此数物不足见珍，意者欲君子如玉之真，弊志如环不解。泪痕在竹，愁绪萦丝，因物达情，永以为好耳。心迩身遐，拜会无期。幽愤所钟，千里神合。千万珍重！春风多厉，强饭为嘉。慎言自保，无以鄙为深念。”张生发其书于所知，由是时人多闻之。所善杨巨源好属词，因为赋《崔娘》诗一绝云：“清润潘郎玉不如，中庭蕙草雪销初。风流才子多春思，肠断萧娘一纸书。”河南元稹亦续生《会真》诗三十韵，诗曰：“微月透帘栊，萤光度碧空。遥天初缥缈，低树渐葱茏。龙吹过庭竹，鸾歌拂井桐。罗绡垂薄雾，环珮响轻风。绛节随金母，云心捧玉童。更深人悄悄，晨会雨濛濛。珠莹光文履，花明隐绣龙。瑶钗行彩凤，罗帔掩丹虹。言自瑶华浦，将朝碧玉宫。因游洛城北，偶向宋家东。戏调初微拒，柔情已暗通。低鬟蝉影动，回步玉尘蒙。转面流花雪，登床抱绮丛。鸳鸯交颈舞，翡翠合欢笼。眉黛羞偏聚，唇朱暖更融。气清兰蕊馥，肤润玉肌丰。无力慵移腕，多娇爱敛躬。汗流珠点点，发乱绿葱葱。方喜千年会，俄闻五夜穷。留连时有恨，缱绻意难终。慢脸含愁态，芳词誓素衷。赠环明运合，留结表心同。啼粉流宵镜，残灯远暗虫。华光犹苒苒，旭日渐曈曈。乘鹜还归洛，吹箫亦上嵩。衣香犹染麝，枕腻尚残红。幂幂临塘草，飘飘思渚蓬。素琴鸣怨鹤，清汉望归鸿。海阔诚难渡，天高不易冲。行云无处所，萧史在楼中。”张之友闻之者，莫不耸异之，然而张志亦绝矣。稹特与张厚，因征其词。张曰：“大凡天之所命尤物也，不妖其身，必妖于人。使崔氏子遇合富贵，乘宠娇，不为云，为雨，则为蛟，为螭，吾不知其变化矣。昔殷之辛，周之幽，据百万之国，其势甚厚。然而一女子败之，溃其众，屠其身，至今为天下僇笑。予之德不足以胜妖孽，是用忍情。”于时坐者皆为深叹。后岁余，崔已委身于人，张亦有所娶。适经所居，乃因其夫言于崔，求以外兄见。夫语之，而崔终不为出。张怨念之诚，动于颜色。崔知之，潜赋一章，词曰："自从消瘦减容光，万转千回懒下床。不为旁人羞不起，为郎憔悴却羞郎。"竟不之见。后数日，张生将行，又赋一章以谢绝云："弃置今何道，当时且自亲。还将旧时意，怜取眼前人。"自是，绝不复知矣。时人多许张为善补过者。予尝于朋会之中，往往及此意者，夫使知者不为，为之者不惑。贞元岁九月，执事李公垂宿于予靖安里第，语及于是。公垂卓然称异，遂为《莺莺歌》以传之。崔氏小名莺莺，公垂以命篇。歌曰："伯劳飞迟燕飞疾，垂扬绽金花笑日。绿窗娇女字莺莺，金雀娅鬟年十七。黄姑上天阿母在，寂寞霜姿素莲质。门掩重关萧寺中，芳草花时不曾出。"

（选自张友鹤选注：《唐宋传奇选》，北京，人民文学出版社，1998）

推荐阅读书目

1. 邱晓娟：《西厢故事》，扬州，广陵书社，2004。
2. 王彬主编：《中华文学经典·戏剧》，北京，中国社会出版社，2004。

《世说新语》三则

阅读提示

魏晋之际，是“人的觉醒”和“文的自觉”的时代，魏晋风度就是在这一特定的历史时期产生的具有独特风貌的审美文化现象。《世说新语》是魏晋南北朝时期成就最高的一部文言志人小说集，被誉为是张扬着“魏晋风度”和“林下风流”的“名士的教科书”，对后世影响深远。

原　文

嵇康绝调（雅量门）

嵇中散①临刑东市，**神气不变，索琴弹之，**奏《广陵散》②。曲终，曰：“袁孝尼③尝请学此散，吾靳固④不与，《广陵散》于今绝矣！”太学生三千人上书，请以为师，不许。文王⑤亦寻悔焉。

以德折夫（贤媛门）

许允⑥妇是阮卫尉女⑦，德如⑧妹，奇丑。交礼⑨竟，允无复入理，家人深以

---

① 嵇中散：嵇康（223—262），字叔夜，三国谯郡（今安徽亳县）人，是曹操之子沛王曹林的孙女婿，官中散大夫，世称“嵇中散”。

② 《广陵散》：琴曲名。嵇康善弹此曲。现存《广陵散》谱最早者见于《神奇秘谱》，题解称所录为隋宫所收，后流传于民间。

③ 袁孝尼：袁准，晋陈郡阳夏（今河南太康）人，字孝尼。忠信正直，淡于仕途。晋武帝泰始中，官给事中。

④ 靳固：吝惜而坚决。

⑤ 文王：司马昭（211—265），字子上，三国河内温县（今属河南）人。司马懿之子。死后谥“文”，故追尊“晋文王”。

⑥ 许允：（？—254），字士宗，三国魏高阳（今属河北）人。累官侍中、尚书、中领军。与中书令李丰、太常夏侯玄友善。时司马师、司马昭兄弟专政，丰、玄等谋刺司马氏以存魏室。事泄，丰、玄等被杀。许允徙镇北将军，复以事免职徙乐浪，为司马氏追杀于中途。

⑦ 阮卫尉：阮共，字伯彦，三国魏陈留尉氏（今河南尉氏）人。官至卫尉卿。

⑧ 德如：阮侃，字德如。阮共子，有俊才。与嵇康为友，官至河内太守。

⑨ 交礼：行交拜礼，即拜堂。

为忧。会允有客至，**妇令婢视之**，还，答曰："是桓郎①。"桓郎者，桓范也。妇云："无忧，桓必劝入。"桓果语许云："阮家既嫁丑女与卿，故当②有意③，卿宜察之。"许便回入内，既见妇，即欲出。**妇料其此出无复入理**，便捉裾④停之。许因谓曰："妇有四德⑤，卿有其几?"妇曰："新妇所乏唯容尔。然士有百行⑥，君有几?"许云："皆备。"妇曰："夫百行以德为首。君好色不好德⑦，何谓皆备?"允有惭色，遂相敬重。

雪夜访戴（任诞门）

王子猷⑧居山阴⑨，夜大雪，眠觉，开室，命酌酒，四望皎然⑩。因起彷徨⑪，咏左思⑫《招隐诗》⑬。忽忆戴安道⑭。时戴在剡⑮，即便夜乘小舟就之。经宿⑯方至，造门不前而返⑰。人问其故，王曰："吾本乘兴而行，兴尽而返，何必见戴?"

（选自张㧑之译注：《世说新语译注》，上海，上海古籍出版社，1996；参考余嘉锡：《世说新语笺疏》，上海，上海古籍出版社，1993）

背景知识

1. 刘义庆（403—444），南朝宋武帝刘裕之侄，袭封临川王，官至尚书左仆射、中书令，谥康王。他"性简素，寡嗜欲"，爱好文学，喜欢与文学之士交游。

---

① 桓郎：即桓范，字元则，三国魏沛国（今安徽宿县）人。有文才。正始中为大司农，以廉约名于时。为司马懿所杀。

② 故当：自然、当然。加强判断语气。

③ 有意：有意识的。

④ 捉裾：抓住衣襟。

⑤ 四德：旧时认为妇女应当具备的四种德行：妇德、妇言、妇容、妇功。见于《周礼》。

⑥ 百行：各种好品行。

⑦ 好色不好德：语本《论语·子罕》："子曰：'吾未见好德如好色者也。'"

⑧ 王子猷：王徽之，东晋人，号子猷。王羲之的儿子，王献之的哥哥。

⑨ 山阴：今浙江绍兴。

⑩ 皎然：洁白貌，此形容雪色。

⑪ 彷徨：徘徊，走来走去。

⑫ 左思：字太冲，西晋临淄（今山东淄博）人。他貌丑口讷而博学能文，作《三都赋》，时人竞相传写，洛阳为之纸贵。

⑬ 《招隐诗》：凡二首，歌咏隐居乐趣。诗见《昭明文选》。

⑭ 戴安道：戴逵，东晋人，字安道。精通音乐，善于鼓琴，也善于铸造佛像和雕刻。

⑮ 剡（shàn）：县名。今浙江嵊县，地有剡溪，为曹娥江上游，自山阴可溯流而达。

⑯ 经宿：经过一夜。

⑰ 造门不前而返：（王徽之）到了戴逵的家门口，没有去拜访，就返回了。造，去，到。

有《世说新语》《徐州先贤传》《幽明录》等书传世。

2.《世说新语》，本名《世说新书》，是我国最早一部文言志人小说集，由南朝宋刘义庆编纂，梁刘孝标注。分“德行”“言语”“政事”“文学”等36门类，主要记载魏晋时期一些文人士大夫的遗闻轶事和玄虚清谈，从各个角度展示出当时士族名流的生活方式和精神面貌。语言凝练隽永，品评人物简约传神，被鲁迅先生评价为“记言则玄远冷隽，记行则高简瑰奇”。

导 读

魏晋名士特别推崇雅量，追求一种宠辱不惊、气量超群、优雅从容、喜怒忧惧不形于色的风度，并由此而构成了当时人物品藻的一个重要尺度。嵇康是魏晋玄学的代表人物之一，“竹林七贤”的领袖人物。他提出“非汤武而薄周孔”“越名教而任自然”的人生主张，深深刺中了统治者的要害，一些仇视嵇康的小人也乘机对他大肆诽谤。公元262年，司马昭下令将嵇康处以死刑。面对死亡，嵇康神色不变，从容不迫，他所想到的不是自己神采飞扬的生命即将终止，而是一首美妙绝伦的音乐后继无人。嵇康超逸洒脱、高蹈千古的“雅量”之举正是魏晋风度的重要体现。

女子向来是作为男权社会的附庸品而存在的，她们的人格和才智长久以来受到压抑和贬损，男尊女卑的价值定位和“三从四德”的伦理规范是以文字的形式固定在典籍之中的。与刘向的《列女传》《汉书·列女传》《晋书·列女传》相比较，《世说新语·贤媛门》描写的24位女性的共计32则故事，绝少有表现女子母仪、贞顺、守节的故事。这些“贤媛”因充分受到魏晋名士风度的浸染，而呈现出和以往不同的特色。她们是一群姿容妙曼、性情率真、见识卓越、话锋机敏、才华横溢的人，她们的才智和胆识能够与男子分庭抗礼，并为男子所欣赏。尽管《世说新语》中的“贤媛”仍是站在男性的视角下衡量得出的结果，但毕竟衡量的标准有了一定的进步。魏晋时期的名士们对女性全新的价值期待和审美追求也正是魏晋风度一个侧面的体现。

王子猷即王徽之，是东晋时期大书法家王羲之的第五个儿子。《世说新语》记载了他的15则故事，“雪夜访戴”是其中最著名的一则，被后人广为传诵，“山阴乘兴”“乘兴而来”等成语就出自这个故事。王子猷被皎洁纯净的雪夜美景所触动，连夜去拜访隐居在剡县的好朋友戴安道。经过一夜的踏雪航行，却“造门不前而返”，这出人意表的举动，使故事曲折生动，摇曳多姿。而那句“吾本乘兴而行，兴尽而返，何必见戴?”更是把王子猷率真任情、自由洒脱、放达不羁的魏晋名士情怀和清雅脱俗、不滞于物、超脱功利的审美生活态度淋漓尽致地展现了出来。意到兴随，来去由情，正所谓：不为彼岸只为海！这种富有诗意的生活态度正是魏晋风度的一种体现。

思考与讨论

1. 仔细品味这三则故事，揣摩作者刻画人物的手法有什么特点？

2. 结合本课的学习内容，浅谈你对“魏晋风度”的理解。

3. 对于魏晋士人，你还知道哪些有趣的故事？

4. 阅读《世说新语》中其他有关王徽之的故事，结合《晋书》中的相关史料，分析王徽之的性格特征。或从《世说新语》中自选一个人物来作类似的研究。

阅读视线

三 王 墓

干 宝

楚干将、莫邪为楚王作剑，三年乃成。王怒，欲杀之。剑有雌雄。其妻重身当产，夫语妻曰：“吾为王作剑，三年乃成。王怒，往必杀我。汝若生子是男，大，告之曰：‘出户望南山，松生石上，剑在其背。’”于是即将雌剑往见楚王。王大怒，使相之：“剑有二，一雄一雌。雌来，雄不来。”王怒，即杀之。

莫邪子名赤比，后壮，乃问其母曰：“吾父所在？”母曰：“汝父为楚王作剑，三年乃成。王怒杀之。去时嘱我：‘语汝子：出户望南山，松生石上，剑在其背。’”于是子出户南望，不见有山，但睹堂前松柱下，石低之上，即以斧破其背，得剑。日夜思欲报楚王。

王梦见一儿，眉间广尺，言欲报仇。王即购之千金。儿闻之，亡去，入山行歌。客有逢者，谓：“子年少，何哭之甚悲耶？”曰：“吾干将、莫邪子也。楚王杀吾父，吾欲报之！”客曰：“闻王购子头千金，将子头与剑来，为子报之。”儿曰：“幸甚！”即自刎，两手捧头及剑奉之，立僵。客曰：“不负子也。”于是尸乃仆。

客持头往见楚王，王大喜。客曰：“此乃勇士头也。当于汤镬煮之。”王如其言。煮头三日三夕，不烂。头踔出汤中，踬目大怒。客曰：“此儿头不烂，愿王自往临视之，是必烂也。”王即临之。客以剑拟王，王头随堕汤中。客亦自拟己头，头复堕汤中。三首俱烂，不可识别。乃分其汤肉葬之，故通名“三王墓”。今在汝南北宜春县界。

（选自《汉魏六朝笔记小说大观》，上海，上海古籍出版社，1999）

推荐阅读书目

1. 李泽厚：《美的历程》，天津，天津社会科学院出版社，2001。

2. 罗宗强：《玄学与魏晋士人心态》，天津，南开大学出版社，2003。

卖油郎独占花魁

阅读提示

《卖油郎独占花魁》所描写的卖油郎与从良妓女的爱情故事折射出明代社会新兴市民阶层的爱情观，给理学的禁欲主义与封建等级观念以巨大的冲击，具有划时代的新意，令人耳目一新。个中表现出的真情美、人格美、心灵美，具有独特的审美价值，令人激赏不已。

原　文

卖油郎独占花魁

冯梦龙

年少争夸风月，场中波浪偏多。有钱无貌意难和，有貌无钱不可。就是有钱有貌，还须着意揣摩。知情识趣俏哥哥，此道谁人赛我。

这首词名为《西江月》，是风月机关中最要之论。常言道："妓爱俏，妈爱钞。"所以子弟①行中，有了潘安般貌，邓通般钱，自然上和下睦，做得烟花寨内的大王，鸳鸯会上的主盟。然虽如此，还有个两字经儿，叫做帮衬。帮者，如鞋之有帮；衬者，如衣之有衬。但凡做小娘②的，有一分所长，得人衬贴，就当十分。若有短处，曲意替他遮护，更兼低声下气，送暖偷寒，逢其所喜，避其所讳，以情度情，岂有不爱之理。这叫做帮衬。风月场中，只有会帮衬的最讨便宜，无貌而有貌，无钱而有钱。假如郑元和③在卑田院④做了乞儿，此时囊箧俱空，容颜非旧，李亚仙于雪天遇之，便动了一个恻隐之心，将绣襦包裹，美食供养，与他做了夫妻。这岂是爱他之钱，恋他之貌？只为郑元和识趣知情，善于帮衬，所以亚仙心中舍他不得。你只看亚仙病中想马板肠汤吃，郑元和就把个五花马杀了，取肠煮汤奉之。只这一节上，亚仙如何不念其情。后来郑元和中了状元，李亚仙封为汧国夫人。《莲花落》打出万年策，卑田院只做了白玉堂。一床锦被遮盖，风月场中反为美谈。这是：

---

① 子弟：嫖客。

② 小娘：这里指妓女。

③ 郑元和：唐《李娃传》中故事：书生郑元和因热恋妓女李娃，用尽钱财，以致穷困落魄。后来李娃设法救护他，使他读书做了官。

④ 卑田院：应作悲田（佛教用语，意为以悲悯之心施惠于贫穷的人，则得无量之福）院，后指由公家出钱，寺庙主办的乞丐收容所。

运退黄金失色，时来铁也生光。

话说大宋自太祖开基，太宗嗣位，历传真、仁、英、神、哲，共是七代帝王，都则偃武修文，民安国泰。到了徽宗道君皇帝，信任蔡京、高俅、杨戬、朱勔①之徒，大兴苑囿，专务游乐，不以朝政为事。以致万民嗟怨，金虏乘之而起，把花锦般一个世界，弄得七零八落。直至二帝蒙尘，高宗泥马渡江②，偏安一隅，天下分为南北，方得休息。其中数十年，百姓受了多少苦楚。正是：

甲马丛中立命，刀枪队里为家。

杀戮如同戏耍，抢夺便是生涯。

内中单表一人，乃汴梁城外安乐村居住，姓莘，名善，浑家阮氏。夫妻两口，开个六陈铺儿③。虽则粜米为生，一应麦豆茶酒油盐杂货，无所不备，家道颇颇④得过。年过四旬，止生一女，小名叫做瑶琴。自小生得清秀，更且资性聪明。七岁上，送在村学中读书，日通千言。十岁时，便能吟诗作赋。曾有《闺情》一绝，为人传诵。诗云：

朱帘寂寂下金钩，香鸭沉沉冷画楼。

移枕怕惊鸳并宿，挑灯偏恨蕊双头。

到十二岁，琴棋书画，无所不通。若提起女工一事，飞针走线，出人意表。此乃天生伶俐，非教习之所能也。莘善因为自家无子，要寻个养女婿，来家靠老。只因女儿灵巧多能，难乎其配。所以求亲者颇多，都不曾许。不幸遇了金虏猖獗，把汴梁城围困，四方勤王之师虽多，宰相主了和议，不许厮杀，以致虏势愈甚，打破了京城，劫迁了二帝。那时城外百姓，一个个亡魂丧胆，携老扶幼，弃家逃命。

却说莘善领着浑家阮氏，和十二岁的女儿，同一般逃难的，背着包裹，结队而走。

忙忙如丧家之犬，急急如漏网之鱼。担渴担饥担劳苦，此行谁是家乡；叫天叫地叫祖宗，惟愿不逢鞑虏⑤。正是：宁为太平犬，莫作乱离人！

正行之间，谁想鞑子倒不曾遇见，却逢着一阵败残的官兵。他看见许多逃难的百姓，多背得有包裹，假意呐喊道："鞑子来了！"沿路放起一把火来。此时天

---

① 蔡京、高俅、杨戬（jiǎn）、朱勔（miǎn）：都是北宋末年的几个奸臣，《宋史》有传。

② 高宗泥马渡江：高宗（赵构），宋徽宗（赵佶）的儿子，封康王。相传靖康之变后，被金人掳去，后遣还。脱身途中梦神人说金人追赶他，他惊醒后骑了神人为他备的一匹马渡过长江，过江之后，发现所骑的是一匹泥马。

③ 六陈铺儿：米、大麦、小麦、大豆、小豆、芝麻等六种粮食因可以久藏，叫做"六陈"。六陈铺儿，即粮食铺。

④ 颇颇："颇"字的重叠语，就是很，甚的意思，

⑤ 鞑虏：指金人。

色将晚，吓得众百姓落荒乱窜，你我不相顾，他就乘机抢掠。若不肯与他，就杀害了。这是乱中生乱，苦上加苦。却说莘氏瑶琴，被乱军冲突，跌了一交。爬起来，不见了爹娘。不敢叫唤，躲在道旁古墓之中，过了一夜。到天明，出外看时，但见满目风沙，死尸横路。昨日同时避难之人，都不知所往。瑶琴思念父母，痛哭不已。欲待寻访，又不认得路径。只得望南而行。哭一步，挨一步。约莫走了二里之程。心上又苦，腹中又饥。望见土房一所，想必其中有人，欲待求乞些汤饮。及至向前，却是破败的空屋，人口俱逃难去了。瑶琴坐于土墙之下，哀哀而哭。自古道：无巧不成话。恰好有一人从墙下而过。那人姓卜，名乔，正是莘善的近邻，平昔是个游手游食，不守本分，惯吃白食，用白钱的主儿。人都称他是卜大郎。也是被官军冲散了同伙，今日独自而行。听得啼哭之声，慌忙来看。瑶琴自小相认，今日患难之际，举目无亲，见了近邻，分明见了亲人一般，即忙收泪，起身相见。问道："卜大叔，可曾见我爹妈么?"卜乔心中暗想："昨日被官军抢去包裹，正没盘缠。天生这碗衣饭，送来与我，正是奇货可居。"便扯个谎，道："你爹和妈，寻你不见，好生痛苦。如今前面去了。吩咐我道：'倘或见我女儿，千万带了他来，送还了我。'许我厚谢。"瑶琴虽是聪明，正当无可奈何之际，君子可欺以其方①，遂全然不疑，随着卜乔便走，正是：

情知不是伴，事急且相随。

卜乔将随身带的干粮，把些与他吃了，吩咐道："你爹妈连夜走的。若路上不能相遇，直要过江到建康府，方可相会。一路上同行，我权把你当女儿，你权叫我做爹。不然，只道我收留迷失子女，不当稳便。"瑶琴依允。从此陆路同步，水路同舟，爹女相称。到了建康府，路上又闻得金兀术四太子引兵渡江，眼见得建康不得宁息。又闻得康王即位，已在杭州驻跸②，改名临安。遂乘船到润州，过了苏常嘉湖，直到临安地面，暂且饭店中居住。也亏卜乔，自汴京至临安，三千余里，带那莘瑶琴下来。身边藏下些散碎银两，都用尽了，连身上外盖衣服，脱下准③了店钱，止剩得莘瑶琴一件活货，欲行出脱。访得西湖上烟花王九妈家要讨养女，遂引九妈到店中，看货还钱。九妈见瑶琴生得标致，讲了财礼五十两。卜乔兑足了银子，将瑶琴送到王家。原来卜乔有智，在王九妈前，只说："瑶琴是我亲生之女，不幸到你门户人家④，须是软款的教训，他自然从愿，不要性急。"在瑶琴面前，又说："九妈是我至亲，权时把你寄顿他家。待我从容访知你爹妈下落，再来领你。"以此。瑶琴欣然而去。

---

① 君子可欺以其方：君子这样的人因为很正直，坏人就利用这一点去欺骗他们。方，方正，正直。

② 驻跸：皇帝出行停留暂住叫做"驻跸"。

③ 准：兑换，抵偿。

④ 门户人家：妓院。

可怜绝世聪明女，堕落烟花罗网中。

王九妈新讨了瑶琴，将他浑身衣服，换个新鲜，藏于曲楼深处，终日好茶好饭，去将息他，好言好语，去温暖他。瑶琴既来之，则安之。住了几日，不见卜乔回信。思量爹妈，噙着两行珠泪，问九妈道："卜大叔怎不来看我?"九妈道；"哪个卜大叔?"瑶琴道："便是引我到你家的那个卜大郎。"九妈道："他说是你的亲爹。"瑶琴道："他姓卜，我姓莘。"遂把汴梁逃难，失散了爹妈，中途遇见了卜乔，引到临安，并卜乔哄他的说话，细述一遍。九妈道："原来恁地①，你是个孤身女儿，无脚蟹②。我索性与你说明罢：那姓卜的把你卖在我家，得银五十两去了。我们是门户人家，靠着粉头过活。家中虽有三四个养女，并没个出色的。爱你生得齐整，把做个亲女儿相待。待你长成之时，包你穿好吃好，一生受用。"瑶琴听说，方知被卜乔所骗，放声大哭。九妈劝解，良久方止。自此九妈将瑶琴改做王美，一家都称为美娘，教他吹弹歌舞，无不尽善。长成一十四岁，娇艳非常。临安城中，这些富豪公子，慕其容貌，都备着厚礼求见。也有爱清标的，闻得他写作俱高，求诗求字的，日不离门。弄出天大的名声出来，不叫他美娘，叫他做花魁娘子。西湖上子弟编了一只《挂枝儿》③，单道那花魁娘子的好处：

小娘中，谁似得王美儿的标致，又会写，又会画，又会做诗，吹弹歌舞都余事。常把西湖比西子，就是西子比他也还不如！哪个有福的汤④着他身儿，也情愿一个死。

王九妈听得这些风声，怕坏了门面，来劝女儿接客。王美执意不肯，说道："要我会客时，除非见了亲生爹妈。他肯做主时，方才使得。"王九妈心里又恼他，又不舍得难为他。挨了好些时。偶然有个金二员外，大富之家，情愿出三百两银子，梳弄⑤美娘。九妈得了这主大财，心生一计，与金二员外商议，若要他成就，除非如此如此。金二员外意会了。其日八月十五日，只说请王美湖上看潮。请至舟中，三四个帮闲，俱是会中之人，猜拳行令。做好做歉，将美娘灌得烂醉如泥，扶到王九妈家楼中，卧于床上，不省人事。此时天气和暖，又没几层衣服。妈儿亲手抱住，欲待挣扎，争奈手足俱软，由他轻薄了一回。

五鼓时，美娘酒醒，已知鸨儿用计，破了身子，自怜红颜命薄，遭此强横。起来解手，穿了衣服，自在床边一个斑竹榻上，朝着里壁睡了，暗暗垂泪。金二

① 恁地：如此，这样。

② 无脚蟹：比喻无依靠的女人。

③ 《挂枝儿》：民间歌曲名，内容多半是讲男女爱情的。

④ 汤：挨着，接触。

⑤ 梳弄：旧时妓女第一次接客的意思。从前妓院里处女头上只梳辫子，接客以后就梳髻，叫做"梳弄"。

员外来亲近他时，被他劈头劈脸，抓有几个血痕。金二员外好生没趣。挨得天明，对妈儿说声："我去也。"妈儿要留他时，已自出门去了。从来梳弄的子弟，早起时，妈儿进房贺喜，行户①中都来称贺，还要吃几日喜酒。那子弟多则住一二月，最少也住半月二十日。只有金二员外侵早出门，是从来未有之事。王九妈连叫诧异，披衣起身上楼，只见美娘卧于榻上，满眼流泪。九妈要哄他上行，连声招许多不是，美娘只不开口，九妈只得下楼去了。美娘哭了一日，茶饭不沾。从此托病，不肯下楼，连客也不肯会面了。

九妈心下焦躁。欲待把他凌虐，又恐他烈性不从，反冷了他的心肠。欲待由他，本是要他赚钱。若不接客时，就养到一百岁也没用。踌蹰数日，无计可施。忽然想起，有个结义妹子，叫做刘四妈，时常往来。他能言快语，与美娘甚说得着。何不接取他来，下个说词。若得他回心转意，大大的烧个利市②。当下叫保儿去请刘四妈到前楼坐下，诉以衷情。刘四妈道："老身是个女随何，雌陆贾③，说得罗汉思情，嫦娥想嫁。这件事都在老身身上。"九妈道："若得如此，做姐的情愿与你磕头。你多吃杯茶去，省得说话时口干。"刘四妈道："老身天生这副海口，便说到明日，还不干哩。"刘四妈吃了几杯茶，转到后楼，只见楼门紧闭。刘四妈轻轻的叩了一下，叫声："侄女！"美娘听得是四妈声音，便来开门。两下相见了。四妈靠桌朝下而坐，美娘旁坐相陪。四妈看他桌上铺着一幅细绢，才画得个美人的脸儿，还未曾着色。四妈称赞道："画得好！真是巧手！九阿姐不知怎生样造化，偏生遇着你这一个伶俐女儿。又好人物，又好技艺，就是堆上几千两黄金，满临安走遍，可寻出个对儿么？"美娘道："休得见笑！今日甚风吹得姨娘到来？"刘四妈道："老身时常要来看你，只为家务在身，不得空闲。闻得你恭喜梳弄了。今日偷空而来，特特与九阿姐叫喜。"美儿听得提起梳弄二字，满脸通红，低着头不来答应。刘四妈则知他害羞，便把椅儿掇上一步，将美娘的手儿牵着，叫声："我儿！做小娘的，不是个软壳鸡蛋，怎的这般嫩得紧？似你恁地怕羞，如何赚得大主银子？"美娘道："我要银子做甚？"四妈道："我儿，你便不要银子，做娘的，看得你长大成人，难道不要出本？自古道，靠山吃山，靠水吃水。九阿姐家有几个粉头，哪一个赶得上你的脚跟来？一园瓜，只看得你是个瓜种，九阿姐待你也不比其他。你是聪明伶俐的人，也须识此轻重。闻得你自梳弄之后，一个客也不肯相接。是甚么意儿？都像你的意时，一家人口，似蚕一般，哪个把桑叶喂他？做娘的抬举你一分，你也要与他争口气儿，莫要反讨众丫头们批点。"美娘道："由他批点，怕怎的！"刘四妈："啊呀！批点是个小事，你可晓

---

① 行户：其他妓院。

② 烧个利市：商店开张，烧纸敬神，叫做"烧利市"。

③ 随何、陆贾：两人都是秦末汉初有名的说客、辩士。

得门户中的行径么?”美娘道:“行径便怎的?”刘四妈道:“我们门户人家,吃着女儿,穿着女儿,用着女儿,侥幸讨得一个像样的,分明是大户人家置了一所良田美产。年纪幼小时,巴不得风吹得大。到得梳弄过后。便是田产成熟,日日指望花利到手受用。前门迎新,后门送旧,张郎送米,李郎送柴,往来热闹,才是个出名的姊妹行家。”美娘道:“羞答答,我不做这样事!”刘四妈掩着口,格的笑了一声,道:“不做这样事,可是由得你的?一家之中,有妈妈做主。做小娘的若不依他教训,动不动一顿皮鞭,打得你不生不死,那时不怕你不走他的路儿。九阿姐一向不难为你,只可惜你聪明标致,从小娇养的,要惜你的廉耻,存你的体面。方才告诉我许多话,说你不识好歹,放着鹅毛不知轻,顶着磨子不知重,心下好生不悦,教老身来劝你。你若执意不从,惹他性起,一时翻过脸来,骂一顿,打一顿,你待走上天去!凡事只怕个起头。若打破了头时,朝一顿,暮一顿,那时熬这些痛苦不过,只得接客,却不把千金声价弄得低微了。还要被姊妹中笑话。依我说,吊桶已自落在他井里,挣不起了。不如千欢万喜,倒在娘的怀里,落得自己快活。”美娘道:“奴是好人家儿女,误落风尘。倘得姨娘主张从良,胜造九级浮图。若要我倚门献笑,送旧迎新,宁甘一死,决不情愿。”刘四妈道:“我儿,从良是有志气的事,怎么说道不该!只是从良也有几等不同。”美娘道:“从良有甚不同之处?”刘四妈道:“有个真从良,有个假从良;有个苦从良,有个乐从良;有个趁好的从良,有个没奈何的从良;有个了从良,有个不了的从良。我儿耐心听我分说。如何叫做真从良?大凡才子必须佳人,佳人必须才子,方成佳配。然而好事多磨,往往求之不得。幸然两下相逢,你贪我爱,割舍不下,一个愿讨,一个愿嫁,好像捉对的蚕蛾,死也不放,这个谓之真从良。怎么叫做假从良?有等子弟爱着小娘,小娘却不爱那子弟,本心不愿嫁他,只把个嫁字儿哄他心热,撒漫①银钱。比及成交,却又推故不就。又有一等痴心的子弟,晓得小娘心肠不对他,偏要娶他回去。拼着一主大钱,动了妈儿的火,不怕小娘不肯。勉强进门,心中不顺,故意不守家规。小则撒泼放肆,大则公然偷汉。人家容留不得,多则一年,少则半载,依旧放他出来,为娼接客。把从良二字,只当个赚钱的题目。这个谓之假从良。如何叫做苦从良?一般样子弟爱小娘,小娘不爱那子弟,却被他以势凌之。妈儿惧祸,已自许了。做小娘的,身不由主,含泪而行。一入侯门,如海之深,家法又严,抬头不得。半妾半婢,忍死度日,这个谓之苦从良。如何叫做乐从良?做小娘的,正当择人之际,偶然相交个子弟。见他情性温和,家道富足,又且大娘子乐善,无男无女,指望他日过门,与他生育,就有主母之分。以此嫁他,图个日前安逸,日后出身,这个谓之乐从良。如何叫做趁好的从良?做小娘的,风花雪月,受用已够,趁这盛名之

① 撒漫:挥霍无度,随意花钱的意思。

下，求之者众，任我拣择个十分满意的嫁他，急流勇退，及早回头，不致受人怠慢，这个谓之趁好的从良。如何叫做没奈何的从良？做小娘的，原无从良之意，或因官司逼迫，或因强横欺瞒，又或因债负太多，将来赔偿不起，憋口气，不论好歹，得嫁便嫁，买静求安，藏身之法，这谓之没奈何的从良。如何叫做了从良？小娘半老之际，风波历尽，刚好遇个老成的孤老①，两下志同道合，收绳卷索，白头到老，这个谓之了从良。如何叫做不了的从良？一般你贪我爱，火热的跟他，却是一时之兴，没有个长算。或者尊长不容，或者大娘妒忌，闹了几场，发回妈家，追取原价。又有个家道凋零，养他不活，苦守不过，依旧出来赶趁②，这谓之不了的从良。”美娘道：“如今奴家要从良。还是怎地好？”刘四妈道：“我儿，老身教你个万全之策。”美娘道：“若蒙教导，死不忘恩。”刘四妈道：“从良一事，入门为净。况且你身子已被人捉弄过了，就是今夜嫁人，叫不得个黄花女儿。千错万错，不该落于此地。这就是你命中所招了。做娘的费了一片心机，若不帮他几年，趁过千把银子，怎肯放你出门？还有一件，你便要从良，也须拣个好主儿。这些臭嘴臭脸的，难道就跟他不成？你如今一个客也不接，晓得哪个该从，哪个不该从？假如你执意不肯接客，做娘的没奈何，寻个肯出钱的主儿，卖你去做妾，这也叫做从良。那主儿或是年老的，或是貌丑的，或是一字不识的村牛，你却不肮脏了一世！比着把你料在水里，还有扑通的一声响，讨得旁人叫一声可惜。依着老身愚见，还是俯从人愿，凭着做娘的接客。似你恁般才貌，等闲的料也不敢相扳。无非是王孙公子，贵客豪门，也不辱莫了你一生。风花雪月，趁着年少受用，二来作成妈儿起个家事，三来使自己也积攒些私房，免得日后求人。过了十年五载，遇个知心着意的。说得来，话得着，那时老身与你做媒，好模好样的嫁去，做娘的也放得你了。可不两得其便？”美娘听说，微笑而不言。刘四妈已知美娘心中活动了，便道：“老身句句是好话。你依着老身的话时，后来还当感激我哩。”说罢，起身。王九妈立在楼门之外，一句句都听得的。美娘送刘四妈出房门，劈面撞着了九妈，满面羞惭，缩身进去。王九妈随着刘四妈，再到前楼坐下。刘四妈道：“侄女十分执意，被老身右说左说，一块硬铁看看熔做热汁。你如今快快寻个覆帐③的主儿，他必然肯就。那时做妹子的再来贺喜。”王九妈连连称谢。是日备饭相待，尽醉而别。后来西湖上子弟们又有只《挂枝儿》，单说那刘四妈说词一节：

刘四妈，你的嘴舌儿好不利害！便是女随何、雌陆贾，不信有这大才！说着长，道着短，全没些破败。就是醉梦中，被你说得醒；就是聪明的，被你说得

① 孤老：妓女对长期固定的客人，非正式夫妻关系中的妇女对所结识的男人，都叫做“孤老”。

② 赶趁：旧时，下等妓女自动到酒楼筵前歌唱，借以获得一点钱物，叫做“赶趁”。

③ 覆帐：妓女破身后首次接待客人，叫做“覆帐”。

呆。好个烈性的姑姑，也被你说得他心地改。

再说王美娘才听了刘四妈一席话儿，思之有理。以后有客求见，欣然相接。覆帐之后，宾客如市。挨三顶五，不得空闲，声价愈重。每一晚白银十两，几自你争我夺。王九妈赚了若干钱钞，欢喜无限。美娘也留心要拣个知心着意的，急切难得。正是：

易求无价宝，难得有情郎。

话分两头。却说临安城清波门外，有个开油店的朱十老，三年前过继一个小厮，也是汴京逃难来的，姓秦名重，母亲早丧，父亲秦良，十三岁上将他卖了，自己在上天竺去做香火①。朱十老因年老无嗣，又新死了妈妈，把秦重做亲子看成，改名朱重，在店中学做卖油生意。初时父子坐店甚好。后因十老得了腰痛的病，十眠九坐，劳碌不得，另招个伙计，叫做邢权，在店相帮。光阴似箭，不觉四年有余。朱重长成一十七岁，生得一表人才，须然②已冠，尚未娶妻。那朱十老家有个侍女，叫做兰花，年已二十之外，存心看上了朱小官人，几遍的倒下钩子去勾搭他。谁知朱重是个老实人，又且兰花龌龊丑陋，朱重也看不上眼。以此落花有意，流水无情。那兰花见勾搭朱小官人不上，别寻主顾，就去勾搭那伙计邢权。邢权是望四③之人，没有老婆，一拍就上。两个暗地偷情，不止一次。后怪朱小官人碍眼，思量寻事赶他出门。邢权与兰花两个，里应外合，使心设计。兰花便在朱十老面前，假意撇清④说："小官人几番调戏，好不老实！"朱十老平时与兰花也有一手，未免有拈酸之意。邢权又将店中卖下的银子藏过，在朱十老面前说道："朱小官在外赌博，不长进，柜里银子，几次短少，都是他偷去了。"初次朱十老还不信，接连几次，朱十老年老糊涂，没有主意，就唤朱重过来，责骂了一场。朱重是个聪明的孩子，已知邢权与兰花的计较，欲待分辨，惹起是非不小。万一老者不听，枉做恶人。心生一计，对朱十老说道："店中生意淡薄，不消得二人。如今让邢主管坐店，孩儿情愿挑担子出去卖油。卖得多少，每日纳还，可不是两重生意？"朱十老心下也有许可之意。又被邢权说道："他不是要挑担出去，几年上偷银子做私房，身边积攒有余了，又怪你不与他定亲，心下怨怅，不愿在此相帮，要讨个出场，自去娶老婆，做人家去。"朱十老叹口气道："我把他做亲儿看成，他却如此歹意！皇天不佑！罢，罢，不是自身骨血，到底粘连不上，由他去罢！"遂将三两银子，把与朱重，打发出门。寒夏衣服和被窝都教他拿去。这也是朱十老好处。朱重料他不肯收留，拜了四拜，大哭而别。正是：

---

① 香火：在寺庙里烧香、点火、打杂的人。

② 须然：虽然。

③ 望四：将近四十岁。望，接近。

④ 假意撇清：明明自己不清白，却要表白自己清白、清高，叫做"假撇清"。

孝己杀身因谤语，申生[1]丧命为谗言。

亲生儿子犹如此，何怪螟蛉受枉冤。

原来秦良上天竺做香火，不曾对儿子说知。朱重出了朱十老之门，在众安桥下赁了一间小小房儿，放下被窝等件，买巨锁儿锁了门，便往长街短巷，访求父亲。连走几日，全没消息。没奈何，只得放下。在朱十老家四年，赤心忠良，并无一毫私蓄。只有临行时打发这三两银子，不够本钱，做什么生意好？左思右量，只有油行买卖是熟间。这些油坊多曾与他识熟，还去挑个卖油担子，是个稳足的道路。当下置办了油担家伙，剩下的银两，都交付与油坊取油。那油坊里认得朱小官是个老实好人。况且小小年纪，当初坐店，今朝挑担上街，都因邢伙计挑拨他出来，心中甚是不平，有心扶持他，只拣窨清[2]的上好净油与他，签子上又明让他些。朱重得了这些便宜，自己转卖与人，也放些宽。所以他的油比别人分外容易出脱。每日所赚的利息，又且俭吃俭用，积下东西来，置办些日用家业及身上衣服之类，并无妄废。心中只有一件事未了，牵挂着父亲，思想："向来叫做朱重，谁知我是姓秦！倘或父亲来寻访之时，也没有个因由。"遂复姓为秦。说话的，假如上一等人，有前程的，要复本姓，或具札子奏过朝廷，或关白礼部、太学、国学等衙门，将册籍改正，众所共知。一个卖油的，复姓之时，谁人晓得？他有个道理，把盛油的桶儿，一面大大写个秦字，一面写汴梁二字，将油桶做个标识，使人一览而知。以此临安市上，晓得他本姓，都呼他为秦卖油。时值二月天气，不暖不寒，秦重闻知昭庆寺僧人，要起个九昼夜功德，用油必多，遂挑了油担来寺中卖油。那些和尚们也闻知秦卖油之名，他的油比别人又好又贱。单单作成他。所以一连这九日，秦重只在昭庆寺走动。正是：

刻薄不赚钱，忠厚不折本。

这一日是第九日了。秦重在寺出脱了油，挑了空担出寺。其日天气晴明，游人如蚁。秦重绕河而行。遥望十景塘桃红柳绿，湖内画船箫鼓，往来游玩，观之不足，玩之有余。走了一回，身子困倦，转到昭庆寺右边，望个宽处，将担子放下，坐在一块石上歇脚。近侧有个人家，面湖而住，金漆篱门，里面朱栏内，一丛细竹。未知堂室何如，先见门庭清整。只见里面三四个戴巾的[3]从内而出，一个女娘后面相送。到了门首，两下手一拱，说声请了，那女娘竟进去了。秦重定睛观之，此女容颜娇丽，体态轻盈，目所未睹，准准的呆了半晌，身子都酥麻了。他原是个老实小官，不知有烟花行径，心中疑惑，正不知是什么人家。方在疑思之际，只见门内又走出个中年的妈妈，同着一个垂发的丫头，倚门闲看。那

---

① 孝己，申生：孝己，传说他是殷高宗武丁的太子。很孝顺父母，因后母的谗害，被放逐而死。申生，春秋时晋献公的世子，被献公的小夫人骊姬所陷害，自杀。

② 窨（yìn）清：形容油在地窖里埋藏过后的澄清的颜色。

③ 戴巾的：这里指读书人、做官的人。旧时一般老百姓不准戴巾。

妈妈一眼瞧着油担，便道："啊呀！方才我家无油，正好有油担子在这里，何不与他买些？"那丫鬟同那妈妈出来，走到油担子边叫声："卖油的！"秦重方才听见，回言道："没有油了！妈妈要用油时，明日送来。"那丫鬟也认得几个字，看见油桶上写个秦字，就对妈妈道："卖油的姓秦。"妈妈也听得人闲讲，有个秦卖油，做生意甚是忠厚。遂吩咐秦重道："我家每日要油用，你肯挑来时，与你做个主顾。"秦重道："承妈妈作成，不敢有误。"那妈妈与丫鬟进去了。秦重心中想道："这妈妈不知是那女娘的什么人？我每日到他家卖油，莫说赚他利息，图个饱看那女娘一回，也是前生福分。"正欲挑担起身，只见两个轿夫，抬着一顶青绢幔的轿子，后边跟着两个小厮，飞也似跑来。到了其家门首，歇下轿子。那小厮走进里面去了。秦重道："却又作怪！着他接什么人？"少顷之间，只见两个丫鬟，一个捧着猩红的毡包，一个拿着湘妃竹攒花的拜匣，都交付与轿夫，放在轿座之下。那两个小厮手中，一个抱着琴囊，一个捧着几个手卷，腕上挂碧玉箫一枝，跟着起初的女娘出来。女娘上了轿，轿夫抬起望旧路而去。丫鬟小厮，俱随轿步行。秦重又得亲炙一番，心中愈加疑惑。挑了油担子，洋洋的去。

不过几步，只见临河有一个酒馆。秦重每常不吃酒，今日见了这女娘，心下又欢喜，又气闷，将担子放下，走进酒馆，拣个小座头坐下。酒保问道："客人还是请客，还是独酌？"秦重道："有上好的酒，拿来独饮三杯。时新果子一两碟，不用荤菜。"酒保斟酒时，秦重问道："那边金漆篱门内是什么人家？"酒保道："这是齐衙内①的花园。如今王九妈住下。"秦重道："方才看见有个小娘子上轿，是什么人？"酒保道："这是有名的粉头，叫做王美娘，人都称为花魁娘子。他原是汴京人，流落在此。吹弹歌舞，琴棋书画，件件皆精。来往的都是大头儿，要十两放光，才宿一夜哩。可知小可的也近他不得。当初住在涌金门外，因楼房狭窄，齐舍人与他相厚。半载之前，把这花园借与他住。"秦重听得说是汴京人，触了个乡里之念，心中更有一倍光景。吃了数杯，还了酒钱，挑了担子，一路走，一路的肚中打稿道："世间有这样美貌的女子，落于娼家，岂不可惜！"又自家暗笑道："若不落于娼家，我卖油的怎生得见！"又想一回，越发痴起来了，道："人生一世，草生一秋。若得这等美人搂抱了睡一夜，死也甘心。"又想一回道："呸！我终日挑这油担子，不过日进分文，怎么想这等非分之事！正是癞虾蟆在阴沟里想着天鹅肉吃，如何到口！"又想一回道："他相交的，都是公子王孙。我卖油的，纵有了银子，料他也不肯接我。"又想一回道："我闻得做老鸨的，专要钱钞。就是个乞儿，有了银子，他也就肯接了，何况我做生意的，青青白白之人。若有了银子，怕他不接！只是哪里来这几两银子？"一路上胡思乱想，自言自语。你道天地间有这等痴人，一个做小经纪的，本钱只有三两，却

① 衙内：本是掌理禁卫的官职，宋元时代称呼贵家子弟为"衙内"。

要把十两银子去嫖那名妓，可不是个春梦！自古道：有志者事竟成。被他千思万想，想出一个计策来。他道："从明日为始，逐日将本钱扣出，余下的积攒上去。一日积得一分，一年也有三两六钱之数。只消三年，这事便成了。若一日积得二分，只消得年半。若再多得些，一年也差不多了。"想来想去，不觉走到家里，开锁进门。只因一路上想着许多闲事，回来看了自家的睡铺，惨然无欢，连夜饭也不要吃，便上了床。这一夜翻来覆去，牵挂着美人，哪里睡得着。

只因月貌花容，引起心猿意马。

挨到天明，爬起来，就装了油担，煮早饭吃了，匆匆挑了油担子，一径走到王妈妈家去。进了门，却不敢直入，舒着头，往里面张望。王妈妈恰才起床，还蓬着头，正吩咐保儿买饭菜。秦重识得声音，叫声："王妈妈。"九妈往外一张，见是秦卖油，笑道："好忠厚人！果然不失信。"便叫他挑担进来，称了一瓶，约有五斤多重，公道还钱，秦重并不争论。王九妈甚是欢喜，道："这瓶油，只够我家两日用。但隔一日，你便送来，我不往别处去买油。"秦重应诺，挑担而去。只恨不曾遇见花魁娘子。"且喜扳下主顾，少不得一次不见，二次见，二次不见，三次见。只是一件，特为王九妈一家挑这许多路来，不是做生意的勾当。这昭庆寺是顺路。今日寺中虽然不做功德，难道寻常不用油的？我且挑担去问他。若扳得各房头做个主顾，只消走钱塘门这一路，那一担油尽够出脱了。"秦重挑担到寺内问时，原来各房和尚也正想着秦卖油。来得正好，多少不等，各各买他的油。秦重与各房约定，也是间一日便送油来用。这一日是个双日。自此日为始，但是单日，秦重别街道上做买卖；但是双日，就走钱塘门这一路。一出钱塘门，先到王九妈家里，以卖油为名，去看花魁娘子。有一日会见，也有一日不会见。不见时费了一场思想，便见时也只添了一层思想，正是：

天长地久有时尽，此恨此情无尽期。

再说秦重到了王九妈家多次，家中大大小小，没一个不认得是秦卖油。时光迅速，不觉一年有余。日大日小，只拣足色细丝，或积三分，或积二分，再少也积下一分。凑得几钱，又打做大块包。日积月累，有了一大包银子，零星凑集，连自己也不识多少。其日是单日，又值大雨，秦重不出去做买卖。积了这一大包银子，心中也自喜欢。"趁今日空闲，我把他上一上天平，见个数目。"打个油伞，走到对门倾银铺里，借天平兑银。那银匠好不轻薄，想着："卖油的多少银子，要架天平？只把个五两头等子与他，还怕用不着头纽哩。"秦重把银子包解开，都是散碎银两。大凡成锭的见少，散碎的就见多，银匠是小辈，眼孔极浅，见了许多银子，别是一番面目，想道："人不可貌相，海水不可斗量。"慌忙架起天平，搬出若大若小许多法马。秦重尽包而兑，一厘不多，一厘不少，刚刚一十六两之数，上秤便是一斤。秦重心下想道："除去了三两本钱，余下的做一夜花柳之费，还是有余。"又想道："这样散碎银子，怎好出手！拿出来也被人看低了！现成倾银店中方便，何不倾成锭儿，还觉冠冕①。”当下兑足十两，倾成一个足色大锭，再把一两八钱，倾成水丝一小锭。剩下四两二钱之数，拈一小块，还了火钱，又将几钱银子，置下镶鞋净袜，新褶了一顶万字头巾。回到家中，把衣服浆洗得干干净净，买几根安息香，薰了又薰。拣个晴明好日，侵早打扮起来。

虽非富贵豪华客，也是风流好后生。

秦重打扮得齐齐整整，取银两藏于袖中，把房门锁了，一径望王九妈家而来。那一时好不高兴。及至到了门首，愧心复萌，想道：“时常挑了担子在他家卖油，今日忽地去做嫖客，如何开口？”正在踌躇之际。只听得呀的一声门响，王九妈走将出来。见了秦重，便道：“秦小官今日怎的不做生意，打扮得恁般齐楚，往哪里去贵干？”事到其间，秦重只得老着脸，上前作揖。妈妈也不免还礼。秦重道：“小可并无别事，专来拜望妈妈。”那鸨儿是老积年②，见貌辨色，见秦重恁般装束，又说拜望，“一定是看上了我家那个丫头，要嫖一夜，或是会一个房③。虽然不是个大势主菩萨，搭在篮里便是菜，捉在篮里便是蟹，赚他钱把银子买葱菜，也是好的。”便满脸堆下笑来，道：“秦小官拜望老身，必有好处。”秦重道：“小可有句不识进退的言语，只是不好启齿。”王九妈道：“但说何妨。且请到里面客坐里细讲。”秦重为卖油虽曾到王家准百次，这客坐里交椅，还不曾与他屁股做个相识。今日是个会面之始。王九妈到了客坐，不免分宾而坐，向着内里唤茶。少顷，丫鬟托出茶水，看时却是秦卖油，正不知什么缘故，妈妈恁般相待，格格低了头只是笑。王九妈看见，喝道：“有甚好笑，对客全没些规矩！”丫鬟止住笑，收了茶杯自去。王九妈方才开言问道：“秦小官有甚话，要对老身说？”秦重道：“没有别话，要在妈妈宅上请一位姐姐吃一杯酒儿。”九妈道：“难道吃寡酒，一定要嫖了。你是个老实人，几时动这风流之兴？”秦重道：“小可的积诚，也非止一日。”九妈道：“我家这几个姐姐，都是你认得的。不知你中意哪一位？”秦重道：“别个都不要，单单要与花魁娘子相处一宵。”九妈只道取笑他，就变了脸道：“你出言无度！莫非奚落老娘么？”秦重道：“小可是个老实人，岂有虚情。”九妈道：“粪桶也有两个耳朵，你岂不晓得我家美儿的身价！倒了你卖油的灶还不够半夜歇钱哩。不如将就拣一个适兴罢。”秦重把颈一缩，舌头一伸，道：“恁的好卖弄！不敢动问，你家花魁娘子一夜歇钱要几千两？”九妈见他说耍话，却又回嗔作喜，带笑而言道：“哪要许多！只要得十两敲丝④。其他东道杂费不在其内。”秦重道：“原来如此，不为大事。”袖中摸出这秃秃里一

---

① 冠冕：体面，有面子的意思。

② 老积年：有多年的阅历，懂得人情世故的人。

③ 会一个房：和妓女发生一次关系。

④ 敲丝：即银子，古代银两都敲印着圆丝纹，叫做“敲丝”。

大锭放光细丝银子，递与鸨儿道："这一锭十两重，足色足数，请妈妈收着。"又摸出一小锭来，也递与鸨儿，又道："这一小锭，重有二两，相烦备个小东。望妈妈成就小可这件好事，生死不忘，日后再有孝顺。"九妈见了这锭大银，已自不忍释手，又恐怕他一时高兴，日后没了本钱，心中懊悔，也要尽他一句才好，便道："这十两银子，你做经纪的人，积攒不易，还要三思而行。"秦重道："小可主意已定，不要你老人家费心。"

九妈把这两锭银子收于袖中，道："是便是了。还有许多烦难哩。"秦重道："妈妈是一家之主，有甚烦难？"九妈道："我家美儿，往来的都是王孙公子，富室豪家，真个是'谈笑有鸿儒，往来无白丁'。他岂不认得你是做经纪的秦小官，如何肯接你？"秦重道："但凭妈妈怎的委曲宛转，成全其事，大恩不敢有忘！"九妈见他十分坚心，眉头一皱，计上心来，扯开笑口道："老身已替你排下计策，只看你缘法如何。做得成，不要喜；做不成，不要怪。美儿昨日在李学士家陪酒，还未曾回。今日是黄衙内约下游湖。明日是张山人一班清客，邀他做诗社。后日是韩尚书的公子，数日前送下东道在这里。你且到大后日来看。还有句话，这几日你且不要来我家卖油，预先留下个体面。又有句话，你穿着一身的布衣布裳，不像个上等嫖客。再来时，换件绸缎衣服，教这些丫鬟们认不出你是秦小官。老娘也好与你装谎。"秦重道："小可一一理会得。"说罢，作别出门，且歇这三日生理，不去卖油，到典铺里买了一件现成半新半旧的绸衣，穿在身上，到街坊闲走，演习斯文模样。正是：

未识花院行藏，先习孔门规矩。

丢过那三日不提。到第四日，起个清早，便到王九妈家去。去得太早，门还未开。意欲转一转再来。这番装扮希奇，不敢到昭庆寺去，恐怕和尚们批点。且到十景塘散步。良久又踅转去。王九妈家门已开了。那门前却安顿得有轿马，门内有许多仆从，在那里闲坐。秦重虽然老实，心下倒也乖巧，且不进门，悄悄的招那马夫问道："这轿马是谁家的？"马夫道："韩府里来接公子的。"秦重已知韩公子夜来留宿，此时还未曾别。重复转身，到一个饭店之中，吃了些现成茶饭，又坐了一回，方才到王家探信。只见门前轿马已自去了。进得门时，王九妈迎着，便道："老身得罪，今日又不得工夫了。恰才韩公子拉去东庄赏早梅。他是个长嫖，老身不好违拗。闻得说，来日还要到灵隐寺，访个棋师赌棋哩。齐衙内又来约过两三次了。这是我家房主，又是辞不得的。他来时，或三日五日的住了去，连老身也定不得个日子。秦小官，你真个要嫖，只索耐心再等几日。不然，前日的尊赐，分毫不动，要便奉还。"秦重道："只怕妈妈不作成。若还迟，终无失，就是一万年，小可也情愿等着。"九妈道："恁地时，老身便好张主①！"秦

① 张主：做主。

重作别，方欲起身，九妈又道："秦小官人，老身还有句话。你下次若来讨信，不要早了。约莫申牌时分，有客没客，老身把个实信与你。倒是越晏些越好。这是老身的妙用，你休错怪。"秦重连声道；"不敢，不敢！"这一日秦重不曾做买卖。次日，整理油担，挑往别处去生理，不走钱塘门一路。每日生意做完，傍晚时分就打扮齐整，到王九妈家探信，只是不得工夫。又空走了一月有余。

那一日是十二月十五，大雪方霁，西风过后，积雪成冰，好不寒冷。却喜地下干燥。秦重做了大半日买卖，如前妆扮，又去探信。王九妈笑容可掬，迎着道："今日你造化，已是九分九厘了。"秦重道："这一厘是欠着什么？"九妈道："这一厘么？正主儿还不在家。"秦重道："可回来么？"九妈道："今日是俞太尉家赏雪，筵席就备在湖船之内。俞太尉是七十岁的老人家，风月之事，已是没分。原说过黄昏送来。你且到新人房里，吃杯烫风酒，慢慢的等他。"秦重道："烦妈妈引路。"王九妈引着秦重，弯弯曲曲，走过许多房头，到一个所在，不是楼房，却是个平屋三间，甚是高爽。左一间是丫鬟的空房，一般有床榻桌椅之类，却是备官铺的；右一间是花魁娘子卧室，锁着在那里。两旁又有耳房。中间客坐上面，挂一幅名人山水，香儿上博山古铜炉，烧着龙涎香饼，两旁书桌，摆设些古玩，壁上贴许多诗稿。秦重愧非文人，不敢细看。心下想道："外房如此整齐，内室铺陈，必然华丽。今夜尽我受用。十两一夜，也不为多。"九妈让秦小官坐于客位，自己主位相陪。少顷之间，丫鬟掌灯过来，抬下一张八仙桌儿，六碗时新果子，一架攒盒佳肴美酝，未曾到口，香气扑人。九妈执盏相劝道："今日众小女都有客，老身只得自陪，请开怀畅饮几杯。"秦重酒量本不高，况兼正事在心，只吃半杯。吃了一会，便推不饮。九妈道："秦小官想饿了，且用些饭再吃酒。"丫鬟捧着雪花白米饭，一吃一添，放于秦重面前，就是一盏杂和汤，鸨儿量高，不用饭，以酒相陪。秦重吃了一碗，就放箸。九妈道："夜长哩，再请些。"秦重又添了半碗。丫鬟提个行灯来，说："浴汤热了，请客官洗浴。"秦重原是洗过澡来的，不敢推托，只得又到浴堂，肥皂香汤，洗了一遍。重复穿衣入坐。九妈命撤去肴盒，用暖锅下酒。此时黄昏已绝，昭庆寺里的钟都撞过了，美娘尚未回来。

玉人何处贪欢耍？等得情郎望眼穿！

常言道：等人心急。秦重不见表子回家，好生气闷。却被鸨儿夹七夹八，说些风话劝酒。不觉又过了一更天气。只听外面热闹闹的，却是花魁娘子回家。丫鬟先来报了，九妈连忙起身出迎。秦重也离坐而立。只见美娘吃得大醉，侍女扶将进来，到于门首，醉眼朦胧，看见房中灯烛辉煌，杯盘狼藉，立住脚问道："谁在这里吃酒？"九妈道："我儿，便是我向日与你说的那秦小官人。他心中慕你，多时的送过礼来。因你不得工夫，担搁他一月有余了。你今日幸而得空，做娘的留他在此伴你。"美娘道："临安郡中，并不闻说起有什么秦小官人！我不去接他。”转身便走。九妈双手托开，即忙拦住道：“他是个至诚好人，娘不误你。”美娘只得转身，才跨进房门，抬头一看那人，有些面善，一时醉了，急切叫不出来，便道：“娘，这个人我认得他的，不是有名称的子弟。接了他，被人笑话。”九妈道：“我儿，这是涌金门内开段铺的秦小官人。当初我们住在涌金门时，想你也曾会过，故此面善。你莫识认错了。做娘的见他来意志诚，一时许了他，不好失信。你看做娘的面上，胡乱留他一晚。做娘的晓得不是了，明日却与你赔礼。”一头说，一头推着美娘的肩头向前。美娘拗妈妈不过，只得进房相见。正是：

千般难出虔婆口，万般难脱虔婆手。

饶君纵有万千般，不如跟着虔婆走。

这些言语，秦重一句句都听得，佯为不闻。美娘万福过了，坐一侧首，仔细看着秦重，好生疑惑，心里甚是不悦，默默无言。唤丫鬟将热酒来，斟着大钟。鸨儿只道他敬客，却自家一饮而尽。九妈道：“我儿醉了，少吃些么！”美儿哪里依他，答应道：“我不醉！”一连吃上十来杯。这是酒后之酒，醉中之醉，自觉立脚不住。唤丫鬟开了卧房，点上银缸，也不卸头，也不解带，躧脱了绣鞋，和衣上床，倒身而卧。鸨儿见女儿如此做作，甚不过意。对秦重道：“小女平日惯了，他专会使性。今日他心中不知为什么有些不自在，却不干你事。休得见怪！”秦重道：“小可岂敢！”鸨儿又劝了秦重几杯酒，秦重再三告止。鸨儿送入卧房，向耳旁吩咐道：“那人醉了，放温存些。”又叫道：“我儿起来，脱了衣服，好好的睡。”美娘已在梦中，全不答应，鸨儿只得去了。丫鬟收拾了杯盘之类，抹了桌子，叫声：“秦小官人，安置罢。”秦重道：“有热茶要一壶。”丫鬟泡了一壶浓茶，送进房里。带转房门，自去耳房中安歇。秦重看美娘时，面对里床，睡得正熟，把锦被压于身下。秦重想酒醉之人，必然怕冷，又不敢惊醒他。忽见阑干上又放着一床大红纻丝的锦被。轻轻的取下，盖在美娘身上，把银灯挑得亮亮的，取了这壶热茶，脱鞋上床，挨在美娘身边，左手抱着茶壶在怀，右手搭在美娘身上，眼也不敢闭一闭。正是：

未曾握雨携云，也算偎香倚玉。

却说美娘睡到半夜，醒将转来，自觉酒力不胜，胸中似有满溢之状。爬起来，坐在被窝中，垂着头，只管打干哕①。秦重慌忙也坐起来。知他要吐，放下茶壶，用手抚摩其背。良久，美娘喉间忍不住了，说时迟，那时快，美娘放开喉咙便吐。秦重怕污了被窝。把自己的道袍袖子张开，罩在他嘴上。美娘不知所以，尽情一呕，呕毕，还闭着眼，讨茶漱口。秦重下床，将道袍轻轻脱下，放在地平之上，摸茶壶还是暖的。斟上一瓯香喷喷的浓茶，递与美娘。美娘连吃了二

① 哕（yuě）：呕吐而又吐不出来所发出的声音。

碗，胸中虽然略觉豪燥，身子几自倦怠，仍旧倒下，向里睡去了。秦重脱下道袍，将吐下一袖的腌臜，重重裹着，放于床侧，依然上床，拥抱似初。美娘那一觉直睡到天明方醒。覆身转来，见旁边睡着一人，问道："你是哪个?"秦重答道："小可姓秦。"美娘想起夜来之事，恍恍惚惚，不甚记得真了，便道："我夜来好醉!"秦重道："也不甚醉。"又问："可曾吐么?"秦重道："不曾。"美娘道："这样还好。"又想一想道："我记得曾吐过的，又记得曾吃过茶来，难道做梦不成?"秦重方才说道："是曾吐来。小可见小娘子多了杯酒，也防着要吐，把茶壶暖在怀里。小娘子果然吐后讨茶，小可斟上，蒙小娘子不弃，饮了两瓯。"美娘大惊道："脏巴巴的，吐在哪里?"秦重道："恐怕小娘子污了被褥，是小可把袖子盛了。"美娘道："如今在哪里?"秦重道："连衣服裹着，藏过在那里。"美娘道："可惜坏了你一件衣服。"秦重道："这是小可的衣服，有幸得沾小娘子的余沥。"美娘听说，心下想道："有这般识趣的人!"心里已有四五分欢喜了。

此时天色大明，美娘起身，下床小解。看着秦重，猛然想起是秦卖油，遂问道："你实对我说，是什么样人?为何昨夜在此?"秦重道："承花魁娘子下问，小子怎敢妄言。小可实是常来宅上卖油的秦重。"遂将初次看见送客，又看见上轿，心下想慕之极，及积攒嫖钱之事，备细述了一遍。"夜来得亲近小娘子一夜，三生有幸，心满意足。"美娘听说，愈加可怜，道："我昨夜酒醉，不曾招接得你。你干折了多少银子，莫不懊悔?"秦重道："小娘子天上神仙，小可惟恐伏侍不周，但不见责，已为万幸。况敢有非意之望!"美娘道："你做经纪的人，积下些银两，何不留下养家?此地不是你来往的。"秦重道："小可单只一身，并无妻小。"美娘顿了一顿，便道："你今日去了，他日还来么?"秦重道："只这昨宵相亲一夜，已慰生平，岂敢又作痴想!"美娘想道："难得这好人，又忠厚，又老实，又且知情识趣，隐恶扬善，千百中难遇此一人。可惜是市井之辈。若是衣冠子弟，情愿委身事之。"正在沉吟之际，丫鬟捧洗脸水进来，又是两碗姜汤。秦重洗了脸，因夜来未曾脱帻，不用梳头，呷了几口姜汤，便要告别。美娘道："少住不妨，还有话说。"秦重道："小可仰慕花魁娘子，在旁多站一刻，也是好的。但为人岂不自揣!夜来在此。实是大胆。惟恐他人知道，有玷芳名。还是早些去了安稳。"美娘点了一点头，打发丫鬟出房，忙忙的开了减妆①，取出二十两银子，送与秦重道："昨夜难为了你，这银两权奉为资本，莫对人说。"秦重哪里肯受。美娘道："我的银子，来路容易。这些须酬你一宵之情，休得固逊。若本钱缺少，异日还有助你之处。那件污秽的衣服，我叫丫鬟湔洗干净了还你罢。"秦重道："粗衣不烦小娘子费心。小可自会湔洗。只是领赐不当。"美娘道："说

① 减妆：旧时妇女所用的装盛化妆品的匣子。

哪里话！”将银子挜[①]在秦重袖内，推他转身。秦重料难推却，只得受了，深深作揖，卷了脱下这件龌龊道袍，走出房门。打从鸨儿房前经过，保儿看见，叫声：“妈妈！秦小官去了。”王九妈正在净桶上解手，口中叫道：“秦小官，如何去得恁早？”秦重道：“有些贱事，改日特来称谢。”不说秦重去了，且说美娘与秦重虽然没点相干，见他一片诚心，去后好不过意。这一日因害酒，辞了客在家将息。千个万个孤老都不想，倒把秦重整整的想了一日。有《挂枝儿》为证：

俏冤家，须不是串花家的子弟，你是个做经纪本分人儿，那匡[②]你会温存，能软款，知心知意。料你不是个使性的，料你不是个薄情的。几番待放下思量也，又不觉思量起。

话分两头，再说邢权在朱十老家，与兰花情热，见朱十老病废在床，全无顾忌。十老发作了几场。两个商量出一条计策来，俟夜静更深，将店中资本席卷，双双的逃之夭夭，不知去向。次日天明，十老方知。央及邻里，出了个失单，寻访数日，并无动静。深悔当日不合为邢权所惑，逐了朱重。如今日久见人心，闻知朱重，赁居众安桥下，挑担卖油，不如仍旧收拾他回来，老死有靠。只怕他记恨在心，教邻舍好生劝他回家，但记好，莫记恶。秦重一闻此言，即日收拾了家伙，搬回十老家里。相见之间，痛哭了一场。十老将所存囊橐，尽数交付秦重。秦重自家又有二十余两本钱，重整店面，坐柜卖油。因在朱家，仍称朱重，不用秦字。不上一月，十老病重，医治不痊，呜呼哀哉。朱重捶胸大恸，如亲父一般，殡殓成服，七七做了些好事。朱家祖坟在清波门外，朱重举丧安葬，事事成礼。邻里皆称其厚德。事定之后，仍先开店。原来这油铺是个老店，从来生意原好；却被邢权刻剥存私，将主顾弄断了多少。今见朱小官在店，谁家不来作成。所以生理比前越盛。朱重单身独自，急切要寻个老成帮手。有个惯做中人的，叫做金中，忽一日引着一个五十余岁的人来。原来那人正是莘善，在汴梁城外安乐村居住。因那年避乱南奔，被官兵冲散了女儿瑶琴，夫妻两口，凄凄惶惶，东逃西窜，胡乱的过了几年。今日闻临安兴旺，南渡人民，大半安插在彼。诚恐女儿流落此地，特来寻访，又没消息。身边盘缠用尽，欠了饭钱，被饭店中终日赶逐。无可奈何，偶然听见金中说起朱家油铺，要寻个卖油帮手。自己曾开过六陈铺子，卖油之事，都则在行。况朱小官原是汴京人，又是乡里，故此央金中引荐到来。朱重问了备细，乡人见乡人，不觉感伤。“既然没处投奔，你老夫妻两口，只住在我身边，只当个乡亲相处，慢慢的访着令爱消息，再作区处。”当下取两贯钱把与莘善，去还了饭钱，连浑家阮氏也领将来，与朱重相见了，收拾一间空房，安顿他老夫妇在内。两口儿也尽心竭力，内外相帮。朱重甚是欢喜。光阴似

---

① 挜（yà）：强给人家东西。

② 匡：即“恇”的借字，料想，料到。

箭，不觉一年有余。多有人见朱小官年长未娶，家道又好，做人又志诚，情愿白白把女儿送他为妻。朱重因见了花魁娘子，十分容貌，等闲的不看在眼，立心要访求个出色的女子，方才肯成亲。以此日复一日，担搁下去。正是：

曾观沧海难为水，除却巫山不是云。

再说王美娘在九妈家，盛名之下，明欢暮乐，真个口厌肥甘，身嫌锦绣。然虽如此，每遇不如意之处，或是子弟们任情使性，吃醋挑槽①，或自己病中醉后，半夜三更，没人疼热，就想起秦小官人的好处来，只恨无缘再会。也是他桃花运尽，合当变更。一年之后，生出一段事端来。

却说临安城中，有个吴八公子，父亲吴岳，见为福州太守。这吴八公子，打从父亲任上回来，广有金银。平昔间也喜赌钱吃酒，三瓦两舍②走动。闻得花魁娘子之名，未曾识面，屡屡遣人来约，欲要嫖他。王美娘闻他气质不好，不愿相接，托故推辞，非止一次。那吴八公子也曾和着闲汉们亲到王九妈家几番，都不曾会。其时清明节届，家家扫墓，处处踏青。美娘因连日游春困倦，且是积下许多诗画之债，未曾完得，吩咐家中："一应客来，都与我辞去。"闭了房门，焚起一炉好香，摆设文房四宝，方欲举笔，只听得外面沸腾，却是吴八公子，领着十余个狠仆，来接美娘游湖。因见鸨儿每次回他，在中堂行凶，打家打伙，直闹到美娘房前。只见房门锁闭。原来妓家有个回客法儿，小娘躲在房内，却把房门反锁，支吾客人，只推不在。那老实的就被他哄过了。吴公子是惯家，这些套子，怎地瞒得。吩咐家人扭断了锁，把房门一脚踢开。美娘躲身不迭被公子看见，不由分说，教两个家人，左右牵手，从房内直拖出房外来，口中兀自乱嚷乱骂。王九妈欲待上前赔礼解劝，看见势头不好，只得闪过。家中大小，躲得没半个影儿。吴家狠仆牵着美娘，出了王家大门，不管他弓鞋窄小，望街上飞跑。八公子在后，扬扬得意。直到西湖口，将美娘㧐③下了湖船，方才放手。美娘十二岁到王家，锦绣中养成，珍玉般供养，何曾受恁般凌贱。下了船，对着船头，掩面大哭。吴八公子见了，放下面皮，气忿忿的像关云长单刀赴会，一把交椅，朝外而坐，狠仆侍立于旁。一面吩咐开船。一面数一数二的发作一个不住："小贱人，小娼根，不受人抬举！再哭时，就讨打了！"美娘哪里怕他，哭之不已。船至湖心亭，吴八公子吩咐摆盒在亭子内，自己先上去了，却吩咐家人："叫那小贱人来陪酒。"美娘抱住了栏杆，哪里肯去，只是嚎哭。吴八公子也觉没兴。自己吃了几杯淡酒，收拾下船，自来扯美娘。美娘双脚乱跳，哭声愈高。八公子大怒，教狠仆拔去簪珥。美娘蓬着头，跑到船头上，就要投水，被家童们扶住。公子

---

① 挑槽：嫖客抛弃原来相好的妓女，另结新欢，叫做"挑槽"，也叫"跳槽"。

② 三瓦两舍：宋代称游戏娱乐场所为三瓦两舍，其中包括茶楼、酒馆、妓院、赌场、杂耍场等。

③ 㧐（sǒng）：方言，推的意思。

道："你撒赖便怕你不成！就是死了，也只费得我几两银子，不为大事。只是送你一条性命，也是罪过。你住了啼哭时，我就放你回去，不难为你。"美娘听说放他回去，真个住了哭。八公子吩咐移船到清波门外僻静之处，将美娘绣鞋脱下，去其裹脚，露出一对金莲，如两条玉笋相似。教狠仆扶他上岸，骂道："小贱人！你有本事，自走回家，我却没人相送。"说罢，一篙子撑开，再向湖中而去。正是：

焚琴煮鹤[1]从来有，惜玉怜香几个知！

美娘赤了脚，寸步难行。思想："自己才貌两全，只为落于风尘，受此轻贱。平昔枉自结识许多王孙贵客，急切用他不着，受了这般凌辱。就是回去，如何做人？倒不如一死为高，只是死得没些名目。枉自享个盛名，到此地位，看着村庄妇人，也胜我十二分。这都是刘四妈这个花嘴，哄我落坑堕堑，致有今日！自古红颜薄命，亦未必如我之甚！"越思越苦，放声大哭。事有偶然，却好朱重那日到清波门外朱十老的坟上，祭扫过了，打发祭物下船，自己步回，从此经过。闻得哭声，上前看时，虽然蓬头垢面，那玉貌花容，从来无两，如何不认得！吃了一惊，道："花魁娘子，如何这般模样？"美娘哀哭之际，听得声音厮熟，止啼而看，原来正是知情识趣的秦小官。美娘当此之际，如见亲人，不觉倾心吐胆，告诉他一番。朱重心中十分疼痛，亦为之流泪。袖中带得有白绫汗巾一条，约有五尺多长，取出劈半扯开，奉与美娘裹脚，亲手与他拭泪。又与他挽起青丝，再三把好言宽解。等待美娘哭定，忙去唤个暖轿，请美娘坐了，自己步送，直到王九妈家。九妈不得女儿消息，在四处打探。慌迫之际，见秦小官送女儿回来，分明送一颗夜明珠还他，如何不喜！况且鸨儿一向不见秦重挑油上门，多曾听得人说，他承受了朱家的店业，手头活动，体面又比前不同，自然刮目相待。又见女儿这等模样，问其缘故，已知女儿吃了大苦，全亏了秦小官。深深拜谢，设酒相待。日已向晚，秦重略饮数杯，起身作别。美娘如何肯放，道："我一向有心于你，恨不得你见面。今日定然不放你空去。"鸨儿也来扳留，秦重喜出望外。是夜，美娘吹弹歌舞，曲尽生平之技，奉承秦重。秦重如做了一个游仙好梦，喜得魄荡魂消，手舞足蹈。夜深酒阑，二人相挽就寝。

美娘道："我有句心腹之言与你说，你休得推托。"秦重道："小娘子若用得着小可时，就赴汤蹈火，亦所不辞，岂有推托之理。"美娘道："我要嫁你。"秦重笑道："小娘子就嫁一万个，也还数不到小可头上，休得取笑，枉自折了小可的食料。"美娘道："这话实是真心，怎说取笑二字！我自十四岁被妈妈灌醉，梳弄过了，此时便要从良。只为未曾相处得人，不辨好歹，恐误了终身大事。以后相处的虽多，都是豪华之辈，酒色之徒，但知买笑追欢的乐意，哪有怜香惜玉的

---

[1] 焚琴煮鹤：把琴拿来当柴烧，把鹤拿来煮着吃，比喻糟踏美好的事物。

真心。看来看去，只有你是个志诚君子，况闻你尚未娶亲。若不嫌我烟花贱质①，情愿举案齐眉②，白头奉侍。你若不允之时，我就将三尺白罗，死于君前，表白我一片诚心，也强如昨日死于村郎之手，没名没目，惹人笑话。”说罢，呜呜的哭将起来。秦重道：“小娘子休得悲伤。小可承小娘子错爱，将天就地，求之不得，岂敢推托，只是小娘子千金声价，小可家贫力薄，如何摆布。也是力不从心了。”美娘道：“这却不妨。不瞒你说，我只为从良一事，预先积攒些东西，寄顿在外。赎身之费，一毫不费你心力。”秦重道：“就是小娘子自己赎身，平昔住惯了高堂大厦，享用了锦衣玉食，在小可家，如何过活？”美娘道：“布衣蔬食，死而无怨。”秦重道：“小娘子虽然——只怕妈妈不从。”美娘道：“我自有道理。如此如此，这般这般。”两个直说到天明。

原来黄翰林的衙内，韩尚书的公子，齐太尉的舍人，这几个相知的人家，美娘都寄顿得有箱笼。美娘只推要用，陆续取到密地，约下秦重，教他收置在家。然后一乘轿子，抬到刘四妈家，诉以从良之事。刘四妈道：“此事老身前日原说过的。只是年纪还早，又不知你要从哪一个？”美娘道：“姨娘，你莫管是甚人，少不得依着姨娘的言语，是个真从良，乐从良，了从良；不是那不真，不假，不了，不绝的勾当。只要姨娘肯开口时，不愁妈妈不允。做侄女的没别孝顺，只有十两金子，奉与姨娘，胡乱打些钗子；是必在妈妈前做个方便。事成之时，媒礼在外。”刘四妈看见这金子，笑得眼儿没缝，便道：“自家儿女，又是美事，如何要你的东西！这金子权时领下，只当与你收藏。此事都在老身身上。只是你的娘，把你当个摇钱之树，等闲也不轻放你出去。怕不要千把银子。那主儿可是肯出手的么？也得老身见他一见，与他讲道方好。”美娘道：“姨娘莫管闲事，只当你侄女自家赎身便了。”刘四妈道：“妈妈可晓得你到我家来？”美娘道：“不晓得。”四妈道：“你且在我家便饭。待老身先到你家，与妈妈讲。讲得通时，然后来报你。”

刘四妈雇乘轿子，抬到王九妈家。九妈相迎入内。刘四妈问起吴八公子之事，九妈告诉了一遍。四妈道：“我们行户人家，倒是养成个半低不高的丫头，尽可赚钱，又且安稳。不论什么客就接了，倒是日日不空的。侄女只为声名大了，好似一块鲞鱼③落地，蚂蚁儿都要钻他。虽然热闹，却也不得自在。说便许多一夜，也只是个虚名。那些王孙公子来一遍，动不动有几个帮闲，连宵达旦，好不费事。跟随的人又不少，个个要奉承得他好。有些不到之处，口里就出粗哩嗟罗嗟的骂人，还要弄损你家伙，又不好告诉他家主，受了若干闷气。况且山人

① 烟花贱质：指做妓女。烟花，旧为妓女的代称。

② 举案齐眉：东汉时，梁鸿和孟光为夫妇二人，孟光为丈夫拿饭，总是把托盘举到和眉一样高，后用来比喻夫妇间的相敬如宾。

③ 鲞（xiǎng）鱼：味道很鲜美的鱼。

墨客，诗社棋社，少不得一月之内，又有几时官身①。这些富贵子弟，你争我夺，依了张家，违了李家，一边喜，少不得一边怪了。就是吴八公子这一个风波，吓杀人的，万一失差，却不连本送了。官宦人家，和他打官司不成！只索忍气吞声。今日还亏着你家时运高，太平没事，一个霹雳空中过去了。倘然山高水低，悔之无及。妹子闻得吴八公子不怀好意，还要到你家索闹。侄女的性气又不好，不肯奉承人。第一是这件，乃是个惹祸之本。”九妈道：“便是这件，老身常是担忧。就是这八公子，也是有名有称的人，又不是微贱之人。这丫头抵死不肯接他，惹出这场寡气。当初他年纪小时，还听人教训。如今有了个虚名，被这些富贵子弟夸他奖他，惯了他性情，骄了他气质，动不动自作自主。逢着客来，他要接便接。他若不情愿时，便是九牛也休想牵得他转。”刘四妈道：“做小娘的略有些身分，都则如此。”王九妈道：“我如今与你商议。倘若有个肯出钱的，不如卖了他去，倒得干净。省得终身担着鬼胎过日。”刘四妈道：“此言甚妙。卖了他一个，就讨得五六个。若凑巧撞得着相应的，十来个也讨得的。这等便宜事，如何不做！”王九妈道：“老身也曾算计过来。那些有势有力的不肯出钱，专要讨人便宜。及至肯出几两银子的，女儿又嫌好道歉，做张做智的②不肯。若有好主儿，妹子做媒，作成则个。倘若这丫头不肯时节。还求你撺掇。这丫头做娘的话也不听，只你说得他信，话得他转。”刘四妈呵呵大笑道：“做妹子的此来，正为与侄女做媒。你要许多银子便肯放他出门？”九妈道：“妹子，你是明理的人。我们这行户例，只有贱买，哪有贱卖？况且美儿数年盛名满临安，谁不知他是花魁娘子。难道三百四百，就容他走动？少不得要他千金。”刘四妈道：“待妹子去讲。若肯出这个数目，做妹子的便来多口。若合不着时，就不来了。”临行时，又故意问道：“侄女今日在哪里？”王九妈道：“不要说起，自从那日吃了吴八公子的亏，怕他还来淘气，终日里抬个轿子，各宅去分诉。前日在齐太尉家，昨日在黄翰林家，今日又不知在哪家去了。”刘四妈道：“有了你老人家做主，按定了坐盘星，也不容侄女不肯。万一不肯时，做妹子自会劝他。只是寻得主顾来，你却莫要捉班做势。”九妈道：“一言既出，并无他说。”九妈送至门首。刘四妈叫声咶噪③，上轿去了。这才是：

数黑论黄雌陆贾，说长话短女随何。

若还都像虔婆口，尺水能兴万丈波。

刘四妈回到家中，与美娘说道：“我对你妈妈如此说，这般讲，你妈妈已自肯了。只要银子见面，这事立地便成。”美娘道：“银子已曾办下，明日姨娘千万

---

① 官身：古时妓女有官妓和私娼之分。官妓到官府歌唱侍筵就叫官身。

② 做张做智的：装模作样的意思。

③ 咶噪：也作聒噪，宋元时打招呼的习惯语，有打扰、对不起之意。

到我家来，玉成其事。不要冷了场，改日又费讲。”四妈道：“既然约定，老身自然到宅。”美娘别了刘四妈，回家一字不提。次日，午牌时分，刘四妈果然来了。王九妈问道：“所事如何？”四妈道：“十有八九，只不曾与侄女说过。”四妈来到美娘房中，两下相叫了，讲了一回说话。四妈道：“你的主儿到了不曾？那话儿在哪里？”美娘指着床头道：“在这几只皮箱里。”美娘把五六只皮箱一时都开了，五十两一封，搬出十三四封来，又把些金珠宝玉算价，足够千金之数。把个刘四妈惊得眼中出火，口内流涎，想道：“小小年纪，这等有肚肠！不知如何设处，积下许多东西？我家这几个粉头，一般接客，赶得着他哪里！不要说不会生发[①]，就是有几文钱在荷包里，闲时买瓜子磕，买糖儿吃，两条脚布破了，还要做妈的与他买布哩。偏生九阿姐造化，讨得着，年时赚了若干钱钞，临出门还有这一主大财，又是取诸宫中[②]，不劳余力。”这是心中暗想之语，却不曾说出来。美娘见刘四妈沉吟，只道他作难索谢，慌忙又取出四匹潞绸，两股宝钗，一对凤头玉簪，放在桌上，道：“这几件东西，奉与姨娘为伐柯[③]之敬。”刘四妈欢天喜地对王九妈说道：“侄女情愿自家赎身。一般身价，并不短少分毫，比着孤老卖身更好。省得闲汉们从中说合，费酒费浆，还要加一加二的谢他。”王九妈听得说女儿皮箱内有许多东西，倒有个咈然之色[④]。你道却是为何？世间只有鸨儿的狠，做小娘的设法些东西，都送到他手里，才是快活。也有做些私房在箱笼内，鸨儿晓得些风声，专等女儿出门，捵开锁钥，翻箱倒笼取个罄空。只为美娘盛名之下，相交都是大头儿，替做娘的挣得钱钞，又且性格有些古怪，等闲不敢触犯。故此卧房里面，鸨儿的脚也不搠进去。谁知他如此有钱。刘四妈见九妈颜色不善，便猜着了，连忙道：“九阿姐，你休得三心两意。这些东西，就是侄女自家积下的，也不是你本分之钱。他若肯花费时，也花费了。或是他不长进，把来津贴了得意的孤老，你也哪里知道！这还是他做家的好处。况且小娘自己手中没有钱钞，临到从良之际，难道赤身赶他出门？少不得头上脚下都要收拾得光鲜，等他好去别人家做人。如今他自家拿得出这些东西，料然一丝一线不费你的心。这一主银子，是你完完全全鳖在腰胯里的。他就赎身出去，怕不是你女儿。倘然他挣得好时，时朝月节，怕他不来孝顺你。就是嫁了人时．他又没有亲爹亲娘，你也还去做得着他的外婆，受用处正有哩。”只这一套话，说得王九妈心中爽然，当下应允。刘四妈就去搬出银子，一封封兑过，交付与九妈，又把这些金珠宝玉，逐件指物作价。对九妈说道：“这都是做妹子的故意估下他些价钱。若换与人，还便宜得几十两银子。”王九妈虽同是个鸨儿，倒是个老实头儿，凭刘四妈

① 生发：想办法赚更多的钱。发（fā），生长。

② 取诸宫中：从自己家中取出来东西。诸，兼词“之于”。

③ 伐柯：语出《诗经》。后称为人作媒为“伐柯”。

④ 咈（fú）然之色：不高兴，不愿意的样子。

说话，无有不纳。

刘四妈见王九妈收了这主东西，便叫亡八写了婚书，交付与美儿。美儿道："趁姨娘在此。奴家就拜别了爹妈出门，借姨娘家住一两日，择吉从良，未知姨娘允否？"刘四妈得了美娘许多谢礼，生怕九妈翻悔，巴不得美娘出了他门，完成一事，说道："正该如此。"当下美娘收拾了房中自己的梳台拜匣，皮箱铺盖之类。但是鸨儿家中之物，一毫不动。收拾已完，随着四妈出房，拜别了假爹假妈，和那姨娘行中，都相叫了。王九妈一般哭了几声。美娘唤人挑了行李，欣然上轿，同刘四妈到刘家去。四妈出一间幽静的好房，顿下美娘行李。众小娘都来与美娘叫喜。是晚，朱重差莘善到刘四妈家讨信，已知美娘赎身出来。择了吉日，笙箫鼓乐娶亲。刘四妈就做大媒送亲，朱重与花魁娘子花烛洞房，欢喜无限。

虽然旧事风流，不减新婚佳趣。

次日，莘善老夫妇请新人相见，各各相认，吃了一惊。问起根由，至亲三口，抱头而哭。朱重方才认得是丈人丈母。请他上坐，夫妻二人，重新拜见。亲邻闻知，无不骇然。是日，整备筵席，庆贺两重之喜，饮酒尽欢而散。三朝之后，美娘教丈夫备下几副厚礼，分送旧相知各宅，以酬其寄顿箱笼之恩，并报他从良信息。此是美娘有始有终处。王九妈、刘四妈家，各有礼物相送，无不感激。满月之后，美娘将箱笼打开，内中都是黄白之资，吴绫蜀锦，何止百计，共有三千余金，都将匙钥交付丈夫，慢慢的买房置产，整顿家当。油铺生理，都是丈人莘善管理。不上一年，把家业挣得花锦般相似，驱奴使婢，甚有气象。

朱重感谢天地神明保佑之德，发心于各寺庙喜舍合殿香烛一套，供琉璃灯油三个月；斋戒沐浴，亲往拈香礼拜。先从昭庆寺起，其他灵隐、法相、净慈、天竺等寺，以次而行。就中单说天竺寺，是观音大士的香火，有上天竺、中天竺、下天竺，三处香火俱盛，却是山路，不通舟楫。朱重叫从人挑了一担香烛，三担清油，自己乘轿而往。先到上天竺来。寺僧迎接上殿。老香火秦公点烛添香。此时朱重居移气，养移体①，仪容魁岸，非复幼时面目，秦公哪里认得他是儿子。只因油桶上有个大大的秦字，又有汴梁字，心中甚以为奇。也是天然凑巧，刚刚到上天竺，偏用着这两只油桶。朱重拈香已毕，秦公托出茶盘，上僧奉茶。秦公问道："不敢动问施主，这油桶上为何有此三字？"朱重听得问声，带着汴梁人的土音，忙问道："老香火，你问他怎么？莫非也是汴梁人么？"秦公道："正是。"朱重道："你姓甚名谁？为何在此出家？共有几年了？"秦公把自己姓名乡里，细细告诉："某年上避兵来此，因无活计，将十三岁的儿子秦重，过继与朱家。如今有八年之远。一向为年老多病，不曾下山问得信息。"朱重一把抱住，放声大

---

① 居移气，养移体：环境变了，营养好了，会使人气质、身体改变原样。

哭道："孩儿便是秦重。向在朱家挑油买卖。正为要访求父亲下落，故此于油桶上，写汴梁秦三字，做个标识。谁知此地相逢！真乃天与其便！"众僧见他父子别了八年，今朝重会，各各称奇。朱重这一日，就歇在上天竺，与父亲同宿，各叙情节。次日，取出中天竺、下天竺两个疏头①换过，内中朱重，仍改做秦重，复了本姓，两处烧香礼拜已毕，转到上天竺，要请父亲回家，安乐供养。秦公出家已久，吃素持斋，不愿随儿子回家。秦重道："父亲别了八年，孩儿有缺侍奉。况孩儿新娶媳妇，也得他拜见公公方是。"秦公只得依允。秦重将轿子让与父亲乘坐，自己步行，直到家中。秦重取出一套新衣，与父亲换了，中堂设坐，同妻莘氏双双参拜。亲家莘公、亲母阮氏，齐来见礼。此日大排筵席。秦公不肯开荤，素酒素食。次日，邻里敛财称贺。一则新婚，二则新娘子家眷团圆，三则父子重逢，四则秦小官归宗复姓：共是四重大喜。一连又吃了几日喜酒。秦公不愿家居，思想上天竺故处清净出家。秦重不敢违亲之志，将银二百两，于上天竺另造净室一所，送父亲到彼居住。其日用供给，按月送去。每十日亲往候问一次。每一季同莘氏往候一次。那秦公活到八十余，端坐而化。遗命葬于本山。此是后话。

却说秦重和莘氏，夫妻偕老，生下两个孩儿，俱读书成名。至今风月中市语，凡夸人善于帮衬，都叫做"秦小官"，又叫"卖油郎"。有诗为证：

春来处处百花新，蜂蝶纷纷竞采春。

堪爱豪家多子弟，风流不及卖油人。

（选自《醒世恒言》，北京，华夏出版社，2008）

背景知识

1. 冯梦龙（1574—1646），字犹龙，别属龙子犹、墨憨斋主人、故曲散人、可一居士等，明代长州（今江苏吴县）人。出身书香门第，少有才名，但仕途蹭蹬，五十七岁才选为贡生，六十一岁时任福建寿宁知县，四年后秩满离任，归隐乡里。清兵南下后，曾参与抗清活动，至南明政权相继覆亡，忧愤而死。冯氏一生精力主要从事通俗文学的研究、整理和创作，成就卓著，被郑振铎称为"明季文坛一怪杰"。他曾改编长篇小说《三遂平妖传》《新列国志》，推动书商购印《金瓶梅词话》，刊行民间歌曲集《桂枝儿》《山歌》，编刊文言小说和笔记《笑府》《古今谭概》《情史类略》等，编辑散曲集《太霞新奏》，创作、改编传奇剧本《双雄记》《万事足》等十种，合刊为《墨憨斋定本传奇》。最重要的成就，是编著白话小说集"三言"。

2. "三言"：指冯梦龙编著的三部白话短篇小说集：《喻世明言》（原称《古

① 疏头：和尚、道士祈祷诵经之前所焚化的祝告义。

今小说》，刊刻于1621年)、《警世通言》(刊刻于1624年)、《醒世恒言》(刊刻于1627年)，每部40篇，共120篇。“三言”是我国白话短篇小说在说唱艺术的基础上，经过文人的整理和加工，到文人进行独立创作的开始。它“极摹人情世态之歧，备写悲欢离合之致”(笑花主人《今古奇观序》)，是篇幅最大、品位较高的宋元明话本和明人拟话本选集。它的出现，标志着古代白话短篇小说整理和创作高潮的到来。

3. “二拍”：指凌濛初(明代浙江乌程人)编著的两部白话短篇小说集：《拍案惊奇》(又称《初刻拍案惊奇》，刊刻于1628年)、《二刻拍案惊奇》(刊刻于1632年)，共收录78篇白话小说。“二拍”完全是作者根据野史笔记、文言小说和社会传闻而进行的个人创作。所谓“取古今来杂碎事可新听睹、佐谈谐者，演而畅之”(《二刻拍案惊奇小引》)，是继“三言”之后影响最大的拟话本小说集。它的问世，标志着中国短篇小说的创作进入了一个新的阶段。“三言”“二拍”在文学史上一般并称，明末“姑苏抱瓮老人”(真名不详)从两书中选出40篇，编成《今古奇观》，流传甚广。

导　读

《卖油郎独占花魁》是《醒世恒言》中的一篇，在“三言”作品中非常具有代表性。小说描写的是市井卖油郎秦重与青楼花魁娘莘瑶琴的爱情故事。无才无势、贫贱卑微的小商人如何能够“独占”才貌兼美、名冠杭州的花魁呢？这是小说着重揭示的主旨。原因就是秦重对莘瑶琴的追求不是出于一个嫖客对妓女性的渴望，而是出于一个纯朴老实的年青人对一位美丽女子的真挚爱慕。他把“花魁娘子”看作是有人格尊严的“人”来真情敬重与珍爱。正是这种建立在平等尊重基础上的真情，让莘瑶琴长久以来被侮辱、被损害的心得到温暖，抛弃了欲嫁“衣冠子弟”的初衷，向秦重倾吐出发自心底的爱情誓言：“我要嫁你”“布衣蔬食，死而无怨”。也正是这份至真至诚的真爱支撑着两个人“夫妻偕老”，美满幸福地度过一生。秦重与莘瑶琴追求以真情敬重为基础、知情知趣、互敬互爱、平等和谐的夫妻生活，这既不同于社会上层以家世利益为目的的封建性、政治性婚姻，也有别于农民阶层以延续子嗣为前提的男女结合，表现出了具有新时代特色的市民阶层的爱情观和生活理想。

以往的爱情小说里，商人大多被塑造成重利轻别离的角色。但是，本篇却把走街串巷的卖油郎推为爱情的主角，赋予他忠厚善良、诚实耐劳、知情知意等优秀的道德品格和一个完美幸福的爱情结局，这不仅突破了传统的“才子佳人”式的爱情模式，也是对新兴市民阶层的肯定和赞扬，更透露出一个崭新的信息：“市井小人物开始占据小说的堂奥，成为作家施展才情的主要描写对象。”(李剑国、陈洪主编：《中国小说通史·明代卷》)

本篇采用对应式叙事结构，构思精细，隐喻、象征等手法运用新巧，显示了白话小说叙事艺术的纯熟；刻画人物鲜活深刻，语言丰富流畅，心理描写细腻真实，具有很高的艺术品格。

思考与讨论

1. 为什么说这篇作品表现出了新的市民意识？

2. 这篇作品的心理描写有什么样的特点？

3. 仔细阅读文本，结合“秦重以衣袖承接莘瑶琴呕吐秽物”“莘瑶琴以二十两私蓄银钱相赠秦重”等细节，简要分析本文在象征隐喻手法运用上的新巧之处。

推荐阅读书目

1. 王昕：《漫说“三言”“二拍”》，北京，人民文学出版社，2005。

2. 欧阳代发：《话本小说史》，武汉，武汉出版社，1994。

3. 方志远：《明代城市与市民文学》，北京，中华书局，2004。

4. 冯梦龙、凌濛初编著：《三言二拍合集》，北京，华文出版社，2009。

《红楼梦》（节选）

阅读提示

鲁迅先生在《中国小说的历史变迁》中说过：“自有《红楼梦》出来以后，传统的思想和写法都被打破了。”“宝玉挨打”是《红楼梦》中一个具有深刻思想内涵和高超艺术手法的著名片段，值得我们细细品味、反复研读。

原　文

《红楼梦》（节选）

曹雪芹

第三十三回　手足眈眈①小动唇舌　不肖种种大承笞挞②

原来宝玉会过雨村回来听见了，便知金钏儿含羞赌气自尽，心中早又五内摧伤，进来被王夫人数落教训，也无可回说。见宝钗进来，方得便出来，茫然不知何往，背着手，低头一面感叹，一面慢慢的走着，信步来至厅上。

刚转过屏门，不想对面来了一人正往里走，可巧儿撞了个满怀。只听那人喝了一声“站住！”宝玉唬了一跳，抬头一看，不是别人，却是他父亲，不觉的倒抽了一口气，只得垂手一旁站了。贾政道：“好端端的，你垂头丧气嗐些什么？方才雨村来了要见你，叫你那半天你才出来；既出来了，全无一点慷慨挥洒谈吐，仍是葳葳蕤蕤。我看你脸上一团思欲愁闷气色，这会子又咳声叹气。你那些还不足，还不自在？无故这样，却是为何？”宝玉素日虽是口角伶俐，只是此时一心总为金钏儿感伤，恨不得此时也身亡命殒，跟了金钏儿去。如今见了他父亲说这些话，究竟不曾听见，只是怔呵呵的站着。

贾政见他惶悚，应对不似往日，原本无气的，这一来倒生了三分气。方欲说话，忽有回事人来回：“忠顺亲王府里有人来，要见老爷。”贾政听了，心下疑惑，暗暗思忖道：“素日并不和忠顺府来往，为什么今日打发人来？”一面想，一面令“快请”，急走出来看时，却是忠顺府长史官③，忙接进厅上坐了献茶。

未及叙谈，那长史官先就说道：“下官此来，并非擅造潭府④，皆因奉王命而来，有一件事相求。看王爷面上，敢烦老大人作主，不但王爷知情，且连下官

---

① 手足眈眈（dān）：兄弟之间虎视眈眈。眈眈：恶意地注视。

② 笞挞（chī tà）：用棍杖篾板打罚。

③ 长史官：总管王府内事务的官吏。从南朝起始设，其后各代王府都沿设此职。

④ 擅造潭府：擅自到贵府。潭府，对他人住宅的尊称。潭：深邃的样子。

辈亦感谢不尽。”贾政听了这话，抓不住头脑，忙陪笑起身问道：“大人既奉王命而来，不知有何见谕，望大人宣明，学生好遵谕承办。”那长史官便冷笑道：“也不必承办，只用大人一句话就完了。我们府里有一个做小旦的琪官，一向好好在府里，如今竟三五日不见回去，各处去找，又摸不着他的道路，因此各处访察。这一城内，十停人倒有八停人都说，他近日和衔玉的那位令郎相与甚厚。下官辈等听了，尊府不比别家，可以擅入索取，因此启明王爷。王爷亦云：‘若是别的戏子呢，一百个也罢了；只是这琪官随机应答，谨慎老诚，甚合我老人家的心，竟断断少不得此人。’故此求老大人转谕令郎，请将琪官放回，一则可慰王爷谆谆奉恳，二则下官辈也可免操劳求觅之苦。”说毕，忙打一躬。

贾政听了这话，又惊又气，即命唤宝玉来。宝玉也不知是何原故，忙赶来时，贾政便问：“该死的奴才！你在家不读书也罢了，怎么又做出这些无法无天的事来！那琪官现是忠顺王爷驾前承奉的人，你是何等草芥，无故引逗他出来，如今祸及于我。”宝玉听了唬了一跳，忙回道：“实在不知此事。究竟连‘琪官’两个字不知为何物，岂更又加‘引逗’二字！”说着便哭了。

贾政未及开言，只见那长史官冷笑道：“公子也不必掩饰。或隐藏在家，或知其下落，早说了出来，我们也少受些辛苦，岂不念公子之德？”宝玉连说不知，“恐是讹传，也未见得。”那长史官冷笑道：“现有据证，何必还赖？必定当着老大人说了出来，公子岂不吃亏？既云不知此人，那红汗巾子怎么到了公子腰里？”宝玉听了这话，不觉轰去魂魄，目瞪口呆，心下自思：“这话他如何得知！他既连这样机密事都知道了，大约别的瞒他不过，不如打发他去了，免的再说出别的事来。”因说道：“大人既知他的底细，如何连他置买房舍这样大事倒不晓得了？听得说他如今在东郊离城二十里有个什么紫檀堡，他在那里置了几亩田地几间房舍。想是在那里也未可知。”那长史官听了，笑道：“这样说，一定是在那里。我且去找一回，若有了便罢，若没有，还要来请教。”说着，便忙忙的走了。

贾政此时气的目瞪口歪，一面送那长史官，一面回头命宝玉“不许动！回来有话问你！”一直送那官员去了。才回身，忽见贾环带着几个小厮一阵乱跑。贾政喝令小厮“快打，快打！”贾环见了他父亲，唬的骨软筋酥，忙低头站住。贾政便问：“你跑什么？带着你的那些人都不管你，不知往那里逛去，由你野马一般！”喝令叫跟上学的人来。贾环见他父亲盛怒，便乘机说道：“方才原不曾跑，只因从那井边一过，那井里淹死了一个丫头，我看见人头这样大，身子这样粗，泡的实在可怕，所以才赶着跑了过来。”贾政听了惊疑，问道：“好端端的，谁去跳井？我家从无这样事情，自祖宗以来，皆是宽柔以待下人。——大约我近年于家务疏懒，自然执事人操克夺之权①，致使生出这暴殄轻生②的祸患。若外人知道，祖宗颜面何在！”喝令快叫贾琏、赖大、兴儿来。

小厮们答应了一声，方欲叫去，贾环忙上前拉住贾政的袍襟，贴膝跪下道：“父亲不用生气。此事除太太房里的人，别人一点也不知道。我听见我母亲说……”说到这里，便回头四顾一看。贾政知意，将眼一看众小厮，小厮们明白，都往两边后面退去。贾环便悄悄说道：“我母亲告诉我说，宝玉哥哥前日在太太屋里，拉着太太的丫头金钏儿强奸不遂，打了一顿。那金钏儿便赌气投井死了。”

话未说完，把个贾政气的面如金纸，大喝“快拿宝玉来！”一面说，一面便往里边书房里去，喝令“今日再有人劝我，我把这冠带家私③一应交与他与宝玉过去！我免不得做个罪人，把这几根烦恼鬓毛剃去，寻个干净去处④自了，也免得上辱先人下生逆子之罪。”众门客仆从见贾政这个形景，便知又是为宝玉了，一个个都是啖指咬舌，连忙退出。那贾政喘吁吁直挺挺坐在椅子上，满面泪痕，一叠声“拿宝玉！拿大棍！拿索子捆上！把各门都关上！有人传信往里头去，立刻打死！”众小厮们只得齐声答应，有几个来找宝玉。

那宝玉听见贾政吩咐他“不许动”，早知多凶少吉，那里承望贾环又添了许多的话。正在厅上干转，怎得个人来往里头去捎信，偏生没个人，连焙茗也不知在那里。正盼望时，只见一个老姆姆出来。宝玉如得了珍宝，便赶上来拉他，说道：“快进去告诉：老爷要打我呢！快去，快去！要紧，要紧！”宝玉一则急了，说话不明白；二则老婆子偏生又聋，竟不曾听见是什么话，把“要紧”二字只听作“跳井”二字，便笑道：“跳井让他跳去，二爷怕什么？”宝玉见是个聋子，便着急道：“你出去叫我的小厮来罢。”那婆子道：“有什么不了的事？老早的完了。太太又赏了衣服，又赏了银子，怎么不了事的！”

宝玉急的跺脚，正没抓寻处，只见贾政的小厮走来，逼着他出去了。贾政一见，眼都红紫了，也不暇问他在外流荡优伶，表赠私物，在家荒疏学业，淫辱母婢等语，只喝令“堵起嘴来，着实打死！”小厮们不敢违拗，只得将宝玉按在凳上，举起大板打了十来下。贾政犹嫌打轻了，一脚踢开掌板的，自己夺过来，咬着牙狠命盖了三四十下。众门客见打的不祥了，忙上前夺劝。贾政那里肯听，说

---

① 克夺之权：生杀予夺之权。

② 暴殄（tiǎn）轻生：暴殄：恣意糟蹋。殄：灭绝。轻生：不爱惜生命。

③ 冠带家私：冠带：帽子和束带，是官服的代称，这里代指官爵。家私：财产，代指家业。

④ 烦恼鬓毛、干净去处：鬓毛：即头发，佛家称为“烦恼丝”。干净：佛家以为人世污浊不净，唯有佛门才能通向清净世界，即所谓净土。剃去烦恼鬓毛与寻个干净去处，都是出家当和尚的意思。

道："你们问问他干的勾当可饶不可饶！素日皆是你们这些人把他酿坏了，到这步田地还来解劝。明日酿到他弑君杀父，你们才不劝不成！"

众人听这话不好听，知道气急了，忙又退出，只得觅人进去给信。王夫人不敢先回贾母，只得忙穿衣出来，也不顾有人没人，忙忙赶往书房中来，慌的众门客小厮等避之不及。王夫人一进房来，贾政更如火上浇油一般，那板子越发下去的又狠又快。按宝玉的两个小厮忙松了手走开，宝玉早已动弹不得了。

贾政还欲打时，早被王夫人抱住板子。贾政道："罢了，罢了！今日必定要气死我才罢！"王夫人哭道："宝玉虽然该打，老爷也要自重。况且炎天暑日的，老太太身上也不大好，打死宝玉事小，倘或老太太一时不自在了，岂不事大！"贾政冷笑道："倒休提这话。我养了这不肖的孽障，已不孝；教训他一番，又有众人护持；不如趁今日一发勒死了，以绝将来之患！"说着，便要绳索来勒死。

王夫人连忙抱住哭道："老爷虽然应当管教儿子，也要看夫妻分上。我如今已将五十岁的人，只有这个孽障，必定苦苦的以他为法，我也不敢深劝。今日越发要他死，岂不是有意绝我。既要勒死他，快拿绳子来先勒死我，再勒死他。我们娘儿们不敢含怨，到底在阴司里得个依靠。"说毕，爬在宝玉身上大哭起来。

贾政听了此话，不觉长叹一声，向椅上坐了，泪如雨下。王夫人抱着宝玉，只见他面白气弱，底下穿着一条绿纱小衣皆是血渍，禁不住解下汗巾看，由臀至胫，或青或紫，或整或破，竟无一点好处，不觉失声大哭起来，"苦命的儿吓！"因哭出"苦命儿"来，忽又想起贾珠来，便叫着贾珠哭道："若有你活着，便死一百个我也不管了。"此时里面的人闻得王夫人出来，那李宫裁王熙凤与与迎春姊妹早已出来了。王夫人哭着贾珠的名字，别人还可，惟有宫裁禁不住也放声哭了。贾政听了，那泪珠更似滚瓜一般滚了下来。

正没开交处，忽听丫鬟来说："老太太来了。"一句话未了，只听窗外颤巍巍的声气说道："先打死我，再打死他，岂不干净了！"贾政见他母亲来了，又急又痛，连忙迎接出来，只见贾母扶着丫头，喘吁吁的走来。

贾政上前躬身陪笑道："大暑热天，母亲有何生气亲自走来？有话只该叫了儿子进去吩咐。"贾母听说，便止住步喘息一回，厉声说道："你原来是和我说话！我倒有话吩咐，只是可怜我一生没养个好儿子，却叫我和谁说去！"贾政听这话不像，忙跪下含泪说道："为儿的教训儿子，也为的是光宗耀祖。母亲这话，我做儿的如何禁得起？"贾母听说，便啐了一口，说道："我说了一句话，你就禁不起，你那样下死手的板子，难道宝玉就禁得起了？你说教训儿子是光宗耀祖，当初你父亲怎么教训你来！"说着，不觉就滚下泪来。

贾政又陪笑道："母亲也不必伤感，皆是作儿的一时性起，从此以后再不打他了。"贾母便冷笑道："你也不必和我使性子赌气的。你的儿子，我也不该管你打不打。我猜着你也厌烦我们娘儿们。不如我们赶早儿离了你，大家干净！"说着便令人去看轿马，“我和你太太宝玉立刻回南京去！”家下人只得干答应着。

贾母又叫王夫人道：“你也不必哭了。如今宝玉年纪小，你疼他，他将来长大成人，为官作宰的，也未必想着你是他母亲了。你如今倒不要疼他，只怕将来还少生一口气呢。”贾政听说，忙叩头哭道：“母亲如此说，贾政无立足之地。”贾母冷笑道：“你分明使我无立足之地，你反说起你来！只是我们回去了，你心里干净，看有谁来许你打。”一面说，一面只令快打点行李车轿回去。贾政苦苦叩求认罪。

贾母一面说话，一面又记挂宝玉，忙进来看时，只见今日这顿打不比往日，又是心疼，又是生气，也抱着哭个不了。王夫人与凤姐等解劝了一会，方渐渐的止住。早有丫鬟媳妇等上来，要搀宝玉，凤姐便骂道：“糊涂东西，也不睁开眼瞧瞧！打的这么个样儿，还要搀着走！还不快进去把那藤屉子春凳①抬出来呢。”众人听说连忙进去，果然抬出春凳来，将宝玉抬放凳上，随着贾母王夫人等进去，送至贾母房中。

彼时贾政见贾母气未全消，不敢自便，也跟了进去。看看宝玉，果然打重了。再看看王夫人，“儿”一声，“肉”一声，“你替珠儿早死了，留着珠儿，免你父亲生气，我也不白操这半世的心了。这会子你倘或有个好歹，丢下我，叫我靠那一个！”数落一场，又哭“不争气的儿”。贾政听了，也就灰心，自悔不该下毒手打到如此地步。先劝贾母，贾母含泪说道：“你不出去，还在这里做什么！难道于心不足，还要眼看着他死了才去不成！”贾政听说，方退了出来。

此时薛姨妈同宝钗、香菱、袭人、史湘云也都在这里。袭人满心委屈，只不好十分使出来，见众人围着，灌水的灌水，打扇的打扇，自己插不下手去，便越性走出来到二门前，令小厮们找了焙茗细问：“方才好端端的，为什么打起来？你也不早来透个信儿！”焙茗急的说：“偏生我没在跟前，打到半中间我才听见了。忙打听原故，却是为琪官金钏姐姐的事。”袭人道：“老爷怎么得知道的？”焙茗道：“那琪官的事，多半是薛大爷素日吃醋，没法儿出气，不知在外头唆挑了谁来，在老爷跟前下的火②。那金钏儿的事是三爷说的，我也是听见老爷的人说的。”袭人听了这两件事都对景③，心中也就信了八九分。然后回来，只见众人都替宝玉疗治。调停完备，贾母令“好生抬到他房内去”。众人答应，七手八脚，忙把宝玉送入怡红院内自己床上卧好。又乱了半日，众人渐渐散去，袭人方进前来经心服侍，问他端的。且听下回分解。

---

① 藤屉子春凳：春凳：一种面较宽的可坐可卧的长凳。藤屉子：凳面用藤皮编成。

② 下的火：挑拨人使发火。

③ 对景：对得上号；情况符合。

第三十四回　情中情因情感妹妹　错里错以错劝哥哥

话说袭人见贾母王夫人等去后，便走来宝玉身边坐下，含泪问他："怎么就打到这步田地？"宝玉叹气说道："不过为那些事，问他做什么！只是下半截疼的很，你瞧瞧打坏了那里。"袭人听说，便轻轻的伸手进去，将中衣褪下。宝玉略动一动，便咬着牙叫"嗳哟"，袭人连忙停住手，如此三四次才褪了下来。

袭人看时，只见腿上半段青紫，都有四指宽的僵痕高了起来。袭人咬着牙说道："我的娘，怎么下这般的狠手！你但凡听我一句话，也不得到这步地位。幸而没动筋骨，倘或打出个残疾来，可叫人怎么样呢！"

正说着，只听丫鬟们说："宝姑娘来了。"袭人听见，知道穿不及中衣，便拿了一床袷纱被①替宝玉盖了。只见宝钗手里托着一丸药走进来，向袭人说道："晚上把这药用酒研开，替他敷上，把那淤血的热毒散开，可以就好了。"说毕，递与袭人，又问道："这会子可好些？"宝玉一面道谢，说："好些了。"又让坐。

宝钗见他睁开眼说话，不像先时，心中也宽慰了好些，便点头叹道："早听人一句话，也不至今日。别说老太太、太太心疼，就是我们看着，心里也疼。"刚说了半句又忙咽住，自悔说的话急了，不觉的就红了脸，低下头来。宝玉听得这话如此亲切稠密，竟大有深意，忽见他又咽住不往下说，红了脸，低下头只管弄衣带，那一种娇羞怯怯，非可形容得出者，不觉心中大畅，将疼痛早丢在九霄云外，心中自思："我不过捱了几下打，他们一个个就有这些怜惜悲感之态露出，令人可玩可观，可怜可敬。假若我一时竟遭殃横死，他们还不知是何等悲感呢！既是他们这样，我便一时死了，得他们如此，一生事业纵然尽付东流，亦无足叹惜，冥冥之中若不怡然自得，亦可谓糊涂鬼祟矣。"想着，只听宝钗问袭人道："怎么好好的动了气，就打起来了？"袭人便把焙茗的话说了出来。

宝玉原来还不知道贾环的话，见袭人说出方才知道。因又拉上薛蟠，惟恐宝钗沉心②，忙又止住袭人道："薛大哥哥从来不这样的，你们不可混猜度。"宝钗听说，便知道是怕他多心，用话相拦袭人，因心中暗暗想道："打的这个形象，疼还顾不过来，还是这样细心，怕得罪了人，可见在我们身上也算是用心了。你既这样用心，何不在外头大事上做工夫，老爷也欢喜了，也不能吃这样亏。但你固然怕我沉心，所以拦袭人的话，难道我就不知我的哥哥素日恣心纵欲，毫无防范的那种心性。当日为一个秦钟，还闹的天翻地覆，自然如今比先又更利害了。"想毕，因笑道："你们也不必怨这个，怨那个。据我想，到底宝兄弟素日不正，肯和那些人来往，老爷才生气。就是我哥哥说话不防头，一时说出宝兄弟来，也不是有心调唆：一则也是本来的实话，二则他原不理论这些防嫌小事。袭姑娘从

---

① 袷（jiá）纱被：表里两层的纱被。袷，同"夹"。

② 沉心：多指言者无意听者有心，陡生不快。也叫"吃心"或"嗔心"。

小儿只见宝兄弟这么样细心的人，你何尝见过天不怕地不怕、心里有什么口里就说什么的人。”

袭人因说出薛蟠来，见宝玉拦他的话，早已明白自己说造次了，恐宝钗没意思，听宝钗如此说，更觉羞愧无言。宝玉又听宝钗这番话，一半是堂皇正大，一半是去己疑心，更觉比先畅快了。方欲说话时，只见宝钗起身说道：“明儿再来看你，你好生养着罢。方才我拿了药来交给袭人，晚上敷上管保就好了。”说着便走出门去。袭人赶着送出院外，说：“姑娘倒费心了。改日宝二爷好了，亲自来谢。”宝钗回头笑道：“有什么谢处。你只劝他好生静养，别胡思乱想的就好了。要想什么吃的、玩的，你悄悄的往我那里取去，不必惊动老太太、太太众人。倘或吹到老爷耳朵里，虽然彼时不怎么样，将来对景，终是要吃亏的。”说着，一回身去了。

袭人抽身回来，心内着实感激宝钗。进来见宝玉沉思默默似睡非睡的模样，因而退出房外，自去栉沐①。宝玉默默的躺在床上，无奈臀上作痛，如针挑刀挖一般，更又热如火炙，略展转时，禁不出“嗳哟”之声。那时天色将晚，因见袭人去了，却有两三个丫鬟伺候，此时并无呼唤之事，因说道：“你们且去梳洗，等我叫时再来。”众人听了，也都退出。

这里宝玉昏昏默默，只见蒋玉菡走了进来，诉说忠顺府拿他之事；又见金钏儿进来哭说为他投井之情。宝玉半梦半醒，都不在意。忽又觉有人推他，恍恍忽忽听得有人悲泣之声。宝玉从梦中惊醒，睁眼一看，不是别人，却是林黛玉。

宝玉犹恐是梦，忙又将身子欠起来，向脸上细细一认，只见两个眼睛肿的桃儿一般，满面泪光，不是黛玉，却是那个？宝玉还欲看时，怎奈下半截疼痛难忍，支持不住，便“嗳哟”一声，仍就倒下，叹了一声，说道：“你又做什么跑来！虽说太阳落下去，那地上的馀热未散，走两趟又要受了暑。我虽然挨了打，并不觉疼痛。我这个样儿，只装出来哄他们，好在外头布散与老爷听，其实是假的。你不可认真。”此时林黛玉虽不是嚎啕大哭，然越是这等无声之泣，气噎喉堵，更觉得利害。听了宝玉这番话，心中虽然有万句言词，只是不能说得，半日，方抽抽噎噎的说道：“你从此可都改了罢！”宝玉听说，便长叹一声，道：“你放心，别说这样话。就便为这些人死了，也是情愿的！”

一句话未了，只见院外人说：“二奶奶来了。”林黛玉便知是凤姐来了，连忙立起身说道：“我从后院子去罢，回头再来。”宝玉一把拉住道：“这可奇了，好好的怎么怕起他来。”林黛玉急的跺脚，悄悄的说道：“你瞧瞧我的眼睛，又该他取笑开心呢。”宝玉听说赶忙的放手。黛玉三步两步转过床后，出后院而去。凤姐从前头已进来了，问宝玉：“可好些了？想什么吃，叫人往我那里取去。”接

---

① 栉（zhì）沐：梳洗。

着，薛姨妈又来了。一时贾母又打发了人来。

（选自《红楼梦》，北京，人民文学出版社，2008）

背景知识

1. 曹雪芹（约1715—约1763），名霑，字梦阮，号雪芹，又号芹圃、芹溪。先世原是汉人，明末入满洲籍，是清代满洲正白旗“包衣”人。曹家是富贵显赫的百年望族，从曹雪芹的曾祖曹玺开始，祖孙三代四人世袭江宁织造；曾祖母做过康熙的乳母；祖父曹寅少年时做过康熙的“伴读”。雍正初年，曹家因受清廷内部政治斗争的牵连，被革职抄家。曹雪芹自幼生长在南京，经历过一段富贵繁华的贵族生活，具有丰厚的文化素养。十三四岁时家道中落，随家迁回北京，境遇潦倒，生活艰难。凭借着“生于繁华，终于沦落”的人生体验和卓越的艺术才能，他苦心孤诣，呕心沥血，创作出了旷世奇书——长篇章回体小说《红楼梦》。

2.《红楼梦》：就版本而言，《红楼梦》有两个系统：一个是“脂本”系统，一个是“程本”系统。“脂本”是流行于约乾隆十九年（1754）到五十六年（1791）间的八十回抄本，本名《石头记》，作者曹雪芹，大都有署名脂砚斋、畸笏叟等人的评语。现存“脂本”系统的本子有十几种，其中，乾隆四十九年甲辰（1784）梦觉主人序本正式题为《红楼梦》；“程本”全书一百二十回，由程伟元于乾隆五十六年（1791）初次以活字排印（简称“程甲本”），又于次年重经修订再次以活字排印（简称“程乙本”），以后的各种一百二十回本大抵以“程甲本”和“程乙本”为底本，而且成为《红楼梦》的通行版本。“程本”后四十回文字一般认为由高鹗续写。

导　读

宝玉挨打的直接原因是他“流荡优伶、表赠私物、荒疏学业、淫辱母婢”。但根本原因则是贾政与贾宝玉在思想上存在着尖锐矛盾。宝玉遭此毒打，完全是之前种种叛逆行为逐渐累积的结果。分析宝玉挨打的原因，品味贾政、王夫人、贾母、李纨、凤姐众人对宝玉挨打的态度，我们窥测到的是隐藏在这个钟鸣鼎食之家、翰墨诗书之族内里的危机四伏和矛盾重重，捕捉到的是遮蔽在忠孝、亲情背后的众颗隐秘的私心。父子矛盾、母子矛盾、夫妻矛盾、主仆矛盾、嫡庶之争、潜在的政治危机，这一切都为这个拥有百年根基的家族大厦最终走向倾倒贡献出了挖掘的力量。

曹雪芹的高超还在于他把富于思想意义的创作笔触延伸到了宝玉挨打过后的余波中，借众人探望养伤中的宝玉，刻画了不同人物的性情和他们之间微妙的人际关系。同样是规劝宝玉改过，袭人关注的重点是宝玉的身体发肤，这和她的身份（贴身大丫鬟）和命运（争取做姨娘）是相联系的；而宝钗关注的重点是宝玉挨打的原因以及这个原因的合理性，这与她的身份（淑女、表姐）和命运（可能成为正妻）是相符合的。同样是表达关心，宝钗手托着药光明正大而来，居高临下地吩咐袭人把药给宝玉敷上，把淤血散开就好了。一个“敷”字体现出宝钗对宝玉的关心在肉体层面，无关内心或情感，是表面性的。虽然她在无意间坦露了自己对宝玉的感情，但赶忙咽住，点到为止，深婉含蓄；黛玉无声地来了，长久地无言饮泣，听到凤姐来了，又逃一样地从后门走了。匆匆来去间，黛玉只对宝玉说了一句意味深长的话：“你从此可都改了罢!”黛玉自始至终没有一句关乎宝玉伤势的问候，然而，她却是贾府上下，唯一一个全身心为宝玉好的人，这种关爱建立在心灵契合的基础上，是深刻而纯粹的。

“宝玉挨打”是整部《红楼梦》中十分重要的一次高潮事件。它鲜明地体现出《红楼梦》“草蛇灰线，伏脉千里”“注此写彼，手挥目送”的叙事特点和通过日常生活的细节来反复皴染、精雕细凿地刻画人物性格的艺术特点。

思考与讨论

1. 贾政在毒打宝玉前后，三次落泪。结合文本分析这三次哭的原因有什么不同?

2. 对于遭受毒打的宝玉，贾母、王夫人、宝钗、袭人等众人“表面俱是爱，心态各不同”。结合文本分析这些人关爱宝玉的真实原因是什么?

3. 结合《红楼梦》中其他有关薛宝钗的情节，比如第二十七回“宝钗扑蝶”、第三十六回“绣鸳鸯肚兜”等，谈谈你对薛宝钗这个人物的看法。

4. 曹雪芹笔下的《红楼梦》是一个八十回的残本，关于它的探佚研究向来备受关注。根据你对文本的理解和个人的审美趣味，你认为宝玉、黛玉、宝钗等人的命运走向是什么样的呢?

推荐阅读书目

1.《脂砚斋重评石头记》(庚辰本)，北京，人民文学出版社，2010。
2. 周汝昌:《红楼小讲》，北京，北京出版社，2002。
3. 王昆仑:《红楼梦人物论》，北京，北京出版社，2004。
4. 陶尔夫、刘敬圻:《说诗说稗》，哈尔滨，黑龙江人民出版社，1997。
5. 张锦池:《红楼管窥——张锦池论红楼梦》，北京，文化艺术出版社，2009。
6. 陈文新、汤克勤:《明清小说名著导读》，武汉，武汉大学出版社，2008。

中国现当代文学部分

沙扬娜拉

阅读提示

胡适在《追悼志摩》中说："他的人生观真是一种'单纯信仰'，这里面只有三个大字：一个是爱，一个是自由，一个是美。他梦想这三个理想的条件能够会合在一个人生里。"《沙扬娜拉》虽是小诗，但也表现出了徐志摩诗歌创作的一些主要特点。

原　文

沙扬娜拉

徐志摩

最是那一低头的温柔，
象一朵水莲花不胜凉风的娇羞，
道一声珍重，道一声珍重，
那一声珍重里有蜜甜的忧愁。
沙扬娜拉①！

（选自韩石山主编：《徐志摩全集》，天津，天津人民出版社，2005）

背景知识

徐志摩（1896—1931），浙江海宁人，原名徐章垿。1918年起先后留学于美国克拉克大学、哥伦比亚大学及英国剑桥大学，回国后担任过北大、清华大学教授。1921年开始写诗，是"新月"诗派的盟主和最有代表性的诗人。他的诗歌字句清新，韵律谐和，比喻新奇，想象丰富，意境优美，神思飘逸，富于变化，并追求艺术形式的整饬、华美，具有鲜明的艺术个性。他一生共出版了四部诗集：《志摩的诗》（1925）、《翡冷翠的一夜》（1927）、《猛虎集》（1931）、《云游》（1932）。

导　读

《沙扬娜拉》组诗共有18首，是1924年5月徐志摩陪同泰戈尔访日期间所作，收于初版的《志摩的诗》，再版时前17首都被作者删去，只保留了这最后一首，并加上了一个副题：赠日本女郎。

---

① 沙扬娜拉：日语再见的音译。

全诗仅有五行，短小精练，而又意味无穷。诗中所记的是日本女郎向徐告别时瞬间的神态与动作，这稍纵即逝的一刻深印在了徐志摩的眼中，并被他用文字镌刻成为永久的印记。第一行，让人们记住了日本女郎的“温柔”，这“温柔”在“一低头”间不经意地流露出来，“那”字读来有种亲切熟悉之感，仿佛这景象我们也曾经遇见过。第二行中诗人以“一朵水莲花”来喻女郎，莲花的清丽、淡雅一向为人熟知，于是联想到水莲花的空灵精致，女郎的“娇羞”之态也随之跃然纸上，更显楚楚动人。第三、四行，诗人运用了复沓叠唱这一诗歌最古老的抒情方式，一唱三叹，音节既回旋悦耳，别情更依依难舍。忧愁本是离别难免，但女郎的温柔多情、娇羞妩媚又给诗人以美的愉悦和陶醉，于是这忧愁中竟也掺入一丝醉人的“蜜甜”。第五行直道再见，但诗人特意选用日文音译，显出日本风情，音节也更错落别致。短短的四个字表现的是最热烈、真挚的感情。

全诗采用的都是浅白的语言，明白晓畅。但意象运用别具匠心，音韵和谐，富有音乐性。这是一首优美婉转的告别之歌。

思考与讨论

1. 找出《沙扬娜拉》一诗在语音节奏上的特点。
2. 徐志摩的“单纯信仰”在这首诗中是否有所体现？

阅读视线

祈　祷

闻一多

请告诉我谁是中国人，
启示我，如何把记忆抱紧；
请告诉我这民族的伟大，
轻轻的告诉我，不要喧哗！

请告诉我谁是中国人，
谁的心里有尧舜的心，
谁的血是荆轲聂政的血，
谁是神农黄帝的遗孽。

告诉我那智慧来的离奇，
说是河马献来的馈礼；
还告诉我这歌声的节奏，

原是九苞凤凰的传授。

谁告诉我戈壁的沉默，
和五岳的庄严？又告诉我
泰山的石溜还滴着忍耐，
大江黄河又流着和谐？

再告诉我，那一滴清泪，
是孔子吊唁死麟的伤悲？
那狂笑也得告诉我才好，——
庄周，淳于髡，东方朔的笑。

请告诉我谁是中国人，
启示我，如何把记忆抱紧；
请告诉我这民族的伟大，
轻轻的告诉我，不要喧哗！

（选自《闻一多全集》，武汉，湖北人民出版社，1993）

推荐阅读书目

1. 徐志摩：《巴黎的鳞爪——徐志摩回忆录》，北京，华夏出版社，2008。
2. 杨里昂：《中国新诗史话》，长沙，湖南文艺出版社，1992。

相信未来

阅读提示

庞德曾说：“诗人是一个种族的触须”。诗人食指的《相信未来》写于 1968 年。在特殊的历史语境下，诗人直面自己民族残酷的现实，坚定、勇敢、执著地发出响亮之声——相信未来！给人以强烈的震撼和崇高的悲剧感。

原　文

相信未来

食　指

当蜘蛛网无情地查封了我的炉台，
当灰烬的余烟叹息着贫困的悲哀，
我依然固执地铺平失望的灰烬，
用美丽的雪花写下：相信未来。

当我的紫葡萄化为深秋的露水，
当我的鲜花依偎在别人的情怀，
我依然固执地用凝霜的枯藤，
在凄凉的大地上写下：相信未来。

我要用手指那涌向天边的排浪，
我要用手掌那托住太阳的大海，
摇曳着曙光那枝温暖漂亮的笔杆，
用孩子的笔体写下：相信未来。

我之所以坚定地相信未来，
是我相信未来人们的眼睛——
她有拨开历史风尘的睫毛，
她有看透岁月篇章的瞳孔。

不管人们对于我们腐烂的皮肉，
那些迷途的惆怅、失败的苦痛，

是寄予感动的热泪、深切的同情，
还是给以轻蔑的微笑、辛辣的嘲讽。

我坚信人们对于我们的脊骨，
那无数次的探索、迷途、失败和成功，
一定会给予热情、客观、公正的评定。
是的，我焦急地等待着他们的评定。

朋友，坚定地相信未来吧，
相信不屈不挠的努力，
相信战胜死亡的年轻，
相信未来、热爱生命。

（选自《食指的诗》，北京，人民文学出版社，2000）

背景知识

食指（1948— ），原名郭路生，1948年出生，山东鱼台人。幼年时经常跟随在图书馆工作的母亲身边，得到中国古典诗词方面的熏陶。中学就读于北京第五十六中学，1969到1971年到农村插队落户，1971年入伍，1973年退伍后一直在北京工作。其诗歌创作开始于20世纪60年代。早期作品广泛传诵于插队知青和都市青年中。80年代后逐渐引起诗界重视。90年代后其创作成就得到公认。著有诗集《相信未来》《食指、黑大春现代抒情诗合集》《诗探索金库·食指卷》《食指的诗》。2001年，食指获“第三届人民文学奖”。2004年人民文学出版社出版《中国当代名诗人选集·食指》。

导　读

《相信未来》写于1968年。一个传统文化被颠覆的时代，人们在狂热之后，站在一片精神的废墟上，在迷惘失望、痛苦困顿、徘徊挣扎中，在中国凋敝的文坛上，诗人食指成为忠实于时代的歌手，面对严酷的现实环境，以异乎寻常的坚定和执著写下了这首思想深刻、撼人心魄的诗篇。

全诗的基本脉络：诗的开头第一、第二小节结构类似，诗人用“蜘蛛”“炉台”“余烟”“紫葡萄”“枯藤”等几个意象，运用几乎相同的句式，带着灰暗的色彩，对现实进行了象征性的描绘：炉台被蜘蛛网查封，余烟叹息着贫困，紫葡萄化为露水，鲜花依偎在别人怀中……这些意象，勾勒出一幅荒芜、贫困、艰难的时代图景，给人以强烈的视觉冲击，令人心底涌起难以言明的苦痛之感。这是诗人对恶势力横行、人的希望破灭、收获的果实被窃的残酷现实的痛斥。然而，尽管这样，诗人却写下：“我依然固执地铺平失望的灰烬，用美丽的雪花写下：相信未来。我依然固执地用凝霜的枯藤，在凄凉的大地上写下：相信未来。”这样的诗句，是诗人在苦难中诞生的勇敢，是诗人在绝望中升起的信念！诗的第三小节，诗人面对苦难的现实，写下“我要用手指那涌向天边的排浪，我要用手掌那托住太阳的大海”的诗句，气势之猛烈，表现了诗人更强的信念，更浓的豪情。接着又以丰富的想象写道：“摇曳着曙光那枝温暖漂亮的笔杆，用孩子的笔体写下：相信未来。”“曙光”是“温暖的漂亮的笔杆”，定会穿过阴云密布的天空书写对未来的憧憬。这是诗人真实坦诚内心情感的流淌，是诗人坚定不屈的信念。

诗的第四节、第五节和第六节凸显出诗人深刻的思想。诗人将自己对“未来”的“相信”和对未来人类的清醒认识结合起来。首先，诗人写道“我之所以坚定的相信未来”，是因为相信未来人的“眼睛”，她的“睫毛”能“拨开历史风尘”，她的“瞳孔”能“看透岁月篇章”。诗人再次展开想象的羽翼，抓住“睫毛”和“瞳孔”两个意象，形象地勾勒出未来人思考的神情，用“拨开”和“看透”两个渗透诗人情感的动词，将诗人“相信未来”的理由寄托于思考的形象中。她是诗人“相信未来”的依据。接着诗人形象传神地写出现实中人们的种种形态：“腐烂的皮肉”“迷失的惆怅”“失败的苦痛”，对这些“形态”，人们会呈现出“感动的热泪”“深切的同情”“轻蔑的微笑”“辛辣的嘲讽”的种种表情，但诗人用“不管”一词，传达了诗人不在乎人们对过去历史的评价。因为诗人依然执著地相信未来“人们对于我们的脊骨”“一定会给予热情、客观、公正的评定”。而“那无数次的探索、迷途、失败和成功”，就是我们“脊骨”，即不屈的信念和探索的精神的体现。基于这样的认识，诗人在洞悉和挖掘了人类内心深处对未来的共同信念之后，毫不犹豫地写道：“我焦急地等待着他们的评定”。在诗的结尾更是满怀热情地呼告和鼓舞人们“坚定地相信未来吧，相信不屈不挠的努力，相信战胜死亡的年轻，相信未来、热爱生命。”

“未来”究竟是什么，诗人并没有给出答案，但这是一种人生的信念，是经历了现实失败后的另一种反抗精神，同时也是绝望现实的止痛剂。这首诗潜在的是“未来”与“现实”二者之间的对立关系，诗人用对未来的确认否定了对现实的不信任（尽管还不彻底），所以，现实的痛苦和不公只有依靠、等待未来的补偿和肯定：“相信不屈不挠的努力，相信战胜死亡的年轻，相信未来、热爱生命。”

正如一位诗人所言：“诗人需要真正意义上的勇敢，那种勇敢真正很重要，并非滑稽、闹剧式的，而是一种真正意义上的直视、担心，不屈，甚或是执著。”食指的诗令我们看到了一个无所畏惧、义无反顾的诗人在苦难现实中对未来坚定的信念！这也正是这首诗最感动人的内核。

这首诗构思巧妙。“相信未来”四字贯穿全篇，诗人先写我怎样“相信未来”，再写为什么要“相信未来”，最后写带着对未来的信念去努力、去生活。

在语言的运用上，多用诗歌意象进行象征性地描绘。如第二节：紫葡萄——成熟的果实，深秋的露水——失望的眼泪，鲜花——美好的东西，凝露的枯藤——没有收获但又孕育着新的希望。用词质朴丰满，带着生活的原色。如“蜘蛛网”“炉台”“灰烬”“葡萄”“鲜花”等词。

在艺术形式上，结构整饬，讲究节奏和格律，富有音乐性，呈现出“窗式美”。食指曾说：“有人说，现代格律诗是豆腐块，我说是窗户，更准确地说是心灵的小窗，应是‘窗含西岭千秋雪’。”食指采用的多是闻一多、何其芳等诗人曾尝试过的“新格律体”。他的诗最直观也最重要的特征就是具有和谐的“耳感”。如诗的开头“当蜘蛛网无情地查封了我的炉台，当灰烬的余烟叹息着贫困的悲哀”，这种句式是舒缓的记叙和忧伤的回忆笔法。反复手法的运用也是本诗在表现形式上的一大特色，增强了诗文的感染力，突出了诗歌主旨。

思考与讨论

1. 请梳理本诗的结构脉络，并体会本诗的思想内容。
2. 请找出作者在本诗中所用到的诗歌意象，并体会这些意象所表达的意思。
3. 通过阅读本诗，你认为作者相信未来的依据是什么？
4. 谈谈你读诗的感受。

阅读视线

这首诗写于“文化大革命”结束后不久的1979年，堪称《相信未来》的姊妹篇。

热爱生命

食指

也许我瘦弱的身躯像攀附的葛藤，
把握不住自己命运的前程，
那请在凄风苦雨中听我的声音，
仍在反复地低语：热爱生命。

也许经过人生激烈地搏斗后，
我死得比那湖水还要平静。
那请去墓地寻找我的碑文，
上面仍会刻着：热爱生命。

我下决心：用痛苦来做砝码，
我有信心：以人生作为天秤，
我要称出一个人生命的价值，
要后代以我为榜样：热爱生命。

的确，我十分珍惜属于我的
那条曲曲弯弯的荒草野径，
正是通过这条曲折的小路，
我才认识到如此艰辛的人生。

我流浪儿般地赤着双脚走来，
深感到途程上顽石棱角的坚硬，
再加上那一丛丛拦路的荆棘，
使我每一步都留下一道血痕。

我乞丐似的光着脊背走去，
深知道冬天风雪中的饥饿寒冷，
和夏天毒日头烈火一般的灼热，
这使我百倍地珍惜每一丝温情。

但我有着向命运挑战的个性，
虽是屡经挫败，我决不轻从。
我能顽强地活着，活到现在，
就在于：相信未来，热爱生命。

（选自《食指的诗》，北京，人民文学出版社，2000）

推荐阅读书目

1. 《食指的诗》，北京，人民文学出版社，2000。
2. 杨健：《文化大革命中的地下文学》，北京，朝华出版社，1993。

回　答

阅读提示

三十年前，中国正处于一个历史的转折点，新时代的到来使前一时期文学千篇一律的局面被彻底终结，中国当代诗歌重新焕发出勃勃生机，一种新的诗派也应运而生，在全国范围内引起了巨大反响。

原　文

回　答

北　岛

卑鄙是卑鄙者的通行证，
高尚是高尚者的墓志铭，
看吧，在那镀金的天空中，
飘满了死者弯曲的倒影。

冰川纪过去了，
为什么到处都是冰凌？
好望角发现了，
为什么死海里千帆相竞？

我来到这个世界上，
只带着纸、绳索和身影，
为了在审判前，
宣读那些被判决的声音。

告诉你吧，世界
我——不——相——信！
纵使你脚下有一千名挑战者，
那就把我算作第一千零一名。

我不相信天是蓝的，
我不相信雷的回声，

我不相信梦是假的，
我不相信死无报应。

如果海洋注定要决堤，
就让所有的苦水都注入我心中，
如果陆地注定要上升，
就让人类重新选择生存的峰顶。

新的转机和闪闪星斗，
正在缀满没有遮拦的天空。
那是五千年的象形文字，
那是未来人们凝视的眼睛。

（选自北岛：《结局或开始·北岛卷》，武汉，长江文艺出版社，2008）

背景知识

北岛（1949— ），原名赵振开，另有笔名石默、艾珊等。生于北京，1969年高中毕业后当过混凝土工、铁匠等。1978年与诗人芒克等创办《今天》，担任主编，并使之成为“朦胧诗”运动的核心园地。他的诗，反思历史，笔触冷峻，多用象征、暗示，受到青年读者的欢迎，被称为“朦胧诗”写作的代表诗人，但一些作品也引起较多争议。现居美国。作品集有《北岛诗选》《太阳城札记》《北岛顾城诗选》等。

导　读

20世纪80年代诗坛上兴起的“朦胧诗”，因其作品在艺术上多用总体象征、具有表达的多义性和不确定性而得名，代表诗人有北岛、顾城、舒婷等。北岛的《回答》作于1976年清明前后，首发于《今天》创刊号，后又发表在《诗刊》1979年第3期，成为第一首公开发表的朦胧诗。

全诗共七节。第一、二节，是人类生存世界的黑暗体验并由此产生质疑。卑鄙者以其卑鄙的手段得以在世间畅行，高尚者却因自己的高尚而走向墓地；“镀金的天空”不过是粉饰出来的太平，而人则被迫“弯曲”。“冰川纪”不是已经过去了？“好望角”不是已经发现了？那为什么旧的东西还未消失、还在世间横行？从第三节开始，“我”毅然出现，对这个死寂、混乱的世界大声质疑：“我——不——相——信！”这是作者的表态，也是青年一代的声音。在“文化大革命”的阴影下成长起来的这一代已经觉醒，他们要与已逝的过去彻底告别，宁可承担一切苦难也要让民族得到新生。这种怀疑是源于对历史的反思，更是对未来的渴望与追求。最后一节直接表达了“我”的心愿：这个拥有“五千年的象形文字”

的民族一定会抓住“新的转机”。

在艺术上，这首诗的抒情结构和意象的选用都深具“北岛特色”：“审视——怀疑——否定——挑战”的抒情结构，“天空”“死海”“让所有的苦水都注入我心中”等表述都充满阳刚之气，整首诗具有一种振聋发聩的艺术力量。

思考与讨论

1. 有人说这首诗是在“怀疑一切”，你对此是否认同？
2. 比较北岛和舒婷诗中的意象有何不同？

阅读视线

惠安女子

舒　婷

野火在远方，远方
在你琥珀色的眼睛里

以古老部落的银饰
约束柔软的腰肢
幸福虽不可预期，但少女的梦
蒲公英一般徐徐落在海面上
啊，浪花无边无际

天生不爱倾诉苦难
并非苦难已经永远绝迹
当洞箫和琵琶在晚照中
唤醒普遍的忧伤
你把头巾一角轻轻咬在嘴里

这样优美地站在海天之间
令人忽略了：你的裸足
所踩过的碱滩和礁石
于是，在封面和插图中
你成为风景，成为传奇

（选自舒婷：《一种演奏风格：舒婷自选诗集》，北京，作家出版社，2009）

推荐阅读书目

1. 梁晓明主编：《中国先锋诗歌档案》，杭州，浙江文艺出版社，2004。
2. 常文昌主编：《中国新时期诗歌研究资料》，济南，山东文艺出版社，2006。

一棵开花的树

阅读提示

近几十年来，台湾的诗歌创作也取得了可喜的成果，他们与大陆的诗人们一脉相承，又发展出了自己的特色。席慕蓉便是其中最为大陆读者喜爱的诗人之一。

原　文

一棵开花的树

席慕蓉

如何让你遇见我
在我最美丽的时刻　为这
我已在佛前　求了五百年
求他让我们结一段尘缘

佛于是把我化作一棵树
长在你必经的路旁
阳光下慎重地开满了花
朵朵都是我前世的盼望

当你走近　请你细听
那颤抖的叶是我等待的热情
而当你终于无视地走过
在你身后落了一地的
朋友啊　那不是花瓣
是我凋零的心

1980 年 10 月 4 日

（选自席慕蓉：《河流之歌：席慕蓉诗作自选集》，北京，生活·读书·新知三联书店，1994）

背景知识

席慕蓉（1943—　），蒙古察哈尔盟明安旗人，生于四川重庆，全名是穆伦·席连勃，意为大江河。曾就读于台湾师范大学艺术系、比利时布鲁塞尔皇家艺术学院，现为台湾新竹师专美术科教授，并在东海大学美术系任教。1969 年起开始在台湾发表画作、散文及诗歌作品。20 世纪 80 年代起她的诗作在大陆出版，引起了“席慕蓉”热。主要作品有诗集《七里香》《无怨的青春》《时光九篇》，散文集《芊芊芳草》《我的家乡在高原上》《席慕蓉和她的内蒙古》等。

导　读

席慕蓉的第一部诗集出版时，有人曾发出疑问：像她这样生活幸福的人，应该是无忧无虑的，怎么会写出这些诗来呢？而席慕蓉说，无论是写诗的人还是读诗的人，都不过想要在混乱不安的日子里、在外界与内在的不可抗拒的压力下，努力为自己求得一点点心灵上的清明罢了。简单地说，她是“想要提笔去捕捉住一些什么”。所以她的诗，总是给人一种至真、至纯的感觉。

《一棵开花的树》可能是她最为人所知的诗作了。这是一首心灵独奏曲，诗中也只有唯一的一个意象——一棵开花的树。直率而强烈的抒情是这首诗的首要特色。爱情在席慕蓉笔下可以超越时间，“我”用五百年的苦求换来“在我最美丽的时刻”与你结一段尘缘。这是怎样的一段缘呢？“我”只能以树的形象与你相见。“慎重地开满了花”，可见“我”心中的爱是何等诚挚和热烈，这是投入了整个生命的爱。相见时，“我”以颤抖的叶子表示热情。然而，“你”无视地走过，使爱意凋零，只留下让人扼腕的叹息。鲜明的对比是这首诗的又一特色。时间上，“五百年”与一下子“走过”，“慎重”与“无视”让我们看到了两种态度的强烈反差。而曾经“开满了”的花“落了一地”，更造成一股巨大的艺术感染力，使人久久难忘。

这首诗意象单纯，文字澄净，内蕴丰富。既让人读到席慕蓉文字上的平实古典，又让人感受到她在诗中如何将自己对浪漫的狂想进行了释放。

思考与讨论

1. 说说你对这首诗的理解。

2. 将《一棵开花的树》与《怀人》（二首）进行比较，说说诗中爱情的异同。

阅读视线

怀　人（二首）

之一

为你贮一海的
思，悄静而透亮
你的臂弯围成一座睡城
我的梦美丽而悠长

最微的灯，一扇半圆的窗下
你的名字，化作金丝银丝
半世纪，将我围缠

贮一海的思
在那静悄悄的城池
最美的语言像最美的花瓣
梦中，落我一身衣裳

之二

跨过七个石墩
用蝴蝶的彩翼，用蜻蜓的薄翅
还是芭蕾的鞋尖？
啊，不，我只有苦行僧的草芒
跨过七夕
一个驻足，千个期望

（选自《过目难忘·爱情诗》，广州，花城出版社，2000）

推荐阅读书目

1. 席慕蓉：《席慕蓉文集》，海口，南海出版公司，2003。
2. 黄维樑：《新诗的艺术》，南昌，江西高校出版社，2006。

复　仇

阅读提示

对无聊的看客，鲁迅始终秉持“深恶而痛绝”的姿态。在他看来，无聊之人总是喜欢把别人的隐私、举动事件化，以此填补自己空虚的灵魂。以作者嫉恶如仇的性情，自然要探究何以报之的。于是，鲁迅以独异的思维塑造了裸衣者的形象，在完成“复仇”的同时，深刻地揭示了一部分国民冷漠、空虚的阴暗心理。

原　文

复　仇

鲁　迅

人的皮肤之厚，大概不到半分，鲜红的热血，就循着那后面，在比密密层层地爬在墙壁上的槐蚕[①]更其细密的血管里奔流，散出温热。于是，各以这温热互相蛊惑、煽动、牵引，拼命地希求偎依、接吻、拥抱，以得生命的沉酣的大欢喜[②]。

但倘若用一柄尖锐的利刃，只一击，穿透这桃红色的，菲薄的皮肤，将见那鲜红的热血激箭似的以所有温热直接灌溉杀戮者；其次，则给以冰冷的呼吸，以示淡白的嘴唇，使之人性茫然，得到生命的飞扬的极致的大欢喜；而其自身，则永远沉浸于生命的飞扬的极致的大欢喜中。

这样，所以，有他们俩裸着全身，捏着利刃，对立于广漠的旷野之上。

他们俩将要拥抱，将要杀戮……

路人们从四面奔来，密密层层的，如槐蚕爬上墙壁，如蚂蚁要扛鲞头[③]。衣服都漂亮，手倒空的。然而从四面奔来，并且拼命伸长脖子，要鉴赏这拥抱或杀戮。他们已经豫觉着事后自己的舌上的汗或血的鲜味。

然而他们俩对立着，在广漠的旷野之上，裸着身体，捏着利刃，然而也不拥抱也不杀戮，而且也不见有拥抱或杀戮之意。

他们俩就这样的至于永久，圆活的身体，已将干枯，然而毫不见有拥抱或杀戮之意。

---

① 槐蚕：生长在槐树上的蛾类幼虫，北方俗称“吊死鬼”。

② 大欢喜：佛家语。佛教中的天神“欲天”和“爱神”又名“欢喜天”，作裸身拥抱状。

③ 鲞（xiǎng）头：剖开晾干的海鱼。

路人们于是乎无聊；觉得有无聊钻进他们的毛孔，觉得有无聊从他们自己的心中由毛孔钻出，爬满旷野，又钻进别人的毛孔中。他们于是觉得喉舌干燥，脖子也乏了；终至于面面相觑，慢慢走散；甚而至于居然觉得干枯到失去了生趣。

于是只剩下广漠的旷野，而他们俩在其间裸着全身，捏着利刃，干枯的立着；以死人似的眼光，鉴赏这路人们的干枯，无血的杀戮，而永远沉浸于生命的飞扬的极致的大欢喜中。

一九二四年十二月二十日

（选自《鲁迅全集》，第2卷，北京，人民文学出版社，1981）

背景知识

鲁迅（1881—1936），原名周樟寿，后改名周树人，原字豫山，后改豫才。浙江绍兴人。中国现代伟大的文学家、思想家和革命家。鲁迅出身于破落封建家庭。青年时代受进化论、尼采超人哲学和托尔斯泰博爱思想的影响。1902年赴日本留学，其间弃医从文，开始翻译与创作活动。辛亥革命后，曾任南京临时政府和北京政府教育部部员、佥事等职，兼在北京大学、女子师范大学等校授课，后南迁至厦门大学、中山大学任教。1918年5月，首次用“鲁迅”的笔名，发表中国现代文学史上第一篇白话小说《狂人日记》，奠定了新文学运动的基石。五四运动前后，参加《新青年》杂志工作，成为“五四”新文化运动的主将。

1918年至1926年间，陆续出版了小说集《呐喊》《彷徨》、杂文集《坟》、散文诗集《野草》、散文集《朝花夕拾》、杂文集《热风》《华盖集续编》等专集。其中，1921年12月发表的中篇小说《阿Q正传》，是中国现代文学史上的不朽杰作。1930年起，先后参加中国左翼作家联盟和中国民权保障同盟，反抗国民党政府的独裁统治和政治迫害。1936年10月19日，鲁迅逝世于上海，葬于虹桥万国公墓。1956年，鲁迅遗体移葬虹口公园，毛泽东为重建的鲁迅墓题字。

鲁迅的小说、散文、诗歌、杂文共数十篇（首）被选入中、小学语文课本。小说《祝福》《阿Q正传》《药》等先后被改编成电影。鲁迅的作品充实了世界文学的宝库，被译成英、日、俄、西、法、德、阿拉伯等50多种文字，在世界各地拥有广大的读者。鲁迅是20世纪中国最重要的文学家，也是一生致力于国民性改造的伟大思想家。

导　读

本文选自鲁迅的“独语体”散文诗集《野草》。这是一篇深刻揭示国民精神现象的散文杰作。“复仇”是鲁迅从早年到晚年一以贯之的一个思绪，是他斗争哲学主题的一个重要组成部分。鲁迅以嫉恶如仇的姿态对旁观者的“看客心理”给予无情地揭露和深刻地批判，并以“毫无动作”作为向看客复仇的独特方式。

全文构思精巧，想象奇特。作者的思绪、意念表现得较为深奥、隐晦。故此，初次读来感觉晦涩、难懂。但是细细探寻，行文脉络又清晰可见。

首先，作者以医学上人体皮肤的生理结构为切入点，具体解析热血的生命力和人性于情感上渴求依托、慰藉的内涵，并进一步向读者昭示出人类不同于动物的社会价值属性。其次，作者以独异的思维方式为读者塑造了一对裸衣男女的形象，集中而深刻地表现了以“毫无动作”向愚昧、麻木的“看客”进行复仇这一主题。在鲁迅看来，中国国民具有双重劣根性：一是阿Q的“精神胜利法”；一是庸众的“看客心理”。两相比较，后者更为普遍和讨厌。生活里的庸众无聊时总是喜欢将他人的举动“事件化”、“戏剧化”，以此旁观鉴赏，以满足其渴血的欲望。而被鉴赏者的爱与死——这生命中最为庄严神圣的举动，均在看客的围观中成为了表演作秀；其生命的尊严、人生的价值均被无情的目光扭曲、消解掉了。为此，被鉴赏者要复仇！再次，作者描述了看客们因无戏可看而变得更加的空虚、无聊，甚至于干枯得失去了生趣。于是，先前的“鉴赏者”最终变成了“被鉴赏者”。复仇者因“无血的大戮”而后快。

然而，鲁迅撰文的目的不尽于停留在“复仇”的表面，其深层意涵可理解为对蒙昧者的“疗救”和“启蒙”。这种复仇方式恰好彰显出作者对“群众”“衷悲而疾视”式的大爱！

本文语句描写细腻、尖新，大量地运用比喻、象征以及回环复踏等修辞手法，意蕴含蓄，只可意会难于言传。意象创设上，想象奇崛高超，串联巧妙不露痕迹，为后学者所不能及。

思考与讨论

1. 首段里的“生命的沉酣的大欢喜”因何而来？谈谈你的看法。

2. 文中的“裸衣人”对峙着的结果是什么？这结果对于人生的价值而言有何意义？

3. 篇中两次写道“永远沉浸于生命的飞扬的极致的大欢喜中”，其用意有何不同？

阅读视线

复 仇[①]

(其二)

因为他自以为是神之子，以色列的王[②]，所以去钉十字架。

兵丁们给他穿上紫袍，戴上荆冠，庆贺他；又拿一根苇子打他的头，吐他，屈膝拜他；戏弄完了，就给他脱了紫袍，仍穿他自己的衣服。[③] 看哪，他们打他的头，吐他，拜他……他不肯喝那用没药[④]调和的酒，要分明地玩味以色列人怎样对付他们的神之子，而且较永久地悲悯他们的前途，然而仇恨他们的现在。

四面都是敌意，可悲悯的，可咒诅的。

丁丁地响，钉尖从掌心穿透，他们要钉杀他们的神之子了，可悯的人们呵，使他痛得柔和。丁丁地响，钉尖从脚背穿透，钉碎了一块骨，痛楚也透到心髓中，然而他们自己钉杀着他们的神之子了，可咒诅的人们呵，这使他痛得舒服。

十字架竖起来了；他悬在虚空中。

他没有喝那用没药调和的酒，要分明地玩味以色列人怎样对付他们的神之子，而且较永久地悲悯他们的前途，然而仇恨他们的现在。

路人都辱骂他，祭司长和文士也戏弄他，和他同钉的两个强盗也讥诮他。[⑤] 看哪，和他同钉的……四面都是敌意，可悲悯的，可咒诅的。

---

① 本篇最初发表于一九二四年十二月二十九日《语丝》周刊第七期。文中关于耶稣被钉十字架的事，是根据《新约全书》中的记载。

② 以色列的王即犹太人的王。据《新约全书·马可福音》第十五章载："他们带耶稣到了各各他地方（各各他翻出来，就是髑髅地），……于是将他钉在十字架上，……在上面有他的罪状，写的是犹太人的王。"

③ 关于耶稣被钉十字架的情况，据《马可福音》第十五章载："将耶稣鞭打了，交给人钉十字架。……他们给他穿上紫袍，又用荆棘编作冠冕给他戴上，就庆贺他说，恭喜犹太人的王啊。又拿一根苇子，打他的头，吐唾沫在他脸上，屈膝拜他。戏弄完了，就给他脱了紫袍，仍穿上他自己的衣服，带他出去，要钉十字架。"

④ 没药：药名，一作末药，梵语音译。由没药树树皮中渗出的脂液凝结而成。有镇静、麻醉等作用。《马可福音》第十五章有兵丁拿没药调和的酒给耶稣，耶稣不受的记载。

⑤ 据《马可福音》第十五章载："他们又把两个强盗，和他同钉十字架，一个在右边，一个在左边。从那里经过的人辱骂他，摇着头说，咳，你这拆毁圣殿，三日又建造起来的，可以救自己从十字架上下来罢。祭司长和文士也是这样戏弄他，彼此说，他救了别人，不能救自己。以色列的王基督，现在可以从十字架上下来，叫我们看见，就信了。那和他同钉的人也是讥诮他。"祭司长，古犹太教管祭祀的人；文士，宣讲古犹太法律，兼记录和保管官方文件的人。他们同属上层统治阶级。

他在手足的痛楚中，玩味着可悯的人们的钉杀神之子的悲哀和可咒诅的人们要钉杀神之子，而神之子就要被钉杀了的欢喜。突然间，碎骨的大痛楚透到心髓了，他即沉酣于大欢喜和大悲悯中。

他腹部波动了，悲悯和咒诅的痛楚的波。

遍地都黑暗了。

“以罗伊，以罗伊，拉马撒巴各大尼?!”（翻出来，就是：我的上帝，你为甚么离弃我?!）①

上帝离弃了他，他终于还是一个“人之子”；然而以色列人连“人之子”都钉杀了。

钉杀了“人之子”的人们的身上，比钉杀了“神之子”的尤其血污，血腥。

一九二四年十二月二十日

（选自《鲁迅全集》，第2卷，北京，人民文学出版社，1981）

推荐阅读书目

1. 鲁迅：《故事新编——铸剑》，见《故事新编》，上海，上海文化生活出版社，1936。

2. 梁启超：《呵旁观者文》，见《梁启超文集》，北京，北京燕山出版社，2009。

① 关于耶稣临死前的情况，据《马可福音》第十五章载：“从午正到申初遍地都黑暗了。申初的时候，耶稣大声喊着说：‘以罗伊，以罗伊，拉马撒巴各大尼?!’翻出来，就是：我的上帝，我的上帝，为什么离弃我?! ……气就断了。”

鸭窠围的夜

阅读提示

《鸭窠围的夜》是沈从文20世纪30年代散文代表作《湘行散记》中的第三篇。它是一篇游记散文，通过作者旅途中夜宿鸭窠围时一夜间的见闻和思绪，描写了湘西地区特有的自然景色和独异的人生形态，寄托了作者深沉的生命感喟。他以灵动的笔构筑着一个心中的“湘西世界”，浸满了泪与笑的人生叙写。

原　文

鸭窠围的夜

沈从文

天快黄昏时落了一阵雪子，不久就停了。天气真冷，在寒气中一切都仿佛结了冰。便是空气，也像快要冻结的样子。我包定的那一只小船，在天空大把撒着雪子时已泊了岸，从桃源县沿河而上这已是第五个夜晚。看情形晚上还会有风有雪，故船泊岸的时候便从各处挑选好地方。沿岸除了某一处有片沙岨宜于泊船以外，其余地方全是黛色如屋的大岩石。石头既然那么大，船又那么小，我们都希望寻觅得到一个能作小船风雪屏障，同时要上岸又还方便的处所。凡是可以泊船的地方早已被当地渔船占去了。小船上的水手，把船上下各处撑去，钢钻头敲打着沿岸大石头，发出好听的声音，结果这只小船，还是不能不同许多大小船只一样，在正当泊船处插了篙子，把当作锚头用的石碇抛到沙上去，尽那行将来到的风雪，摊派到这只船上。

这地方是个长潭的转折处，两岸是高大壁立千丈的山，山头上长着小小竹子，长年翠色逼人。这时节两山只剩余一抹深黑，赖天空微明为画出一个轮廓。但在黄昏里看来如一种奇迹的，却是两岸高处去水已三十丈上下的吊脚楼。这些房子莫不俨然悬挂在半空中，藉着黄昏的余光，还可以把这希奇的楼房形体，看得出出个大略。这些房子同沿河一切房子有个共通相似处，便是从结构上说来，处处显出对于木材的浪费。房屋既在半山上，不用那么多木料，便不能成为房子吗？半山上也用吊脚楼形式，这形式是必需的吗？然而这条河水的大宗出口是木料，木材比石块还不值价。因此，即或是河水永远涨不到处，吊脚楼房子依然存在，似乎也不应当有何惹眼惊奇了。但沿河因为有了这些楼房，长年与流水斗争的水手，寄身船中枯闷成疾的旅行者，以及其他过路人，却有了落脚处了。这些人的疲劳与寂寞是从这些房子中可以一律解除的。地方既好看，也好玩。

河面大小船只泊定后，莫不点了小小的油灯，拉了篷。各个船上皆在后舱烧了火，用铁鼎罐煮红米饭。饭焖熟后，又换锅子熬油，哗的把菜蔬倒进热锅里去。一切齐全了，各人蹲在舱板上三碗五碗把腹中填满后，天已夜了。水手们怕冷怕动的。收拾碗盏后，就莫不在舱板上摊开了被盖，把身体钻进那个预先卷成一筒又冷又湿的硬棉被里去休息。至于那些想喝一杯的，发了烟瘾得靠靠灯，船上烟灰又翻尽了的，或一无所为，只是不甘寂寞，好事好玩想到岸上去烤烤火谈谈天的，便莫不提了桅灯，或燃一段废缆子，摇晃着从船头跳上了岸，从一堆石头间的小路径，爬到半山上吊脚楼房子那边去，找寻自己的熟人，找寻自己的熟地。陌生人自然也有来到这条河中来到这种吊脚楼房子里的时节，但一到地，在火堆旁小板凳上一坐，便是陌生人，即刻也就可以称为熟人乡亲了。

这河边两岸除了停泊有上下行的大小船只三十左右以外，还有无数在日前趁融雪涨水放下形体大小不一的木筏。较小的木筏，上面供给人住宿过夜的棚子也不见，一到了码头，便各自上岸找住处去了。大一些的木筏呢，则有房屋，有船只，有小小菜园与养猪养鸡栅栏，还有女眷和小孩子。

黑夜占领了全个河面时，还可以看到木筏上的火光，吊脚楼窗口的灯光，以及上岸下船在河岸大石间飘忽动人的火炬红光。这时节岸上船上都有人说话，吊脚楼上且有妇人在黯淡灯光下唱小曲的声音，每次唱完一支小曲时，就有人笑嚷。**什么人家吊脚楼下有匹小羊叫，固执而且柔和的声音，使人听来觉得忧郁。**我心中想着，“这一定是从别一处牵来的，另外一个地方，那小畜生的母亲，一定也那么固执地鸣着吧。”算算日子，再过十一天便过年了。“小畜生明不明白只能在这个世界上活过十天八天？明白也罢，不明白也罢，这小畜生是为了过年而赶来，应在这个地方死去的。此后**固执而又柔和的声音，将在我耳边永远不会消失。我觉得忧郁起来了。我仿佛触着了世界上一点东西，看明白了这世界上一点东西，心里软和得很。**

但我不能这样子打发这个长夜。我把我的想象，追随了一个唱曲时清中夹沙的妇女声音，到她的身边去了。于是仿佛看到了一个床铺，下面是草荐，上面摊了一床用旧帆布或别的旧货做成脏而又硬的棉被，搁在床正中被单上面的是一个长方木托盘，盘中有一把小茶盏，一个小烟盒，一支烟枪，一块小石头，一盏灯。盘边躺着一个人在烧烟。唱曲子的妇人，或是袖了手捏着自己的膀子站在吃烟者的面前，或是靠在男子对面的床头，为客人烧烟。房子分两进，前面临街，地是土地，后面临河，便是所谓吊脚楼了。这些人房子窗口既一面临河，可以凭了窗口呼喊河下船中人，当船上人过了瘾，胡闹已够，下船时，或者尚有些事情嘱托，或有其他原因，一个晃着火炬停顿在大石间，一个便凭立在窗口，“老大你记着，船下行时又来。”“好，我来的，我记着的。”“你见了顺顺就说：‘会呢，完了；孩子大牛呢，脚膝骨好了。细粉带三斤。’”“记得到，记得到，大娘你放心，我见了顺顺大爷就说：‘会呢，完了。大牛呢，好了。细粉来三斤，冰糖来三斤。’”“杨氏，杨氏，一共四吊七，莫错账！”“是的，放心呵，你说四吊七就四吊七，年三十夜莫会要你多的！你自己记着就是了！”这样那样地说着，我一一都可听到，而且一面还可以听着黑暗中某一处咩咩的羊鸣。我明白这些回船的人是上岸吃过“荤烟”了的。

我还估计得出，这些人不吃“荤烟”，上岸时只去烤烤火的，到了那些屋子里时，便多数只在临街那一面铺子里。这时节天气太冷，大门必已上好了，屋里一隅或点了小小油灯，屋中土地上必就地掘了浅凹火炉膛，烧了些树根柴块。火光煜煜，且时时刻刻爆炸着一种难于形容的声音。火旁矮板凳上坐有船上人，木筏上人，有对河住家用的熟人。且有虽为天所厌弃还不自弃的老妇人，闭着眼睛蜷成一团蹲在火边，悄悄地从大袖筒里取出一片薯干或一枚红枣，塞到嘴里去咀嚼。有穿着肮脏身体瘦弱的孩子，手擦着眼睛傍着火旁的母亲打盹。屋主人有退伍的老军人，有翻船背运的老水手，有单身寡妇，藉着火光灯光，可以看得出这屋中的大略情形，三堵木板壁上，一面必有个供奉祖宗的神龛，神龛下空处或另一面，必贴了一些大小不一的红白名片。这些名片倘若有那些好事者加以注意，用小油灯照着，去仔细检查检查，便可以发现许多动人的名衔，军队上的连副。上士，一等兵，商号中的管事，当地的团总，保正，催租吏以及照例姓滕的船主，洪江的木簰①商人，与其他各行各业人物，无所不有。这是近一二十年来经过此地若干人中一小部分的题名录。这些人各用一种不同的生活，来到这个地方且同样的来到这些屋子里，坐在火边或靠近床边，逗留过若干时间。这些人离开了此地后，在另一世界里还是继续活下去，但除了同自己的生活圈子中人发生关系以外，与一同在这个世界上其他的，却仿佛便毫无关系可言了。他们如今也许早已死掉了；水淹死的，枪打死的，被外妻用砒霜谋杀的，然而这些名片却依然将好好地保留下去。也许有些人已成了富人名人，成了当地的小军阀；这些名片却仍然写着催租人，上士等等的衔头。除了这些名片，那屋子里是不是还有比它更引人注意的东西呢？锯子，小捞兜，香烟大画片，装干栗子的口袋……

提起这些问题时使人心中很激动。我到船头上去眺望了一阵，河面静静的，木筏上火光小了，船上的灯光已很少了，远近一切只能藉着水面微光看出个大略情形。另外一处的吊脚楼上，又有了妇人唱小曲的声音，灯光摇摇不定，且有猜拳声音。我估计那些灯光同声音所在处，不是木筏上的簰头在取乐，就是水手们小商人在喝酒。妇人排长指上说不定还戴了水手特别为从常德府捎带来的镀金戒指，一面唱曲一面把那只手理着鬓角，**多动人的一幅画图！我认识他们的哀乐，这一切我也有份。**看他们在那里把每个日子打发下去，也是眼泪也是笑，离我虽

① 簰（pǎi）：同“排”，大的木筏或竹筏。

那么远，同时又与我那么相近。这正是同读一篇描写西伯利亚的农人生活动人作品一样，**使人掩卷引起无言的哀戚。我如今只用想象去领味这些人生活的表面姿态，却用过去一分经验，接触着了这种人的灵魂。**

羊还固执的鸣着。远处不知什么地方有锣鼓声音，那一定是某个人家禳土酬神还愿巫师的锣鼓。声音所在处必有火燎与九品蜡照耀争辉。眩目火光下必有头包红布的老巫师独立作旋风舞，门上架上有黄钱，平地有装满了谷米的平斗。有新宰的猪羊伏在木架上，头上插着小小五色纸旗。有行将为巫师用口把头咬下的活生公鸡，缚了双脚与翼翅，在土坛边无可奈何的躺卧。主人锅灶边则热了满锅猪血稀粥，灶中正火光熊熊。

邻近一只在船上，水手们已静静地睡下了，只剩余一个人吸着烟，且时时刻刻把烟管敲着船舷。也像听着吊脚楼的声音，为那点声音所激动，引起种种联想，忽然按捺自己不住了，只听到他轻轻的骂着野话，擦了支自来火，点上一段废缆，跳上岸往吊脚楼那里去了。他在岸上大石间走动时，火光便从船篷空处漏进我的船中。也是同样的情形吧，在一只装载棉军服向上行驶的船上，泊到同样的岸边，躺在成束成捆的军服上面，夜既太长，水手们爱玩牌的各蹲坐在舱板上小油灯光下玩天九，睡既不成，便胡乱穿了两套棉军服，空手上岸，藉着石块间还未融尽残雪返照的微光，一直向高岸上有灯光处走去。到了街上，除了从人家门罅里露出的灯光成一条长线横卧着，此外一无所有。在计算中以为应可见到的小摊上成堆的花生，用哈德门长烟盒装着干瘪瘪的小橘子，切成小方块的片糖以及在灯光下看守摊子把眉毛扯得极细的妇人（这些妇人无事可做时还会在灯光下做点针线的），如今什么也没有，既不敢冒昧闯进一个人家里面去，便只好又回转河边船上了。但上山时向灯光凝聚处走去，方向不会错误。下河时可糟了。糊糊涂涂在大石小石间走了许久，且大声喊着，才走近自己所坐的一只船。上船时，两脚全是泥，刚攀上船舷还不及脱鞋落舱，就有人在棉被中大喊："伙计哥子们，脱鞋呀！"把鞋脱了还不即睡，便镶到水手身旁去看牌，一直看到半夜，——十五年前自己的事，在这样地方温习起来，**使人对命运感到十分惊异。我懂得那个忽然独自跑上岸去的人，为什么上去的理由！**

等了一会，邻船上那人还不回到他自己的船上来，我明白他所得的必比我多了一些。我想听听他回来时，是不是也像别的船上人，有一个妇人在吊脚楼窗口喊叫他。许多人都陆续回到船上了，这人却没有下船。我记起："柏子"①。但是同样是水上人，一个那么快乐地赶到岸上去，一个却是那么寂寞地跟着别人后面走上岸去，到了那些地方，情形不会同柏子一样，也是很显然的事了。

---

① "柏子"：作家著名短篇小说《柏子》中的主人公，也是作者《湘行散记》等作品中多次写到的"无数水手柏子"的"共名"。

为了我想听听那人人上船时那点推篷声音，我打算着，在一切声音全已安静时，我仍然不能睡觉。我等待那点声音。大约到午夜十二点，水面上却起了另外一种声音。仿佛鼓声，也仿佛汽油船马达转动声，声音慢慢地近了，可是慢慢地又远了。像是一个有魔力的歌唱，单纯到不可比方，也便是那种固执的单调，以及单调的延长，使一个身临其境的人，想用一组文字去捕捉那点声音，以及捕捉在那长潭深夜一个人为那声音所迷惑时的心情，实近于一种徒劳无功的努力。那点声音使我不得不再从那个业已用被单塞好原空罅的舱门，到船头去搜索它的来源。河面一片红光，古怪声音也就从红光一面掠水而来。日里隐藏在大岩石下的一些小渔船，原来在半夜前早已静悄悄的下了拦江网。到了半夜，把一个从船头伸在水面的铁篮，盛上燃着熊熊烈火的油柴，一面用木棒槌有节奏的敲着船舷各处漂去。身在水中见了火光而来与受了柝声吃惊的四窜的鱼类，便在这种情形中触了网，成为渔人的俘虏。当地人把这种捕鱼方法叫“赶白”。

一切光，一切声音，到这时已为黑夜所抚慰而安静了，只有水面上那一分红光与那一派声音。那种声音与光明，正为着水中的鱼和水面的**渔人生存的搏战，已在这河面上存在了若干年，且将在接连而来的每个夜晚依然继续存在。我弄明白了，回到舱中以后，依然默听着那个单调的声音。我所看到的仿佛是一种原始人与自然战争的情景。那声音，那火光，都近于原始人类的战争！把我带到四五千年那个“过去”时间里去。**

不知在什么时候开始落了很大的雪，船上人细语着，我心想，第二天我一定可以看到邻船上那个人上船时节，在岸边雪地上留下那一行足迹。那寂寞的足迹，事实上我却不曾见到，因为第二天到我醒来时，小船已离开那个泊船处很远了。

（选自《沈从文全集》，第 11 卷，太原，北岳文艺出版社，2002）

背景知识

沈从文（1902—1988），中国现代著名作家、文物学家。原名沈岳焕，湖南凤凰人，苗族。出身行伍家庭，14 岁在湘西土著军队当兵，1921 年他离开湘江，只身来到陌生的北京，以自修获得文学创作能力。1922 年开始以“休芸芸”笔名，在北京《晨报》副刊、《现代评论》和《小说月报》等报刊发表作品，是“京派”作家代表人物。1934 年，发表著名中篇小说《边城》和散文《湘行散记》。代表作有中篇小说《边城》、长篇小说《长河》、散文长卷《湘行散记》《湘西》《从文自传》，以及众多短篇小说及文学评论等。其作品以湘西题材为主，文体多样，风格独具，蕴涵深刻，影响广远。

导　读

沈从文曾说“我虽然离开了那条河流，我所写的故事，却多数是水边的故事。故事中我所满意的文章，常用船上水上作背景，我故事中人物的性格，全为我在水边船上所见到的人物性格。我文字中一点忧郁气氛，便因为被过去15年前南方的阴雨天气影响而来。”沅水及其支流辰河带给沈从文经验、灵感和智慧。在水中或岸上讨生活的剽悍水手、靠做水手生意谋生的吊脚楼妓女、携带农家女私奔的兵士、开小客店的老板娘、终生漂泊的行脚人……纷纷来到沈从文笔下，给他的创作增添了鲜明的地域色彩。

1934年沈从文重返故里湘西，他乘船由常德沿沅水溯流而上，于沿途将千里沅水及各支流流经的湘西乡村的景物人事记录下来，写成给妻子张兆和的信件，后经整理结成一部系列散文《湘行散记》，成为现代散文的名作。那是一部连续性的长篇散文，由11个单篇组成。本文即是其中一篇。

全文可分为四个部分：第一部分（开头两个自然段）：写阴历年前某天夜晚，航行在沅水上的渡船泊于鸭窠围岸边，水手歇夜，及湘西特有的吊脚楼景观。第二部分（从“河面大小船只泊定后”至“灶中正火光熊熊”）：透过作者的想象，叙写水手们到岸上吊脚楼吃“荤烟”或烤火歇息的情景。第三部分（从“邻近一只大船上”至“也是很显然的事了”）：由邻船一位水手的举动引起回忆，“温习”了十五年前自己经历的相同情形。第四部分（最后三个自然段）：写午夜时分水面上渔人“赶白”的古怪声音及由此引起的对湘西人历史命运的思考。

本文中写到的吊脚楼，是湘西特有的建筑奇观；而它所着重描写的“水上人”（水手及随船旅行者）和“妇人”（妓女）们的关系，**也是一种带有湘西地方色彩和时代色彩的特异的生活。**通过对湘西下层民众这些生活情状具体细微、极富实感的描写，表现了他们在艰难处境中对人生的顽强与执著，被压抑、被摧残的生命力的坚韧与强悍，掺和着泪与笑的生活的庄严和忠实。

本文在内容的叙写上具有很强的独特性，透过这些文字，我们看到的是，他们担负了自己那份命运，从不逃避为求生而应做的一切努力，勇敢地为生存而搏战，同时在畸形的形式中追求着真挚缠绵的情与爱。

作者在记叙上述人和事的时候，没有作简单的道德评判，也超越了普通的“同情”，更没有丝毫的猎奇之意。他把自己的生命融入其中，感同身受地“认识他们的哀乐”，深切地感到“这一切我也有份”。“看他们在那里把每个日子打发下去，也是眼泪也是笑，离我虽那么远，同时又与我那么相近。这正同读一篇描写西伯利亚的农人生活动人作品一样，使人掩卷引起无言的哀戚。我如今只用想象去领味这些人生活的表面姿态，却用过去一份经验，接触着了这种人的灵魂。”

本文体现了作者独到的艺术表现手段和美学追求。本文在记人叙事状物写景时，**没有舍弃生活中本有的原生态中充满生命活力的元素。**吊脚楼中男子吃荤烟的情景，楼屋中的场面，水手和妇人短暂相聚构成的“每一幅图画”，都被作者不加修饰地、传神地记录了下来。作者的追求是“始终保持那个物性天然的素朴”，本文的另一个感人之处是其在展示那种自然和人生的景观时，既是严格写实的，又是渗透了主观色彩的，就像作者所说的：“注入他个人的想象与感情。”

作者用心灵之笔绘出“动人的画图”，发出生命的感喟，用想象和感情使作品充满诗的气息。从对平凡的人生现象的描写中自然流溢出诗意的潜流，可谓作品的最大成功之处。

本文以叙述为主，将描写、抒情、议论自然融入。文中以洗练、恬淡的语言勾勒了湘西的普通一夜。在精彩的景色描写中，作者自然地将自己的议论编织进去。如开篇第一、第二自然段：“天快黄昏时落了一阵雪子，不久就停了。天气真冷，在寒气中一切都仿佛结了冰。便是空气，也像快要冻结的样子。……两岸是高大壁立千丈的山，……这时节两山只剩余一抹深黑，赖天空微明为画出一个轮廓。”着意渲染了寒夜中鸭窠围河西岸上迷蒙而充满生气的氛围，使人如临其境，如睹其景，历久不能忘怀。在这种叙写中，环境的严酷而美丽、人的渺小而顽强形成了鲜明的对比。特别是对河岸房子的描述，为整篇文章奠定了环境的基调。这些在湘西水道上挣扎求生的人们，他们抗争着严酷的环境，顽强地活着，追寻着那一点点可以说是卑微的欢乐。这些无知、粗鲁的普通人在作者的笔下闪现出了光彩——体现出了生命最本色的光彩。又如船只泊定后水手们做饭、吃饭、歇息、上岸的场面，想象中归船水手与吊脚楼妇人叮嘱对话的场面，岸上临街铺子中屋主人与船上人等默坐烤火的场面，禳土酬神还愿巫师在锣鼓声中作旋风舞的场面等，均是以朴素而有表现力的语言，略作勾勒，场面即骤然生动起来，极见功力。

思考与讨论

1. 你如何看待本文所描述的湘西水手的生活形态？这种粗糙的生活，何以能与一种优美的审美风格联系起来？

2. 作者在本文中寄寓了怎样的人生感喟？其有何意义？

3. 体会作者在平凡人生事相中发掘诗意、保持生活原生态的叙写方式。

阅读视线

汪曾祺的文学创作风格深受其老师沈从文的影响。本文是一篇情韵别致的写景散文，试与沈从文的散文做比较阅读。

昆明的雨

汪曾祺

宁坤要我给他画一张画，要有昆明的特点。我想了一些时候，画了一幅：右上角画了一片倒挂着的浓绿的仙人掌，末端开出一朵金黄色的花；左下画了几朵青头菌和牛肝菌。题了这样几行字："昆明人家常于门头挂仙人掌一片以辟邪，仙人掌悬空倒挂，尚能存活开花。于此可见仙人掌生命之顽强，亦可见昆明雨季空气之湿润。雨季则有青头菌、牛肝菌，味极鲜腴。"我想念昆明的雨。我以前不知道有所谓雨季。"雨季"，是到昆明以后才有了具体感受的。

我不记得昆明的雨季有多长，从几月到几月，好像是相当长的。但是并不使人厌烦。因为是下下停停、停停下下，不是连绵不断，下起来没完。而且并不使人气闷。我觉得昆明雨季气压不低，人很舒服。昆明的雨季是明亮的、丰满的，使人动情的。城春草木深，孟夏草木长。昆明的雨季，是浓绿的。草木的枝叶里的水分都到了饱和状态，显示出过分的、近于夸张的旺盛。

我的那张画是写实的。我确实亲眼看见过倒挂着还能开花的仙人掌。旧日昆明人家门头上用以辟邪的多是这样一些东西：一面小镜子，周围画着八卦，下面便是一片仙人掌，——在仙人掌上扎一个洞，用麻线穿了，挂在钉子上。昆明仙人掌多，且极肥大。有些人家在菜园的周围种了一圈仙人掌以代替篱笆。——种了仙人掌，猪羊便不敢进园吃菜了。仙人掌有刺，猪和羊怕扎。

昆明菌子极多。雨季逛菜市场，随时可以看到各种菌子。最多，也最便宜的是牛肝菌。牛肝菌下来的时候，家家饭馆卖炒牛肝菌，连西南联大食堂的桌子上都可以有一碗。牛肝菌色如牛肝，滑、嫩、鲜、香，很好吃。炒牛肝菌须多放蒜，否则容易使人晕倒。青头菌比牛肝菌略贵。这种菌子炒熟了也还是浅绿色的，格调比牛肝菌高。菌中之王是鸡枞，味道鲜浓，无可方比。鸡枞是名贵的山珍，但并不真的贵得惊人。一盘红烧鸡枞的价钱和一碗黄焖鸡不相上下，因为这东西在云南并不难得。有一个笑话：有人从昆明坐火车到呈贡，在车上看到地上有一棵鸡枞，他跳下去把鸡枞捡了，紧赶两步，还能爬上火车。这笑话用意在说明昆明到呈贡的火车之慢，但也说明鸡枞随处可见。有一种菌子，中吃不中看，叫做干巴菌。乍一看那样子，真叫人怀疑：这种东西也能吃?！颜色深褐带绿，有点像一堆半干的牛粪或一个被踩破了的马蜂窝。里头还有许多草茎、松毛、乱七八糟！可是下点工夫，把草茎松毛择净，撕成蟹腿肉粗细的丝，和青辣椒同炒，入口便会使你张目结舌：这东西这么好吃?！还有一种菌子，中看不中吃，叫鸡油菌。都是一般大小，有一块银圆那样大的溜圆，颜色浅黄，恰似鸡油一样。这种菌子只能做菜时配色用，没甚味道。

雨季的果子，是杨梅。卖杨梅的都是苗族女孩子，戴一顶小花帽子，穿着扳尖的绣了满帮花的鞋，坐在人家阶石的一角，不时吆唤一声："卖杨梅——"，声音娇娇的。她们的声音使得昆明雨季的空气更加柔和了。昆明的杨梅很大，有一个乒乓球那样大，颜色黑红黑红的，叫做"火炭梅"。这个名字起得真好，真是像一球烧得炽红的火炭！一点都不酸！我吃过苏州洞庭山的杨梅、井冈山的杨梅，好像都比不上昆明的火炭梅。雨季的花是缅桂花。缅桂花即白兰花，北京叫做“把儿兰”（这个名字真不好听）。云南把这种花叫做缅桂花，可能最初这种花是从缅甸传入的，而花的香味又有点像桂花，其实这跟桂花实在没有什么关系。——不过话又说回来，别处叫它白兰、把儿兰，它和兰花也挨不上呀，也不过是因为它很香，香得像兰花。我在家乡看到的白兰多是一人高，昆明的缅桂是大树！我在若园巷二号住过，院里有一棵大缅桂，密密的叶子，把四周房间都映绿了。缅桂盛开的时候，房东（是一个五十多岁的寡妇）就和她的一个养女，搭了梯子上去摘，每天要摘下来好些，拿到花市上去卖。她大概是怕房客们乱摘她的花，时常给各家送去一些。有时送来一个七寸盘子，里面摆得满满的缅桂花！带着雨珠的缅桂花使我的心软软的，不是怀人，不是思乡。

雨，有时是会引起人一点淡淡的乡愁的。李商隐的《夜雨寄北》是为许多久客的游子而写的。我有一天在积雨少住的早晨和德熙从联大新校舍到莲花池去。看了池里的满池清水，看了作比丘尼装的陈圆圆的石像（传说陈圆圆随吴三桂到云南后出家，暮年投莲花池而死），雨又下起来了。莲花池边有一条小街，有一个小酒店，我们走进去，要了一碟猪头肉，半市斤酒（装在上了绿釉的土磁杯里），坐了下来。雨下大了。酒店有几只鸡，都把脑袋反插在翅膀下面，一只脚着地，一动也不动地在檐下站着。酒店院子里有一架大木香花。昆明木香花很多。有的小河沿岸都是木香。但是这样大的木香却不多见。一棵木香，爬在架上，把院子遮得严严的。密匝匝的细碎的绿叶，数不清的半开的白花和饱涨的花骨朵，都被雨水淋得湿透了。我们走不了，就这样一直坐到午后。四十年后，我还忘不了那天的情味，写了一首诗：

莲花池外少行人，野店苔痕一寸深。
浊酒一杯天过午，木香花湿雨沉沉。

我想念昆明的雨。

推荐阅读书目

1. 比较阅读下列“游”记作品，可见各臻其妙：沈从文的《桃源与沅州》，郁达夫的《钓台的春昼》，冯至的《一个消逝了的山村》，宗璞的《废墟的召唤》。

2. 沈从文：《从文自传》，北京，人民文学出版社，1981。

3. 吴立昌：《沈从文作品欣赏》，南宁，广西教育出版社，1988。

论快乐

阅读提示

《论快乐》一文选自钱锺书先生的散文随笔集《写在人生边上》。钱先生曾谦虚地说他的这几篇散文不过是如同中国旧书上的眉批，补的是人生这部大书的空白。本文是一篇充满思辨，幽默洒脱，见解精辟，启人心智的哲理美文。

原　文

论　快　乐

钱锺书

在旧书铺里买回来维尼（Vigny）的《诗人日记》（*Journald'unpote*）[①]，信手翻开，就看见有趣的一条。他说，在法语里，音乐（bonheur）一个名词是“好”和“钟点”两字拼成，可见好事多磨，只是个把钟头的玩意儿（Silebonheurn'taitqu'unebonnedenie!）。我们联想到我们本国话的说法，也同样的意味深永，譬如快活或快乐的快字，就把人生一切乐事的飘瞥难留，极清楚地指示出来。所以我们又慨叹说：**“欢娱嫌夜短!”**因为人在高兴的时候，活得太快，一到困苦无聊，愈觉得日脚像跛了似的，走得特别慢。德语的沉闷（langweile）一词，据字面上直译，就是“长时间”的意思。《西游记》里小猴子对孙行者说：“天上一日，下界一年。”这种神话，确反映着人类的心理。天上比人间舒服欢乐，所以神仙活得快，人间一年在天上只当一日过。从此类推，地狱里比人间更痛苦，日子一定愈加难度；段成式《酉阳杂俎》[②] 就说：“鬼言三年，人间三日。”嫌人生短促的人，真是最“快活的”人；反过来说，真快活的人，不管活到多少岁死，只能算是短命夭折。所以，做神仙也并不值得，在凡间已经三十年做了一世的人，在天上还是个未满月的小孩。但是这种“天算”，也有占便宜的地方：譬如戴君孚《广异记》载崔参军捉狐妖[③]，“以桃枝决五下”，长孙无忌说罚得太轻，崔答：“五下是人间五百下，殊非小刑。”可见卖老祝寿等，在地上最为相宜，而刑罚呢，应该到天上去受。

---

① 维尼：法国浪漫主义诗人、作家。所写诗歌充满悲观情绪。

② 段成式：唐末文学家，与李商隐、温庭筠齐名。《酉阳杂俎》：段成式所著笔记小说，二十卷，续十卷。内容分门辑事，所记为仙佛鬼怪、人事以及动植物等，包罗甚广。

③ 戴君孚：《中国丛书综录》题云戴孚。《广异记》：唐代传奇小说集，杂记唐代各朝之事，内容颇为精彩。

“永远快乐”这句话，不但渺茫得不能实现，并且荒谬得不能成立。快过的决不会永久；我们说永远快乐，正好像说四方的圆形，静止的动作同样地自相矛盾。在高兴的时候，我们空对瞬息即逝的时间喊着说：“逗留一会儿罢！你太美了！”那有什么用？你要永久，你该向痛苦里去找。不讲别的，只要一个失眠的晚上，或者有约不来的下午，或者一课沉闷的听讲——这许多，比一切宗教信仰更有效力，能使你尝到什么叫做“永生”的滋味。**人生的刺，就在这里，留恋着不肯快走的，偏是你所不留恋的东西。**

快乐在人生里，好比引诱小孩子吃药的方糖，更像跑狗场里引诱狗赛跑的电兔子。几分钟或者几天的快乐赚我们活了一世，忍受着许多痛苦。我们希望它来，希望它留，希望它再来——这三句话概括了整个人类努力的历史。在我们追求和等候的时候，生命又不知不觉地偷度过去。也许我们只是时间消费的筹码，活了一世不过是为那一世的岁月充当殉葬品，根本不会想到快乐。但是我们到死也不明白是上了当，我们还理想死后有个天堂，在那里——谢上帝，也有这一天！我们终于享受到永远的快乐。你看，**快乐的引诱，不仅像电兔子和方糖，使我们忍受了人生，而且彷佛钓钩上的鱼饵，竟使我们甘心去死。这样说来，人生虽痛苦，却不悲观，因为它终抱着快乐的希望；现在的账，我们预支了将来去付。为了快活，我们甚至于愿意慢死。**

穆勒曾把“痛苦的苏格拉底”和“快乐的猪”比较①。假使猪真知道快活，那么猪和苏格拉底也相去无几了。猪是否能快乐得像人，我们不知道；但是人会容易满足得像猪，我们是常看见的。把快乐分肉体的和精神的两种，这是最糊涂的分析。**一切快乐的享受都属于精神的，尽管快乐的原因是肉体上的物质刺激。**小孩子初生了下来，吃饱了奶就乖乖地睡，并不知道什么是快活，虽然它身体感觉舒服。缘故是小孩子时的精神和肉体还没有分化，只是混沌的星云状态。洗一个澡，看一朵花，吃一顿饭，假使你觉得快活，并非全因为澡洗得干净，花开得好，或者菜合你口味，主要因为你心上没有挂碍，轻松的灵魂可以专注肉体的感觉，来欣赏，来审定。**要是你精神不痛快，像将离别时的宴席，随它怎样烹调得好，吃来只是土气息，泥滋味。那时刻的灵魂，彷佛害病的眼怕见阳光，撕去皮的伤口怕接触空气，虽然空气和阳光都是好东西。**快乐时的你一定心无愧怍。假如你犯罪而真觉快乐，你那时候一定和有道德、有修养的人同样心安理得。有最洁白的良心，跟全没有良心或有最漆黑的良心，效果是相等的。

发现了快乐由精神来决定，人类文化又进一步。发现这个道理，和发现是非善恶取决于公理而不取决于暴力，一样重要。公理发现以后，从此世界上没有可

---

① 穆勒：英国唯心主义哲学家、经济学家、逻辑学家。苏格拉底：古希腊唯心主义哲学家。

被武力完全屈服的人。发现了精神是一切快乐的根据，从此痛苦失掉它们的可怕，肉体减少了专制。精神的炼金术能使肉体痛苦都变成快乐的资料。于是，烧了房子，有庆贺的人①；一箪食，一瓢饮，有不改其乐的人；千灾百毒，有谈笑自若的人。所以我们前面说，**人生虽不快乐，而仍能乐观。**譬如从写《先知书》的所罗门直到做《海风》诗的马拉梅（Mallarine），都觉得文明人的痛苦，是身体困倦。但是偏有人能苦中作乐，从病痛里滤出快活来，使健康的消失有种赔偿。苏东坡诗就说：**"因病得闲殊不恶，安心是药更无方。"**王丹麓《今世说》也记毛稚黄善病②，人以为忧，毛曰："病味亦佳，第不堪为躁热人道耳！"在着重体育的西洋，我们也可以找着同样达观的人。多愁善病的诺凡利斯（Novalis）③在《碎金集》里建立一种病的哲学，说病是"教人学会休息的女教师"。罗登巴赫④（Rodenbach）的诗集《禁锢的生活》（*LesViesEncloses*）里有专咏病味的一卷，说病是"灵魂的洗涤（puration）"。身体结实、喜欢活动的人采用了这个观点，就对病痛也感到另有风味。顽健粗壮的十八世纪德国诗人白洛柯斯（B. H. Brockes）第一次害病，觉得是一个"可惊异的大发现（Einebewunderungswrdige Erfindung）"。对于这种人，人生还有什么威胁？**这种快乐，把忍受变为享受，是精神对于物质的最大胜利。**灵魂可以自主——同时也许是自欺。能一贯抱这种态度的人，当然是大哲学家，但是谁知道他不也是个大傻子？

是的，这有点矛盾。**矛盾是智慧的代价。**这是人生对于人生观开的玩笑。

（选自钱锺书：《写在人生边上》，上海，开明书店，1941）

背景知识

钱锺书（1910—1998），字默存，号槐聚，曾用笔名中书君。江苏无锡人。中国现代著名作家、学者。1929 年考入清华大学外国语文系。1935 年在牛津大学英国语文系攻读两年，后又到法国巴黎大学进修法国文学一年，于 1938 年归国。曾先后担任国立西南联合大学外文系教授、国立蓝田师范学院英语系主任、上海暨南大学外语系教授、中央图书馆英文总纂、清华大学外文系教授等。1953 年起任中国社会科学院文学研究所研究员。1982 年起任中国社会科学院副院长。

---

① 庆贺的人：指柳宗元。

② 王丹麓：名晫，号木庵，又号松溪，亦是钱塘人，明诸生，入清不仕，一生以绘画、刻书为乐事，亦好倚声，《今词初集》选有其作。康熙十七年昭徵博学鸿辞，京师有贵人欲荐王丹麓，终以不可夺其志而叹息作罢。著有《今世说》《霞举堂集》。吴舒凫《王丹麓传》即收在《霞举堂集》卷首。

③ 诺凡利斯：德国作家。代表作《夜的颂歌》，具有消极浪漫主义诗歌的特点。

④ 罗登巴赫：比利时作家。著有小说《死城布鲁日》，属象征主义文学。他的作品具有颓废、忧郁的风格。

作品有散文集《写在人生边上》、短篇小说集《人·兽·鬼》、长篇小说《围城》等。其作品机智隽永、渊博睿智。另有《谈艺录》《管锥编》《七缀集》等学术著作，形成一座巍巍文化昆仑，在国内外学术界享有很高声誉。余英时先生把钱锺书逝世总结为“中国古典文化和二十世纪同时终结”。

导　读

柯灵在《促膝闲话中书君》中写道：钱氏的两大精神支柱是渊博和睿智，二者互相渗透，互为羽翼，浑然一体，如影随形。他博及群书，古今中外，文史哲无所不窥，无所不精。睿智使他进得去，出得来，提得起，放得下，升堂入室，揽天下珍奇入我襟抱，神而化之，不蹈故常，绝傍前人，熔铸为卓然一家的“钱学”。渊博使他站得高，望得远，看得透，撒得开，灵心慧眼，明辨深思，热爱人生而超然物外，洞达世情而不染一尘，水晶般的透明与坚实，形成他立身处世的独特风格。这种品质，反映在文学里，就是层出不穷的警句，因为他本身就是一个天才的警句。渊博与睿智，二者缺一，就不是钱锺书了。

《论快乐》一文选自钱锺书的散文《写在人生边上》，阅读这篇散文我们会更加体悟到钱氏的渊博和睿智。

本文由信手翻阅一本旧书——维尼的《诗人日记》开篇，引出“快乐”一词。作者列举古今中外之例子，旁征博引，层层递进地深入探析“快乐”及其人生的意义，引发读者认识并感受快乐在人生中的作用。也集中地体现了钱锺书的人生观。

本文从快乐的短暂性、快乐的虚无性、快乐的思辨性三个方面阐述了作者的快乐观。全文可分为六个层次，第一层由维尼的《诗人日记》中“喜乐”一词产生联想，由中国的《西游记》、段成式的《酉阳杂俎》、戴君孚《广异记》和法语、德语中有关“快乐”的描述，阐述对快乐与痛苦的辩证看法，从而道出“欢娱嫌夜短”“人生一切乐事飘瞥难留”，快乐易逝之哲理。第二层鲜明而幽默地点明“永远快乐”这句话，不但渺茫得不能实现，并且荒谬得不能成立。辩证的阐述作者的“快乐观”，那就是“人生的刺，就在这里，留恋着不肯快走的，偏是你所不留恋的东西。”第三层运用比喻论证，把快乐比喻为引诱小孩子吃药的方糖，像跑狗场里引诱狗赛跑的电兔子，甚至像钓钩上的鱼饵，进一步辩证阐释他的人生观点：人生虽痛苦，却不悲观，因为它终抱着快乐的希望……为了快活，我们甚至于愿意慢死。第四层借用“痛苦的苏格拉底”和“快乐的猪”的比较，引人发笑，形象生动地说明快乐是精神层次上的感受。第五层“人生虽不快乐，而仍能乐观。”这是作者认为的真正快乐。在此列举出古今中外在痛苦中体会快乐的例子，对物质与精神的关系做了深入浅出的剖析，得出这样的结论：这种快乐，把忍受变为享受，是精神对于物质的最大胜利。第六层言简意赅，总结全文，道出“矛盾是智慧的代价。”

本文采取多角度、多层面的论证手段进行说理；连续运用不同的比喻阐述自己的“快乐观”；在语言表达上格言警句、哲理佳句迭出，中西知识渊博无涯，灵感机智无处不在，幽默诙谐蕴涵深刻，走笔行文敏捷恣肆，文言白话精妙契合，彰显出语言大师独特的写作风格。

思考与讨论

1. 概述《论快乐》一文阐述的人生哲理。

2. 本文多用丰富新颖的譬喻来论证，请找出这样的语段，体会它们在表述上的效果。

3. 试体会本文独特的语言风格。

阅读视线

说　笑

钱锺书

自从幽默文学提倡以来，卖笑变成了文人的职业。幽默当然用笑来发泄，但是笑未必就表示着幽默。刘继庄《广阳杂记》云：“驴鸣似哭，马嘶如笑。”而马并不以幽默名家，大约因为脸太长的缘故。老实说，一大部分人的笑，也只等于马鸣萧萧，充不得什么幽默。

把幽默来分别人兽，好像亚里士多德是第一个。他在《动物学》里说：“人是唯一能笑的动物。”近代奇人白伦脱（W. S. Blunt）有《笑与死》的一首十四行诗，略谓自然界如飞禽走兽之类，喜怒爱惧，无不发为适当的声音，只缺乏表示幽默的笑声。不过，笑若为表现幽默而设，笑只能算是废物或奢侈品，因为人类并不都需要笑。禽兽的鸣叫，尽够来表达一般人的情感，怒则狮吼，悲则猿啼，争则蛙噪，遇冤家则如犬之吠影，见爱人则如鸠之呼妇（Cooing）。请问多少人真有幽默，需要笑来表现呢？然而造物者已经把笑的能力公平地分给了整个人类，脸上能做出笑容，嗓子里能发出笑声；有了这种本领而不使用，未免可惜。所以，一般人并非因有幽默而笑，是会笑而借笑来掩饰他们的没有幽默。笑的本意，逐渐丧失；本来是幽默丰富的流露，慢慢地变成了幽默贫乏的遮盖。于是你看见傻子的呆笑，瞎子的趁淘笑——还有风行一时的幽默文学。

……

所以，幽默至多是一种脾气，决不能标为主张，更不能当作职业。我们不要忘掉幽默（Humour）的拉丁文原意是液体；换句话说，好像贾宝玉心目中的女性，幽默是水做的。把幽默当为一惯的主义或一生的衣食饭碗，那便是液体凝为固体，生物制成标本。就是真有幽默的人，若要卖笑为生，作品便不甚看得，例如马克·吐温（Mark Twain）：自十八世纪末叶以来，德国人好讲幽默，然而愈讲愈不相干，就因为德国人是做香肠的民族，错认幽默也像肉末似的，可以包扎得停停当当，作为现成的精神食料。幽默减少人生的严重性，决不把自己看得严重。真正的幽默是能反躬自笑的，它不但对于人生是幽默的看法，它对于幽默本身也是幽默的看法。**提倡幽默作一个口号，一种标准，正是缺乏幽默的举动**；这不是幽默，这是一本正经的宣传幽默，板了面孔的劝笑。我们又联想到马鸣萧萧了！听来声音倒是笑，只是马脸全无笑容，还是拉得长长的，像追悼会上后死的朋友，又像讲学台上的先进的大师。

大凡假充一桩事物，总有两个动机。或出于尊敬，例如俗物尊敬艺术，就收集古董，附庸风雅。或出于利用，例如坏蛋有所企图，就利用宗教道德，假充正人君子。幽默被假借，想来不出这两个缘故。然而假货毕竟充不得真。西洋成语称笑声清扬者为“银笑”，假幽默像掺了铅的伪币，发出重浊呆木的声音，只能算铅笑。不过，“银笑”也许是卖笑得利，笑中有银之意，好比说“书中有黄金屋”；姑备一说，供给辞典学者的参考。

（选自钱锺书：《写在人生边上》，上海，开明书店，1941）

推荐阅读书目

1. 杨绛：《记钱锺书与〈围城〉》，长沙，湖南人民出版社，1986。
2. 爱默：《钱锺书传稿》，天津，百花文艺出版社，1992。

更衣记

阅读提示

《更衣记》是张爱玲散文中的名篇。全文五千余字，记录了中国时装三百年来的变化。作者以行云流水，开阖自如之笔势将满清以来服饰的变迁娓娓道来，由服饰款式、服饰细节透视各个时代的症候，从不同时期的服饰特点与变化来呈现当时的生活观念、文化氛围和社会心理。在《更衣记》中我们将感受到张爱玲独特的美学思想。

原　文

更　衣　记

张爱玲

如果当初世代相传的衣服没有大批卖给收旧货的，一年一度六月里晒衣裳，该是一件辉煌热闹的事罢。你在竹竿与竹竿之间走过，两边拦着绫罗绸缎的墙——那是埋在地底下的古代宫室里发掘出来的甬道。你把额角贴在织金的花绣上。太阳在这边的时候，将金线晒得滚烫，然而现在已经冷了。

从前的人吃力地过了一辈子，所作所为，渐渐蒙上了灰尘；子孙晾衣裳的时候又把灰尘给抖了下来，在黄色的太阳里飞舞着。回忆这东西若是有气味的话，那就是樟脑的香，甜而稳妥，像记得分明的快乐，甜而怅惘，像忘却了的忧愁。

我们不大能够想象过去的世界，这么迂缓，宁静，齐整——在满清三百年的统治下，女人竟没有什么时装可言！一代又一代的人穿着同样的衣服而不觉得厌烦。开国的时候，因为“男降女不降”，女子的服装还保留着显著的明代遗风。从十七世纪中叶直到十九世纪末，流行着极度宽大的衫裤，有一种四平八稳的沉着气象。领圈很低，有等于无。穿在外面的是“大袄”。在非正式的场合，宽了衣，便露出“中袄”。“中袄”里面有紧窄合身的“小袄”，上床也不脱去，多半是娇媚的桃红或水红。三件袄子之上又加着“云肩背心”，黑缎宽镶，盘着大云头。

削肩、细腰、平胸，薄而小的标准美女在这一层层衣衫的重压下失踪了。她的本身是不存在的，不过是一个衣架子罢了。中国人不赞成太触目的女人。历史上记载的耸人听闻的美德——譬如说，一只胳膊被陌生男子拉了一把，便将它砍掉——虽然博得普通的赞叹，知识阶级对之总隐隐地觉得有点遗憾，因为一个女人不该吸引过度的注意；任是铁铮铮的名字，挂在千万人的嘴唇上，也在呼吸的水蒸气里生了锈。**女人更想出众一点，连这样堂而皇之的途径都有人反对，何况**

奇装异服，自然那更是伤风败俗了。

出门时裤子上罩的裙子，其规律化更为彻底。通常都是黑色，逢着喜庆年节，太太穿红的，姨太太穿粉红。寡妇系黑裙，可是丈夫过世多年之后，如有公婆在堂，她可以穿湖色或雪青。裙上的细褶是女人的仪态最严格的试验。家教好的姑娘，莲步姗姗，百褶裙虽不至于纹丝不动，也只限于最轻微的摇颤。不惯穿裙的小家碧玉走起路来便予人以惊风骇浪的印象。更为苛刻的是新娘的红裙，裙腰垂下一条条半寸来宽的飘带，带端系着铃。行动时只许有一点隐约的叮当，像远山上宝塔上的风铃。晚至一九二〇年左右，比较潇洒自由的宽褶裙入时了，这一类的裙子方才完全废除。

穿皮子，更是禁不起一些出入，便被目为暴发户。皮衣有一定的季节，分门别类，至为详尽。十月里若是冷得出奇，穿三层皮是可以的，至于穿什么皮，那却要顾到季节而不能顾到天气了。初冬穿"小毛"，如青种羊、紫羔、珠羔；然后穿"中毛"，如银鼠、灰鼠、灰脊、狐腿、甘肩、倭刀；隆冬穿"大毛"——白狐、青狐、西狐、玄狐、紫貂。"有功名"的人方能穿貂。中下等阶级的人以前比现在富裕得多，大都有一件金银嵌或羊皮袍子。

姑娘们的"昭君套"为阴森的冬月添上点色彩。根据历代的图画，昭君出塞所戴的风兜是爱斯基摩式的，简单大方，好莱坞明星仿制者颇多。中国十九世纪的"昭君套"却是癫狂冶艳的，——一顶瓜皮帽，帽沿围上一圈皮，帽顶缀着极大的红绒球，脑后垂着两根粉红缎带，带端缀着一对金印，动辄相击作声。

对于细节的过分的注意，为这一时期的服装的要点。现代西方的时装，不必要的点缀品未尝不花样多端，但是都有个目的——把眼睛的蓝色发扬光大起来，补助不发达的胸部，使人看上去高些或矮些，集中注意力在腰上，消灭臀部过度的曲线……古中国衣衫上的点缀品却是完全无意义的，若说它是纯粹装饰性质的罢，为什么连鞋底上也满布着繁缛的图案呢？鞋的本身就很少在人前露脸的机会，别说鞋底了，高底的边缘也充塞着密密的花纹。

袄子有"三镶三滚""五镶五滚""七镶七滚"之别，镶滚之外，下摆与大襟上还闪烁着水钻盘的梅花、菊花。袖上另钉着名唤"阑干"的丝质花边，宽约七寸，挖空镂出福寿字样。

这些聚集了无数小小的有趣之点，这样不停地另生枝节，放恣，不讲理，在不相干的事物上浪费了精力，正是中国有闲阶级一贯的态度。惟有世上最清闲的国家里最闲的人，方才能够领略到这些细节的妙处。制造一百种相仿而不犯重的图案，固然需要艺术与时间；欣赏它，也同样地烦难。

古中国的时装设计家似乎不知道，一个女人到底不是大观园。太多的堆砌使兴趣不能集中。我们的时装的历史，一言以蔽之，就是这些点缀品的逐渐减去。

当然事情不是这么简单。还有腰身大小的交替盈蚀。第一个严重的变化发生在光绪三十二三年。铁路已经不那么稀罕了，火车开始在中国人的生活里占一重要位置。诸大商港的时新款式迅速地传入内地。衣裤渐渐缩小，“阑干”与阔滚条过了时，单剩下一条极窄的。扁的是“韭菜边”，圆的是“灯果边”，又称“线香滚”。在政治动乱与社会不靖的时期——譬如欧洲的文艺复兴时代——时髦的衣服永远是紧箍在身上，轻捷利落，容许剧烈的活动，在十五世纪的意大利，因为衣裤过于紧小，肘弯膝盖，筋骨接榫处非得开缝不可。中国衣服在革命酝酿期间差一点就胀裂开来了。“小皇帝”登基的时候，袄子套在人身上像刀鞘。中国女人的紧身背心的功用实在奇妙——衣服再紧些，衣服底下的肉体也还不是写实派的作风，**看上去不大像个女人而像一缕诗魂。**长袄的直线延至膝盖为止，下面虚飘飘垂下两条窄窄的裤管，似脚非脚的金莲抱歉地轻轻踏在地上。铅笔一般瘦的裤脚妙在给人一种伶仃无告的感觉。在中国诗里，“可怜”是“可爱”的代名词。男子向有保护异性的嗜好，而在青黄不接的过渡时代，颠连困苦的生活情形更激动了这种倾向。宽袍大袖的，端凝的妇女现在发现太福相了是不行的，做个薄命的人反倒于她们有利。

那又是一个各趋极端的时代。政治与家庭制度的缺点突然被揭穿。年轻的知识阶级仇视着传统的一切，甚至于中国的一切。保守性的方面也因为惊恐的缘故而增强了压力。神经质的论争无日不进行着，在家庭里，在报纸上，在娱乐场所。连涂脂抹粉的文明戏演员，姨太太们的理想恋人，也在戏台上向他们的未婚妻借题发挥，讨论时事，声泪俱下。

一向心平气和的古国从来没有如此骚动过。在那歇斯底里的气氛里，“元宝领”这东西产生了——**高得与鼻尖平行的硬领，像缅甸的一层层叠至尺来高的金属项圈一般，逼迫女人们伸长了脖子。**这吓人的衣领与下面的一捻柳腰完全不相称。**头重脚轻，无均衡的性质正象征了那个时代。**

民国初建立，有一时期似乎各方面都有浮面的清明气象。大家都认真相信卢骚的理想化的人权主义。学生们热诚拥护投票制度、非孝、自由恋爱。甚至于纯粹的精神恋爱也有人实验过，但似乎不曾成功。

时装上也显出空前的天真，轻快，愉悦。“喇叭管袖子”飘飘欲仙，露出一大截玉腕。短袄腰部极为紧小。上层阶级的女人出门系裙，在家里只穿一条齐膝的短裤，丝袜也只到腰为止。裤与袜的交界处偶然也大胆地暴露了膝盖。存心不良的女人往往从袄底垂下挑拨性的长而宽的淡色丝质裤带，带端飘着排穗。

民国初年的时装，大部分的灵感是得自西方的。衣领减低了不算，甚至被蠲免了的时候也有，领口挖成圆形、方形、鸡心形、金刚钻形。白色丝质围巾四季都能用。白丝袜脚跟上的黑绣花，像虫的行列，蠕蠕爬到腿肚子上。交际花与妓女常常有戴平光眼镜以为美的。舶来品不分皂白地被接受，可见一斑。

军阀来来去去，马蹄后飞沙走石，跟着他们自己的官员、政府、法律，跌跌绊绊赶上去的时候，也同样地千变万化。短袄的下摆忽而圆，忽而尖，忽而六角形。女人的衣服往常是和珠宝一般，没有年纪的，随时可以变卖，然而在民国的当铺里不复受欢迎了，因为过了时就一文不值。

时装的日新月异并不一定表现活泼的精神与新颖的思想。恰巧相反，它可以代表呆滞；由于其他活动范围内的失败，所有的创造力都流入衣服的区域里去。在政治混乱期间，人们没有能力改良他们的生活情形。他们只能够创造他们贴身的环境——那就是衣服。**我们各人住在各人的衣服里。**

一九二一年，女人穿上了长袍。发源于满洲的旗装自从旗人入关之后一直与中土的服装并行着的，各不相犯，旗下的妇女嫌她们的旗袍缺乏女性美，也想改穿较妩媚的袄裤，然而皇帝下诏，严厉禁止了。五族共和之后，全国妇女突然一致采用旗袍，倒不是为了效忠于满清，提倡复辟运动，而是因为女子蓄意要模仿男子。在中国，自古以来女人的代名词是“三绺梳头，两截穿衣”。一截穿衣与两截穿衣是很细微的区别，似乎没有什么不公平之处，可是一九二〇年的女人很容易地就多了心。她们初受西方文化的熏陶，醉心于男女平权之说，可是四周的实际情形与理想相差太远了，羞愤之下，她们排斥女性化的一切，恨不得将女人的根性斩尽杀绝。因此初兴的旗袍是严冷方正的，具有清教徒的风格。

政治上，对内对外陆续发生的不幸事件使民众灰了心。青年人的理想总有支持不了的一天。时装开始紧缩。喇叭管袖子收小了。一九三〇年，袖长及肘，衣领又高了起来。往年的元宝领的优点在它的适宜的角度，斜斜地切过两腮，不是瓜子脸也变了瓜子脸，这一次的高领却是圆筒式的，紧抵着下颌，肌肉尚未松弛的姑娘们也生了双下巴。这种衣领根本不可恕。可是它象征了十年前那种理智化的淫逸的空气——直挺挺的衣领远远隔开了女神似的头与下面的丰柔的肉身。这儿有讽刺，有绝望后的狂笑。

当时欧美流行着的双排钮扣的军人式的外套正和中国人凄厉的心情一拍即合。然而恪守中庸之道的中国女人在那雄赳赳的大衣底下穿着拂地的丝绒长袍，袍叉开到大腿上，露出同样质料的长裤子，裤脚上闪着银色花边。衣服的主人翁也是这样的奇异的配搭，表面上无不激烈地唱高调。骨子里还是唯物主义者。

近年来最重要的变化是衣袖的废除。（那似乎是极其艰难危险的工作，小心翼翼地，费了二十年的工夫方才完全剪去。）同时衣领矮了，袍身短了，装饰性质的镶滚也免了，改用盘花纽扣来代替，不久连纽扣也被捐弃了，改用嵌纽。总之，这笔账完全是减法——所有的点缀品，无论有用没用，一概剔去。剩下的只有一件紧身背心，露出颈项、两臂与小腿。

现在要紧的是人，**旗袍的作用不外乎烘云托月忠实地将人体轮廓曲曲勾出。**革命前的装束却反之，人属次要，单只注意诗意的线条，于是女人的体格公式化，不脱衣服，不知道她与她有什么不同。

我们的时装不是一种有计划有组织的实业，不比在巴黎，几个规模宏大的时装公司如Lelong's Schiaparelli's，垄断一切，影响及整个白种人的世界。我们的裁缝却是没主张的。公众的幻想往往不谋而合，产生一种不可思议的洪流。裁缝只有追随的份儿。因为这缘故，**中国的时装更可以作民意的代表。**

究竟谁是时装的首创者，很难证明，因为中国人素不尊重版权，而且作者也不甚介意，**既然抄袭是最隆重的赞美。**最近入时的半长不短的袖子，又称“四分之三袖”，上海人便说是香港发起的，而香港人又说是上海传来的，互相推诿，不敢负责。

一双袖子翩翩归来，预兆形式主义的复兴。最新的发展是向传统的一方面走，细节虽不能恢复，轮廓却可尽量引用，用得活泛，一样能够适应现代环境的需要。旗袍的大襟采取围裙式，就是个好例子，很有点“三日入厨下”的风情，耐人寻味。

男装的近代史较为平淡。只有一个极短的时期，民国四年至八九年，男人的衣服也讲究花哨，滚上多道的如意头，而且男女的衣料可以通用，然而生当其时的人都认为那是天下大乱的怪现状之一。目前中国人的西装，固然是谨严而黯淡，遵守西洋绅士的成规，即使中装也长年地在灰色、咖啡色、深青里面打滚，质地与图案也极单调。**男子的生活比女子自由得多，然而单凭这一件不自由，我就不愿意做一个男子。**

衣服似乎是不足挂齿的小事。刘备说过这样的话：“兄弟如手足，妻子如衣服。”可是如果女人能够做到“丈夫如衣服”的地步，就很不容易。有个西方作家（是萧伯纳么?）曾经抱怨过，**多数女人选择丈夫远不及选择帽子一般的聚精会神，慎重考虑。再没有心肝的女子说起她“去年那件织锦缎夹袍”的时候，也是一往情深的。**

直到十八世纪为止，中外的男子尚有穿红着绿的权利。男子服色的限制是现代文明的特征。不论这在心理上有没有不健康的影响，至少这是不必要的压抑。文明社会的集团生活里，必要的压抑有许多种，似乎小节上应当放纵些，作为补偿。有这么一种议论，说男性如果对于衣着感到兴趣些，也许他们会安分一点，不至于千方百计争取社会的注意与赞美，为了造就一己的声望，不惜祸国殃民。若说只消将男人打扮得花红柳绿的，天下就太平了，那当然是笑话。**大红蟒衣里面戴着绣花肚兜的官员，照样会淆乱朝纲。**但是预言家威尔斯①的合理化的**乌托邦里面的男女公民一律穿着最鲜艳的薄膜质的衣裤、斗篷，这倒也值得做我们参考的资料。**

---

① 威尔斯（Herbert George Wells，1866—1946），英国作家，著有《时间机器》《隐身人》等科学幻想和社会预言小说。

因为习惯上的关系，男子打扮得略略不中程式，的确看着不顾眼，中装上加大衣，就是一个例子，不如另加上一件棉袍或皮袍来得妥当，便臃肿些也不妨。有一次我在电车上看见一个年轻人，也许是学生，也许是店伙，用米色绿方格的兔子呢制了太紧的袍，脚上穿着女式红绿条纹短袜，嘴里衔着别致的描花假象牙烟斗，烟斗里并没有烟。他吮了一会，拿下来把它一截截拆开了，又装上去，再送到嘴里吮，面上颇有得色。乍看觉得可笑，然而为什么不呢，如果他喜欢？……秋凉的薄暮，小菜场上收了摊子，满地的鱼腥和青白色的芦粟[①]的皮与渣。一小孩骑了自行车冲过来，卖弄本领，大叫一声，放松了扶手，摇摆着，轻倩地掠过。在这一刹那，满街的人都充满了不可理喻的景仰之心。**人生最可爱的当儿便在那一撒手罢？**

（原刊《古今》半月刊，1943年12月，第34期）

背景知识

张爱玲（1921—1995），原籍河北丰润，生于上海。原名张瑛，祖父张佩纶，外曾祖父是近代史上著名人物李鸿章。1937年，毕业于上海圣玛利亚女子中学。1939年入香港大学读书。1942年回上海，以写作为生。同年应《西风》杂志征文写散文《我的天才梦》得名誉奖。1943年，发表小说《沉香屑·第一炉香》，一举成名，同年发表代表作《金锁记》《倾城之恋》等。1944年出版小说集《传记》和散文集《流言》。1949年上海解放后以梁京笔名在上海《亦报》上发表小说。1950年参加上海第一届文代会。1952年移居香港，在美国新闻处工作，曾发表小说《赤地之恋》和《秧歌》。1955年移居美国。在美与作家赖雅结婚，后在加州大学中文研究中心从事翻译和小说考证。在美过着“隐居”生活。1995年9月8日，病逝于美国洛杉矶，终年75岁。主要作品有：小说集《传奇》，散文集《流言》，长篇小说《秧歌》《赤地之恋》，文学评论集《红楼梦魇》等。中国现代文学史上重要的女作家。

导　读

余斌对张氏散文有过这样的评价：“她的散文显然比她的小说更来得从容不迫，挥洒自如。她的散文往往可以做到起落无迹，‘行于所当行，止所当止’。”其隽永的讽刺，尖新的造语，顾盼生姿的行文，使其文章显得分外妖娆俊俏。气盛言宜，她的文章议论风生，神采飞扬，从头到尾，一气呵成，毫无阻滞。正如傅雷赞叹的，是“色彩鲜明，收得住，泼得出的文章。”散文《更衣记》可以说较集中地体现了这样的评价。

---

① 芦粟，上海话称一种甜玉米秸秆，可像甘蔗那样咬吮。

1942年，张爱玲在英文杂志《二十世纪》月刊上发表了散文《Chinese Life and Fashions》，后重写成中文，名为《更衣记》，刊于1943年12月的《古今》上，1945年收入散文集《流言》中。

这是一篇很独特的散文，全文五千余字，记录了中国时装三百年来的变化，写出了服装的"近代史"。作者以行云流水，开阖自如之笔势将满清以来服饰的变迁娓娓道来，却不拘泥于对服饰本身的描述，而是由服饰款式、服饰细节透视各个时代的特征，从不同时期的服饰特点与变化来呈现当时的生活观念、文化氛围和社会心理。让我们看到服饰的时尚是历史的变迁、时代风貌的反映："民国初建立，有一时期似乎各方面都有浮面的清明气象。大家都认真相信卢梭的理想化的人权主义……时装上也显出空前的天真，轻快，愉悦。'喇叭管袖子'飘飘欲仙，露出一大截玉腕。"服饰的时尚是社会生活的留影："现在要紧的是人，旗袍的作用不外乎烘云托月忠实地将人体轮廓曲曲勾出。"服饰的讲究是世态人心的写照："政治上，对内对外陆续发生的不幸事件使民族灰了心。青年人的理想总有支持不了的一天。时装开始紧缩。喇叭管袖子收小了。1930年，袖长及肘，衣领又高了起来。往年的元宝领的优点在它的适宜的角度，斜斜地切过两腮，不是瓜子脸也变了瓜子脸，这一次的高领却是圆筒式的，紧抵着下颔，肌肉尚未松弛的姑娘们也生下双下巴。这种衣领根本不可恕。可是它象征了十年前那种理智化的淫逸的空气——直挺挺的衣领远远隔开了女神似的头与下面的丰柔的肉身。这儿有讽刺，有绝望后的狂笑。"这样的例子全文随处可见。可以说张爱玲把我们领到由"两边拦着绫罗绸缎的墙"所筑成的"甬道"面前，驰骋古今，中西勾联，神采飞扬，笑评服饰历史，畅谈人间万象。

张爱玲喜欢在散文里谈吃、谈穿、谈女人、谈哲学、谈艺术，甚而谈理想，构筑的是一个琐屑平凡的世俗世界。这个世界既有浓烈的世俗趣味，又处处闪烁着一个具有现代文明意识的智者的灵性与聪慧，使读者获得智慧的顿悟与提升。这也成为她散文中一种审美趋向。《更衣记》虽是聊中国人在服饰上的变迁，却又不时嵌入一些灼见。服饰，便不再是寻常物件，而升格为民族历史、政治气氛、社会风尚演化的记录者和见证物，成为一个时代、一定时期人们心态和审美习惯的缩影。如"削肩、细腰、平胸、薄而小的标准美女在这一层层衣衫的重压下失踪了。她的本身是不存在的，不过是一个衣架罢了。中国人不赞成太触目的女人"。身边小事透出了历史的厚重感，对服饰的品评融入了对传统文化的批判。与其说张爱玲在谈服饰不如说她谈的是中国人的民族性。这样精彩的例子在文中俯拾即是。

在《更衣记》中我们还能感受到张爱玲浓厚的追求"个性化"的服饰情结，或者也可以说，这是张爱玲在此文中有意无意中所做的一个"文眼"。例如，"目前中国人的西装，固然是谨严而黯淡，遵守西洋绅士的成规，即使中装也长年地在灰色、咖啡色、深青里面打滚，质地与图案也极单调。男子的生活比女子自由得多，然而单凭这一件不自由，我就不愿意做一个男子”。可见受过东西方文化浸染的张爱玲在其服饰美学思想中体现的追求服饰自由的个性，亦窥见其追求个性化的人生。

张爱玲被公认为是语言的炼金师，她的散文语言灵动丰盈，想象别致，绝妙譬喻，令人赞叹。例如：“中国女人的紧身背心的功用实在奇妙——衣服再紧些，衣服底下的肉体也还不是写实派的作风，看上去不大像个女人而像一缕诗魂。”再如，“更为苛刻的是新娘的红裙，裙腰垂下一条条半寸来宽的飘带，带端系着铃。行动时只许有一点隐约的叮当，像远山上宝塔上的风铃。”设喻新颖，令人产生美妙飘远的联想，值得玩味。喜用俗语、套语。例如：“衣服似乎是不足挂齿的小事。刘备说过这样的话：‘兄弟如手足，妻子如衣服。’可是如果女人能够做到‘丈夫如衣服’的地步，就很不容易。“在中国，自古以来女人的代名词是‘三绺梳头，两截穿衣’。”这些民族色彩浓厚的语句，被她信手拈来，运用得恰到好处。

《更衣记》一文，总体上以时间为踪，但又随意穿插，不断跳脱流转。文章开头似聊天：“如果当初世代相传的衣服没有大批卖给收旧货的，一年一度六月里晒衣裳，该是一件辉煌热闹的事罢。”接着写出服装变迁的历史与文化，结尾部分，从说古论今，扫描中外，跳入现实情境，由谈论着装转而谈论“人生”：“秋凉的薄暮，小菜场上收了摊子，满地的鱼腥和青白色的芦粟的皮与渣。一小孩骑了自行车冲过来，卖弄本领，大叫一声，放松了扶手，摇摆着，轻倩地掠过。在这一刹那，满街的人都充满了不可理喻的景仰之心。人生最可爱的当儿便在那一撒手罢?”调侃中见洒脱，潇洒中亦伤怀。作者的心情和人生主张跃然而出，令人回味颇多。

张爱玲“在热闹中冷讽，在悲凉中打趣”的散文艺术风格和精神情怀，在《更衣记》中得以淋漓尽致的彰显。

思考与讨论

1. 分析《更衣记》蕴蓄的文化内涵。

2. 试分析本文在结构上和语言风格上的独特性。

3. “……秋凉的薄暮，小菜场上收了摊子，满地的鱼腥和青白色的芦粟的皮与渣。一小孩骑了自行车冲过来，卖弄本领，大叫一声，放松了扶手，摇摆着，轻倩地掠过。在这一刹那，满街的人都充满了不可理喻的景仰之心。人生最可爱的当儿便在那一撒手罢?”试分析文中这段话表现了作者怎样的人生态度?

4. 结合本文谈谈你对服饰文化的见解。

阅读视线

张爱玲散文的世俗性

罗　华

对于认识张爱玲而言，观其抒写俗世“流言”同演绎人间“传奇”同样重要。如果说，后者作为其复杂隐秘心理的呈示有咀嚼不尽的意味，那么前者恰为我们提供了走近那扑朔迷离心灵的一条通道。当我们阅读着张爱玲的散文，就感觉到她生命的“窗子”在徐徐开启，越过时空的阻隔和心理的距离，看到一个“同时承受灿烂夺目的喧闹及极度的孤寂”的人丰富的内心世界。

张爱玲自称一身俗骨。她的散文，如果就其表征而言，的确是绝对世俗化的：她写俗生活、俗女人、俗艺术，一切都俗到了家，似乎并无雅致可言，但我们却从中读出了她的优雅、她的透彻、她的智慧。究其缘由，在于张爱玲作为一个传统的中国人加上近代高压生活的磨炼，具备了一种“天然的化解功能”，善于把“学理融化于世俗，让世俗闪耀出智慧”。从而使她的散文在“俗”的背后潜藏着“奇异的智慧”——以理性之光穿透人生百态，审视女性本体，参悟艺术真谛，并臻于化境。

身受上海风熏染的张爱玲对都市的俗世生活有着特殊的感受。徜徉在张爱玲的散文世界，满目皆是对俗人俗事、俗欲俗趣的细细描摹。无论是“少作”《天才梦》，还是名声大噪时的《公寓生活记趣》《道路以目》《中国的日夜》，乃至后期的《草炉饼》，处处表现着作者对俗世生活有情有味、有质有感地把玩、品评，渗透了琐屑人生、庸常生活中细腻而丰富的情感体验。

张爱玲甚至毫不避讳她的俗欲：《烬余录》里写香港陷落后首先满街找寻冰淇淋和嘴唇膏，甚至步行十来里路吃一盘昂贵的、里面全是冰屑子的冰淇淋，以满足“口之欲”；《中国的日夜》则是在上海沦陷区街头听到一段“入情入理有来有去的家常是非”的昆曲，而觉“耳朵如鱼得水，在那音乐里栩栩游着”，满足了“耳之欲”；《〈传奇〉再版序言》：“出名要早呀！来得太晚的话，快乐也不那么痛快。”则更直接、截然地表现了急切的“名之欲”。仔细品嚼这种种“欲望”，它泄露了张爱玲迫不及待要抓住“现世”的心念，这种对“现世”欲望的追逐，极具世俗化和市民性——实际，近利。

原汁原味的世俗生活，丰盈充沛的情趣，张爱玲的散文体察入微的是普通人生的安稳，是从琐碎的日常生活流程中以审美的眼光尽情地品味、享受生活的无穷乐趣。强烈的现世精神和世俗关怀，达到了生活方式和情感追求的统一，人生态度和审美情趣的统一。

这种对凡俗人生的书写，与“五四”时代“唯庸夫俗妇才识得真理”的平民意识相近似，与新文学倡导的“人的文学”亦有契合点。但“五四”时大多数作家囿于传统文化熏陶的过熟过烂和历史的限制，他们无论怎样努力地表现平民生活、趣味，甚至用心揣摩平民的心理，终究和平民生活“隔”着一层。譬如林语堂和周作人，都热衷于表现俗常生活，但前者多了份游戏人生的名士气，后者又少了份人间烟火味而显得过于雅致。张爱玲是真正专注于世俗生活的纷繁，她的丰厚的文化底蕴（亦新亦旧，既中又西），以及现代都市生活的长期浸淫，使她能用多只“眼睛”看生活，达到对世俗生活的贴心贴肺的表现，并包孕着丰富的经验愉悦。

（选自罗华：《世俗闪耀出智慧——张爱玲散文品格论》，载《中国现代文学研究丛刊》，1998年第2期）

推荐阅读书目

1. 于青：《天才奇女张爱玲》，上海，复旦大学出版社，2000。
2. 余斌：《张爱玲传》，南京，南京大学出版社，2007。

催魂铃

阅读提示

电话，这一现代工业文明产物，在现代的生活中，给人们的沟通交流带来了极大的方便。然而，对于耽于沉思、潜心创作的作家来说，不期而遇、骤然而起的电话铃声，不但会打断创作思路，甚至简直说得上是“摄人魂魄”，让人烦之，恨之。这或许是作者的一己偏见吧。

原　文

催　魂　铃

余光中

一百年前发明电话的那人，什么不好姓，偏偏姓“铃”（Alexander Bell），真是一大巧合。电话之来，总是从颤颤的一串铃声开始，那高调，那频率，那精确而间歇的发作，那一叠连声的催促，凡有耳神经的人，没有谁不悚然惊魂，一跃而起的。最吓人的，该是深夜空宅，万籁齐寂，正自杯弓蛇影之际，忽然电话铃声大作，像恐怖电影里那样。旧小说的所谓“催魂铃”①，想来也不过如此了。王维的辋川别墅里，要是装了一架电话，他那些静绝清绝的五言绝句，只怕一句也吟不出了。电话，真是现代生活的催魂铃。电话线的天网恢恢，无远弗届，只要一线袅袅相牵，株连所及，我们不但遭人催魂，更往往催人之魂，彼此相催，殆无已时。古典诗人常爱夸张杜鹃的鸣声与猿啼之类，说能催人老。于今猿鸟去人日远，倒是格外不绝于耳的电话铃声，把现代人给催老了。

古人鱼雁往返，今人铃声相迫。鱼来雁去，一个回合短则旬月，长则经年，那天地似乎广阔许多。“晚来天欲雪，能饮一杯无？”② 那时如果已有电话，一个电话刘十九就来了，结果我们也就读不到这样的佳句。至于“断无消息石榴红”③，那种天长地久的等待，当然更有诗意。据说阿根廷有一位邮差，生就拉

---

① “催魂铃”：出自《封神演义》第三十三回　黄飞虎泗水大战：“余化挂下画戟，揭起战袍，囊中取出一幡，名曰‘戮魂幡’。”余化用此物把欲投降到西周的商朝武成王黄飞虎罩住，并捉拿了。作者在此文中活用为“催魂铃”，以此来形象地描述电话铃声对人的干扰。

② “晚来天欲雪，能饮一杯无?”：出自唐代诗人白居易的《问刘十九》此两句意思为“天色将黑，大雪欲来，我的朋友，能不能否共饮这一杯酒?”

③ “断无消息石榴红”：出自李商隐的《无题》上下句是“曾是寂寥金烬暗，断无消息石榴红。”描写女主人公深夜追思往事，抒发了青年女子爱情失意的幽怨，相思无望的苦闷。

丁民族的洒脱不羁，常把一袋袋的邮件倒在海里，多少叮咛与嘱咐，就此付给了鱼虾。后来这家伙自然吃定了官司。我国早有一位殷洪乔，把人家托带的百多封信全投在江中，还祝道："沉者自沉，浮者自浮，殷洪乔不能作致书邮！"①

这位逍遥殷公，自己不甘随俗浮沉，却任可怜的函书随波浮沉，结果非但逍遥法外，还上了《世说新语》，成了趣谈。如果他生在现代，就不能这么任他逍遥，因为现代的大城市里，电话机之多，分布之广，就像工业文明派到家家户户去卧底的奸细，催魂的铃声一响，没有人不条件反射地一跃而起，赶快去接，要是不接，它就跟你没了没完，那高亢而密集的声浪，锲而不舍，就像一排排嚣张的惊叹号一样，滔滔向你卷来。我不相信魏晋名士乍闻电话铃声能不心跳。

至少我就不能。我家的电话，像一切深入敌阵患在心腹的奸细，竟装在我家文化中心的书房里，注定我一夕数惊，不，数十惊。四个女儿全长大了，连"最小偏怜"的一个竟也超过了"边城"里翠翠的年龄。每天晚上，热门的电视节目过后，进入书房，面对书桌，正要开始我的文化活动，她们的男友们（?）也纷纷出动了。我用问号，是表示存疑，因为人数太多，讲的又全是广东话，我凭什么分别来者是男友还是天真的男同学呢？总之我一生没有听过这么多陌生男子的声音。电话就在我背后响起，当然由我推椅跳接，问明来由，便扬声传呼，辗转召来"他"要找的那个女儿。铃声算是镇下去了，继之而起的却是人声的哼哼唧唧，喃喃喋喋。被铃声惊碎了的静谧，一片片又拼了拢来，却夹上这么一股昵昵尔汝，不听不行、听又不清的涓涓细流，再也拼不完整。世界上最令人分心的声音，还是人自己的声音，尤其是家人的语声。开会时主席滔滔的报告，演讲时名人侃侃的大言，都可以充耳不闻，别有用心，更勿论公车上渡轮上不相干的人声鼎沸，唯有这家人耳熟的声音，尤其是向着听筒的切切私语、叨叨独白，欲盖弥彰，似抑实扬，却又间歇不定，笑嗔无常，最能乱人心意。你当然不会认真听下去，可是家人的声音，无论是音色和音调，太亲切了，不听也自入耳，待要听时，却轮到那头说话了，这头只剩下了唯唯诺诺。有意无意之间，一通电话，你听到的只是零零碎碎、断断续续的"片面之词"，在朦胧的听觉上，有一种半盲的幻觉。

好不容易等到叮咛一声挂回听筒，还我寂静，正待接上断绪，重新投入工作，铃声响处，第二个电话又来了。四个女儿加上一个太太，每人晚上四、五个电话，催魂铃声便不绝于耳。像一个现代的殷洪乔，我成了五个女人的接线生。

---

① 殷洪乔不能作致书邮：晋人殷羡，字洪乔，他曾被任命为豫章太守，在即将离开南京赶去赴任的时候，很多人都托他带信，他把信一一收下。结果殷洪乔来到石头渚（江西赣水西口）时，启开这些书信，发现大多数都是拉关系，跑人情之类的内容，他不由非常反感，于是将信都抛进了水里，并说道："沉者自沉，浮者自浮，殷洪乔不能做致书邮。"于是，后世就把寄书遗失者，泛称为"付诸洪乔"或"洪乔之误"了。

有时也想回对方一句“她不在”，或者干脆把电话挂断，又怕侵犯了人权，何况还是女权，在一对五票的劣势下，怎敢冒天之大不韪？

绝望之余，不禁悠然怀古，想没有电话的时代，这世界多么单纯，家庭生活又多么安静，至少房门一关，外面的世界就闯不进来了，哪像现代人的家里，肘边永远伏着这么一枚不定时的炸弹。那时候，要通消息，写信便是。比起电话来，书信的好处太多了。首先，写信阅信都安安静静，不像电话那么吵人。其次，书信有耐性和长性，收到时不必即拆即读，以后也可以随时展阅，从容观赏，不像电话那样即呼即应，一问一答，咄咄逼人而来。“星期三有没有空？”“那么，星期四行不行？”这种事情必须当机立断，沉吟不得，否则对方会认为你有意推托。相比之下，书信往还，中间有绿衣人或蓝衣人作为缓冲，又有洪乔之误周末之阻等借口，可以慢慢考虑，转肘的空间宽得多了。书信之来，及门而止，然后便安详地躺在信箱里等你去取，哪像电话来时，登堂入室，直捣你的心脏，真是迅铃不及掩耳。一日廿四小时，除了更残漏断、英文所谓“小小时辰”之外，谁也抗拒不了那催魂铃武断而坚持的命令，无论你正做着什么，都得立刻放下来，向它“交耳”。周公“一沐三握发，一饭三吐哺”①，是为接天下之贤士，我们呢，是为接电话。谁没有从浴室里气急败坏地裸奔出来，一手提裤，一手去抢听筒呢？岂料一听之下，对方满口日文，竟是错了号码。

电话动口，书信动手，其实写信更见君子之风。我觉得还是老派的书信既古典又浪漫；古人“呼儿烹鲤鱼，中有尺素书”② 的优雅形象不用说了，就连现代通信所见的邮差、邮筒、邮票、邮戳之类，也都有情有韵，动人心目。在高人雅士的手里，书信成了绝佳的作品，进则可以辉照一代文坛，退则可以怡悦二三知己，所以中国人说它是“心声之献酬”，西洋人说它是“最温柔的艺术”。但自电话普及以后，朋友之间要互酬心声，久已勤于动口而懒于动手，眼看这种温柔的艺术已经日渐没落了。其实现代人写的书信，甚至出于名家笔下的，也没有多少够得上“温柔”两字。

也许有人不服，认为现代人虽爱通话，却也未必疏于通信，圣诞新年期间，人满邮局信满邮袋的景象，便是一大例证。其实这景象并不乐观，因为年底的函件十之八九都不是写信，只是在印好的贺节词下签名而已。通信“现代化”之后，岂但过年过节，就连贺人结婚、生辰、生子、慰人入院、出院、丧亲之类的

---

① “一沐三握发，一饭三吐哺”：出自西汉·司马迁《史记·鲁周公世家》：“然我一沐三握发，一饭三吐哺，起以待士，犹恐失天下之贤人。”形容为延揽贤才而忙碌。

② “呼儿烹鲤鱼，中有尺素书”：出自《饮马长城窟行》：诗中细致地描述了妇人苦楚的心情和迫切的盼望。“我急唤侍儿打开木盒，里面有一尺白绢。”烹鲤鱼：这里比喻打开木盒。烹，煮。假鱼本不能煮，诗人为了造语生动，故意将打开书函说成烹鱼。尺素：素是生绢，古人用绢写信。

场合，也都有印好的公式卡片任你“填表”。“听说你离婚了，是吗？不要灰心，再接再厉，下一个一定美满！”总有一天会出售这样的慰问明信片的。所谓“最温柔的艺术”，在电话普及、社交卡片泛滥的美国，是注定要没落的了。

甚至连情书，“最温柔的艺术”里原应最温柔的一种，怕也温柔不起来了。梁实秋先生在《雅舍小品》里说：“情人们只有在不能喁喁私语时才要写信。情书是一种紧急救济。”他没有料到电话愈来愈发达，情人情急的时候是打电话，不是写情书，即使山长水远，也可以两头相思一线贯通。以前的情人总不免“肠断萧娘一纸书”①，若是“玉珰缄札何由达”②，就更加可怜了。现代的情人只拨那小小的转盘，不再向尺素之上去娓娓倾诉。麦克鲁恒说得好：“消息端从媒介来”③，现代情人的口头盟誓，在十孔盘里转来转去，铃声叮呤一响，便已消失在虚空里，怎能转出伟大的爱情来呢？电话来得快，消失得也快，不像文字可以永垂后世，向一代代的痴顽去求印证。我想情书的时代是一去不返了，不要提亚伯拉德和哀绿绮思，即使近如徐志摩和郁达夫的多情，恐也难再。④

有人会说：“电话难道就一无好处吗？至少即发即至，随问随答，比通信快得多啊！遇到急事，一通电话可以立刻解决，何必劳动邮差摇其鹅步，延误时机呢？”这我当然承认，可是我也要问，现代生活的节奏调得这么快，究竟有什么意义呢？你可以用电话去救人，匪徒也可以用电话去害人，大家都快了，快，又有什么意义？

客从远方来，遗我一书札。
上言长相思，下言久离别。
置书怀袖中，三岁字不灭。
一心抱区区，惧君不识察。

在节奏舒缓的年代，一切都那么天长地久，耿耿不灭，爱情如此，一纸痴昧的情书，贴身三年，也是如此。在高速紧张的年代，一切都即生即灭，随荣随枯，爱情和友情，一切的区区与耿耿，都被机器吞进又吐出，成了车载斗量的消耗品了。电话和电视的恢恢天网，使五洲七海千城万邑缩小成一个“地球村”，

---

① “肠断萧娘一纸书”：出自唐代诗人杨巨源《崔娘》诗：“风流才子多春思，肠断萧娘一纸书。”唐时以萧娘为女子之泛称，如将萧郎作为男子的泛称一样，并不指具体某一个人。

② “玉珰缄札何由达”：出自唐李商隐的诗《春雨》：“怅卧新春白袷衣，白门寥落意多违。红楼隔雨相望冷，珠箔飘灯独自归。远路应悲春晼晚，残宵犹得梦依稀。玉珰缄札何由达，万里云罗一雁飞。”选句意思是：有玉珰一双作为信物，怎么样才可以送达。

③ 麦克鲁恒：西方著名的传播理论家，是传播界的怪才，曾说过一句话：没有广播，就没有希特勒。

④ 亚伯拉德：十二世纪西方基督教救赎论者，亚伯拉德强调上帝的爱是成就救赎的源头。绿绮思：哀伤的绿色，和缠绵的心思。详见梁实秋《阿泊拉与哀绿绮思情书》。

四十亿兆民都迫到你肘边成了近邻。人类愈“进步”，这大千世界便愈加缩小。英国记者魏克说，孟买人口号称六百万，但是你在孟买的街头行走时，好像那六百万人全在你身边。据说有一天附带电视的电话机也将流行，那真是无所逃于天地之间了。《二〇〇一年：太空放逐记》的作者克拉克曾说：到一九八六年我们就可以跟火星上的朋友通话，可惜时差是三分钟，不能“对答如流”。我的天，“地球村”还不够，竟要去开发“太阳系村”吗？

野心勃勃的科学家认为，有一天我们甚至可能探访太阳以外的太阳。但人类太空之旅的速限是光速，一位太空人从廿五岁便出发去织女星，长征归来，至少是七十二岁了，即使在途中他能因“冻眠”而不老，世上的亲友只怕也半为鬼了。“空间的代价是时间”，一点也不错。我是一个太空片迷，但我的心情颇为矛盾。从《二〇〇一年》到《第三类接触》，一切太空片都那么美丽、恐怖而又寂寞，令人“念天地之悠悠，独怆然而涕下”。而尤其是寂寞，唉，太寂寞了。人类即使能征服星空，也不过是君临沙漠而已。

长空万古，渺渺星辉，让一切都保持点距离和神秘，可望而不可即，不是更有情吗？留一点余地给神话和迷信吧，何必赶得素娥青女都走投无路，“逼神太甚”呢？宁愿我渺小而宇宙伟大，一切的江河不朽，也不愿进步到无远弗届，把宇宙缩小得不成气象。

对无远弗届的电话与关山阻隔的书信，我的选择也是如此。在英文里，叫朋友打个电话来，是“给我一声铃”。催魂铃吗，不必了。不要给我一声铃，给我一封信吧。

（选自余光中：《余光中集》，第6卷，天津，百花文艺出版社，2004）

背景知识

余光中（1928—　），祖籍福建永春，生于江苏南京，1947年入金陵大学外语系（后转入厦门大学），1949年随父母迁香港，次年赴台，就读于台湾大学外文系。1952年，毕业于台湾大学，开始创作。后三度赴美进修、讲学，获爱荷华大学艺术硕士学位。返台后任师大、政大、台大及香港中文大学教授，现任台湾中山大学文学院院长。余光中是我国著名的散文家、诗人。在诗、文、翻译、文学批评方面，都卓有成就。他的作品风格极不统一，其诗风因题材而异。表达意志和理想的诗，一般都显得壮阔铿锵；而描写乡愁和爱情的作品，一般都显得细腻而柔绵。著作有《舟子的悲歌》《蓝色的羽毛》《钟乳石》《万圣节》《白玉苦瓜》等诗集，《逍遥游》《听听那冷雨》《记忆像铁轨一样长》《青青边愁》等散文集。

导　读

这是一篇写于愚人节的幽默散文。作者对文明社会里的电话对人正常生活的骚扰给予揶揄、贬抑，但又绝不是完全反对享受现代的物质文明生活。余光中对生活里过多的电话“烦之”“恨之”，却又无可奈何。在他看来，“凡是过分不合情理，过分违背自然，都构成荒谬。”而电话的不期来访，限时接听，限时作答等都过分违反了自然，是极不合理的事。于是撰文向电话发明者“控诉”，幽默风趣地数落着电话的“不是”：电话是工业文明派来的“奸细”，是肘边的“定时炸弹”，又好像一排排嚣张的“惊叹号”！

为了把电话这一现代通信工具的“缺陷”表述得更加清楚完整，作者褒扬了书信这一传统沟通模式的诸多好处：书信动手不动口，更见君子之风；书信在“传情达意”上更真挚，更深沉；书信是爱情真谛留存的见证，是“最温柔的艺术”等。

余光中的散文，语言精练准确，又雅致端丽。作者写此文多借用诗歌笔法，如“多少叮咛与嘱咐，就此付给了鱼虾”，这本身就是诗；又如“被铃声惊碎了的静谧”“推椅跳接”等，这“惊碎”“跳”等词均可当做诗眼来赏析，品味；又如“长空万古，渺渺星辉”“古人鱼雁往还，今人铃声向迫”，似成语又不完全是成语。全篇行文溢满着诗的节奏与意境，读起来给人以美妙的感受。

作者为文不但占有翔实材料，尽显其渊博的学识，而且构思精巧，表述上幽默风趣。本篇行文引经据典，古今中外材料皆能为其所用，从容地将“中西文学熔于一炉”。此外，作者有意反讽自嘲，泰然自贬，客观上达到了“损己娱人，反躬自笑”的艺术效果。可谓把幽默之气推向极至。

思考与讨论

1. 谈谈电话与书信在传递信息上各自的好处，如何理解作者对电话“烦之”“恨之”的心态？

2. 本文作者的幽默风趣表现在哪些地方？

3. 分析本文语言上的特点。

阅读视线

余光中谈散文创作

在风格上，我不认为散文只是橄榄、清茶，因为“韩潮苏海”原为古文可羡之境界。在篇幅上，我认为散文不必限于小品，也可以扩大驰骋的空间，长到两三千字以上。我的散文甚至可到六七千字或更多。散文不必守住轻工业，也可成为重工业。在语言上，我认为酌量使用文言与西化句法，可增加文体的弹性。我的文体观是：白以为常，文以应变，俚以见真，西以求新。文体富于弹性，散文家才能呼风唤雨。

无论是诗或散文的创作，我取法的典范首先是中国的古典，其次才是五四以来的新文学与西方文学。古文教我如何掌握凝练、整洁，白话教我如何做到自然、亲切，英文教我如何经营层次井然、长而不乱、富而不杂的复合句法。我致力追求的文体，是用女娲炼石补天的洪炉来炼仓颉的方砖，与源出希腊、罗马的西欧拼音文字相融。我相信只要得法，混血更美，合金更贵。

散文大家之中，于中土我崇仰庄子、孟子、司马迁、韩愈、苏轼；于西方我佩服培根与约翰生。西方的好散文往往出于小说家之手，如康拉德与劳伦斯；哲人之手，罗素的散文乃清畅之典范。说理文章曾经启发我的，英文有艾略特，中文有朱光潜。

在散文的语言技巧上，我追求多元的弹性，认为语言应文白互补，句法应长短相济，分段忌四平八稳，题目应别出心裁。不少作者西而不化，句法冗长，标点太少。英文用标点，为文法所需；中文标点，不可拘泥文法，而应依照文气。其间的差别，许多散文家似乎从未留意。

散文有不同的功用，一般可分为抒情、写景、叙事、议论等。抒情与写景近于诗，叙事近于小说与历史，议论则近于论文，所以要做一个“全才”的散文家，笔下得兼有“感性”与“知性”。不过散文中的知性毕竟与正规的议论有异，往往只是带有情感的“沉思”或“感想”，例如《岳阳楼记》之句：“先天下之忧而忧，后天下之乐而乐”，或《前赤壁赋》之句：“盖将自其变者而观之，则天地曾不能以一瞬；自其不变者而观之，则物与我皆无尽也”，都属此类。散文体裁之中，最便于展现见解的当属杂文，甚至小品文中也不妨有大胸襟。散文而有高超的思想内涵，便是“言之有物”，这在哲人与史家的著作里最为常见：庄子、孟子、司马迁正是典型。境界到了思想的层次，就不仅是纯散文了。

（选自李怀宇：《余光中答记者问》，南方网）

“2003年度华语文学传媒大奖”之年度散文家奖授奖词

余光中的散文雍容华贵。他的写作接续了散文的古老传统，也汲取了诸多现代元素。感性与知性，幽默与庄重，头脑与心肠交织在一起，构成了他独特的散文路径。他渊博的学识，总是掩饰不了天真性情的流露，他雄健的笔触，发现的常常是生命和智慧的秘密。他崇尚散文的自然、随意，注重散文的容量与弹性，他探索散文变革的丰富可能性，同时也追求汉语自身的精致、准确与神韵。他在2003年度出版的散文集《左手的掌纹》，虽然只是他散文篇章中的一小部分，但已充分展示出他的散文个性。他从容的气度、深厚的学养，作为散文的坚实根基，在他晚年的写作中更是成了质朴的真理。再联想起他那著名的文化乡愁，中国想象，在他身上，我们俨然看到了一个文化大家的风范和气象。

（选自《南方都市报》，“2003年度华语文学传媒大奖”之年度散文家奖授奖词）

余光中为当代华语散文贡献了什么（节选）

古　耜

1. 亦中亦西，中西兼容，以中为本，西为中用，努力建构中文散文写作的新形态和新秩序，这是余光中为当代华语散文所做的贡献之一。

散文家的余光中，其整体的文化风度可谓渊赡恢弘，高绝超逸：通过苦读精研、耳濡目染所奠定的丰邃而坚实的国学根基，和因为亲历欧风美雨所获得的精深而广博的西学修养，决定了他足以在中西两大文化系统中自由出入，广泛比较，进而产生有关文化选择的真知灼见。

余光中站在历史的制高点上，对中西文化和语言的个性与差异以及相互关系，进行了理性的阐释与把握，而他的散文作品则是对自己理性认知的积极实践与努力验证。读余光中的散文，我们明显可以感受到一种中西合璧、多元共生之美——它那缜密的思维逻辑、谨严的语词表达、自如的叙事节奏、开放的篇章结构、酣畅的情意抒发，当然还有那来自异域背景的生命体验，以及幽默的色彩、倒装的句式等，无疑是西方文化的馈赠，但所有这些所包含、所体现的那种内在的精神、气质和情趣，却依旧深深植根于华夏文明与文化。即所谓“是民族的，但不闭塞；也是现代的，但不崇洋”（余光中《云川一见月》）。

2. 理论与创作相辅相成，齐头并进，而这前进的向度又直接切入了散文的语言本体，从而产生了文体建设意义，这是余光中为当代华语散文所做的贡献之二。

大抵从20世纪60年代开始，余光中陆续撰写了《剪掉散文的辫子》、《左手的缪思》、《杖底烟霞——山水游记的艺术》、《逍遥游·后记》、《我们需要几本书》、《散文的知性与感性》等一系列重要文章，就散文这种文学样式，提出了自己富有创造性的理论见解。这当中包括散文的文化特征、散文的理想境界、散文的内在要素、散文的表现技巧、散文的常见病症……几乎涉及了散文范畴论、本体论、创作论等方方面面。而在所有这些理论见解中，最值得散文界予以关注的，当是作家于《剪掉散文的辫子》一文中所提出的，关于散文文本应当具各的“弹性”、“密度”和“质料”的三要素。

3. 以现代人的目光、意识和艺术手法，描写现代社会的独特景观和现代生活的深层体验，努力成就散文一体的现代风范，这是余光中为当代华语散文所做的贡献之三。

余光中的散文酣畅淋漓地描写了现代生活和现代文明，但是却没有对笔下的这些做盲目的崇拜和一味的歌颂：而是选择了一种相当睿智和清醒的态度，在肯定其必然性、合理性的同时，展开了更为深刻，也更为辩证的思考与评价。

（选自《名作欣赏》，2004年第7期）

推荐阅读书目

1. 余光中：《舟子的悲歌》，台湾，《野风》杂志，1952。

2. 李敖：《爱情的刽子手》，见《李敖大全集》，第一册，北京，中国友谊出版公司，1999。

3. 余光中：《余光中集》，天津，百花文艺出版社，2004。

秦　腔

阅读提示

“合阳的踅面，陕西的秦腔”。秦腔是三秦大地上的民间艺术精萃。但由于那里的人“土”、戏“土”，相当长的时间里，国人对秦腔的了解少之又少。庆幸的是，到了20世纪80年代，陕西娃贾平凹于当代文坛里横空出世，遂有了这篇与秦腔风格相一致的散文佳作。

原　文

秦　腔

贾平凹

山川不同，便风俗区别，风俗区别，便戏剧存异；普天之下人不同貌，剧不同腔；京，豫，晋，越，黄梅，二簧，四川高腔，几十种品类；或问：历史最悠久者，文武最正经者，是非最汹汹者？曰：秦腔也。正如长处和短处一样突出便见其风格，对待秦腔，爱者便爱得要死，恶者便恶得要命。外地人——尤其是自夸于长江流域的纤秀之士——最害怕秦腔的震撼；评论说得婉转的是：唱得有劲；说得直率的是：大喊大叫。于是，便有柔弱女子，常在戏台下以绒堵耳，又或在平日教训某人：你要不怎么怎么样，今晚让你去看秦腔！秦腔成了惩罚的代名词。所以，别的剧种可以各省走动，唯秦腔则如秦人一样，死不离窝；严重的乡土观念，也使其离不了窝：可能还在西北几个地方变腔走调的有些市场，却绝对冲不出往东南而去的潼关呢。

但是，几百年来，秦腔却没有被淘汰，被沉沦，这使多少人大惑而不得其解。其解是有的，就在陕西这块土地上。如果是一个南方人，坐车轰轰隆隆往北走，渡过黄河，进入西岸，八百里秦川大地，原来竟是：一抹黄褐的平原；辽阔的地平线上，一处一处用木椽夹打成一尺多宽墙的土屋，粗笨而庄重；冲天而起的白杨，苦楝，紫槐，枝干粗壮如桶，叶却小似铜钱，迎风正反翻覆……你立即就会明白了：这里的地理构造竟与秦腔的旋律维妙维肖的一统！再去接触一下秦人吧，活脱脱的一群秦始皇兵马俑的复出：高个，浓眉，眼和眼间隔略远，手和脚一样粗大，上身又稍稍见长于下身。当他们背着沉重的三角形状的犁铧，赶着山包一样团块组合式的秦川公牛，端着脑袋般大小的耀州瓷碗，蹲在立的卧的石磙子碌碡上吃着牛肉泡馍，你不禁又要改变起世界观了：啊，这是块多么空旷而实在的土地，在这块土地摸爬滚打的人群是多么“二愣”的民众！那晚霞烧起的黄昏里，落日在地平线上欲去不去的痛苦的妊娠，五里一村，十里一镇，高音喇叭里传播的秦腔互相交织，冲撞，这秦腔原来是秦川的天籁、地籁、人籁的共鸣啊！于此，你不渐渐感觉到了南方戏剧的秀而无骨吗？不深深地懂得秦腔为什么形成和存在而占据时间、空间的位置吗？

八百里秦川，以西安为界，咸阳，兴平，武功，周至，凤翔，长武，岐山，宝鸡，两个专区几十个县为西府；三原，泾阳，高陵，户县，合阳，大荔，韩城，白水，一个专区十几个县为东府。秦腔，就源于西府。在西府，民性敦厚，说话多用去声，一律咬字沉重，对话如吵架一样，哭丧又一呼三叹。呼喊远人更是特殊：前声拖十二分的长，末了方极快地道出内容。声韵的发展，使会远道喊人的人都从此有了唱秦腔的天才。老一辈的能唱，小一辈的能唱，男的能唱，女的能唱；唱秦腔成了做人最体面的事，任何一个乡下男女，只有唱秦腔，才有出人头地的可能，大凡有出息的，是个人才的，哪一个何曾未登过台，起码也能吼一阵乱弹呢！

农民是世上最劳苦的人，尤其是在这块平原上，生时落草在黄土炕上，死了被埋在黄土堆下；秦腔是他们大苦中的大乐，当老牛木犁疙瘩绳，在田野已经累得筋疲力尽，立在犁沟里大喊大叫来一段秦腔，那心胸肺腑，关关节节的困乏便一尽儿涤荡净了。秦腔与他们，要和“西凤”白酒，长线辣子，大叶卷烟，牛肉泡馍一样成为生命的五大要素。若与那些年长的农民聊起来，他们想象的伟大的共产主义生活，首先便是这五大要素。他们有的是吃不完的粮食，他们缺的是高超的艺术享受，他们教育自己的子女，不会是那些文豪们讲的，幼年不是祖母讲着动人的迷丽的童话，而是一字一板传授着秦腔。他们大都不识字，但却出奇地能一本一本整套背诵出剧本，虽然那常常是之乎者也的字眼从那一圈胡子的嘴里吐出来十分别扭。有了秦腔，生活便有了乐趣，高兴了，唱“快板”，高兴得像被烈性炸药爆炸了一样，要把整个身心粉碎在天空！痛苦了，唱“慢板”，揪心裂肠的唱腔却表现了多么有情有味的美来，美给了别人的享受，美也熨平了自己心中愁苦的皱纹。当他们在收获时节的土场上，在月在中天的庄院里大吼大叫唱起来的时候，那种难以想象的狂喜，激动，雄壮，与那些献身于诗歌的文人，与那些有吃有穿却总感空虚的都市人相比，常说的什么伟大的永恒的爱情是多么渺小、有限和虚弱啊！

我曾经在西府走动了两个秋冬，所到之处，村村都有戏班，人人都会清唱。在黎明或者黄昏的时分，一个人独独地到田野里去，远远看着天幕下一个一个山包一样隆起的十三个朝代帝王的陵墓，细细辨认着田埂上，荒草中那一截一截汉唐时期石碑上的残字，高高的土屋上的窗口里就飘出一阵冗长的二胡声，几声雄壮的秦腔叫板，我就痴呆了，感觉到那村口的尘土里，一头叫驴的打滚是那么有力，猛然发现了自己心胸中一股强硬的气魄随同着胳膊上的肌肉疙瘩一起产生了。

每到农闲的夜里，村里就常听到几声锣响：戏班排演开始了。演员们都集合起来，到那古寺庙里去。吹，拉，弹，奏，翻，打，念，唱，提袍甩袖，吹胡瞪眼，古寺庙成了古今真乐府，天地大梨园。导演是老一辈演员，享有绝对权威，演员是一家几口，夫妻同台，父子同台，公公儿媳也同台。按秦川的风俗：父和子不能不有其序，爷和孙却可以无道，弟与哥嫂可以嬉闹无常，兄与弟媳则无正事不能多言。但是，一到台上，秦腔面前人人平等，兄可以拜弟媳为帅为将，子可以将老父绳绑索捆。寺庙里有窗无扇，屋梁上蛛丝结网，夏天蚊虫飞来，成团成团在头上旋转，薰蚊草就墙角燃起，一声唱腔一声咳嗽。冬天里四面透风，柳木疙瘩火当中架起，一出场一脸正经，一下场凑近火堆，热了前怀，凉了后背。排演到什么时候，什么时候都有观众，有抱着二尺长的烟袋的老者，有凳子高、桌子高趴满窗台的孩子。庙里一个跟头未翻起，窗外就哇地一声叫倒好，演员出来骂一声：谁说不好的滚蛋！他们抓住窗台死不滚去，倒要连声讨好：翻得好！翻得好！更有殷勤的，跑回来偷拿了红薯、土豆、在火堆里煨熟给演员做夜餐，赚得进屋里有一个安全位置。排演到三更鸡叫，月儿偏西，演员们散了，孩子们还围了火堆弯腰踢腿，学那一招一式。

一出戏排成了，一人传出，全村振奋，扳着指头盼那上演日期。一年十二个月，正月元宵日，二月龙抬头，三月三，四月四，五月五日过端午，六月六日晒丝绸，七月过半，八月中秋，九月初九，十月一日，再是那腊月五豆，腊八，二十三……月月有节，三月一会，那戏必是上演的。戏台是全村人的共同的事业，宁肯少吃少穿也要筹资集款，买上好的木石，请高强的工匠来修筑。村子富不富，就比这戏台阔不阔。一演出，半下午人就找凳子去占地位了，未等戏开，台下坐的、站的人头攒拥，台两边阶上立的卧的是一群顽童。那锣鼓就叮叮咣咣地闹台，似乎整个世界要天翻地覆了。各类小吃趁机摆开，一个食摊上一盏马灯，花生，瓜子，糖果，烟卷，油茶，麻花，烧鸡，煎饼，长一声短一声叫卖不绝。锣鼓还在一声儿敲打，大幕只是不拉，演员偶尔从幕边往下望望，下边就喊：开演呀，场子都满了！幕布放下，只说就要出场了，却又叮叮咣咣不停。台下就乱了，后边的喊前边的坐下，前边的喊后边的为什么不说最前边的立着；场外的大声叫着亲朋子女名字，问有坐处没有，场内的锐声回应快进来；有要吃煎饼的喊熟人去买一个，熟人买了站在场外一扬手，“日”地一声隔人头甩去，不偏不倚目标正好；左边的喊右边的踩了他的脚，右边的叫左边的挤了他的腰，一个说：狗年快完了，你还叫啥哩？一个说：猪年还没到，你便拱开了！言语伤人，动了手脚；外边的趁机而入，一时四边向里挤，里边向外扛，人的旋涡涌起，如四月的麦田起风，根儿不动，头身一会儿倒西，一会儿倒东，喊声、骂声、哭声一片；有拼命挤将出来的，一出来方觉世界偌大，身体胖肿，但差不多却光了脚，乱了头发。大幕又一挑，站出戏班头儿，大声叫喊要维持秩序；立即就跳出一个两个所谓“二干子”人物来。这类人物多是头脑简单，四肢发达，却十二分忠诚于秦腔，此时便拿了枝条儿，哪里人挤，哪里打去，如凶神恶煞一般。人人恨骂这些人，人人又都盼有这些人，叫他们是秦腔宪兵，宪兵者越发忠于职责，虽然彻夜不得看戏，但大家一夜满足了，他们也就满足了一夜。

终于台上锣鼓停了，大幕拉开，角色出场。但不管男的女的，出来偏不面对观众，一律背身掩面，女的就碎步后移，水上漂一样，台下就叫：瞧那腰身，那肩头，一身的戏哟！是男的就摇那帽翎，一会双摇，一会单摇，一边上下飞闪，一边纹丝不动，台下便叫：绝了，绝了！等到那角色儿猛一转身，头一高扬，一声高叫，声如炸雷豁啷啷直从人们头顶碾过，全场一个冷颤，从头到脚，每一个手指尖儿，每一根头发梢儿都麻酥酥的了。如果是演《救裴生》，那慧娘站在台中往下蹲，慢慢地，慢慢地，慧娘蹲下去了，全场人头也矮下去了半尺，等那慧娘往起站，慢慢地，慢慢地，慧娘站起来了，全场人的脖子也全拉长了起来。他们不喜欢看生戏，最欢迎看熟戏，那一腔一调都晓得，哪个演员唱得好，就摇头晃脑跟着唱，哪个演员走了调，台下就有人要纠正。说穿了，看秦腔不为求新鲜，他们只图过过瘾。

在这样的地方，这样的环境，这样的气氛，面对着这样的观众，秦腔是最逞能的，它的艺术的享受，是和拥挤而存在，是有力气而获得的。如果是冬天，那风在刮着，像刀子一样，如果是夏天，人窝里热得如蒸笼一般，但只要不是大雪、冰雹、暴雨，台下的人是不肯撤场的。最可贵的是那些老一辈的秦腔迷，他们没有力气挤在台下，也没有好眼力看清演员，却一溜一排地蹲在戏台两侧的墙根，吸着草烟，慢慢将唱腔品赏。一声叫板，便可以使他们坠入艺术之宫，“听了秦腔，肉酒不香”，他们是体会得最深。那些大一点的，脾性野一点的孩子，却占领了戏场周围所有的高空，杨树上，柳树上，槐树上，一个枝杈一个人。他们常常乐而忘了险境，双手鼓掌时竟从树杈上掉下来，掉下来自不会损伤，因为树下是无数的人头，只是招致一顿臭骂罢了。更有一些爬在了场边的麦秸积上，夏天四面来风，好不凉快，冬日就趴个草洞，将身子缩进去，露一个脑袋，也正是有闲阶级享受不了秦腔吧，他们常就瞌睡了，一觉醒来，月在西天，戏毕人散，只好苦笑一声悄然没声儿地溜下来回家敲门去了。

当然，一次秦腔演出，是一次演员亮相，也是一次演员受村人评论的考场。每每角色一出场，台下就一片嘁嘁喳喳：这是谁的儿子，谁的女子，谁家的媳妇，娘家何处？于是乎，谁有出息，谁没能耐，一下子就有了定论。有好多外村的人来提亲说媒，总是就在这个时候进行。据说有一媒人将一女子引到台下，相亲台上一个男演员，事先夸口这男的如何俊样，如何能干，但戏演了过半，那男的还未出场，后来终于出来，是个国民党的伪兵，还持枪未走到中台，扮游击队长的演员挥枪一指，“叭”地一声，那伪兵就倒地而死，爬着钻进了后幕。那女子当下哼一声，闭了嘴，一场亲事自然了了。这是喜中之悲一例。据说还有一例，一个老头在脖子上架了孙孙去看戏，孙孙吵着要回家，老头好说好劝只是不忍半场而去，便破费买了半斤花生，他眼盯着台上，手在下边剥花生，然后一颗一颗扬手喂到孙孙嘴里，但喂着喂着，竟将一颗塞进孙孙鼻孔，吐不出，咽不下，口鼻出血，连夜送到医院动手术，花去了七十元钱。

但是，以秦腔引喜的事却不计其数。每个村里，总会有那么个老汉，夜里看戏，第二天必是头一个起床往戏台下跑。戏台下一片石头、砖头，一堆堆瓜子皮，糖果纸，烟屁股，他揪揪这块石头，踢踢那堆尘土，少不了要捡到一角两角甚至三元四元钱币来，或者一只鞋，或者一条手帕。这是村里钻刁人干的营生，而馋嘴的孩子们有的则夜里趁各家锁门之机，去地里摘那香瓜来吃，去谁家院里将桃杏装在背心兜里回来分红。自然少不了有那些青春妙龄的少男少女，则往往在台下混乱之中眼送秋波，或者就悄悄退出，相依相偎到黑黑的渠畔树林子里去了……

秦腔在这块土地上，有着神圣的不可动摇的基础。凡是到这些村庄去下乡，到这些人家去做客，他们最高级的接待是陪着看一场秦腔，实在不逢年过节，他们就会要合家唱一会乱弹，你只能点头称好，不能耻笑，甚至不能有一点不入神的表示。他们一生最崇敬的只有两种人：一是国家领导人，一是当地的秦腔名角。即是在任何地方，这些名角没有在场，只要发现了名角的父母，去商店买油是不必排队的，进饭馆吃饭是会有座位的，就是在半路上挡车，只要喊一声：我是某某的什么，司机也便要嘎地停车。但是，谁要侮辱一下秦腔，他们要争死争活地和你论理，以至大打出手，永远使你记住教训。每每村里遇红白丧喜之事，那必是要包一台秦腔的，生儿以秦腔迎接，送葬以秦腔致哀，似乎这人生的世界，就是秦腔的舞台，人只要在舞台上，生，旦，净，丑，才各显了真性，恶的夸张其丑，善的凸现其美，善的使他们获得美的教育，恶的也使丑里化作了美的艺术。

广漠旷远的八百里秦川，只有这秦腔，也只能有这秦腔，八百里秦川的劳作农民只有也只能有这秦腔使他们喜怒哀乐。秦人自古是大苦大乐之民众，他们的家乡交响乐除了大喊大叫的秦腔还能有别的吗？

1983年5月2日草于五味村

（选自《贾平凹散文自选集》，桂林，漓江出版社，1993）

背景知识

贾平凹（1952— ），当代著名作家，原名贾平娃，陕西丹凤人。1975年于西北大学中文系毕业，曾任陕西人民出版社文艺编辑、《长安》文学月刊编辑，现为西安市文联专职作家。1982 年后从事专业创作，任中国作家协会理事、作协陕西分会副主席等职。著有小说集《兵娃》《山地笔记》《商州散记》《小月前本》《腊月·正月》《天狗》《贾平凹获奖中篇小说集》，长篇小说《商州》《浮躁》《废都》《白夜》《秦腔》《高兴》，自传体长篇《我是农民》等。散文集《月迹》《心迹》《爱的踪迹》《贾平凹散文自选集》等。其作品多次获得国内外大奖，并被翻译成多种外文在外埠市场发行。贾平凹小说描写新时期的西北农村，特别是改革开放后的变革，视野开阔，具有丰富的当代中国社会文化心理内涵，富于地域风土特色，格调清新隽永。

贾平凹在散文领域颇有建树，早期的《月迹》《一棵桃树》，书写儿童眼睛中美丽单纯的世界，注重诗意境界的酝酿。在 20 世纪 80 年代中期，他转而写陕西的风土人情，展示当地的人文风景和生活情态。贾平凹的散文无论在思想意蕴、文化趣味还是语言表达上，都倾向吸取中国文学传统因素，崇尚简单古朴的风趣和静虚境界的营造。

导　读

“合阳的踅面，陕西的秦腔”。秦腔作为中华地方戏曲中的一个剧种，千百年来一直深受关中人喜爱，已经成为了关中地区的民间艺术精粹。秦腔演员高亢激越、猛烈粗砺的吼声，外地人的感受是呕哑嘲哳难为听，可是带给关中人的却是麻酥酥、熨熨帖帖的美的享受。

本文是一篇侧重民情风俗的文化性散文。行文一改作者早期散文阴柔之美的主体风格，语言表述亦如秦腔唱腔一样火爆热烈、粗犷豪放，充满了蓬勃向上的生命力。秦腔高亢响亮、震撼人心，它是黄土地上老百姓生生不息的命运之声。

秦腔这一富有地域特色的文化艺术，它的产生与秦地的地理人文环境密不可分。正如西方文艺理论家丹纳在《艺术哲学》中所指出的那样，“精神文明的产物和动植物的产物一样，只能用各自的环境来解释”。秦川大地厚重、开阔的地貌，秦人独特的生活和娱乐方式，使得秦腔成为了秦地天籁、地籁、人籁的共鸣。秦腔是关中百姓生活里的精神寄托，已经同“西凤”白酒、长线辣子、大叶卷烟、羊肉泡馍一样，共同构成了他们生命中的五大元素。

本文的题目是《秦腔》，却并未从正面来描述秦腔艺术。行文笔墨集中写了与秦腔有关的地理、人文、演出环境，重点描述了人们看秦腔的态度、演出效果以及演员的社会地位等。但我们读完全文，却能对秦腔有极为真切、深刻的印象和认识。作者反复强调秦腔这种地方戏曲在秦地的盛行，就在于它扎根于秦人的一种独特的生活方式。至此，我们可以看出作者其真意在于写秦人，写他们的生活状态和精神面貌。

作者行文态度平实，语言表述上能把传统古文、现代白话文以及农民的方言口语很自然的融合在一起，在质朴、平淡的叙述中不乏生动传神的细节刻画。语言风格既幽默风趣，又不失庄重质朴。这种大巧若拙的行文笔法，蕴含着一个作文大家对社会、人生和文学艺术通达洞明的理解。

思考与讨论

1. 作者是直接描述秦腔唱腔的吗？行文从哪些方面来描写秦腔，重点写的又是哪一部分？

2. 请你找出课文第一部分中最能表现秦腔与秦地秦人关系的句子，并加以分析。

3. 在第五自然段里，作者为什么“发现了自己心胸中一股强硬的气魄随同着胳膊上的肌肉疙瘩一起产生了”？

4. 你听过秦腔吗？请同学描述听罢秦腔后的感受。

阅读视线

我的昆曲之旅

白先勇

很小的时候我在上海看过一次昆曲，那是抗战胜利后的第二年梅兰芳回国首次公演，在上海美琪大戏院演出。美琪是上海首轮戏院，平日专门放映西片，梅兰芳在美琪演昆曲是个例外。抗战八年，梅兰芳避走香港留上胡子，不肯演戏给日本人看，所以那次他回上海公演特别轰动，据说黑市票卖到一条黄金一张。观众崇拜梅大师的艺术，恐怕也带着些爱国情绪，景仰他的气节，抗战刚胜利，大家还很容易激动。梅兰芳一向以演京戏为主，昆曲偶尔为之，那次的戏码却全是昆曲：《思凡》《刺虎》《断桥》《游园惊梦》。很多年后昆曲大师俞振飞亲口讲给我听，原来梅兰芳在抗战期间一直没有唱戏，对自己的嗓子没有太大把握，皮簧戏调门高，他怕唱不上去，俞振飞建议他先唱昆曲，因为昆曲的调门比较低，于是才有俞梅珠联璧合在美琪大戏院的空前盛大演出。我随家人去看的，恰巧就是《游园惊梦》。从此我便与昆曲，尤其是《牡丹亭》结下不解之缘。小时候并不懂戏，可是《游园》中《皂罗袍》那一段婉丽妩媚，一唱三叹的曲调，却深深地印在我的记忆中，以致许多年后，一听到这段音乐的笙箫管笛悠然扬起就不禁怦然心动。

第二次在上海再看昆曲，那要等到四十年后的事了。一九八七年我重返上海，恰好赶上“上昆”演出《长生殿》三个多小时的版本，由蔡正仁、华文漪分饰唐明皇与杨贵妃。戏一演完，我纵身起立，拍掌喝彩，直到其他观众都已散去，我仍痴立不舍离开。“上昆”表演固然精彩，但最令我激动不已的是，我看到了昆曲——这项中国最精美、最雅致的传统戏剧艺术竟然在遭罹过“文化大革命”这场大浩劫后还能浴火重生，在舞台上大放光芒。当时那一种感动，非比寻常，我感到经历一场母体文化的重新洗礼，民族精神文明的再次皈依。大唐盛世，天宝兴宝，一时呈现眼前。文学上的联想也一下子牵系上杜甫的《哀江头》，白居易的《长恨歌》：“人生有情泪沾臆，江水江花岂终极”“天长地久有时尽，此恨绵绵无绝期”。等到乐队吹奏起《春江花月夜》的时刻，真是到了令人“情何以堪”的地步。

从前看《红楼梦》，元妃省亲，点了四出戏：《家宴》《乞巧》《仙缘》《离魂》，后来清楚原来这些都是昆曲，而且来自当时流行的传奇本子：《一捧雪》《长生殿》《邯郸梦》还有《牡丹亭》。曹雪芹成书于乾隆年间，正是昆曲鼎盛之时，上至王卿贵族如贾府，下至市井小民，对昆曲的热爱，由南到北，举国若狂。苏州是明清两代的昆曲中心，万历年间，单苏州一郡的职业演员已达数千之众，难怪贾府为了元妃省亲会到姑苏去买一班唱戏的女孩子回来。张岱在《陶庵梦忆》里记载了每年苏州虎丘山中秋夜曲会大比赛的盛况，与会者上千，彩生雷动，热闹非凡。当时昆曲清唱是个全民运动，大概跟我们现在台湾唱卡拉OK一样盛行，可见得中国人也曾是一个爱音乐爱唱歌的民族。由明万历到清乾嘉之间，昆曲独霸中国剧坛，足足兴盛了两百年，其流传之广，历时之久，非其他剧种可望其项背。而又因为数甚众上层“雅部”，成为雅俗共赏的一种精致艺术。与元杂剧不同，明清传奇的作者倒有不少是进士及第，做大官的。曹雪芹的祖父曹寅也写过传奇《续琵琶》，可见得当时士大夫阶级写剧本还是一件雅事。明清的传奇作家有七百余人，作品近两千种，存下来的也有六百多，数量相当惊人，其中名著如《牡丹亭》《长生殿》《桃花扇》等早已成为文学经典。但令人惊讶不解的是，昆曲曾经深入民间，影响我国文化如此之巨，这样精美的表演艺术，到了民国初年竟然没落得几乎失传成为绝响，职业演出只靠了数十位“昆曲传习所”传字辈艺人在苦撑，抗战一来，那些艺人流离失所，昆曲也就基本上从舞台消失。战后梅兰芳在上海那次盛大昆曲演出，不过是灵光一现。

南京在明清时代也曾是昆曲的重镇。《儒林外史》第三十回写风流名士杜慎卿在南京名胜地莫愁湖举办唱曲比赛大会，竟有一百三十多个职业戏班子参加，演出的旦角人数有六七十人，而且都是上了装表演的，唱到晚上，“点起几百盏明角灯来，高高下下，照耀如同白日。歌声飘渺，直入云霄”。城里的有钱人闻风都来捧场，雇了船在湖中看戏，看到高兴的时候，一个个齐声喝彩，直闹到天明才散。这一段不禁教人看得啧啧称奇，原来乾隆年间南京还有这种场面。夺魁的是芳林班小旦郑葵官，杜慎卿赏了他一只金杯，上刻“艳夺樱桃”四个字。这位杜十七老爷，因此名震江南。金陵是千年文化名城，明太祖朱洪武又曾建都于此，明清之际，金陵人文会萃，亦是当然。

一九八七年重游南京，我看到了另一场精彩的昆曲演出：江苏昆曲剧团张继青的拿手戏《三梦》——《惊梦》《寻梦》《痴梦》。我还没有到南京以前，已经久闻张继青的大名，行家朋友告诉我："你到南京，一定要看她的《三梦》。"隔了四十年，才得重返故都，这个机会，当然不肯放过。于是托了人去向张继青女士说项，总算她给面子，特别演出一场。那天晚上我跟着南京大学的戏剧前辈陈白尘与吴白匋两位老先生一同前往。二老是戏曲专家，知道我热爱昆曲，颇为嘉许。陈老谈到昆曲在大陆式微，忿忿然说道："中国大学生都应该以不看昆曲为耻！"开放后，中国大学生大概都忙着跳迪斯科去了。当晚在剧院又巧遇在南京讲学的叶嘉莹教授，叶先生是我在台大时的老师，我曾到中文系去旁听她的古诗课程，受益甚大。叶先生这些年巡回世界各地讲授中国古典文学，抱着兴灭继续的悲愿，在华人子弟中，散播中国传统文化的根苗。那天晚上，我便与这几位关爱中国文化前途的前辈师长，一同观赏了杰出昆曲表演艺术家张继青的《三梦》。

张继青的艺术果然了得，一出《痴梦》演得出神入化，把剧中人崔氏足足演活了。这是一出高难度的做工戏，是考演员真功夫的内心戏，张继青因演《痴梦》名震内外。《痴梦》是明末清初传奇《烂河山》的一折，取材于《汉书·朱买臣传》及民间马前泼水的故事。西汉寒儒朱买臣，年近半百，功名未就，妻崔氏不耐饥寒，逼休改嫁，后来朱买臣中举衣锦荣归，崔氏愧悔，然而覆水难收，破镜不可重圆，最后崔氏疯痴投水自尽。这是一出典型中国式的伦理悲剧：贫贱夫妻百事哀。如果希腊悲剧源于人神冲突，中国悲剧则起于油盐柴米，更近人间。朱买臣休妻这则故事改成戏剧也经过不少转折。《汉书·朱买臣传》，崔氏改嫁后仍以饭饮接济前夫，而朱买臣当官后，亦善待崔氏及其后夫，朱买臣夫妇都是极厚道极文明的，但这不是悲剧的材料。元杂剧《朱太守风雪渔樵记》最后却让朱买臣夫妇团圆，变成了喜剧。还是传奇《烂河山》掌握了这则故事的悲剧内涵，但是在《昆曲大全》老本子的《逼休》一折，崔氏取得休书后在大雪纷飞中竟把朱买臣逐出家门，这样凶狠的女人很难演得让观众同情，江苏昆剧团的演出本改得最好，把崔氏这个爱慕虚荣不耐贫贱的平凡妇人刻划得合情合理，恰如其分，让张继青的精湛演技发挥到淋漓尽致。她能把一个反派角色演得最后让人感到其情可悯，其境可悲，这不是件容易的事，这就要靠真功夫了。张继青演《烂河山》中的崔氏，得自传字辈老师傅沈传芷的真传。沈传芷家学渊源，其父是"昆曲传习所"有"大先生"尊称的沈月亭，他自己也是个有名的"戏包袱"，工正旦。张继青既得名师指导，又加上自己深刻琢磨，终于把崔氏这个人物千变万化的复杂情绪，每一转折都能准确把握投射出来，由于她完全进入角色，即使最后崔氏因梦成痴，疯疯癫癫，仍让人觉得那是真的，不是在做戏。《烂河山》变成了张继青的招牌戏，是实至名归。我们看完她的《痴梦》大家叹服，叶嘉莹先生也连声赞好。

在南京居然又在舞台上看到了《游园惊梦》！人生的境遇是如此之不可测。白天我刚去游过秦淮河、夫子庙，亦找到了当年以清唱著名的得月台戏馆，这些名胜正在翻修，得月台在秦淮河畔，是民国时代南京红极一时的清唱场所，当年那些唱平剧、唱昆曲的姑娘，有的飞上枝头，变成了大明星、官太太。电影明星王熙春便是清唱出身的。得月台，亦是秦淮水榭当年民国时代一瞬繁华的见证。我又去乌衣巷、桃叶渡，参观了“桃花扇底送南朝”李香君的故居媚香楼。重游南京，就是要去寻找童年时代的足迹。我是一九四六年战后国民政府还都，跟着家人从重庆飞至南京的，那时抗战刚胜利，整个南京城都荡漾着一股劫后重生的兴奋与喜悦，渔阳鼙鼓的隐患，还离得很远很远。我们从重庆那个泥黄色的山城骤然来到这六朝金粉的古都，到处的名胜古迹，真是看得人眼花缭乱。我永远不会忘记爬到明孝陵那些庞然大物的石马石象背上那种亢奋之情，在雨花台上我挖掘到一枚胭脂血红晶莹剔透的彩石，跟随了我许多年，变成了我对南京记忆的一件信物。那年父亲率领我们全家到中山陵谒陵，爬上那三百九十多级石阶，是一个庄严的仪式。多年后，我才体会得到父亲当年谒陵，告慰国父在天之灵抗日胜利心境。四十年后，天旋地转，重返南京，再登中山陵，看到钟山下面郁郁苍苍，满目河山，无一处不蕴藏着历史的悲怆，大概是由于对南京一份特殊的感情，很早时候便写下了《游园惊梦》，算是对故都无尽的追思。台上张继青扮演的杜丽娘正唱着《皂罗袍》：

原来姹紫嫣红开遍/似这般都付与断井颓垣/良辰美景奈何天/赏心乐事谁家院

在台下，我早已听得魂飞天外，不知道想到哪里去了。

离开南京前夕，我宴请南京大学的几位教授，也邀请了张继青，为了答谢她精彩的演出。宴席我请南大代办，他们却偏偏选中了“美龄馆”。“美龄馆”在南京东郊梅岭林园路上，离中山陵不远，当年是蒋夫人宋美龄别墅，现在开放，对外营业。那是一座仿古宫殿式二层楼房，依山就势筑成，建筑典雅庄重，很有气派，屋顶是碧绿的琉璃瓦，挑角飞檐，雕梁画栋，屋外石阶上去，南面是一片大平台，平台有花砖铺地，四周为雕花栏杆。台北的圆山饭店就有点模仿“美龄宫”的建筑。宴席设在楼下客厅，这个厅堂相当大，可容纳上两百人。陈白尘、吴白匋几位老先生也都到了，大家谈笑间，我愈来愈感到周围的环境似曾相识。这个地方我来过！我的记忆之门突然打开了。应该是一九四六年的十二月，蒋夫人宋美龄开了一个圣诞节“派对”，母亲带着四哥跟我两人赴宴，就是在这座“美龄宫”里，客厅挤满了大人与小孩，到处大红大绿，金银纷飞，全是圣诞节的喜色。蒋夫人与母亲她们都是民初短袄长裙的打扮，可是蒋夫人宋美龄穿上那一套黑缎子绣醉红海棠花的衣裙就是要比别人好看，因为她一举一动透露出来的雍容华贵，世人不及。小孩子那晚都兴高采烈，因为有层出不穷的游戏，四哥抢椅子得到冠军，我记得他最后把另外一个男孩用屁股一挤便赢得了奖品。那晚的高潮是圣诞老人分派礼物，圣诞老公公好像是黄仁霖扮的，他背着一个大袋子出来，我们每个人都分到一只小红袋的礼物。袋子里有各色糖果，有的我从来没见过。那只红布袋很可爱，后来就一直挂在房间里装东西。不能想象四十年前在“美龄宫”的大厅里曾经有过那样热闹的场景。我一边敬南大老先生们的酒，不禁感到时空彻底的错乱，这几十年的颠倒把历史的秩序全部打乱了。宴罢我们到楼上参观，蒋夫人宋美龄的卧居据说完全维持原状。那一堂厚重的绿绒沙发仍旧是从前的摆设，可是主人不在，整座“美龄宫”都让人感到一份人去楼空的静悄，散着一股“宫花寂寞红”的寥落。

这几年来，昆曲在台湾有了复兴的迹象，长年来台湾昆曲的传承徐炎之先生及他弟子们的努力，徐炎之在各大学里辅导的昆曲社便担任了传承的任务。那是一段艰辛的日子，我亲眼看到徐老先生为了传授昆曲在大太阳下骑着脚踏车四处奔命，那是一幅令人感动的景象。两岸开放后，在台湾有心人士樊曼侬、曾永美、洪唯助、曹馨园等人大力推动下，台湾的昆曲欣赏有了大幅度的发展，大陆六大昆班都来台湾表演过了。每次都造成轰动。有几次在台湾看昆曲，看到许多年轻观众完全陶醉在管笛悠扬载歌载舞中，我真是高兴：台湾观众终于发觉了昆曲的美，其实昆曲是最能表现中国传统美学抒情、写意、象征、诗化的一种艺术，能够把歌、舞、诗、戏糅合成那样精致优美的一种表演形式，在别的表演艺术里，我还没有看到过，包括西方的歌剧芭蕾，歌剧有歌无舞，芭蕾有舞无歌，终究有点缺憾。昆曲却能以最简单朴素的舞台，表现出最繁复的情感意象来。试看看张继青表演《寻梦》一折中的“忒忒令”，一把扇子就扇活了满台的花花草草，这是象征艺术最高的境界，也是昆曲最厉害的地方。二十世纪的中国人，心灵上总难免有一种文化的飘落感，因为我们的文化传统在这个世纪被连根拔起，伤得不轻。昆曲是中国现存最古老的一种戏剧艺术，曾经有过如此辉煌的历史，我们实在应该爱惜它，保护它，使它的艺术生命延续下去，为下个世纪中华文化全面复兴留一枚火种。

（选自《万象》，第2卷，第2期，2001）

推荐阅读书目

1. 贾平凹：《贾平凹散文选》，北京，科学出版社，2009。
2. 贾平凹：《秦腔》，北京，作家出版社，2005。
3. 贾平凹：《高兴》，北京，作家出版社，2005。

呼兰河传（节选）

阅读提示

《呼兰河传》是萧红最后一部长篇小说。茅盾称这部风格独特的长篇小说是“一篇叙事诗，一幅多彩的风土画，一串凄婉的歌谣”。本文节选自小说的第三章第一节、第二节和尾声三个片断。今天读来，我们仍能感受萧红在漂泊和寂寞的写作中，对幸福和安宁渴望的目光。

原　文

呼兰河传（节选）

萧　红

第三章

一

呼兰河这小城里边住着我的祖父。

我生的时候，祖父已经六十多岁了，我长到四五岁，祖父就快七十了。

我家有一个大花园，这花园里蜂子、蝴蝶、蜻蜓、蚂蚱，样样都有。蝴蝶有白蝴蝶、黄蝴蝶。这种蝴蝶极小，不太好看。好看的是大红蝴蝶，满身带着金粉。

蜻蜓是金的，蚂蚱是绿的，蜂子则嗡嗡地飞着，满身绒毛，落到一朵花上，胖圆圆地就和一个小毛球似的不动了。

花园里边明晃晃的，红的红，绿的绿，新鲜漂亮。

据说这花园，从前是一个果园。祖母喜欢吃果子就种了果园。祖母又喜欢养羊，羊就把果树给啃了。果树于是都死了。到我有记忆的时候，园子里就只有一棵樱桃树，一棵李子树，因为樱桃和李子都不大结果子，所以觉得他们是并不存在的。小的时候，只觉得园子里边就有一棵大榆树。

这榆树在园子的西北角上，来了风，这榆树先啸，来了雨，大榆树先就冒烟了。太阳一出来，大榆树的叶子就发光了，它们闪烁得和沙滩上的蚌壳一样了。

祖父一天都在后园里边，我也跟着祖父在后园里边。祖父戴一个大草帽，我戴一个小草帽，祖父栽花，我就栽花；祖父拔草，我就拔草。当祖父下种，种小白菜的时候，我就跟在后边，把那下了种的土窝，用脚一个一个地溜平，哪里会溜得准，东一脚的，西一脚的瞎闹。有的把菜种不单没被土盖上，反而把菜子踢飞了。

小白菜长得非常之快，没有几天就冒了芽了，一转眼就可以拔下来吃了。

祖父铲地，我也铲地；因为我太小，拿不动那锄头杆，祖父就把锄头杆拔下来，让我单拿着那个锄头的“头”来铲。其实哪里是铲，也不过爬在地上，用锄头乱勾一阵就是了。也认不得哪个是苗，哪个是草。往往把韭菜当做野草一起割掉，把狗尾草当做谷穗留着。

等祖父发现我铲的那块满留着狗尾草的一片，他就问我：

“这是什么？”

我说：

“谷子。”

祖父大笑起来，笑得够了，把草摘下来问我：

“你每天吃的就是这个吗？”

我说：

“是的。”

我看着祖父还在笑，我就说：

“你不信，我到屋里拿来你看。”

我跑到屋里拿了鸟笼上的一头谷穗，远远地就抛给祖父了。说：

“这不是一样的吗？”

祖父慢慢地把我叫过去，讲给我听，说谷子是有芒针的。

狗尾草则没有，只是毛嘟嘟的真像狗尾巴。

祖父虽然教我，我看了也并不细看，也不过马马虎虎承认下来就是了。一抬头看见了一个黄瓜长大了，跑过去摘下来，我又去吃黄瓜去了。

黄瓜也许没有吃完，又看见了一个大蜻蜓从旁飞过，于是丢了黄瓜又去追蜻蜓去了。蜻蜓飞得多么快，哪里会追得上。好在一开初也没有存心一定追上，所以站起来，跟了蜻蜓跑了几步就又去做别的去了。

采一个倭瓜花心，捉一个大绿豆青蚂蚱，把蚂蚱腿用线绑上，绑了一会儿，也许把蚂蚱腿就绑掉，线头上只拴了一只腿，而不见蚂蚱了。

玩腻了，又跑到祖父那里去乱闹一阵，祖父浇菜，我也抢过来浇，奇怪的就是并不往菜上浇，而是拿着水瓢，拼尽了力气，把水往天空里一扬，大喊着：

“下雨了，下雨了。”

太阳在园子里是特大的，天空是特别高的，太阳的光芒四射，亮得使人睁不开眼睛，亮得蚯蚓不敢钻出地面来，蝙蝠不敢从什么黑暗的地方飞出来。是凡在太阳下的，都是健康的、漂亮的，拍一拍连大树都会发响的，叫一叫就是站在对面的土墙都会回答似的。

花开了，就像花睡醒了似的。鸟飞了，就像鸟上天了似的。虫子叫了，就像虫子在说话似的。一切都活了。都有无限的本领，要做什么，就做什么。要怎么样，就怎么样。都是自由的。倭瓜愿意爬上架就爬上架，愿意爬上房就爬上房。黄瓜愿意开一个谎花，就开一个谎花，愿意结一个黄瓜，就结一个黄瓜。若都不愿意，就是一个黄瓜也不结，一朵花也不开，也没有人问它。玉米愿意长多高就长多高，它若愿意长上天去，也没有人管。蝴蝶随意的飞，一会儿从墙头上飞来一对黄蝴蝶，一会儿又从墙头上飞走了一个白蝴蝶。它们是从谁家来的，又飞到谁家去？太阳也不知道这个。

只是天空蓝悠悠的，又高又远。

可是白云一来了的时候，那大团的白云，好像洒了花的白银似的，从祖父的头上经过，好像要压到了祖父的草帽那么低。

我玩累了，就在房子底下找个阴凉的地方睡着了。不用枕头，不用席子，就把草帽遮在脸上就睡了。

二

祖父的眼睛是笑盈盈的，祖父的笑，常常笑得和孩子似的。

祖父是个长得很高的人，身体很健康，手里喜欢拿着个手杖。嘴上则不住地抽着旱烟管，遇到了小孩子，每每喜欢开个玩笑，说：

“你看天空飞个家雀。”

趁那孩子往天空一看，就伸出手去把那孩子的帽给取下来了，有的时候放在长衫的下边，有的时候放在袖口里头。他说：

“家雀叼走了你的帽啦。”

孩子们都知道了祖父的这一手了，并不以为奇，就抱住他的大腿，向他要帽子，摸着他的袖管，撕着他的衣襟，一直到找出帽子来为止。

祖父常常这样做，也总是把帽放在同一的地方，总是放在袖口和衣襟下。那些搜索他的孩子没有一次不是在他衣襟下把帽子拿出来的，好像他和孩子们约定了似的：“我就放在这块，你来找吧！”

这样的不知做过了多少次，就像老太太永久讲着“上山打老虎”这一个故事给孩子们听似的，哪怕是已经听过了五百遍，也还是在那里回回拍手，回回叫好。

每当祖父这样做一次的时候，祖父和孩子们都一齐地笑得不得了。好像这戏还像第一次演似的。

别人看了祖父这样做，也有笑的，可不是笑祖父的手法好，而是笑他天天使用一种方法抓掉了孩子的帽子，这未免可笑。

祖父不怎样会理财，一切家务都由祖母管理。祖父只是自由自在地一天闲着；我想，幸好我长大了，我三岁了，不然祖父该多寂寞。我会走了，我会跑了。我走不动的时候，祖父就抱着我；我走动了，祖父就拉着我。一天到晚，门里门外，寸步不离，而祖父多半是在后园里，于是我也在后园里。

我小的时候，没有什么同伴，我是我母亲的第一个孩子。

我记事很早，在我三岁的时候，我记得我的祖母用针刺过我的手指，所以我很不喜欢她。我家的窗子，都是四边糊纸，当中嵌着玻璃。祖母是有洁癖的，以她屋的窗纸最白净。别人抱着把我一放在祖母的炕边上，我不假思索地就要往炕里边跑，跑到窗子那里，就伸出手去，把那白白透着花窗棂的纸窗给通了几个洞，若不加阻止，就必得挨着排给通破，若有人招呼着我，我也得加速的抢着多通几个才能停止。手指一触到窗上，那纸窗像小鼓似的，嘭嘭地就破了。破得越多，自己越得意。祖母若来追我的时候，我就越得意了，笑得拍着手，跳着脚的。

有一天祖母看我来了，她拿了一个大针就到窗子外边去等我去了。我刚一伸出手去，手指就痛得厉害。我就叫起来了。那就是祖母用针刺了我。

从此，我就记住了，我不喜她。

虽然她也给我糖吃，她咳嗽时吃猪腰烧川贝母，也分给我猪腰，但是我吃了猪腰还是不喜她。

在她临死之前，病重的时候，我还会吓了她一跳。有一次她自己一个人坐在炕上熬药，药壶是坐在炭火盆上，因为屋里特别的寂静，听得见那药壶骨碌骨碌地响。祖母住着两间房子，是里外屋，恰巧外屋也没有人，里屋也没人，就是她自己。我把门一开，祖母并没有看见我，于是我就用拳头在板隔壁上，咚咚地打了两拳。我听到祖母"哟"地一声，铁火剪子就掉了地上了。

我再探头一望，祖母就骂起我来。她好像就要下地来追我似的。我就一边笑着，一边跑了。

我这样地吓唬祖母，也并不是向她报仇，那时我才五岁，是不晓得什么的，也许觉得这样好玩。

祖父一天到晚是闲着的，祖母什么工作也不分配给他。只有一件事，就是祖母的地桌上的摆设，有一套锡器，却总是祖父擦的。这可不知道是祖母派给他的，还是他自动地愿意工作，每当祖父一擦的时候，我就不高兴，一方面是不能领着我到后园里去玩了；另一方面，祖父因此常常挨骂，祖母骂他懒，骂他擦得不干净。祖母一骂祖父的时候，就常常不知为什么连我也骂上。

祖母一骂祖父，我就拉着祖父的手往外边走，一边说：

"我们后园里去吧。"

也许因此祖母也骂了我。

她骂祖父是"死脑瓜骨"，骂我是"小死脑瓜骨"。

我拉着祖父就到后园里去了，一到了后园里，立刻就另是一个世界了。决不是那房子里的狭窄的世界，而是宽广的，人和天地在一起，天地是多么大，多么远，用手摸不到天空。而土地上所长的又是那么繁华，一眼看上去，是看不完的，只觉得眼前鲜绿的一片。

一到后园里，我就没有对象地奔了出去，好像我是看准了什么而奔去了似的，好像有什么在那儿等着我似的。其实我是什么目的也没有。只觉得这园子里边无论什么东西都是活的，好像我的腿也非跳不可了。

若不是把全身的力量跳尽了，祖父怕我累了想招呼住我，那是不可能的，反而他越招呼，我越不听话。

等到自己实在跑不动了，才坐下来休息，那休息也是很快的，也不过随便在秧子上摘下一个黄瓜来，吃了也就好了。

休息好了又是跑。

樱桃树，明是没有结樱桃，就偏跑到树上去找樱桃。李子树是半死的样子了，本不结李子的，就偏去找李子。一边在找，还一边大声的喊，在问着祖父：

“爷爷，樱桃树为什么不结樱桃?”

祖父老远的回答着：

“因为没有开花，就不结樱桃。”

再问：

“为什么樱桃树不开花?”

祖父说：

“因为你嘴馋，它就不开花。”

我一听了这话，明明是嘲笑我的话，于是就飞奔着跑到祖父那里，似乎是很生气的样子。等祖父把眼睛一抬，他用了完全没有恶意的眼睛一看我，我立刻就笑了。而且是笑了半天的工夫才能够止住，不知哪里来了那许多的高兴。把后园一时都让我搅乱了，我笑的声音不知有多大，自己都感到震耳了。

后园中有一棵玫瑰。一到五月就开花的。一直开到六月。

花朵和酱油碟那么大。开得很茂盛，满树都是，因为花香，招来了很多的蜂子，嗡嗡地在玫瑰树那儿闹着。

别的一切都玩厌了的时候，我就想起来去摘玫瑰花，摘了一大堆把草帽脱下来用帽兜子盛着。在摘那花的时候，有两种恐惧，一种是怕蜂子的勾刺人，另一种是怕玫瑰的刺刺手。好不容易摘了一大堆，摘完了可又不知道做什么了。忽然异想天开，这花若给祖父戴起来该多好看。

祖父蹲在地上拔草，我就给他戴花。祖父只知道我是在捉弄他的帽子，而不知道我到底是在干什么。我把他的草帽给他插了一圈的花，红通通的二三十朵。我一边插着一边笑，当我听到祖父说：

“今年春天雨水大，咱们这棵玫瑰开得这么香。二里路也怕闻得到的。”

就把我笑得哆嗦起来。我几乎没有支持的能力再插上去。

等我插完了，祖父还是安然的不晓得。他还照样地拔着垅上的草。我跑得很远的站着，我不敢往祖父那边看，一看就想笑。所以我借机进屋去找一点吃的来，还没有等我回到园中，祖父也进屋来了。

那满头红彤彤的花朵，一进来祖母就看见了。她看见什么也没说，就大笑了起来。父亲母亲也笑了起来，而以我笑得最厉害，我在炕上打着滚笑。

祖父把帽子摘下来一看，原来那玫瑰的香并不是因为今年春天雨水大的缘故，而是那花就顶在他的头上。

他把帽子放下，他笑了十多分钟还停不住，过一会一想起来，又笑了。

祖父刚有点忘记了，我就在旁边提着说：

“爷爷……今年春天雨水大呀……”

一提起，祖父的笑就来了。于是我也在炕上打起滚来。

就这样一天一天的，祖父，后园，我，这三样是一样也不可缺少的了。

刮了风，下了雨，祖父不知怎样，**在我却是非常寂寞的了。**去没有去处，玩没有玩的，觉得这一天不知有多少日子那么长。

尾声

呼兰河这小城里边，以前住着我的祖父，现在埋着我的祖父。

我生的时候，祖父已经六十多岁了，我长到四五岁，祖父就快七十了。我还没有长到二十岁，祖父就七八十岁了。祖父一过了八十，祖父就死了。

从前那后花园的主人，而今不见了。老主人死了，小主人逃荒去了。

那园里的蝴蝶，蚂蚱，蜻蜓，也许还是年年仍旧，也许现在完全荒凉了。

小黄瓜，大倭瓜，也许还是年年地种着，也许现在根本没有了。

那早晨的露珠是不是还落在花盆架上，那午间的太阳是不是还照着那大向日葵，那黄昏时候的红霞是不是还会一会工夫会变出来一匹马来，一会工夫会变出来一匹狗来，那么变着。

这一些不能想象了。

听说有二伯死了。

老厨子就是活着年纪也不小了。

东邻西舍也都不知怎样了。

至于那磨房里的磨官，至今究竟如何，则完全不晓得了。

以上我所写的并没有什么幽美的故事，只因他们充满我幼年的记忆，忘却不了，难以忘却，就记在这里了。

1940年12月20日香港完稿

（选自《萧红全集》，上卷，哈尔滨，哈尔滨出版社，1998）

背景知识

萧红（1911—1942），原名张迺莹，笔名萧红、悄吟，出生于黑龙江省呼兰县一个地主家庭，幼年丧母。1930年，为了反对包办婚姻，逃离家庭，困窘间向报社投稿，并因此结识萧军，两人相爱，萧红也从此走上写作之路，两人一同完成散文集《商市街》。1933年与萧军自费出版第一本作品合集《跋涉》。1934年到上海，与鲁迅相识，同年完成长篇小说《生死场》，次年在鲁迅帮助下作为"奴隶丛书"之一出版。萧红由此取得了在现代文学史上的地位。《生死场》是最早反映东北人民在日本帝国主义统治下生活和斗争的作品之一，引起当时文坛的重视。鲁迅为之作序，给予热情鼓励。抗日战争爆发后，她投入抗日救亡运动。后应李公仆之邀到山西临汾，在民族革命大学任教。1940年去香港。萧红带有左翼现实主义风格的小说还有一部长篇《马伯乐》，回忆性长篇小说《呼兰河传》，以及一系列回忆故乡的中短篇如《牛车上》《小城三月》等。

导　读

萧红于1940年12月30日写完《呼兰河传》，在香港《星岛日报》副刊连载，1941年由桂林河山出版社出版。

1940年春，萧红来到香港，在漂泊和磨难中的她，身体状况已经愈来愈差，咳嗽、失眠常伴随她，一个在人生路上跋涉二十九年的她，一个渴求爱抚、温暖、尊重、安宁的她，已渐渐被病魔逼到生命的尽头。在这种悲凉孤寂的境遇中，萧红更加思念自己的故乡——呼兰小城，她在小说中流露出故园之恋，她笔下的小城并不大，长满了高大的树木，总有马车从街面疾驰而过。大户人家的院落长满蒿草，有蝴蝶、蜻蜓飞过梢头，有荒凉的烟雨声。特别是在第三章里她用了欢快的笔触再现儿时"我、祖父和后花园"的片片回忆，那是短暂而幸福的时光，这也是小说中令人感到温暖的描述。也许，正是在对现实无尽的失望中，萧红将自己唯一的抚慰转向了对故乡的回忆与思念。

萧红在文坛上引起震动与关注，是她的长篇小说《生死场》，那时她才23岁。她是以一种极其酷烈的创作情绪，写出了启蒙视角下的民间悲剧。正像尼采所说："血写的文学"。而写作《呼兰河传》时却有了很大的变化，在经历了人生内在和外在的种种变故和波折，在她心目中故乡曾是她逃离的陷阱，现在却是情感的寄寓之地。故乡虽是单调刻板、寂寞荒凉，甚至有着原始的野蛮蒙昧，但也是包容的，真善美和爱恨仇尽在其中。我们看到在叙写中她一改"坚强"和"挣扎"的形象，以浓重抒情的笔调表达自己与故乡的血肉相连之情，表现出她成熟的艺术感受以及艺术笔触。

《呼兰河传》无论从内容上还是形式上都呈现出萧红创作的独特风格，反映了充满个性和主体意识的美学追求。她在与聂绀弩谈话中这样表述自己的"小说观"："有一种小说学，小说有一定的写法，一定要具备几种东西，一定写得像巴尔扎克或契诃夫的作品那样。我不信这一套。有各式各样的作者，有各式各样的小说。”

《呼兰河传》的创作打破了成规，在结构上，以各自可以独立的片断连缀起来，在一个主题下追忆童年，总合起来看是一个整体。全书分七章，以作者对小城中人与事的浓厚感情为线索，把各章人物和事串起来。小说在叙述视角上，用第一人称深情地回忆自己的家乡，以自己的生活为叙事基础，用女性细腻灵动的笔触，描绘了一幅北国小城的风景和风俗画卷。小说以多样化的形式表达着作者的情感，时而借景抒情，时而融抒情于叙事，可以说是小说的抒情化。正如锡金所说：“一直在抒情，对乡土思念是那样深切，对生活品味是那样细腻，情意悲凉，好像写不尽似的；人物迟迟不登场，情节也迟迟总不发生……”小说在叙事的笔调上，没有故事情节，没有完整结构，没有固定不变的人物，只用一种率真的真实，直接叙述。

本文节选的第三章一、二两节，就是以一个天真无邪小女孩的叙述视角讲述祖父、“我”和后花园所构筑的自由和快乐的世界。文中写道：“我拉着祖父就到后园里去了，一到了后园里，立刻就另是一个世界了。决不是那房子里的狭窄的世界，而是宽广的，人和天地在一起，天地是多么大，多么远，用手摸不到天空。而土地上所长的又是那么繁华，一眼看上去，是看不完的，只觉得眼前鲜绿的一片。”

在尾声她写道：“从前那后花园的主人，而今不见了。老主人死了，小主人逃荒去了。透过这苍凉的文字，我们似乎触摸到萧红在温馨的回忆之后留下的是无限凄凉和沧桑感慨的伤感之情。正如茅盾所说：“读一下这部书的寥寥数语的‘尾声’，就想得见萧红在回忆她那寂寞的幼年时，她的心境是怎样的寂寞的。”

思考与讨论

1. 试体会《呼兰河传》的写作风格。

2. “从前那后花园的主人，而今不见了。老主人死了，小主人逃荒去了。”试体会文中这段话寄予了作者怎样的情感？

3. 请尝试写一篇回忆性的文章。

阅读视线

回忆鲁迅先生（节选）

萧　红

珂勒惠支的画，鲁迅先生最佩服，同时也很佩服她的做人，珂勒惠支受希特勒的压迫，不准她做教授，不准她画画，鲁迅先生常讲到她。

史沫特莱，鲁迅先生也讲到，她是美国女子，帮助印度独立运动，现在又在援助中国。

鲁迅先生介绍给人去看的电影：《夏伯阳》《复仇艳遇》……其余的如《人猿泰山》……或者非洲的怪兽这一类的影片，也常介绍给人的。鲁迅先生说："电影没有什么好看的，看看鸟兽之类倒可以增加些对于动物的知识。"

鲁迅先生不游公园，住在上海十年，兆丰公园没有进过，虹口公园这么近也没有进过。春天一到了，我常告诉周先生，我说公园里的土松软了，公园里的风多么柔和，周先生答应选个晴好的天气，选个礼拜日，海婴休假日，好一道去，坐一乘小汽车一直开到兆丰公园，也算是短途旅行，但这只是想着而未有做到，并且把公园给下了定义，鲁迅先生说："公园的样子我知道的……一进门分做两条路，一条通左边，一条通右边，沿着路种着点柳树什么的，树下摆着几张长椅子，再远一点有个水池子。"

我是去过兆丰公园，也去过虹口公园或是法国公园的，仿佛这个定义适用在任何国度的公园设计者。

鲁迅先生不戴手套，不围围巾，冬天穿着黑石蓝的棉布袍子，头上戴着灰色毡帽，脚穿黑帆布胶皮底鞋。

胶皮底鞋夏天特别热，冬天又凉又湿，鲁迅先生的身体不算好，大家都提议把这鞋子换掉。鲁迅先生不肯，他说胶皮底鞋子走路方便。

"周先生一天走多少路呢？也不就一转弯到××书店走一趟吗？"

鲁迅先生笑而不答。

"周先生不是很好伤风吗？不围巾子，风一吹不就伤风了吗？"

鲁迅先生这些个都不习惯，他说：

"从小就没戴过手套围巾，戴不惯。"

鲁迅先生一推开门从家里出来时，两只手露在外边，很宽的袖口冲着风就向前走，腋下挟着个黑绸子印花的包袱，里边包着书或者是信，到老靶子路书店去了。

那包袱每天出去必带出去，回来必带回来，出去时带着回给青年们的信，回来又从书店带来新的信和青年请鲁迅先生看的稿子。

鲁迅先生抱着印花包袱从外边回来，还提着一把伞，一进门客厅里早坐着客人，把伞挂在衣架上就陪客人谈起话来。谈了很久了，伞上的水滴顺着伞杆在地板上已经聚了一堆水。

鲁迅先生上楼去拿香烟，抱着印花包袱，而那把伞也没有忘记，顺手也带到楼上去。

鲁迅先生的记忆力非常之强，他的东西从不随便散置在任何地方。

鲁迅先生很喜欢北方口味。许先生想请一个北方厨子，鲁迅先生以为开销太大，请不得的，男佣人，至少要十五元钱的工钱。

所以买米买炭都是许先生下手，我问许先生为什么用两个女佣人都是年老的，都是六七十岁的？许先生说她们做惯了，海婴的保姆，海婴几个月时就在这里。

正说着那矮胖胖的保姆走下楼梯来了，和我们打了个迎面。

“先生，没吃茶吗?”她赶快拿了杯子去倒茶，那刚刚下楼时气喘的声音还在喉管里咕噜咕噜的，她确是年老了。

来了客人，许先生没有不下厨房的，菜食很丰富，鱼，肉……都是用大碗装着，起码四五碗，多则七八碗。可是平常就只三碗菜：一碗素炒碗豆苗，一碗笋炒咸菜，再一碗黄花鱼。

这菜简单到极点。

鲁迅先生的原稿，在拉都路一家炸油条的那里用着包油条，我得到了一张，是译《死魂灵》的原稿，写信告诉了鲁迅先生，鲁迅先生不以为稀奇。许先生倒很生气。

鲁迅先生出书的校样，都用来揩桌子，或做什么的。请客人在家里吃饭，吃到半道，鲁迅先生回身去拿来校样给大家分着，客人接到手里一看，这怎么可以？鲁迅先生说：

“擦一擦，拿着鸡吃，手是腻的。”

到洗澡间去，那边也摆着校样纸。

许先生从早晨忙到晚上，在楼下陪客人，一边还手里打着毛线。不然就是一边谈着话一边站起来用手摘掉花盆里花上已干枯了的叶子。许先生每送一个客人，都要送到楼下的门口，替客人把门开开，客人走出去而后轻轻地关了门再上楼来。

来了客人还要到街上去买鱼或鸡，买回来还要到厨房里去工作。

鲁迅先生临时要寄一封信，就得许先生换起皮鞋子来到邮局或者大陆新村旁边的信筒那里去。落着雨的天，许先生就打起伞来。

许先生是忙的，许先生的笑是愉快的，但是头发有些是白了的。

夜里去看电影，施高塔路的汽车房只有一辆车，鲁迅先生一定不坐，一定让我们坐。许先生，周建人夫人……海婴，周建人先生的三位女公子。我们上车了。

鲁迅先生和周建人先生，还有别的一二位朋友在后边。

看完了电影出来，又只叫到一部汽车，鲁迅先生又一定不肯坐，让周建人先生的全家坐着先走了。

鲁迅先生旁边走着海婴，过了苏州河的大桥去等电车去了。等了二三十分钟电车还没有来，鲁迅先生依着沿苏州河的铁栏杆坐在桥边的石围上了，并且拿出香烟来，装上烟嘴，悠然地吸着烟。

海婴不安地来回乱跑，鲁迅先生还招呼他和自己并排地坐下。

鲁迅先生坐在那儿和一个乡下的安静老人一样。

（选自《萧红全集》，中卷，950～953页，哈尔滨，哈尔滨出版社，1998）

萧红墓畔口占

戴望舒

走六小时寂寞的长途，
到你头边放一束红山茶，
我等待着，长夜漫漫，
你却卧听着海涛闲话。

一九四四年十一月二十日

（选自《戴望舒全集·诗歌卷》，北京，中国青年出版社，1999）

《萧红墓畔口占》是追悼友人之作，戴望舒与萧红友情深厚。1940年1月，二人在香港首次晤面，却是一见如故。而在此之前，萧红已应戴望舒的约稿，在戴主持的《星岛日报》之《星座》副刊发表作品。1940年秋，萧红晚期的主要作品《呼兰河传》，也经戴望舒之手在《星岛日报》连载。1942年1月20日，萧红病逝于香港，25日，葬于浅水湾丽都酒店海边。当年11月，戴望舒与好友叶灵凤一起第一次拜谒萧红墓，摄有照片，"口占"初稿当即在此时吟就，复于1944年9月10日发表初稿，题为《墓边口占》。

推荐阅读书目

1. 丁玲：《风雨中忆萧红》，见《精品散文》，西安，西安出版社，2005。
2. 骆宾基：《萧红小传》，哈尔滨，北方文艺出版社，1987。
3. 单元：《走进萧红世界》，武汉，湖北人民出版社，2002。

白雪的墓园

阅读提示

“谁用遒劲的手臂，为我撑起一片无邪的天空？没有风，也没有雨。谁赠与我翱翔的翅膀搏击长空？而我，始终飞不出那一双牵挂的眼神……”父母的爱是一本深奥的书，需要我们敞开心扉用心去感悟；父母的爱是一杯甘醇的酒，需要我们屏息静神慢慢地品味。

原　文

白雪的墓园

迟子建

父亲去世的日子离除夕仅有一月之差。父亲没能过去年，可我们必须要过这个年。要排解对一个人的哀思，尤其是父亲，三十天的日子未免太短太短了。我们办完丧事后连话都很少说，除非到了非说不可的时候。谁还有心情去忙年呢？然而年就像盘在人身上的毒蛇一样怎么也摆脱不掉，打又打不得，拂又拂不去，只能硬捱着。

天非常寒冷，我站在火炉旁不停地往里面添柴。炉盖有烧红的地方了，可室内的一些墙角还挂着白霜。我的脸被炉火烤得发烫。我握着炉钩子①，不住地捅火。火苗像一群金发小矮人一样甩着胳膊有力地踏着脚跳舞，好像它们生活在一个原始部落中一样，而火星则像蜜蜂一样嗡嗡地在炉壁周围飞旋。炉火燃烧的声音使我非常怀念父亲。

我不愿意离开火炉，我非常恐惧到外面去，那些在苍白的寒气中晃来晃去的人影大都是紧张忙年的人们，碰上他们的满面喜气该怎么办呢？火炉砌在厨房的西北角，它走两面火墙，可以给两个房间供暖。厨房有一条长长的走廊，直通向门口，因为厨房里没有另开窗户，所以只能借着走廊尽头门上端的几块玻璃见见天光。光线艰难地沿着走廊爬行，往往爬到火炉边缘就精疲力竭了，所以火炉周围很少能接受到天光的爱抚，但炉火的光亮却弥补了这一缺憾，火炉周围的墙和炉壁以及那一块青色的水泥地，在冬季里总是微微地泛着炉火乳黄的光晕，好像它们被泡在黄昏中一样。

---

① 炉钩子：北方农村俗语。用一根较粗的铁条做成的一端有一把手的工具。在烧炉子时，用于把炉灶内的炉灰等弄干净或者捅动以助燃。

母亲躺在她的屋子里，炕很暖和，但我知道她没有睡着。她还不到五十，头发仍是乌色的，看见她的头发我就心酸。全家人中最痛苦的莫过于她了，可她并不像其他失去丈夫的女人一样大放悲声。她很少哭，有时哭也是无声的，这种沉重的不愿外露的哀思使我们非常害怕。在我年幼的时候，年前的这段时光中，母亲常常是踏着缝纫机为我们做新衣裳，那种好听的“嗒嗒嗒”的声音就像割麦子一样。那时候厨房里总是热气腾腾，一会儿蒸年糕了，一会儿又用大锅烧水洗衣裳了，乳白的水汽云雾般地涌动，晃得人眼神恍惚。往往是父亲撞上了我们，或者我们撞上了母亲，无论谁撞了谁都要乐一阵子。

姐姐从靠近火炉的房间中歪着身子出来咳了几声，从她的咳声中我知道她刚才哭过。她是我们家老大，父亲的去世使她的担子更重了一些。她哑着嗓子问我：“你老是站在炉子这儿干吗?”“烧火。”我说。“烧火用不着看着，让它自己着。”姐姐说完就回屋了。

我站在火炉前茫然若失。我的心很空，眼前总是闪现出山上墓园的情景。父亲睡在墓园里，现在那里是白雪的墓园。父亲现在睡着的地方是我小时候进山最害怕的地方，那时候我去采都柿和越橘①总是绕过那片地方，因为那里使我有一种莫名的忧伤。现在那里终于成为父亲的墓园，我才明白悬了多少年的心只是因为那里会成为收留我亲人的地方。现在它成了父亲的墓园，我才不害怕经过那里，我才心平气和地第一次认真观察那里的景色：那里地势较高，背后有一个平缓的山坡，山坡上长着稀疏的樟子松。而坡下，也就是墓园四周却是一大片清一色的落叶松，它们全都直直地卧在丰盈的白雪之上，是一片十分年轻的树木。再过百年，这些树木蔚为壮观的时候可能会使墓园看上去十分古老，它们的环绕将使灵魂越来越宁静。站在墓园朝山下望，可以看见小路和平缓下降的山势。树木好像在一点点地矮下去，矮到尽头的时候就出现了房屋和草滩，以及草滩尽头的太阳和月亮。

炉火越来越旺了，我仿佛看见父亲正推开走廊尽头的门，微笑着朝我走来。从他去世的那时起，这种幻觉就一直存在。他走到我面前了，他伸出手抚了抚我的肩膀。我握着炉钩子的手就抖了一下，墓园的情景又锐利地再现。我知道父亲根本不在这间房子里，可我又像是每时每刻都见到他似的。死亡竟是这般盛气凌人。墓园，我这样想着回头望了望幽暗的走廊，你现在真的成了我父亲的安乐窝了吗?

弟弟从火炉西侧最小的一间房子里走出来，走到我身旁。他黑着脸，一声不

---

① 都柿和越橘：都柿和越橘又名蓝莓，是黑龙江省大、小兴安岭的特产。此种植物越橘科越橘属的落叶或常绿灌木，其果实富含维生素、铁、锰等微量元素，有延缓衰老、抗疲劳、抗癌和抗炎作用，是联合国粮农组织推荐的人类五大健康食品之一。

吭地争着抢我手中的炉钩子，他也想来烧火。我把炉钩子让给他，他站在火炉那儿，用炉钩子轻轻地敲着炉盖。他对我说："你进屋吧，我来烧火。""烧火用不着看着。"我重复姐姐对我说过的话。他抬头看看我，我知道他也不愿意呆在屋子里，他也要找一种活儿来排遣哀思，我就再也没有多说什么。

我走进姐姐的房间。从这个房间的窗口可以望见后菜园。天色仍然灰白，有几只鸟在菜园边缘的障子上跳来跳去。

"咱妈还没起来?"姐姐恹恹地问我。

"没有。"我说。

"这个年怎么过呢?"姐姐叹息了一声。

"是啊。"我一筹莫展。

"你说咱妈过年那天会不会哭呢?"她很担忧地问。

"不会吧，她是知书达礼的。"我虽然这样说，但心里还是没底。

"我们单位的李洪玲，她爸爸和咱爸一样得同样的病死了，比咱爸早死五天。她妈妈现在天天在家哭，动不动就冲李洪玲喊：'快去车站接你爸爸回家，你爸爸回来了!'弄得全家人都神经紧张。"姐姐说。

"咱妈不会的。"我说，"她是个明白人。"

"可她今天连话都不愿意说。"

"过几天就会好的。"我站在窗前，朝菜园望着。园子中的雪因为一个冬天也无人涉足，所以显得格外宁静。雪地之外用障子①间隔而成的小路上，偶尔可见一两个人影晃来晃去。路后面的几幢房屋的门前已经有挂灯笼的人家了，忙年的气氛越来越浓了。我的眼前又一次地出现墓园的情景，那里的白雪、树木和天空中的云霓，那里的风和墓前的供桌，一切都那么使人梦魂萦绕。我很想再回到厨房的火炉那儿去烧火，因为那里的温暖和光线很适宜回首往事。

我转回身，朝厨房走去。这时我突然听见母亲的房门响动的声音，接着我听见弟弟扔炉钩子的声音，他似乎是追着母亲出去了。他怕她出去想不开，我们都怕这样，所以母亲一出门总得有人装做无意地出去跟踪。我的心绞了一下。我站在弟弟刚才站过的地方，捡起炉钩子，掀开炉盖，看看炉子里全是一块块火红的木炭，就又添了几块柴火，炉膛里便迅速地响起一串噼哩啪啦地燃烧的声音。火苗旺盛得不住地舔着炉盖，使炉盖微微颤动，炉盖被烧红的面积越来越大了，好像炉子在不停地喝酒，渐渐地醉了似的。

我心事重重地等待母亲和弟弟快点回来，这种等待像推心一样的难受。不一会儿，弟弟先开门回来了，他手里提着一只竹筐，里面装满了碗和盘子。他神色

---

① 障子（zhàngzi）：北方农村俗语树枝等编成的篱笆，石头、草皮等垒成的隔墙，泛指障碍物。

有些喜悦，把竹筐放在墙角后神秘地走过来对我说："咱妈想过年了，她去仓房里收拾过年用的东西。"我如释重负。果然，母亲很快从门外进来了，她的一只手里提着袋面粉，另一只手里拿着一捆被冻得又白又直的生葱，她把它们放在锅台前，一副要大大忙年的姿态。

我赶紧把水壶添满水，掀开炉圈，将水壶坐上去。我知道忙年最不可缺少的就是温水，这种懂事的做法会使母亲欣慰的。

母亲把我们姊妹几个叫到一起，向我们布置忙年的工作。弟弟因为腿勤，大多是搞"采买"，酱油、醋、筷子、香、鸡蛋、猪肉等东西一律归他来买；而姐姐要搞"内务"，拆洗被褥、扫尘、抹玻璃、蒸年糕、炒花生瓜子等；我虽说是个女孩，但干细活大多不精，所以就只能做挑水、倒脏水、打扫院子、劈柈子、归置仓房中的杂物这一类粗活。好在我有一身的力气，又是最不怕寒冷的，所以这些户外的活于我来讲还是一种奖赏呢。母亲一旦活起来，我们也就跟着活起来了。母亲吩咐活儿的时候她的左眼里仍然嵌着圆圆的一点红色，就像一颗红豆似的，那是父亲咽气的时候她的眼睛里突然生长出来的东西。我总觉得那是父亲的灵魂，父亲真会找地方。父亲的灵魂是红色的，我确信他如今栖息在母亲的眼睛里。

布置完活儿，母亲又对弟弟说："往年当买的鞭炮、挂钱、对联和纸灯笼今年一律不买了。""我知道。"弟弟低下头沉沉地说。死了主人的人家要在三年之内忌讳招摇这些喜庆色彩太浓的东西，我们从小的时候就知道这种不同寻常的风俗。看来有父亲和没父亲就是不一样，我的心陡地凄凉了一下，鼻子竟又酸了，又不好在母亲面前落泪，只能干憋着，痴痴地想着山上的墓园，墓园的白雪和那种无法形容的宁静之气。一定是我的神色引起母亲的注意了，她唤了一声我的乳名，然后对我们说："从现在起谁也不许再掉一滴眼泪。我和你爸爸生活了二十几年，感情一直很好，比别人家打着闹着在一起一辈子都值得，我知足了。伤心虽是伤心，可人死了，怎么也招不回来，就随他去吧。你们都大了，可以不需要父亲了，将来的路都得自己走。你们爸爸活着时待你们都不薄，又不是没受过父爱，也该知足了。"母亲说完话，就返身进厨房干活去了。我们姐弟三人互相看了一眼，就赶紧行动起来。

我担着铁桶朝水井走去。水井在我们家的西北方向，选择最近的路线也要绕过七八幢房屋才能到达那里。路上的雪可不像园子中的那么丰厚和完整，由于人来人往的缘故，雪东一块西一块像补丁一样显眼地贴在路上，路上还有牲口的粪便和劈柈子人家留下的碎木片。走在这样的路上心里有一种百无聊赖的感觉。天色非常苍白，如果不到黄昏时刻，连西边天上那一带隐隐约约的晚霞也看不到。我垂头走着，因为这一带路线我熟悉得闭着眼睛都可以行走，偶尔碰上两三个长辈的大娘和婶子，她们大都一开口就唤着我的乳名直直地问："你妈有心过年吗?”“有心。”我稍稍抬头望一望她们，接着又垂头朝前走。绕到井台时，才发现那里挑水的人比往日多了。挑水的大多是男人，他们很自觉地排着队，但是见我来了，他们全都热情地让我先打。我执拗地谢绝着，因为我觉得他们是在可怜我刚刚没了父亲，我不愿意接受这种同情，所以我怎么也不肯站到最前面去。我站在这些男人身后默默排着队，我的脚下是厚厚的冰，冰呈现着一种乳黄的色彩，我就像踩着一大块奶酪一样。我不敢看这些男人的脸，因为他们容易使我想起父亲。父亲在世时，也是排在他们身后的一员。那时候这些男人在一起时有说有笑，现在因为我排在后面，他们都沉默无语。我只听见吱吱的摇水声和哗哗的倒水声以及许多男人的脚步像蚂蚁一样慢吞吞前移的微妙的摩擦声，其他我感受到的就是这单调的动荡之下潜藏着的深深的寂静和寒冷。

这真是一个漫长的冬天。我又忆起了母亲眼里那颗鲜润的红豆。这时我脚边的两只水桶突然发出一阵狂饮的声音，原来前面的人把水先倒进我桶里了，我只好退出队伍，担起两只桶摇摇晃晃地离开井台。离人群远了的时候，我才敢捧出眼泪。我哭是因为他们狠狠地同情了我，我受不了。由于哭泣我的倔劲就给提上来了，倔劲一上来力气也就壮了起来，所以我很快走到家门口了。我把水担进厨房，厨房里有雾蒙蒙的水汽，母亲正守着一只大盆洗涮碗碟，而姐姐则蒙着一块头巾站在一把椅子上扫尘。母亲吩咐我把水倒进缸里后抱一些柴火进来，因为炉子里的火不多了。我鼻音浓重地应着。母亲便问：“没出息的，又偷着出去哭了?”“他们非要我先打水，我受不了。”我说。“过了年他们就不会这样了。何况，你一定是见着他们不吭不响了，所以人家才可怜你。”母亲淡淡地说。

年已经像一个许多天没吃东西的大肚罗汉一样气喘吁吁地走到门槛了，只要稍稍开一下门，它就会饥肠辘辘地进来。再有两天就是年三十，我们要依照风俗去山上请爸爸回家过年。一大早，母亲就起来忙着煎鱼、炒鸡丝和摊鸡蛋，她做这些都是上坟用的，而我们姐弟三人则在里屋为父亲打印纸钱。为了让父亲在那边最富有，所以我们总是用面值一百元的钱币来打纸钱。心细的姐姐说票子都是大的父亲买东西怕找不开，所以我们才又打了一些角角分分的零钱。等一切都准备停当我们将要出发的时候，母亲突然说：“让我也去吧。”母亲垂下手，很自然地征求我们的意见。我和弟弟同时看了看姐姐，因为她最具有发言权。姐姐说：“你别去了，我们去就行了。”“可我还一次也没去过呢。”母亲很有些委屈地说，好像我们剥夺了她探望丈夫的权利似的。“可你一去又得哭了。”姐姐直率地说。“我保证不哭。”母亲几乎是有些流露出女孩子气了，她飞快地摘掉围裙，冲进里屋去找围巾和手套。姐姐仍然心有余悸地问我：“你猜她去了会哭吗?”“我想会的。”我说。“肯定要哭。”弟弟补充说。“那就不让她去了。”姐姐说完，我们姐弟三人趁她还没出来就先溜出家门。我们像小偷一样飞速地沿着障子边东拐西拐地蹿上公路，很快就把母亲甩掉了。她不知道父亲墓园的确切位置，而且她发现我们是故意摆脱她之后，她绝对不会再追赶我们的。

天气极其寒冷，连空中乱响的爆竹声也是寒冷的。进山之后，我们的目光不停地朝父亲居住的地方眺望，好像久别归家似的那么望眼欲穿。有几只大鸟在墓地上面的树梢盘桓，像墓园守望者一样。我们到达父亲身边时就像看见上帝一样一齐跪下，我们做着最古老的祭奠。纸钱焚化时的氤氲烟雾使我仿佛看见了父亲的双手，他的确隔绝了我们，这双手我们再也牵不到了。这时我忍不住又想起了母亲，她若站在这里会怎样呢？

告别墓园走回家时已近晌午。厨房里很温暖，炉火很旺。母亲头也不抬地守着一只盆子剐鱼，看来她是生了气了，她很少这样对我们生气。我们洗过手后赶紧各就各位地忙自己分内的活，这时母亲突然直直地问：

“你们招呼你爸爸回家过年了吗？”

“招呼了。”弟弟心惊胆颤地说。

“怎么招呼的？”母亲抬起头，我望见她的眼圈是红的，她一定哭过。

“我们说，家里什么东西都准备好了，爸爸你回家过年吧。”弟弟说这话时声音微妙极了。

“再没说别的？”

“我说了让他保佑弟弟今年考上大学。”我惴惴地补充。

“你还想让他这么操心？”母亲不留情面地挤兑我，只能说明刚才不让她去墓园她不痛快。

“我不是故意的。”我说着，眼泪似乎又要流出来了，我赶紧走到火炉那去捅火。

“没事了，你们都该干啥就干啥去吧。”母亲叹息了一声，不再追究了。

年三十，按照母亲的吩咐姐姐必须回婆家过年，她不愿意因为失去丈夫而滞留女儿在家陪着自己，那么只有我和弟弟同她共度除夕之夜了。为了不惹她伤心，我们在那一天都表现得出奇的勤快，而且都装出很高兴的样子。午夜之时，外面的爆竹声连成一片，像地震似的。我们家虽然没放爆竹却也仿佛放了似的，从院子四周不停地传来噼噼啪啪的声音。母亲像往年一样以家庭主妇的身份站在灶前煮饺子，而我和弟弟则马不停蹄地往桌子上摆菜、筷子、酒杯和食碟。这是一个最难熬的时刻，只要过了除夕，年也就算过去，生活又会平稳起来。外面的夜是黑的，空气是冷的，没有雪花降临预兆来年是个丰年。我们无法抗拒地看着年的到来。年走了世世代代，已经苍老了，疲惫了，似乎它的每一个脚步都是迟暮的。我的眼前又闪现出了山上墓园的情景，现在那里是白雪的墓园，星光一定像萤火虫似的飞向那里。

我们坐在桌前举起酒杯为新年做着陈旧的祝福。母亲神情极其镇静。当我祝福她长寿，而弟弟依照惯例跪下磕头为她祈求万福的时候，她的慈祥就像阳春三月的植物一样丰满地复苏了。母亲也同样祝福我们，说着那些我们晚辈人很少能享受到的吉祥话，这使我们觉得这个年里我们将与众不同。自始至终，她没有落一滴泪，她的眼睛里收留着那个柔软的孩子般地栖息在她眼底的灵魂——那枚鲜红的亮点同母亲的目光一起注视着他们在这个世界上创造的共同的孩子。这是一个温暖的略带忧伤气息的除夕，它伴着母亲韧性的生气像船一样驶出港口了。我大大地松了口气。那天夜晚，炉火十分温存，室内优柔的气氛使我们觉得春天什么时候偷偷溜进屋里来了。

初一的时候天忽然下起漫无边际的大雪。冬天的早晨本来就来得晚，雪天的早晨就更像凌晨之时的天色了，所以我很迟才从梦中醒来。从床上爬起来，觉得屋子里暖洋洋的，用手试试火墙，才知母亲早已起来生过火炉了，我忽然有一种要哭的欲望。窗外十分宁静，菜园之外的道路上没有忙年的人影，年已经过去了，大家似乎都在沉沉地休息，整个小镇像瘫痪了似的。我披好衣裳，下地，走进厨房。先看了看炉膛中的火，添了些柴，然后就穿过黄昏似的走廊去母亲的房间。可我突然发现母亲不在房间里，她的房间收拾得十分干净。我的心沉了一下，慌慌地去弟弟的房间把他从床上摇醒，问他："妈妈去哪儿了？""不知道。"他睡眼惺松地回答。"她不见了。"我说。"不会走远吧。"弟弟很自信地穿衣起来跑到屋外的院子里去找母亲，他先去了厕所，然后又进了仓房，但怎么也没能找到。"会不会去挑水了呢？"弟弟问。"不会，水桶都在家里。"我们急得几乎要放声哭了。正在这时，姐姐和姐夫回门来了，姐姐一进来就感觉到气氛不正常，她焦急地问我："咱妈怎么了？""昨晚她还在，早晨醒来时她不见了，她是生了炉子后走的。"我说。"你们怎么不好好看着她？"姐姐埋怨着我们，眼里噙满泪花。

母亲会不会因为一时思念成疾而真的抛下我们呢？我的眼前突然闪现出山上墓园的情景。现在那里是白雪的墓园，母亲会不会去那里了呢？没等我来得及把这个可怕的想法告诉姐姐，母亲突然推门而入了。她一定是走了很远的路，她的身上落着许多雪，她围着一条黑色的头巾，脸色比较鲜润，目光又充满了活力。

"你去哪儿了，急死我们了。"姐姐说。

母亲摘下围巾，上上下下地拍打着她身上的雪花，有些不好意思地笑笑，好像她到别人家的园子偷花去了。她轻轻地告诉我们："我看你爸爸去了。"

"你找到地方了吗？"我们问她。

"我一上山就找到了。"她垂下眼睑低声地说，"我见到他的坟时心里跳得跟见到其他的坟不一样，我就知道那是你爸爸。"

我们全都垂下头来，真后悔那天没有带她去墓园。

"他那里真好。"母亲有些迷醉地说，"有那么多树环绕着，他可真会找地方。春天时，那里不知怎么好看呢。"她说完走进里屋把围巾手套放置好，又重新走回厨房，戴上围裙。我见她发丝乌亮，她看上去精神多了，而我的眼前再一次出现墓园的情景。现在那里是白雪的墓园，雪稠得像一片白雾，父亲被罩在这清芬的白雾中。

母亲掀开炉圈去看炉膛的火，这时我才吃惊地发现她的眼睛如此清澈逼人，因为那颗红豆已经消失了！看来父亲从他咽气的时候起就不肯一个人去山上的墓园睡觉，所以他才藏在母亲的眼睛里，直到母亲亲自把他送到住处，他才安心留在那里。他留在那里了，那是母亲给予他的勇气，那是母亲给予他的安息的好天气。窗外的大雪无声而疯狂地漫卷着，我忽然明白母亲是那般富有，她的感情积蓄将使回忆在她的余生中像炉火一样经久不息。这时母亲温和地转过身来问我们："早饭你们想吃点儿什么？"

（选自《迟子建作品精选》（五），武汉，长江文艺出版社，2006）

背景知识

迟子建，女，1964年元宵节出生于北极村，汉族，乳名迎灯。1983年开始写作，至今已发表以小说为主的文学作品五百余万字，出版四十余部单行本。主要作品有：长篇小说《伪满洲国》《额尔古纳河右岸》，小说集《逝川》《雾月牛栏》《清水洗尘》，散文随笔集《伤怀之美》《我的世界下雪了》等。出版有《迟子建文集》四卷和三卷的《迟子建作品精华》。《雾月牛栏》曾获得第一届鲁迅文学奖、《清水洗尘》获第二届鲁迅文学奖，小说《世界上所有的夜晚》获第四届鲁迅文学奖（2004—2006年）、全国优秀中篇小说奖、澳大利亚"悬念句子奖"等多种文学奖项。作品有英、法、日、意大利文等海外译本。迟子建是当今文坛一颗耀眼的明星，她是唯一一位三次获得鲁迅文学奖、两次获得冰心散文奖、一次庄重文文学奖、一次澳大利亚"悬念句子"文学奖、一次茅盾文学奖的作家。迟子建的小说选材上关注民间大众的凡俗生活，注重对自然与人性美的倾情表达，其作品带有诗性和神性的的审美品格，语言清新、质朴，带着浓郁的乡土气息。

导　读

迟子建可谓是当代作家中卓尔不群的一位。她以东北女作家特有的淳朴、沉静，创作出了几十部具有较高艺术价值的文学作品。其作品无论是小说还是散文，多以"生命残缺的温情化书写"为主题，每一个故事都抒发着人世间那份凄美伤怀的温情与悲悯。作者始终坚守民间立场，将生活里芸芸大众辛酸的幸福呈献给读者，让我们更多的感受着艰难人生中那份尚存的脉脉温情！她笔下的白山黑水美丽神奇，呈现出浓郁的东北边塞风情；她作品里的人物善良可爱，闪耀着人性的光辉。她写人物的苦难生活，更是在张扬着北方人民身上的一种坚韧与顽强精神！著名评论家谢冕在第二届"北京文学·中篇小说月报奖"颁奖会上，这样宣读迟子建小说《世界上所有的夜晚》的授奖词："向后退，退到最底层的人群中去，退向背负悲剧的边缘者；向内转，转向人物最忧伤最脆弱的内心，甚至命运的背后。然后从那儿出发倾诉并控诉，这大概是迟子建近年来写作的一种新的精神高度。"

人生最痛苦的事莫过于亲人的离世。本文主要描述了除夕前"我"父亲的辞世带给全家人无尽悲痛的生活感受。但作者并不是就悲痛写悲痛，而是透过父亲离世所带来的悲苦阴霾，投射出一缕满溢着人性关爱的阳光——抒写了一家人在痛失亲人这一人生苦难面前的相濡以沫，相亲相爱。作者从儿童视角叙写"侍弄火炉"、"忙年"和"祭奠父亲"等系列事件，表现出"丧父"的孩子与"丧夫"女人的人生大哀痛。情景描写细腻真实，催人落泪。其中，"祭奠父亲"一事的叙写饱含情感的波澜，流淌着生命的气息，处处体现出东北独特的地域风情！母亲对父亲的真挚情感于此处纤毫毕见！"红豆"的意象带有神秘的色彩，它成了我们与父亲联系的纽带，也是父亲生命中关注挚爱妻儿的最佳注脚。红豆从母亲眼中的消失谕示着父亲亡灵的安息和我们生活的归于平静。文中孩子们的情感始终随着母亲情感的变化而变化。从蒙受"丧夫"打击"卧炕不起"，到支撑门户"张罗过年"，一个坚强的母亲形象屹立在孩子们的心中！在母亲的感召下，"我们"不再畏惧生活的苦难，姐姐、弟弟、"我"，每个人都勇敢地挑起了家的担子。相信，那颗藏于母亲眼中的红豆，也一定会感受得到这苦难人生里洋溢在亲人间的脉脉温情！

本篇小说，语言清新、质朴，情感表达细腻、厚重，又沧桑、深沉；辛酸的人生故事里处处呈现着作者悲天悯人的情怀。本文细腻感人的描写中饱含着温润的亲情，艰辛悲苦的生活表述里彰显着一个女作家善意的人文关怀。

思考与讨论

1. 试分析文中"红豆"意象的深刻寓意。
2. "火炉"的意象贯穿行文始终，它对于本文主旨的表达有何作用？
3. 请试写一篇感念"亲情"的文章。

阅读视线

伤怀之美

迟子建

不要说你看到了什么，而应该说你敛声屏气凝神遐思的片刻感受到了什么。那是什么？伤怀之美像寒冷耀目的雪橇一样无声地向你滑来，它仿佛来自银河，因为它带来了一股天堂的气息，更确切地说，为人们带来了自己扼住咽喉的勇气。

我八岁的时候，还在中国最北的漠河北极村。漫天大雪几乎封存了我所有的记忆，但那年冬天的渔汛却依然清晰在目。冬天的渔汛到来时，几乎家家都彻夜守在江上。人们带着干粮。火盆、捕鱼的工具和廉价的纸烟从一座座木刻楞房屋走出来。一孔孔冰眼冒出乳白的水汽，雪橇旁的干草上堆着已经打上来的各色鱼类。一些狗很懂得主人的心理，它们摇头摆尾地看到上鱼量很大，偶尔又有杂鱼露出水面时，就在主人摘钩的一瞬间接了那鱼，大口大口地吞嚼起来。对那些名贵的鱼，它们素来规规矩矩地忠实于主人，不闻不碰。就在那年渔汛结束的时候，是黄昏时分，云气低沉，大人们将鱼拢在麻袋里，套上雪橇，撤出黑龙江回家了。那是一条漫长的雪道，它在黄昏时分是灰蓝色的。大人们抄着袖口跟在雪橇后面慢腾腾地走着，他们之间没有任何言语，世界是如此沉静。快到家门口的时候，天忽然落起大片大片的雪花，我眼前的景色一片迷蒙，我所能听到的只是拉着雪橇的狗的热气沼沼的呼吸声。大人们都消失了，村庄也消失了，我感觉只有狗的呼吸声和雪花陪伴着我，我有一种要哭的欲望，那便是初始体会到的伤怀之美了。

年龄的增长是加深人自身庸碌行为的一个可怕过程。从那以后，我更多体会到的是城市混沌的烟云。狭窄而流俗的街道、人与人之间的争吵、背信弃义乃至相互唾弃，那种人、情、景相融为一体的伤怀之美似乎逃之夭夭了。或者说伤怀之美正在某个角落因为蒙难而掩面哭泣。

一九九一年年底，我终于又在异国他乡重温了伤怀之美。那是在日本北海道，我离开札幌后来到了著名的温泉圣地——登别。在此之前已经领略过层云峡的温泉之美了。在北海道旅行期间一直大雪纷纷，空气潮湿清新，景色奇佳。住进依山而起的古色古香的温泉旅馆后，已是黄昏时分了，我洗过澡穿上专为旅人预备的和服到餐厅就餐。席间，问起登别温泉有何独到之处时，日本友人风趣地眨眨眼睛说，登别的露天温泉久负盛名。也就是说，人直接面对着十二月的寒风和天空接受沐浴。我吐了下舌头，有些兴奋，又有些害怕。露天温泉只在凌晨三时以后才对女人开放。那一夜我辗转反侧，生怕不慎一觉醒来云开日朗而与美失之交臂。凌晨五时我肩搭一条金黄色的浴巾来到温泉区。以下是我在访日札记中的一段文字：

温泉室中静悄悄的，仍然是浓重的白雾袭来。我脱掉和服，走进雾中，那时我便消失了。天然的肤色与白雾相融为一体。我几乎是凭着感觉在雾中走动——先拿起喷头一番淋浴，然后慢慢朝温泉走去。室内温泉除我之外还有另外两人，我进去后就四处寻找露天温泉的位置。日语不通，无法向那两位女人求问，看来看去，在温泉的东方望见一扇门，上写五个红色大字：露天大风吕。汉语中的“露天大风”？自不用解释，只是“吕”字却让人有些糊涂。汉语中的“吕”除了做姓氏之外，古代还指用竹管制成的校正乐律的器具，代表一种音律。把这含义的“吕”与“露天大风”联系起来，便生出了“由风弹奏，由吕校音”的想法。不管如何，我必须挺身而出了。

我走出室内温泉，走向那扇朝向东方的门。站在门边就感觉到了寒气，另外两位女子惊奇地望着我。试想在隆冬的北海道，去露天温泉，实在需要点勇气啊。我犹豫片刻，还是将门推开。这一推我几乎让雪花给吓住了，寒气和雪花汇合在一起朝我袭来，我身上却一丝不挂。而我不想再回头，尤其有人望着我的时候，我是绝不肯退却的。我朝前走去，将门关上。

我全身的肌肤都在呼吸真正的风、自由的风。池子周围落满了雪。我朝温泉走去，我下去了，慢慢地让自己成为温泉的一部分，将手撑开，舒展开四肢。坐在温泉中，犹如坐在海底的苔藓上，又滑又温存，只有头露出水面。池中只我一人，多安静啊。天似亮非亮，那天就有些幽蓝，雪花朝我袭来，而温泉里却暖意融融。池子周围有几棵树，树上有灯，因而落在树周围的雪花是灿烂而华美的。

我想我的笔在这时刻是苍白的。直到如今，我也无法准确表达当时的心情，只记得不远处就是一座山，山坡上错落有致地生长着松树和柏树，三股泉水朝下倾泻，琤琤有声。中央的泉水较直，而两侧的面积较大，极像个打渔人戴着斗笠站在那。一边是雪，一边是泉水，另一边却结有冰柱（在水旁的岩石上），这是我所经历的三个季节的景色，在那里一并看到了。我呼吸着新鲜潮湿而浸满寒意的空气，感觉到了空前的空灵。也只有人，才会为一种景色，一种特别的生活经历而动情。

我所感受到的是什么？是天堂的绝唱？那无与伦比的伤怀之美啊！我以为你已经背弃了我这满面尘垢的人，没想到竟在异国他乡与你惊喜地遭逢，你带着美远走天涯后，伤怀的我仍然期待着与你重逢。

去年九月上旬，我意外地因为心动过速和痢疾而病倒了。一个人躺倒在秋高气爽的时节，伤感而绝望，窗外的阳光再灿烂都觉得是多余的。我盼望有一个机会出去呼吸新鲜空气，在城市里我已经疲惫不堪。九月二十日，大病初愈的我终于踏上了一条豪华船。历时十天的旅行开始了。省人大的领导考察沿江大通道，加上新华社、《光明日报》的两位记者和我的一位领导及同事陪同，不过二十人。船是“黑龙江”号，整洁而舒适。我们白天在甲板眺望风景，看银色水鸟在江面上盘桓，夜晚船泊岸边，就宿在船上。船到达边境重镇抚远，停留一天后，第二天正午便返航了。那时船正行驶在黑龙江上，岸两侧是两个国度：中国和俄罗斯。是时俄罗斯正在内乱，但叶利钦很快控制了局面。那是九月二十五日的黄昏，饭后我独自来到船头的甲板。秋凉了，风已经很硬了，落日已尽，天边涌动着轰轰烈烈的火烧云，映红了半面江水。这时节有一群水鸟忽然出现在船头不远处，火烧云使它们成为赤色。它们带着水汽朝另一岸飞去，我目随着它们，突然发现它们身上的红色在瞬间消失了，俄罗斯那岸的天空月白风清，水鸟在那里重现了单纯的本色。真是不可思议，一面是灰蓝的天空和半轮淡白的月亮，另一侧却是红霞漫卷。船长在驾驶室发现了我，便用扩音器送出来一忧郁缠绵令人心动的乐曲。我情不自禁地和着乐曲独自舞蹈起来。我旋转着，领略着这红白相间的世界的奇异之美。我长发飘飘，那一时刻我感觉自己就是一个女巫。没有谁来打扰我，陪伴我舞蹈的，除了如临仙界的音乐，便是江水、云霓、月亮和无边无际的风了。伤怀之美在此时突然撞入我的心扉，它使我忘却了庸俗嘈杂的城市和自身的一切疾病。我多想让它长驻心中，然而它栖息片刻就如袅袅轻烟一般消失了。

伤怀之美为何能够打动人心？只因为它浸入了一种宗教情怀。一种神圣的不可侵犯的忧伤之美，是一个帝国的所有黄金和宝石都难以取代的。我相信每一个富有宗教情怀的人都遇见过伤怀之美，而且我也深信那会是人一生中为数不多的几次珍贵片断，能成为人永久回忆的美。

（选自迟子建：《我对黑暗的柔情》，南京，江苏文艺出版社，2010）

第七届茅盾文学奖获奖作品——《额尔古纳河右岸》的颁奖词

迟子建怀着素有的真挚澄澈的心，进入鄂温克族人的生活世界，以温情的抒情方式诗意地讲述了一个少数民族的顽强坚守和文化变迁。这部“家族式”的作品可以看作是作者与鄂温克族人的坦诚对话，在对话中她表达了对尊重生命、敬畏自然、坚持信仰、爱憎分明等被现代性所遮蔽的人类理想精神的彰扬。迟子建的文风沉静婉约，语言精妙。小说具有诗史般的品格和文化人类学的思想厚度，是一部风格鲜明、意境深远、思想性和艺术性俱佳的上乘之作。

（选自《文学报》，2008-11-06）

推荐阅读书目

1. 迟子建：《雾月牛栏》，载《收获》，1996（5）。（获第一届鲁迅文学奖）

2. 迟子建：《清水洗尘》，载《青年文学》，1998（8）。（获第二届鲁迅文学奖）

3. 迟子建：《世界上所有的夜晚》，北京，人民文学出版社，2006。（获第四届鲁迅文学奖）

4. 迟子建：《额尔古纳河右岸》，载《收获》，2005（6）。（获第七届茅盾文学奖）

5. 贾平凹：《祭文》，见《天下父母——有一种爱让我们泪流满面》，北京，中国档案出版社，2007。

黑猪毛白猪毛

阅读提示

农民，这个封建社会里被视为草根一族的人群，在 20 世纪 80 年代的农村社会里，他们的生活状态又是怎样的呢？随着时代的发展进步，他们的思想觉悟是不是也有所提高了呢？让我们走进阎连科的农村题材作品，去感知、把握当下农村的脉搏和情绪，去体验作者委婉而讽的黑色幽默风格。

原　文

黑猪毛白猪毛

阎连科

春天本该是春天的味道，如花的草的，蓝蓝浅浅的，悠忽地飘散。或者，绿绿的，浓浓的，郁香儿扑鼻，似着深巷里的酒呢。可是，落日时分，吴家坡人却闻到一股血味，红红淋淋，腥浓着，从梁道上飘散下来，紫褐色，一团一团，像一片春日绿林里挟裹着几颗秋季的柿树哩。谁说，你们闻，啥味儿？把夜饭端到村口饭场吃着的人们，便都在半空凝住手中的饭碗，抬起头，吸着鼻子，也就一股脑儿，闻到了那股血味。

——李屠户家里又杀猪了。

静一阵，有人这样说了一句，人们就又开始吃着喝着。谁都知道，明儿是三月底，本月的最后一个集日，屠户家里当然是要杀猪赶集呢。不过，往常的集日，李屠户都是起早宰杀，日出上路，当天到镇上卖售新鲜。为啥今儿要在黄昏宰杀？为啥今儿的血味要比往日刺鼻？村人们都没有去过多思想。仲春到了，小麦从冬眠中睡醒过来，哗哗啦啦长着，草呢，也相跟着疯生疯长。要锄地，要施肥，田头有水的还要灌浇，各家都忙得如蚂蚁搬家，谁能过多地顾上谁哩。

饭场是在村头。李屠户家住在梁上，住在梁上大道的旁边，旁边是一个丁字路口。既然已经弃田从商，终归与梁道靠近好些；虽然是屠宰生意，也要图求一个运输便利。图求邻村有了红白喜事，寻上门来让替宰一头一条，也都有着许多便利。为着便利，为着兴隆，李屠户也就从村落搬到梁上去了。盖了两层瓦楼，围了一所砖院，楼下屠宰，兼卖一些杂货、吃食、炒菜；楼上住人，又辟出两间做了客房。路过的行人，腿脚累了，不想走了，使坐在楼下吃些杂碎下酒，喝得摇摇摆摆上楼。来天日出，酒醒了，乏困去了，付了店钱、饭钱上路。

别看那两间客房简陋，一张床，一张桌子，一个十五瓦的灯泡，停电了是半根蜡烛，可县委书记还在那房里睡过一夜。有人说，是车抛锚了，书记不得不在那儿屈宿一觉。可李屠户说，说那话的人是在放屁，也不想想，司机敢让书记的车抛锚吗？说县委赵书记之所以要在他那儿屈尊一夜，就是为了到百姓家里问问致富景况，和他李屠户扯拉扯拉。无论如何，县委赵书记是在那儿睡了一夜。这一睡，李家的生意竟相跟着旺盛起来。两间客房的东屋，桌、床、被褥、脸盆、拖鞋，都是赵书记用过的纪念物，妥善擦洗保存，又仍给客人用着，于是，那间客房从每夜十元的价费涨到了十五元。行人也都长有凡贱之心，价格涨了，因为县委书记住过，也都偏要到那屋里去睡。有跑长途运输的司机，竟连三赶四，踩着油门不松，也就是为了去那东屋睡上一觉。当然，李屠户家里的杂碎肉香，杜康酒里又不兑水，也是吴家坡人有目共睹的实情。现今，李农户家生发出啥惊天的事情，村人们也都不会惊乍，连县委书记都果真在那睡过，那还会有啥事情在那梁道边上不会发生哩。集日到了，把本该下夜更时屠宰的猪挪移到头天黄昏起刀，让春日夕阳里有一股血腥味儿，这又算啥稀罕事儿呢？杀了，宰了，把两扇猪肉展在屠案上，淋上清水，用塑料薄膜盖上，来日去卖又有谁能看出它不是新鲜的猪肉呢？

人们依然在饭场上吃饭，依然扯西拉东。有人饭碗空了，起身回去盛着；有人不想回去，就差儿娃回去一趟，儿娃哩，又刚刚端着饭碗从家里出来，便对父母哼哼哈哈，他们便一脸挂了不悦，骂着儿娃的不孝，说养你长大，连让回家盛碗汤饭你都懒得起动，早知这样，倒不如不生你还好。做儿娃的觉得委屈，因为并没说不去，只是因了犹豫，父母就当众破口骂了，于是便顶撞起来，说谁让你生我了？谁让你生我了？父亲或母亲被问得哑言，就从坐着的屁股下面抽出鞋来，一下掷了过去，弄得饭场上飘满鞋灰，许多人赶快把饭碗护在胸下。就在这饭场上闹得尘土飞扬的时候，饭场外有了一声断喝，叫着说吵啥哩？有啥好吵哩？父母让你们儿娃回家盛一碗汤饭错了吗？

饭场上哐的一下安静了。做儿娃的感着理屈，不再说啥了。

村人们目沿着断喝，都朝村口通往梁道的方向望过去，原来是屠户李星从梁上回村了。

刘根宝从饭场上回到家里，就像从宽展自由的田野进了考场，怯怯的，有些不安。爹已经吃过饭了，正在院里抽烟，明明灭灭，在暮黑中闪烁着光色。娘正在灶房洗整，锅碗相撞的声音淹在洗涮的水里，听起来清脆潮润。根宝一脚踏进灶房，把还有半碗饭的瓷碗推在灶台角上，想说啥，却只是望了望娘，便又勾着头从灶房走了出来。

他蹲在了爹的面前。

爹说，有事？

他说，没啥事。

爹说，有事你就说吧。

他说，爹，我想去蹲监。

做爹的愣了一下。从猛一吸亮的烟光中，能看见老人的脸上有些僵硬，表情哩，像一块原本柔和的杂色面儿，忽然变成了生硬的石头面儿。他把烟袋从嘴里拔下，盯着儿子，像盯着素昧平生来问路的陌生人一样。

爹说，根宝，你说啥儿？

儿子根宝就又瞅了一眼父亲。因着夜色，看不清父亲这时脸上的惊异有多厚多重，多少斤两，只是看见有一团漆黑，像树桩样竖在那儿，僵在那儿。因为看不清楚，他也就索性不再看了，脱掉一只鞋子，坐在父亲面前，两只胳膊架在膝上，双手相互抠着，像剥着啥豆子，没有立马回答爹的问话。

爹又问，你刚才说啥呀？根宝。

根宝说，爹，我想和你打个商量，如果你和娘同意，我想替人去住几天监狱。

爹吼着说，妈的，疯了？

根宝把头勾得更为低些，说，爹，我这不是和你商量嘛。

爹顿一会儿，又问，替谁？

根宝说，替镇长。

爹抬起了头，替谁呀？

根宝说，替镇长。

爹笑了，冷讥地道，镇长用你去替？

根宝说，刚刚在饭场，李屠户说了，说今儿落日时候，镇长开着小车从梁上走过，撞死了一个年轻人哩，张寨村的，二十余岁。说镇长撞死了人镇长应该负责呢；可镇长是镇长，谁能让镇长负责哦，于是哟，就得有人去县交通队替着镇长认个错，说人是我撞的，是我在李屠户家酒喝多了，开着拖拉机出门撞上的。后边的事，就啥甭管了，镇长都有安排哩。说事情的尾末已经搞清，就是赔张寨的死人家里一些钱。钱当然是由镇长支出的。然后，然后哩，就是谁说是谁撞死了人，谁就到公安局的班房里宿上十天半个月。

月亮已经升了上来。吴家坡在月光中静得如没有村落一样，能清晰地听见村街上走动的脚步声，踢里啦踢踏，由西往东，渐次地远了。消失着到了李屠户家那儿了。娘好像把根宝说的缘缘由由全都听得十分明了了，她没有立马接话儿，不知从哪儿端出一小筐儿花生，端过一张凳子，把凳子放在男人和儿娃中间，把那一筐儿花生放在凳子上边。而后，她就随地坐在花生筐前，望望儿娃，又瞅瞅男人，长长地叹了口气，走进了他们父子深深的沉默内。

说起来，根宝已经二十九岁，二十九岁还没有找到媳妇成家，这在吴家坡也仅是刘家一户。缘由呢？不光是因为家穷，现如今不是哩，是在极早的年月里，各家都已盖起了瓦屋，只他们刘家还住着草房院落；再者，还因为根宝的怯弱老实，连自家田里的庄稼被畜牲啃了，举起了铁锨，联想到畜牲也有着主人，竟就不敢落将下去，只能将铁锨缓慢地收回。这样的人，窝囊哩，谁肯嫁哟。照说，早先时候，有过几门亲事，女方都是到家里看看，二话不说，也就一一荒芜掉了，无花无果。待转眼到了今日的年龄，没想到竟连二婚的女人也难碰到。半年前，有亲戚介绍了一个寡妇过来婚面，先不说对方长得丑俊，也才二十六岁，竟带着两个孩娃。根宝原是不同意这门婚配，可亲戚却说，同不同意，见面了再说。于是也就见了，想不到她一见面劈头便问，你就弟兄一个？

他说，我是独子。

她说，同姓家族村里多吗？

他说，村里就我们一家刘姓。

她说，有没有亲戚是村里乡里干部？

他摇了一下头儿。

她便生着风声，一下从凳子上站了起来，愤愤地说，那你让我跑十几里路来和你见面干啥？媒人没和你说我原来的男人是因为和人争水浇地，争人家不过，被人打了一顿，回家上吊死了？没说我不图钱不图财，就图嫁个有势力的男人，不说欺负别人，至少也不受人欺负。女人这样说着，就转身从根宝家里出来，走出屋门，到院落里左右看看，又猛地回身盯着根宝，说今天正好是集日，我跑十二三里路来和你谋婚，来让你看我，耽误我整整一天工夫。这一天工夫，我到镇上卖菜卖瓜，卖啥都能挣上七八十块钱。可是今儿，是你把我误了。我不要你赔我七八十块钱，可你总得赔我五十块钱吧？

根宝怔着问，你说啥儿？

女人说，你误我一天工夫，该赔我五十块钱哩。

根宝低声咬牙，说，你咋能这样不要脸哩？

女人说，我是不要脸，要么你打我一顿我走，要么你赔我五十块钱我走；你要不打我赔我，我就在这院里叫唤，说你一见我就摸我拉我。

没有奈何，根宝只好返身回屋取了一张五十元的钞票，塞到她的手里说，走吧你，以后你再也别从我们吴家坡的村头走过。

女人接过了那钱，看看说，你要敢动手打我一个耳光，我就嫁给你。

根宝说，走呀，钱给你了，你走呀。

女人说，你要敢对我又踢又打，我把我的两个娃儿送给别人嫁给你。

根宝说，你有病哩，你神经有病了，去县医院看看病嘛。

女人把那五十块钱朝根宝面前一扔，就走了。走了几步又回头说，没有腰骨的男人，谁嫁给你，谁一辈子保准受人欺负不尽呢。

实在说，没人欺负根宝一家人，可就是因为他家单门独院，没有家族，没有亲戚，竟就让根宝娶不上一门媳妇来。二十九岁了，一转眼就是三十岁，就是人的一半生命了。将近三十岁还没有成家立业，这不光让根宝在村里做人抬不起头，也让父母深怀着一层内疚哩，永远觉得对不住了儿娃呢。

根宝爹又吸了一袋烟，再装上，没有点，放在脚边，不知为啥就抓了一把花生剥起来。他剥着花生，却不吃，借着月色，看看面前勾头坐在鞋上的儿娃，像一团包袱软软地浮在地上；看看那说要翻盖却总也缺钱翻盖的草屋，矮矮的，塌塌的，房坡上还有两个欲塌欲陷的深草坑，在月色里像被人打开的墓穴。还有那没有门窗的灶房，灶房门口破了的水缸，这些都被月光照得亮白清楚。身边的那个猪圈，泥墙，框门，石槽，倒是结实完整，可不知因了啥呢，总不能养成猪。喂猪猪死，养羊羊灭，后来把它做了鸡圈，鸡们倒都生长得壮实，可是，可是呢，母鸡们都是三天、五天才生一个鸡蛋，哪怕是夏天的生蛋旺季，也没有一只鸡两天生上一蛋的，更不消说如别户人家一样，一天一蛋，甚或一只鸡一天生两蛋或两天生三蛋。这就是刘家的日子。根宝爹像看透了这样的日子一样，把目光从月光中抽了回来，吃了手里的花生，说跑油了，不香。老伴说吃吧，这也是宝他舅今儿路过梁上捎来的。根宝爹就又抓了一把花生，在手里剥得哗里哗啦，说都吃呀，根宝。

根宝说，我不吃。

爹说，你咋知道替镇长顶罪至多是到监狱住上十天半个月？

根宝说，李屠户说的。

爹问，李屠户听谁说的？

根宝说，他啥儿不知道？镇长就是在他门前撞死了人，县委书记都在他家睡过哩。

娘问，替人家住监，住完了咋办？

爹说，歇歇嘴吧，女人家哩。住完了咋办？你想咋办就咋办。谁让他是镇长，谁让他让我们孩娃去顶监。

然后，爹就回过头来，望着儿娃说，根宝，你真的想去就去吧，去跟李屠户说一声，说你愿意替镇长去蹲监。说记住，李屠户叫李星，你就叫他李星叔，千万别当面还屠户、屠户地叫。

这时候，月亮升到当头了，院落里愈发明亮着，连地上爬着的蛐蛐欢叫时张扬的翅膀都闪着银白白的光。根宝从地上站起出门时，娘从后边抓了一把花生追上他，说你吃着去吧，没跑油，还香哩。根宝把娘的手推到一边，说我不吃，也就出门去了，和出行上路一样，没有回头。可没有回头，他听见身后剥花生的声音，在月色里像谁在水上淘洗啥儿般，淋淋哗哗，脆亮亮的，还是有几分让人留恋的亲切呢。

李屠户家里忙哟。院落里扯加了两个二百瓦的灯泡，把清明清明的月亮挤逼得没了踪迹。不知远处的一家矿上要贺庆啥，冷不丁，来人让他连夜还杀几头肥猪，加之明儿正集日，又不能慢待了在集市上总去他的挂架上割肉的老主顾，于是，李屠户除了原来的屠案，又搁下门板，新架了一副屠板。自己宰，还又从外村找了两个小伙子帮衬着。每帮他宰一头猪，他给人家十块工时费。

院落里满是集合着的人，有矿上的工人，有村里看热闹的孩娃，还有连夜把生猪拉到李屠户家等着他过秤买猪的邻村庄户。根宝从村里出来，一听到屠案上红血淋淋的尖叫，身上抖了一下，像冷一样，可他很快就把自己控制住了，不再抖了。说到底，是杀猪，又不是杀人。踏进李屠户家那两扇能开进汽车的院落大门时，已经有两扇猪肉挂在了棚架下，赤背的李屠户正舀着清水往扇肉上浇洗，一瓢一瓢，泼上去，淋下来，红艳艳的血水流过一片水泥地从一条水沟流到李家房后了。一世界都是生血的腥鲜味。帮衬的那两个小伙子，一个在院落角上正烧着一口大锅的开水烫猪毛，一个正在一个屠架上用一个铁片刮着剩猪毛。猪毛味有些腥臭，像火烤了兽皮一样怪诞难闻。李屠户家一年四季都有这样的味。根宝不知道为啥在这样的气味里，县委书记会在这儿住一夜。可县委书记是真的住了一夜哩。迎面楼上二楼靠南的两间客房，东屋门口清清白白挂了一个招牌，上写着：县委赵书记曾在此住宿。借着灯光，根宝看那招牌时，他看见西客房的门口也新挂了一个招牌，上写着：县里马县长曾在此住宿。根宝有些糊涂，他不知道县长何时也在此住过，可他想那是一定住过的，没住过李屠户不会挂那么一个招牌。

看看招牌，根宝从人缝挤到了李屠户的身后，他等李屠户把一扇猪肉淋净了，轻声叫了一声李叔。

李屠户没有回头，他用手抹掉肩上的血水珠，用胳膊擦掉额门上的汗，到另一扇红血猪肉下边，又一瓢瓢舀水浇起来。虽然没有回头，他却听到了有人叫他。他舀着清水说，是根宝吧？

根宝说，哎，是我，李叔。

李屠户把一瓢水泼到那扇猪肚里道——

是想替一下镇长顶罪吧？多好的机会，别人烧香都求不到。

血水溅到了根宝脸上，他朝后退了一步——

跟我爹商量过了，我愿意。

李屠户又舀一瓢清水浇上去——

不是你愿意就能去了的。先到屋里等着吧。

到了李屠户家平常客人吃饭的那一间餐厅里，根宝才看见那儿已经坐了三个村人了。一个是村西的吴柱子，四十来岁，媳妇领着孩娃和人私奔了，就在邻村一个村干部的弟弟家窝藏着，死活不回来，他就只好独自过着日子了；另一个是村南的赵瘸子，日子原本鼓鼓胀胀不错哩，可烧的砖窑塌了，人便瘸了，日子也就塌陷了，眼下还欠着信用社一大笔贷款的债。还有一个，是村里的李庆，在镇上有生意，家里还买有一辆嘎斯汽车跑运输。根宝知道柱子、瘸子是想和自己一样，图求去替镇长住几天监，一个想请镇长帮着把自家媳妇要回来；另一个，寄望帮了镇长，也许信用社的贷款便不消再还了。他不知道李庆谋图三二四五啥哩，竟也端端地和瘸子、柱子围在那一张饭桌前。于是，待根宝走进来，他们都望着根宝时，根宝把目光落在了小他一岁的李庆身上。

李庆像抢了别人的东西一样，不好意思地把头勾下去，说我弟今年就师范毕业了，想请镇长安排他回到镇上教书哩。

柱子冷了一眼李庆说，你好了还想好。

李庆把头勾得更低了，脸红得如门外地上的血。

这当儿，瘸子也包着李庆的脸，说，你走吧，让我们和根宝争这机会还差不多。

李庆没有走，又抬起头涎涎地笑了笑。

根宝坐在了那张空凳上。这是一张四方桌，先前都叫八仙桌，现在学着城里人的腔调就都叫它餐桌了。屋子也叫餐厅了。餐厅也就十几平方米大，摆了粮、面、油和七七八八的一些杂货物，在外面空着的地方摆了这张餐桌。因为不是掏钱吃餐饭，桌上有个铝茶壶，但没有人会来给他们倒上水。桌子的上方是灯泡，苍蝇和小蛾在灯泡周围舞蹈着，舞累了，蛾子竟敢落在灯泡上歇脚儿，而苍蝇就只敢落在他们身上和那油腻的桌面上喘着粗气儿。

屋外又有了一阵猪叫声，粗厉而骇人，像山外火车道上的汽笛叫，只是比那汽笛短促些，也比那汽笛混杂些。夹杂有猪的喘息和人的乱汪汪的声音。这样过了一阵，便突然安静了。不消说是利刃从猪的脖下捅进脏腑了。剩下的就是李屠户指挥着说把这头抬去煺毛、把那头挂起来开膛的指令声，还有人们这条肥、那头瘦的议论声。屋子里有些热。忙着挣钱的李屠户，顾不上进来指着哪个人说一句，喂，你去替镇长顶个罪，再指着剩下的，说你们三个就算了那样的话。也许，李屠户并不知该把这样一件好事留给谁，所以他才只顾杀猪，不管屋里的根宝、柱子、瘸子和李庆。屠户的媳妇和孩娃们都在楼上看电视，从电视机中传来的武打声像从房顶落下的砖头和瓦片。根宝抬头朝天花板上看了看，其余三个人也都跟着抬头看了看。

李庆说，半夜了。

柱子说，着急了你先走。

李庆说，我不急，等到天亮我也等。

瘸子看看李庆，又扭头盯着根宝，说，兄弟，其实你犯不上和我们一样儿，没成家，又有文化，真替镇长蹲了监，名声坏了，以后还咋儿成家哩？

根宝想说啥，可一时又找不到合适的话，正急时，李庆倒替他回答了。李庆说，真替上镇长了，也就成家了。根宝有些感激地望了望李庆，李庆又朝他点了一下头。因为李庆和屠户是本家，他在李屠户家里便显得自由些，这里转转，那里看看，还到楼上看了一会电视，回来时还顺脚到李屠户那儿催了一下他李叔，说让李叔赶快定一下由谁明儿去顶替镇长的罪。可等他兜了一大圈儿回来时，他却进门说，李叔忙，他让我们四个自个儿选定一个去替镇长的人。自个儿选？选谁呢？当然无法选，谁也不会同意谁。于是哩，四个人就又相互望一望，看谁脸上都没有退让的意思儿，就各自把头扭到一边去了。

时间如牛蹄一样一踢一踏走过去。夜已经深得如一眼干枯无底的井。他们就这么干干坐熬着，直到楼上的电视不响了，李屠户一连杀了五头猪，柱子和瘸子们都趴在桌子沿边睡一觉儿，根宝以为李屠户压根儿把他们几个忘记了，他想去问李屠户一声到底让不让他去顶镇长的罪，叫了他就去，不叫了他也死心回家睡觉时，忽然有人砰砰砰地敲响了餐厅的门。

他们都惊醒过来把目光旋到门口上。

叫醒他们的不是李屠户，而是帮李屠户杀猪的一个小伙子。他是用杀猪的刀把敲的门，刀刃上的鲜猪血被震得如软豆腐一样掉在门口脚地上。看几个人都醒了，他把手里备好的四个纸团扔到了桌子上。说下夜一时了，李叔说让你们别等了，这是四个阄儿，其中有一个阄儿里包了一根黑猪毛，另外三个都是白猪毛，你们谁抓了黑猪毛谁就去做镇长的恩人，谁抓住了白猪毛你们谁就没有当镇长恩人的命。然后，说完了，他就站在灯光下，看着那四个阄儿，也看着那四个人。

忽然间这四个人都没有瞌睡了。原来谁去替镇长顶罪做恩人那么大的一件事情都包在那四个阄儿里。阄儿纸是一个一分为四的烟盒纸，红红花花的，有些喜庆吉祥色，可毕竟四个里边有三个包的都是白猪毛。把目光收回来盯在桌面的四个阄儿上，他们各自把眼睁得又亮又大，可就是没人先自起手去抓一个阄儿。

小伙子说，抓吧，抓完就睡了。你们还有抓阄儿的命，我和李叔商量了一夜想去蹲蹲监，李叔说我不是吴家坡的人，不光不让去，还连阄儿都不让我抓哩。

李庆望着小伙子说，你这不是讥弄我们几个吧？

小伙子说，有半点讥弄，我是你们四个的孙娃儿。说我想去镇政府那儿租几间房子做门市，可死活轮不到咱乡下人的手，你说我要能替镇长去住半月监，我在镇上还有啥儿生意做不成？我还用见了收税的像孙子一样四处乱跑吗？说你们快抓呀，你们一抓我就去杀猪了。

李庆无言了，便首先从桌上捏了一个纸阄儿。

于是都捏了。

根宝把桌上最后剩的一个捏到了手。他准备打开时，因为手有些抖，出了一手汗，也就打开得慢了些，所以还未及他把阄儿全打开，便听到柱子扑哧一声笑了笑，说我这儿是根黑猪毛，合该我媳妇、孩娃还回到我家里。说完他就把阄纸摆到桌子的正中间，大家一看，也果真是根黑猪毛，一寸长，发着光。麦芒一样尖尖刺刺地躺在阄纸里，而且还从那黑猪毛上发出一丝腥臭淡淡的膻味儿。

小伙子立在门口说，好事有主了，你去当镇长的恩人，大家都回家睡去吧。

瘸子看看手里的一根白猪毛，说他妈的，还不如早点回家睡觉哩。就把阄儿和猪毛扔掉了。

李庆看了一眼桌上的黑猪毛，没说话就先自离开走掉了，出门时他朝门框上狠狠地踢了一脚。

于是都走了。根宝从李屠户家走出来，又回身望了一眼写着县长、书记在此宿过的招牌，想去和李屠户打声招呼，可看他正忙着在取一头猪的五花内脏，且又是背对着院门这边儿，便不言声儿从李屠户家大门出来了。

外边梁道上有凉爽爽的风。远处田里麦苗的青气一下迎面飘过来，他长长地吸了一口气，身上连一点瞌睡也没了。

回到家里时，爹娘居然都不在。根宝一进院子里，可又闻到了一院油馍味。再一看屋里正间的一张凳子上，放着一个蓝包袱。他先到屋里把那包袱打开来，果然竟和他心里猜想的一模一样，是娘为他明儿出门去做镇长的恩人准备的衣物、行李啥儿的，裤子、衬衣、鞋袜，怕他半月回不来，连夏天的汗衫和短裤都替他准备到包裹里边了。而且，包裹里还有一双千层底儿布鞋和三双新从哪儿买的解放鞋。他不知道娘为啥要给他准备那么多的鞋，不要说他已经不能去替镇长顶罪了，就是命中有喜真去了，十天、二十天也就回来了，哪能用上那么多的鞋子哩。

夜已深得没有底了，除了从梁上李屠户家间或传来的猪叫声，村子里连月光游移的声响都没了。包裹里新鞋老衣那半腐的肥皂香味和鞋底上的粮面糨糊的甘气，在屋子里散散淡淡地飘。根宝在那包裹前站了一会儿，又从屋里出来，到灶房的案前立着不动了。娘已经把他出门前的干粮全都备好了。油烙馍，葱花和香油的味道像流水一样，从案桌上哗哗淌到脚地上。每个油馍都烙得和鏊子一样大，然后十字儿切开，一圆变四页，统共十二页油烙馍叠在案面桌的正中央。

望着油烙馍，根宝竟哭了。

从灶房出来，他又立在院落里，朝柱子家住的村西那儿久远地照望着，便看见睡了的吴家坡村，一片新房瓦屋，在月光中一律都是蓝莹莹的光，只有他家这方院落，沉湮在高大的瓦屋下，像一大片旺草地上的一簇干死的草。根宝的心里有些哀，他把目光收回来，刚好看见东邻的嫂子半夜三更中，竟风风火火地卷进了大门里，说根宝兄弟呀，我在那边听到你这边的响动了。说急死人了呢，你爹你娘都在我家里。说合着你命好，我表妹离婚了，今儿来看我，听说你要去替镇长蹲监狱，再一说你还没结婚，她就同意了。说我俩在你家等你到半夜，你没回来，我们走了你就回来了。说你爹、你娘把她送回到我家和我表妹有说不完的话。说你赶快到我家和我表妹见见吧，人长得那个水嫩和没结过婚的闺女一模一样。说走呀根宝，还不赶快去？你愣着干啥哩？

东邻的嫂子是四十里外的镇上人，细苗灵巧，人儿好看，因为看上她男人会做生意就屈驾从镇上嫁到了吴家坡。她读过书，会说话，能把不好看的衣裳穿出样子来。她知道她有吴家坡人没有的好资质，所以对谁说话都没有商量的味，都像小学的老师教着学生孩娃的啥儿样。月亮已经走移到了山梁那边，朦胧像灰布一样罩在院落里。根宝看不清邻居嫂子的脸，只看见她一连声地说着时，舞动的双手像风中摇摆着的杨柳枝。这时候，这个深夜的当儿里，她说完了就拉着他的手要往她的家里去，他便感到她手上的细软温热像棉花一样裹着他的手指头。他闻到了她头发上的女人味，像在酷冷的冬天忽然飘来了一股夏天的麦香味，身上燥热的激动一下都马队般奔到了他头上。他听到了他满头满脑都是嗡啦嗡啦响，努力朝后挣脱着嫂子的拉，想对她说我不能去替镇长蹲狱了，那个阄儿让柱子抓到了，可说出口的话却是，嫂子，你别拉我哩。

嫂子说，咋儿了？你不愿意我表妹？

他说，我是去蹲监，又不是啥好事。

嫂子说，你是去替镇长蹲监哩。

他说，这一蹲可不一定真的是十天、二十天，人都轧死了，说不定要蹲半年、一年哩。

嫂子立在朦胧的夜里就笑了，说你看见包袱里那三双解放鞋了吧？那是我表妹连夜到邻村供销点里给你买的哩，她说蹲监狱的人都得去烧砖，说到机砖厂劳改特别费鞋子，说一去劳改最少是一年。

他说，那要劳改二三年哩？

嫂子说，我表妹是个重情的人，因为她男人进城里总是找小姐，是因为男人对她不忠她才离的婚。说我表妹不怕男人蹲监狱，就怕男人们有钱进城住宾馆，洗澡堂。

他说，嫂子，既然是这样，你就对我说，我到你家见了人家先说啥？

嫂子说，你把你娘烙的葱花油馍拿几页，说半夜了，你是过去给她送点儿夜饭。

然后，嫂子就走了。走得轻快，像草地里跳着的羊。根宝在院里看着东邻的嫂子走出大门，又回头吩咐他说，你快些，再磨蹭一会儿天便亮了呢，随后，她就融进夜色里了。

根宝没有照嫂子说的那样回身进灶房去拿油烙馍。他在原地站一会儿，想一阵，便相跟着嫂子的脚步出门了。他没有去东邻嫂子家，而是往右一转朝村西走去了。他去了住在村西的柱子家。柱子家也是一个瓦房院，连门楼儿都是砖瓦结构的，高高大大，一看便知是一户殷实人家哩。虽然是殷实人家，可媳妇还是跟着外人私奔了。那男人不光是木匠，还是一个村支书的亲弟哩。根宝到柱子家门前时，惊起了好几响胡同里的狗吠声，待他把脚步止在瓦房的门楼下，狗吠也便无声无息了。隔着门缝，他看见柱子家正房还有电灯光。自然哩，他还没有睡。明儿吃过早饭就要跟着李屠户到镇上面见镇长了。见了镇长就该乘车去县里面见公安了。然后，就会被拘留起来住进监狱等着判说了，就要很多日子不能回家了。柱子不消说得连夜把他蹲监的行李准备哩。

根宝轻轻地敲了几下柱子家的门。

门是榆木板，碰上去的指关节就如敲在了石面上。在月落以后的黑色里，那干硬硬的响声如小石子一样飞在村街的房檐下。声音响进去，没有从柱子家响出回应来，只有狗吠在村里回荡着。

根宝又用力敲了几下门。

柱子回应了——谁？

根宝说，是我，柱子哥。

柱子问，根宝呀，有啥事？

根宝说，你开一下门，我有话跟你说。

柱子从屋里出来开门了。他到大门前先拉亮了门楼下的灯，然后哗地一下把双扇大门打开了。

门一开，根宝就扑通一下跪在柱子面前。

柱子忙朝后退一步，说，根宝，你要干啥？你这是干啥？

根宝说，柱子哥，你让我去替镇长蹲监吧，你好歹成过一次家，知道做男人是啥滋味哩，可我根宝立马就是三十岁，还不知道当男人到底啥味儿。你让我去替镇长蹲监狱，镇长肯定得问我家里有啥困难事，我对他说的第一件事，就是让他把你媳妇和孩娃送回家里来好不好？

柱子盯着灯光下的根宝不说话。

根宝便朝柱子磕了一个头，说，柱子哥，算我求你了好不好？

柱子说，我让你去了，你会替我在镇长面前说话吗？

根宝说，我若不先把你的难处说出来，不让镇长把你媳妇和孩娃讨回来，我根宝就是你柱子哥的重孙子。

柱子说，那你起来吧。

根宝便又向柱子连磕了三个响头才起来了。

匆匆忙忙一夜过去了。

来日早升的日头在仲春里光辉得四野流金，山脉间的田地、岭梁、树木和村落都在日光中透发着亮色。吴家坡在这个春日早晨醒来时，谁都知道根宝家里有了喜事了。根宝要去替镇长住狱了。包裹已经捆起来，被褥也都叠好用绳子系了哩，白面油烙的葱花饼也装进了干粮袋里。

根宝要做镇长的恩人了。

他喝了一碗薯黍片儿汤，吃了咸菜和油馍，提着行李出门上路时，看见大门外有许多的村人们。李庆、瘸子、柱子、东邻的哥嫂，还有嫂的表妹。昨儿他们连夜订了婚配，她说你去十天半月肯定回不来，说你就是去住一年、两年我都会等你。然后，她就又一早跟在表姐身后来送他。村人们大都还不知道她是他的媳妇了，只把她当做是跟着表姐来看繁闹的人。爹在他身后提着铺和盖，像儿娃出门做大事儿一样，满脸的喜庆和自豪。他把烟袋丢到家里了，特意吸了带着过滤嘴儿的纸香烟，可又不是真的吸，仅就是燃了让一丝青烟在他嘴前袅袅地升起来。娘手里提的是根宝的干粮袋，一出门看见东邻嫂的表妹子，她便一脸粲然地朝人家走过去。根宝没有听见娘和人家说了啥，只看见两个人说了两句话，嫂的表妹竟从娘的手里要过干粮袋儿提在手里边，又如过桥时搀扶老人一样扶住了娘。在这送行的人群里，她就像一朵盛开在夏时草坡上的花，因为也是镇上的人，家里和镇政府仅隔着一堵墙，儿娃时端着饭碗还常跑到镇政府的院落里，加之她和她表姐的识见是一般儿的多，穿戴、言说、行止，和吴家坡人有着无数的差别与异样，所以她搀扶着娘的胳膊时，看见的人便心中清明了，眼里更加有了一种惊羡的光。门前的人群原本也就十几个，可待根宝一家走出来，站在那儿和人们说了几句话，转眼间人群就是一片了。有的人正要下地去，听说根宝要去做镇长恩人了，也就慌忙过来道着喜，送送行。说根宝兄弟，奔着前程了，千万别忘了你哥啊。根宝就把目光从自己那香熟发光的对象身上收回来，笑着说奔啥儿前程哩，是去替人家蹲监呢。那人就又说，替谁呀？是替镇长哩，你是镇长的救命恩人呢，还以为你哥我不知道你有多大前程嘛。

根宝就只笑不说了。

根宝就这么在送行的人群中慢慢行走着。前面是人，后边也是人，说笑和脚步的声音如秋风落叶般地响。爹在他的身后，有人去他手里要那行李提，他说不用不用却又松了手。而后从裤口袋里摸出一包烟，拆开来，一根接一根地朝着人们递。人家不接了他便朝人家的嘴里塞。根宝很想朝柱子走近些，柱子和李庆、瘸子他们好像没昨夜命运相争的事儿一样，一团和气地挤在路边上，可人群围得紧，又都要争着和他说话儿，他就只能隔着人群和柱子他们招着手，点着头，表白着自己的歉意和感激。村里是许多年月都没有这样送行的喜庆繁闹了，就是偶尔哪年谁家的孩娃参军入伍也没有这么张扬过，排场过，可今儿的根宝竟获着了这份排场和张扬。他心满意足地朝村口走动着，到饭场那儿立下来，扬着手，连声说着都回吧，回去吧，我是去蹲监，又不是去当兵。然而无论他如何地解释着说，人们还是不肯立住去送他的脚。

人们都簇拥着他往梁上李屠户家门前走去。

李屠户已经在梁上的日光里朝着这边人群招了手。招了手，根宝脚下的步子就快了。可根宝的脚步越快，李屠户却越发地招着手，似乎还把双手喇叭在嘴上，大声地唤了啥，因为远，没能听清楚，人们就猜他是让根宝快一些。

根宝便提着行李小步跑起来，他不想让李屠户在梁上等得时候太久。然而在他丢开人群朝着梁上跑去时，李屠户身边那个昨夜儿帮他屠宰的小伙子却从梁上跑下来。两个人相向地跑，近了时，小伙子就立在路边的一块石头上，可着嗓子叫唤着，说刘根宝，李叔不让你再来了，说镇长一早从镇上捎来了话，说不用人去替他顶罪了。

根宝淡了脚步站下了，像电线杆一样栽在路中央，望着那个小伙子，唤着，问道，你说啥？天呀你说啥？

小伙子大声说，不用你去了，说镇长轧死人的那家父母通情达理呢，压根儿没有怪镇长，也不去告镇长，人家还不要镇长赔啥儿钱，说只要镇长答应把死人的弟弟认做镇长的干儿就完啦——

这一回，小伙子说的根宝全部听清了。他立在那儿脚跟有些软，努力把一身的力气全都用到脚脖上，使自己不至于突然瘫下去。然后把目光投到山梁上，他看见李屠户在架道边上正指派着几个人往一辆车上装着鲜猪肉，背对着他，舞之又蹈之，肩膀和门板一样宽，有力得没法说。

紧随着他，村里送行的人们也都说说笑笑跟近了，像一个人拉着一辆大车爬到了半坡上。根宝很想让李屠户或者跑来唤话的小伙把说过的话，朝着村人们再清清白白地述说一遍儿，他就又慢慢朝着架道走了过去。

日头又升高了些，艳红艳红哩。

（选自阎连科：《阎连科文集》，北京，人民日报出版社，2007）

背景知识

阎连科，1958 年出生于河南嵩县的一个偏穷小镇，1978 年应征入伍，1985 年毕业于河南大学政教系，1991 年毕业于解放军艺术学院中文系。1978 年开始写作，主要作品有长篇小说《日光流年》《坚硬如水》《受活》等 7 部；另有《阎连科文集》5 卷。曾先后获第一、第二届鲁迅文学奖和其他文学奖项 20 余次。其作品被译为多种语言，是中国当代最为重要的作家之一。阎连科小说的创作风格诙谐幽默，带有极强的反讽意味，并且其小说主题价值取向始终带有一定的道德倾向性。

导　读

在中国农村的现实生活中，官本位思想至今还根深蒂固，法制观念在大多数农民的头脑中还十分淡薄。在这样的乡土文化背景下，才上演了根宝等农民争相“替人蹲监狱”的荒唐闹剧。村民们争先“蹲监”，都心甘情愿为镇长替罪，其原因很简单，因为“镇长们”手里掌握着不小的“权力”！镇长的“官位和权力”能解决他们自己解决不了的难题：凭着镇长日后的“关照”，柱子能追回私奔的媳妇，赵瘸子的欠款能一笔勾销，李庆能为弟弟谋得工作，根宝能解决个人的婚姻大事……

人们攀附权力找到靠山后，就能够得到自己无法得到的好处。

于是“替人蹲监”的闹剧又呈现着现实存在的不可思议的合理性。为了满足自己做一回男人自然本能的最低欲求，根宝所梦寐以求的就是顶替酒后驾车轧死人的镇长去坐牢。他丢尽一切尊严说服吴柱子让出机会，村人送他去坐牢像多年不遇的喜事。具有黑色幽默意味的是村民们认为他们是送根宝进“天堂”——为镇长坐牢而换取基本的生存权利，如大伙说的：“根宝兄弟奔前程了，千万别忘了你哥啊。”“有人帮着拿行李，根宝爹从口袋里摸出一包烟，一根接一根朝人们递，人家不接了他硬朝人家的嘴里塞。村里是许多年月没有这样送行的喜庆繁闹了，就是谁家孩娃参军也没有这么张扬过、排场过。”对此根宝心满意足。面对现实问题的真实存在，作者表现出了批判却又无奈，感到荒唐可笑却又不得不理解的情感姿态。

小说对农民群体普遍的权力崇拜等弱者心理的揭示，则是通过跌宕起伏，一波三折的戏剧化情节实现的。主人公刘根宝先是获得了家人的同意，却不料竞争者多，自己失选；经过磕头下跪，恳求协商，终于换来了替人蹲监的机会。于是，邻居哥嫂的表妹主动送上门来求婚，农人们丢下农活前来道喜送行。根宝沉浸在幸福生活的云雾里！然而，未来美好生活的肥皂泡却因死者家属的不告而过早的破灭了。替人坐牢的荒诞事件就这样经过得而复失、失而复得，最后泡沫般的幻灭，在让人欲哭无泪，欲笑不能的氛围中结束了。替人蹲监事件让我们体会到了小人物内心世界攀权的悲喜和小民无权的酸涩。

《黑猪毛白猪毛》一文揭示了在权力崇拜意识支配下普通农民异化了的生存状态，深刻地挖掘了此种状态的历史根源，猛烈地抨击了权力下的奴性意识，发出了对人的血性和尊严的深切呼唤。同时，黑白猪毛隐喻深刻，暗示出了农村生活里农民人微言轻、缺少话语权的社会现实。

小说在内容设置上没有复杂的矛盾交叉；在结构安排上既严谨，又合理。事件叙述结构上呈单线发展，不安排倒叙、插叙，一路平平的展开情节，却又能于平淡中做好层层铺垫，读起来既感到悬念迭生，又如层层剥笋，真实的呈现出根宝等农民的悲喜人生。行文语言上注重感觉化的形象描写，善用农民熟悉的事物作比喻；叙述语言多口语化的短句，贴近农村日常生活。作者对农民心理与农民语言习惯的成功把握，使得小说充满着浓郁、真实的农村生活气息。

思考与讨论

1. 吴根宝争得替镇长“蹲监”的机会后，他的人生发生了怎样的变化？这一变化说明了什么？

2. 小说为何要设置“县委书记在李家住宿”这一情节？县委书记住了李家客房后，客房住宿费就涨价说明了什么？

3. 李屠户是一个什么形象？试简要概括。

阅读视线

写作最难是糊涂

阎连科

有位出家人，聪明慧智，在庙里勤读苦攻，却终是不得醒悟，一同离家的僧者，大都醒开后到了他寺，做了住持，只有他还在那庙里捧经敲木，日复一日。终于有天，他问高僧师父：“我为何不能成佛?”师父答：“你太聪明了。”又问：“如何才能笨些?”师父说：“种地去吧。”出家的聪明和尚就丢下经书，开始到庙旁种地。原初，小和尚并不会耕作劳种，不知春发秋果，不明四季作耕，可他明智好学，勤于吃苦，第一季虽禾瘦歉收，第二季却有了丰旺景象。到了第三年的秋天之时，庙旁田地，已经是果实累累，艳色味香，一派天景的风光。可高僧师父到了这儿，望着这番风景，紧紧皱了眉头，半晌无言无语。和尚问：“师父，我种得不够好吗?”师父答：“太好了。好得过了。”和尚有些气馁，生气地问：“难道说是不好才好?”师父答：“你再种三年地吧。”言毕，师父怅然而去。从此，小和尚种地不再走巧，不再过力精心，只是随季播种，雨后锄草，秋日收获；冬天休地猫冬，春耕伸腰锄禾，有些懒散，有些惰安，可那田那地，却也一样景光饶丰。就这样又过三年至秋之后，高僧师父再从庙里来到田旁，见该收的庄稼因未收而有些卧伏，该下架的瓜果，因未下架而稍稍有些蒂枯。师父四处寻找徒弟，却在田里没有迹象，到了远处庵内，见小和尚正躲着太阳，在庵里斗着蛐蛐，且见了师父，不惊不喜，只是欠了身子，示意师父坐下，就又专心地斗着自己的物虫。

师父问：“你知庄稼该收了吗?”

和尚说：“哦，忘了。”

师父问：“学会种地了吧?”和尚不假思索：“又不会了。”师父问：“蛐蛐斗得可好?”和尚如实说道：“正在学哪。”师父一笑：“你开悟了，可以走了。”和尚走后，到他宇诵经播教，后来成了高僧中的高僧。

这是一则佛事。是则悟佛的故事。比之于佛事，文学大约也是此理。我们今天的写作，正如那和尚的敲木诵经，和前三年的庙旁耕地，景象活泼，条理顺畅，有着盛世的文学景色。言之说走市场的产销两旺，纯文学虽然居高临下，为社会旺景而亮嗓高歌者，也有其自己的写作套路与风光。都是大脑清晰，事理明白，如鱼得水，个个都开悟了，可以做各方庙宇写作的住持僧人。可是，我们是不是太过透明得道了呢？不说那些为歌而歌的文学辛劳，单说那些——我们自己认为“我们的”才是文学的那号另外的写作，其实从上世纪80年代初始至今，左试右验，终于到了今天，确实已经可以说作家都已大彻大悟。以修炼语言著称者，语言已色香欲滴，如熟透的葡萄；以结构奇妙著称者，其结构已如网如织，精美庞杂，繁简得体；以冲击现实著称者……我们用三十年的时间，走完了从不会写小说到太会写小说的路程，正如那个学会种地的和尚，用他的聪明和勤奋，很快学会了种地、迎来了丰景一样，这样儿——可能错就错在我们太会写作了。整个文坛的写作，也正如一个人的创作，他从习作的糊涂开始，终于到了写作的纯熟。

我们的写作，真的是景象天堂，美不胜数，应有尽有，连早年许多作家和批评家说的我们不缺技术，不缺语言，只是在写作中缺少了情感的那种怨抱，今天的我们也很快补上了这一缺课的憾事，很快有了一部又一部情感充沛、冲击力风来雨去的上乘之作。确切的，我们的文学不再缺少什么了。

应有尽有了。

有险峻、有林溪、有平川、有漠景，有无限无限可供人研究说道的景色和猜想。而惟其没有的，就是作家对写作的一种无奈和糊涂，是从明白到不明白的惘然和怅然。是在写作中愁思百结的混沌和迷憾。是那种长久探索后的不悟和难悟。

（选自林建法主编：《中国当代作家面面观——文学的自觉》，上海，复旦大学出版计，2010）

推荐阅读书目

1. 阎连科：《受活》，北京，十月文艺出版社，2009。
2. 阎连科：《风雅颂》，南京，江苏人民出版社，2008。
3. 余华：《现实一种》，上海，上海文艺出版社，2004。

外国文学部分

新月集·职业

阅读提示

泰戈尔与黎巴嫩诗人纪伯伦被誉为“站在东西方文化桥梁上的两位巨人”，在全世界都拥有极高的声誉。泰戈尔的作品被我国多位优秀的翻译家译介过，这里所选的译本更是弥足珍贵。

原　文

新月集·职业

［印度］泰戈尔

早晨，钟敲十下的时候，我沿着我们的小巷到学校去。

每天我都遇见那个小贩，他叫道：“镯子呀，亮晶晶的镯子！”

他没有什么事情急着要做，他没有哪条街一定要走，他没有什么地方一定要去，他没有什么时间一定要回家。

我愿意我是一个小贩，在街上过日子，叫着：“镯子呀，亮晶晶的镯子！”

下午四点，我从学校里回家。

从一家门口，我看得见一个园丁在那里掘地。

他用他的锄子，要怎么掘，便怎么掘，他被尘土污了衣裳，如果他被太阳晒黑了或是身上被打湿了，都没有人骂他。

我愿意我是一个园丁，在花园里掘地。谁也不来阻止我。

天色刚黑，妈妈就送我上床。

从开着的窗口，我看得见更夫走来走去。

小巷又黑又冷清，路灯立在那里，像一个头上生着一只红眼睛的巨人。

更夫摇着他的提灯，跟他身边的影子一起走着，他一生一次都没有上床去过。

我愿意我是一个更夫，整夜在街上走，提了灯去追逐影子。

（选自《新月集》，郑振铎译，北京，中国书籍出版社，2007）

背景知识

罗宾德拉纳特·泰戈尔（1861—1941），印度孟加拉语诗人、作家、艺术家、社会活动家。生于加尔各答市一个有深厚文化教养的家庭，属于婆罗门种姓。他童年时代即展露诗才。1878 年去英国学法律，后转入伦敦大学攻读英国文学，研究西方音乐，1880 年回国后成为职业作家。1905 年印度掀起民族解放运动的第一个高潮，泰戈尔积极投身于中并创作了许多爱国诗篇及歌曲，其中《人民的意志》在 1950 年被定为印度国歌，孟加拉国的国歌《金色的孟加拉》同样出自他笔下。他一生共创作了 50 多部诗集，包括宗教抒情诗《吉檀迦利》，诗集《园丁集》《新月集》《飞鸟集》等，还有 12 部中、长篇小说，100 余篇短篇小说，20 余种戏剧及其他大量作品。1913 年，他获得诺贝尔文学奖，是首位获得此奖的亚洲作家。

导　读

《新月集》是泰戈尔在自己创作最辉煌的时期所作的一部散文诗集。这部作品以儿童为主题，语言清新活泼，被视为儿童文学中的杰出之作，作者本人也因此获得了“儿童诗人”的美誉。

泰戈尔在诗集中致力歌颂的是童真，他认为这是人生中最宝贵的东西，而他带有宗教意味的哲理思想同样贯穿全书。诗中的儿童或欢快的大笑、或调皮的游戏、或自由的想象，他们如此纯真而轻灵，几乎超越了尘世，更像人们心目中的“天使”，如《海边》《来源》等。泰戈尔将这些孩子们写得有些神秘而朦胧的“神”的色彩，是因为他此时所奉行的一种艺术思想——把艺术的最终目的视为揭示神或“梵”的世界。母爱同样是诗人至为赞美的对象，他将母爱与童真视为相辅相成的关系，如《开始》《不被注意的花饰》等。

孩子们总是对世界充满了好奇，并用不断的发问和无边的想象来满足这种心理。在《金色花》《仙人世界》等诗中，我们看到孩子对未知的新奇和对幸福的向往；而在《职业》《商人》等诗中，则更多地表现了孩子对自由的渴望。他希望不受束缚的工作、生活，在孩子眼中，选择职业的标准只是有兴趣与否，这种童真是多么让成人珍惜和向往啊。

好的译者对一部作品的第二次生命是至关重要的，现代汉语的发展也离不开优秀的翻译家的贡献。郑振铎所译的《新月集》极为出色地再现了原作的神韵风采，堪称为中国翻译界的珍宝。

思考与讨论

1. 泰戈尔诗中的孩子具有怎样的特点？
2. 你认为泰戈尔诗中的孩子对职业的想象是否有现实性？
3. 结合《最后的买卖》说说泰戈尔对自由的认识。

阅读视线

新月集·最后的买卖

［印度］泰戈尔

早晨，我在石铺的路上走时，我叫道："谁来雇用我呀。"
皇帝坐着马车，手里拿着剑走来。
他拉着我的手，说道："我要用权力来雇用你。"
但是他的权力算不了什么，他坐着马车走了。

正午炎热的时候，家家户户的门都闭着。
我沿着屈曲的小巷走去。
一个老人带着一袋金钱走出来。
他斟酌了一下，说道："我要用金钱来雇用你。"
他一个一个地数着他的钱，但我却转身离去了。

黄昏了，花园的篱上满开着花。
美人走出来，说道："我要用微笑来雇用你。"
她的微笑黯淡了，化成泪容了，她孤寂地回身走进黑暗里去。

太阳照耀在沙地上，海波任性地浪花四溅。
一个小孩坐在那里玩贝壳。
他抬起头来，好像认识我似的，说道："我雇你不用什么东西。"
从此以后，在这个小孩的游戏中做成的买卖，使我成了一个自由的人。

（选自《新月集》，郑振铎译，北京，中国书籍出版社，2007）

推荐阅读书目

1. ［印度］泰戈尔：《泰戈尔诗选》，北京，人民文学出版社，2002。
2. ［印度］泰戈尔：《泰戈尔回忆录》，冰心译，长沙，湖南文艺出版社，2008。

独立宣言

阅读提示

本文为1776年7月4日北美十三州大陆会议原文，本文确立了美国人的基本信念，并对此后的世界影响深远。

原　文

《独立宣言》

［美］托马斯·杰斐逊①

在有关人类事务的发展过程中，当一个民族必须解除其和另一个民族之间的政治联系，并在世界各国之间依照自然法则和上帝的意旨，接受独立和平等的地位时，出于人类舆论的尊重，必须把他们不得不独立的原因予以宣布。

我们认为下面这些真理是不言而喻的：人人生而平等，造物者赋予他们若干不可剥夺的权利，其中包括生命权、自由权和追求幸福的权利。② 为了保障这些权利，人类才在他们之间建立政府，而政府之正当权力，是经被治理者的同意而产生的。当任何形式的政府对这些目标具破坏作用时，人民便有权力改变或废除它，以建立一个新的政府；其赖以奠基的原则，其组织权力的方式，务使人民认为唯有这样才最可能获得他们的安全和幸福。为了慎重起见，成立多年的政府，是不应当由于轻微和短暂的原因而予以变更的。过去的一切经验也都说明，任何苦难，只要是尚能忍受，人类都宁愿容忍，而无意为了本身的权益便废除他们久已习惯了的政府。但是，当追逐同一目标的一连串滥用职权和强取豪夺发生，证明政府企图把人民置于专制统治之下时，那么人民就有权利，也有义务推翻这个政府，并为他们未来的安全建立新的保障——这就是这些殖民地过去逆来顺受的情况，也是它们现在不得不改变以前政府制度的原因。当今大不列颠国王的历史，是接连不断的伤天害理和强取豪夺的历史，这些暴行的唯一目标，就是想在这些州建立专制的暴政。为了证明所言属实，现把下列事实向公正的世界宣布——

他拒绝批准对公众利益最有益、最必要的法律。

他禁止他的总督们批准迫切而极为必要的法律，要不就把这些法律搁置起来

---

① 托马斯·杰斐逊为美国第三任总统，《独立宣言》的主要起草人之一，在其任内购买了路易斯安那州，使美国的领土扩大了一倍。

② 此三项权利被确认为人的基本权利，从而影响了美国宪法的制定，并对世界产生了重要的影响。

暂不生效，等待他的同意；而一旦这些法律被搁置起来，他对它们就完全置之不理。

他拒绝批准便利广大地区人民的其他法律，除非那些人民情愿放弃自己在立法机关中的代表权；但这种权利对他们有无法估量的价值，而且只有暴君才畏惧这种权利。

他把各州立法团体召集到异乎寻常的、极为不便的、远离它们档案库的地方去开会，唯一的目的是使他们疲于奔命，不得不顺从他的意旨。

他一再解散各州的议会，因为它们以无畏的坚毅态度反对他侵犯人民的权利。

他在解散各州议会之后，又长期拒绝另选新议会；但立法权是无法取消的，因此这项权力仍由一般人民来行使。其实各州仍然处于危险的境地，既有外来侵略之患，又有发生内乱之忧。

他竭力抑制我们各州增加人口；为此目的，他阻挠外国人入籍法的通过，拒绝批准其他鼓励外国人移居各州的法律，并提高分配新土地的条件。

他拒绝批准建立司法权力的法律，藉以阻挠司法工作的推行。

他把法官的任期、薪金数额和支付，完全置于他个人意志的支配之下。

他建立新官署，派遣大批官员，骚扰我们人民，并耗尽人民必要的生活物质。

他在和平时期，未经我们的立法机关同意，就在我们中间维持常备军。

他力图使军队独立于民政之外，并凌驾于民政之上。

他同某些人勾结起来把我们置于一种不适合我们的体制且不为我们的法律所承认的管辖之下；他还批准那些人炮制的各种伪法案来达到以下目的：

在我们中间驻扎大批武装部队；

用假审讯来包庇他们，使他们杀害我们各州居民而仍然逍遥法外；

切断我们同世界各地的贸易；

未经我们同意便向我们强行征税；

在许多案件中剥夺我们享有陪审制的权益；

罗织罪名押送我们到海外去受审；

在一个邻省废除英国的自由法制，在那里建立专制政府，并扩大该省的疆界，企图把该省变成既是一个样板又是一个得心应手的工具，以便进而向这里的各殖民地推行同样的极权统治；

取消我们的宪章，废除我们最宝贵的法律，并且根本上改变我们各州政府的形式；

中止我们自己的立法机关行使权力，宣称他们自己有权就一切事宜为我们制定法律。

他宣布我们已不属他保护之列，并对我们作战，从而放弃了在这里的政务。

他在我们的海域大肆掠夺，蹂躏我们沿海地区，焚烧我们的城镇，残害我们人民的生命。

他此时正在运送大批外国佣兵来完成屠杀、破坏和肆虐的勾当，这种勾当早就开始，其残酷卑劣甚至在最野蛮的时代都难以找到先例。他完全不配作为一个文明国家的元首。

他在公海上俘虏我们的同胞，强迫他们拿起武器来反对自己的国家，成为残杀自己亲人和朋友的刽子手，或是死于自己的亲人和朋友的手下。

他在我们中间煽动内乱，并且竭力挑唆那些残酷无情、没有开化的印第安人来杀掠我们边疆的居民；而众所周知，印第安人的作战规律是不分男女老幼，一律格杀勿论的。①

在这些压迫的每一阶段中，我们都是用最谦卑的言辞请求改善；但屡次请求所得到的答复是屡次遭受损害。一个君主，当他的品格已打上了暴君行为的烙印时，是不配做自由人民的统治者的。

我们不是没有顾念我们英国的弟兄。我们时常提醒他们，他们的立法机关企图把无理的管辖权横加到我们的头上。我们也曾把我们移民来这里和在这里定居的情形告诉他们。我们曾经向他们天生的正义善感和雅量呼吁，我们恳求他们念在同种同宗的份上，弃绝这些掠夺行为，以免影响彼此的关系和往来。但是他们对于这种正义和血缘的呼声，也同样充耳不闻。因此，我们实在不得不宣布和他们脱离，并且以对待世界上其他民族一样的态度对待他们：和我们作战，就是敌人；和我们和好，就是朋友。

因此，我们，在大陆会议下集会的美利坚联盟代表，以各殖民地善良人民的名义，并经他们授权，向全世界最崇高的正义呼吁，说明我们的严正意向，同时郑重宣布；这些联合一致的殖民地从此是自由和独立的国家，并且按其权利也必须是自由和独立的国家，它们取消一切对英国王室效忠的义务，它们和大不列颠国家之间的一切政治关系从此全部断绝，而且必须断绝；作为自由独立的国家，它们完全有权宣战、缔和、结盟、通商和采取独立国家有权采取的一切行动。

为了支持这篇宣言，我们坚决信赖上帝的庇佑，以我们的生命、我们的财产和我们神圣的名誉，彼此宣誓。

背景知识

《独立宣言》是一个伟大的政治文件，它虽然是北美殖民地上层讨论的结果，

① 美国立国之初，自由民主只针对白人男性、新教徒和有产者。黑人、印第安人、天主教徒、妇女与无产者都谈不上人权。宪法规定不纳税的印第安人没有平等权，而黑奴甚至不算是完全的人，只能算作 3/5 个人。

但却代表了广大殖民地人民的心声。《独立宣言》提出的一系列原则成为以后美国的意识形态，为美国此后200多年的发展奠定了思想基础。

18世纪60年代与18世纪70年代间，英属北美十三殖民地与英国之间的关系持续恶化，终在1775年爆发了莱克星顿的枪声，成为美国独立战争的开始。1776年6月，约翰·亚当斯、本杰明·富兰克林、托马斯·杰斐逊、罗伯特·李文斯顿、罗杰·谢尔曼（即后世所称之五人小组）聚集在一起，起草了此文，以宣告独立。五人小组决议，宣言由托马斯·杰斐逊独力起草，后由富兰克林与亚当斯修改，富兰克林一人即至少修订了其中48处。杰斐逊后据此誊录了一份修订稿，由五人小组于1776年6月28日上呈大陆议会，即本文。

导　读

独立宣言的哲学部分，承袭自洛克的欧洲理性主义哲学。洛克认为，在自然权力上，所有人都是“平等而独立的”。洛克假设在自然状态下，人们在自然法的范围内活动，一切权利和管辖都是平等的、不受干预的，没有任何人享有多于别人的权利，人们按自己的意愿处理自由、财产、生命，但这又绝不是一种放任，有一种人人应当遵守的自然法在起作用，也就是理性原则，在其指导下，人们不能侵害他人的生命、健康、自由、财产权。这也就是洛克最主要的观点，人人享有生存权、自由权和财产权。洛克把财产权作为最核心的权力，他把财产看做是个人劳动的自然产物，也就是人的生存权和自由权的具体体现，但财产是可以自然累积的，也就是所谓“财富源自劳动”，这个观点曾经启发了马克思。财富的累积必然造成不平等，这种不平等虽说是自然形成的，但却成为构建一个美好社会的障碍，独立宣言的起草者们明确的看到了这一点，于是继承了洛克的生命权和自由权学说，将财产权模糊的替换为“追求幸福”的权利。

在人类社会发展史上，《独立宣言》具有划时代的历史意义和深远的影响。它宣示着一个崭新的人类历史时期，即独立、民主和人本、民权的时代到来。无论是当时还是现在，《独立宣言》都体现了人类社会的一种永恒不变的基本精神，即自然正义和平等自由的精神。

作为一个民族和国家的社会价值定位与取向，代表着那个时代的思想产品的《独立宣言》独树一帜，震撼世界。本文可以分作三个部分：第一部分从政治哲学的角度阐明人的基本权利和人与政府的关系；第二部分列举若干具体的不平等事例，以证明英王乔治三世破坏了美国的自由；第三部分郑重宣布独立。

杰斐逊曾写道，《独立宣言》是“吁请世界的裁判”。自1776年以来，《独立宣言》中所体现的原则就一直在全世界为人传诵。美国的改革家们，不论是出于什么动机，不论是为了废除奴隶制，禁止种族隔离或是要提高妇女的权利，都要向公众提到“人人生而平等”。不论在什么地方，当人民向不民主的统治作斗争时，他们就要用杰弗逊的话来争辩，政府的“正当权力是经被治者同意所授予的”。

本文所涉及的哲学思想，直接继承欧洲启蒙运动与英国思想家的哲学成果。在学习先进文化方面，美国可以说是非常成功的。它从世界文化的宝库中汲取最优秀的精华部分，结合美国实际，加以应用，因此这个宣言中所宣扬的思想与精神，有很大一部分是人类内心深处迸发的呼唤与期待，可以说它是从美国人之口和笔墨宣示出来的人类精神和理想。

思考与讨论

1. 当时世界上有许多受压迫的殖民地，为什么《独立宣言》会诞生在美国呢？

2. 《独立宣言》受到了哪些哲学和宗教思想的影响？

阅读视线

宾夕法尼亚大学建校200周年之际，时任总统罗斯福对全校做了一场著名的演说，其中对《独立宣言》的一些思想做了重要阐释。

在宾夕法尼亚大学的演说（节选）

［美］富兰克林·罗斯福

你们还记得，在我们取得政治自由之后，发生了两种相反的观点的论争：一种是亚历山大·汉密尔顿的观点，他真诚地相信由少数几个热心公务而往往又是家道富足的公民组成的政府的优越性；另一种是托马斯·杰弗逊的观点，他竭力主张政府由全民选出的代表组成。他主张人人享有自由思想的权利，自由选择生活方式的权利，自由信仰宗教的权利，自由发表意见的权利；而最最重要的是，人人都有自由选举的权利。

许多具有杰弗逊派思想的人都坦率地承认汉密尔顿和他这一派具有高尚的动机和无私的精神。那时，许多美国人都乐于承认，倘若政府能够保证维持像汉密尔顿派所说的那种高水平的无私的服务精神，当然就用不着担心。因为汉密尔顿派的理论基础是，采用四年一次的选举制度，仅在少数受过高等教育和最有成就的公民中进行选举，总是能选出最优秀的分子来治理国家的。

然而，时间已经证明，正是杰弗逊以罕有的锐利目光明确地指出的，按照人类本性就存在弱点的法则，按汉密尔顿理论的做法长期发展下去，必然会使政府变成由自私自利分子把持的政府，或是为个人谋私利的或代表一个阶级的政府。这种做法最终会使自由选举归于乌有。因为杰弗逊认为，正是我们这个完全不受牵制的自由选举制度能够最确实可靠地保证组成一个民众的政府。只要全国的选举人，不论受教育程度的高低与财产的多寡，都能在投票地点不受阻碍地自由选举，国家就不会有专制寡头统治之虞。

从那个时候以来，在我们将近一个半世纪的历史上，有过许许多多美国人力求将选举权局限在一小部分人之中。记得25年前，哈佛大学的埃利奥特校长曾把这种观点归纳起来，对我说了大意如下的一番话："罗斯福，我坚信，即使我们在美国各州成倍地增设大学，即使高等教育已得到全面普及，只要选举权局限在得到学位的人当中，不出几年，这个国家就要毁灭。"这番话若是由一个刚得到学位的人向在座许多早已持有学位的老前辈说出来，未免会失之于无礼；但是，向我说出这种观点的却是一位以在全国努力推广大学教育而闻名的伟大的教育家。

我必须承认我完全同意他的估计：全体选民通过自由的、不受牵制的选举从而对政治社会问题做决定的能力一定大大优于上层社会少数人形成的小集团的能力。

本杰明·富兰克林对我们这所大学做出过极大贡献，他也认为虽然自然科学、社会科学和道德的基本原则是永恒的、不变的，但是这些原则的应用则应随着一代代人生活条件、模式的变化而做必要的变化。倘若他今天仍然健在，我可以肯定他必然会坚持这样的观点：哲学家与教育家的全部职责在于根据现时的条件而不是过去的条件将真理、善良与正义的永恒理想付诸实用。生长与变化是一切生命的法则。昨日的答案不适用于今日的问题——正如今天的方法不能解决明天的需求一样。

永恒的真理如果不在新的社会形势下赋予新的意义，就既不是真理，也不是永恒的了。

教育的作用，美国一切大学术机构的作用，是使我们国家的生命得以延续，是将我们经过历史烈火考验的最优秀文化传给青年一代。同样，教育有责任训练我们青年的心智和才能，通过具有创造精神的公民行动，来改进我们美国的学术机构，适应未来的要求。

我们不能总是为我们青年造就美好未来，但我们能够为未来造就我们的青年一代。

正是一些像这所学校一样伟大的学府，冶炼和塑造各种保证国家安全、创造明天历史的思想。文明的形成有赖于许多知名与不知名的男女公民，他们心胸开阔，孜孜不倦，勇于探索，决不屈服于专制力量。

现在不是钻进象牙塔里，空喊自己有权高高在上，置身于社会的问题与苦难之外的时候。时代要求我们大胆地相信：人经过努力可以改变世界，达到新的、更美好的境界。没有人能够仅凭闭目不看社会现实的做法，就可以割断自己同社会的联系。他必须永远保持对新鲜事物的敏感，随时准备接受新鲜事物；他必须有勇气与能力去面对新的事实，解决新的问题。

要使民主得以存在，善于思索的人与敏于行动的人都必须去除傲慢与偏见；他们要有勇气、有全心全意的献身精神，最重要的是要有谦虚精神，去寻求与传播那使人民永保自由的真理。

朝着上述目标，我们会寻找到个人的平静，那不是歇息而是经过努力奋斗后的平静；我们会对自己的有所作为感到由衷的满意；为取得力所不能及的成就而感到深深喜悦；懂得了我们所创造的远比我们所知道的要更为辉煌灿烂。

（选自石幼珊：《英语美文 50 篇》，南京，译林出版社，2002）

推荐阅读书目

［美］贝克尔：《论“独立宣言”——政治思想史研究》，彭刚译，南京，江苏教育出版社，2005。

如何避免愚蠢的见识

阅读提示

罗素的哲学思想独树一帜，既属于现代哲学又充满了严谨的古典气息，这与他数学家的身份是分不开的，本文展示了他独特的思考方式。罗素的文风幽默又不失严肃，于本文中可见一斑。

原　文

如何避免愚蠢的见识

［英］罗素

怀有各种各样愚蠢的见识乃是人类的通病。要想避免这种通病，并不需要超人的天才。下面提供的几项简单原则，虽然不能保证你不犯任何错误，却可以保证你避免一些可笑的错误。

如果一个问题但凭观察就可以解决的话，就请您亲自观察一番。亚里士多德误以为妇女牙齿的数目比男人少。这种错误，他本来是可以避免的，而且办法很简单。他只需请他的夫人把嘴张开亲自数一数就行了。但他却没有这样做，原因是他自以为是。自以为知道而实际上自己并不知道；这是我们人人都容易犯的一种致命错误。我自己就以为刺猬好吃油虫，理由无非是我听人这么讲过；但是如果我真的要动手写一部介绍刺猬习性的著作，我就不应该妄下断语，除非我亲自看见一只刺猬享用这种并不可口的美餐。然而亚里士多德却不够谨慎。古代和中古时代的著作家谈起麒麟和火蛇来头头是道；但是他们当中的谁也没有觉得，既然自己从未见过任何麒麟和火蛇，那就必须避免武断。

许多事情不那么容易用经验加以检验。如果你像大多数人一样在许多这类事情上有颇为激烈的主张，也有一些办法可以帮你认识自己的偏见。如果你一听到一种与你相左的意见就发怒，这就表明，你已经下意识地感觉到你那种看法没有充分理由。如果某个人硬要说 2 加 2 等于 5，或者说冰岛位于赤道，你就只会感到怜悯而不是愤怒，除非你自己对数学和地理也是这样无知，因而他的看法竟然动摇了你的相反的见解。最激烈的争论是关于双方都提不出充分证据的那些问题的争论。迫害见于神学领域而不见于数学领域，因为数学问题是知识问题，而神学问题则仅是见解问题。所以，不论什么时候，只要发现自己对不同的意见发起火来，你就要小心，因为一经检查，你大概就会发现，你的信念并没有充分证据。

摆脱某些武断看法的一种好办法就是设法了解一下与你所在的社会圈子不同的人们所持有的种种看法。我觉得这对削弱狭隘偏见的强烈程度很有好处。如果你无法外出旅行，也要设法和一些持不同见解的人们有些交往，或者阅读一种和你政见不同的报纸。如果这些人和这种报纸在你看来是疯狂的、乖张的、甚至是可恶的，那么你不应该忘记在人家看来你也是这样。双方的这种看法可能都是对的，但不可能都是错的。这样想一下，应该能够慎重一些。

有些人富于心理想象力。对于这些人来说，一个好办法便是设想一下自己在与一位怀有不同偏见的人进行辩论。这同实地跟论敌进行辩论比起来有一个（也只有一个）有利条件，那就是这种方法不受时间和空间的限制。圣雄甘地就对铁路、轮船和机器深表遗憾，在他看来整个产业革命都要不得。也许你永远没有机会真的遇见一位抱有这种见解的人，因为在西方国家里大多数人都把现代技术的种种好处视为当然。但是如果你想弄确实你同意这种流行的看法乃是正确的，那么一个好办法就是设想一下甘地为了反驳现代技术的种种好处而可能提出的论据，从而检验一下你自己想到的论据。我自己有时就因为进行这种想象性的对话而真的改变了原来的看法；即令没有改变原来的看法，也常常因为认识到假想的论敌有可能蛮有道理而变得不那么自以为是。

对于那些容易助长你狂妄自大的意见尤应提防。不论男人或女人，十之八九都坚信男性或女性特别优越。双方都有不可胜数的证据。如果你自己是男性，你可以指出大多数诗人和科学家都是男子；而如果你是女性，你可以用大多数罪犯也都是男子来反唇相讥。这个问题本来就根本无法解决，但是，自尊心却使大多数人都看不到这一点，不管我们属于世界上哪个国家，我们大家总是认为我们自己的民族比所有其他民族都优越。既然每个民族都有自己特有的长处和短处，我们就把自己的价值标准加以调整，以便证明自己民族的长处乃是真正重要的长处，而其缺点相对来说则微不足道。在这个问题上，一位明白事理的人也一定会承认，它没有明显正确的答案。由于我们无法和人类之外的智者辩论清楚，所以要处理这个人之作为人的自高自大的问题就更加困难了。就我所知，处理这个普遍存在的人类自高自大问题的唯一方法就是，要经常提醒自己，在茫茫宇宙中一个小小角落的一颗小小星球的生命史上，人类仅仅是一个短短的插曲，而且说不定宇宙中其他地方还有一些生物，他们优越于我们的程度不亚于我们优越于水母的程度。

背景知识

罗素（1872—1970）英国著名哲学家、数学家、逻辑学家。他的《西方哲学史》因其幽默易懂而获得1950年诺贝尔文学奖。罗素一生致力于哲学的大众化、普及化，本文从一个哲学家的角度介绍正确的思考方式，可以看做是他在哲学普及方面的努力。罗素的主要著作有《西方哲学史》《哲学原理》《论教育》等。

导　读

一、罗素最早对数学产生兴趣，然后才逐渐转向哲学方面，因此他在数学方面也有很多重要的建树。在数理逻辑方面，罗素提出了罗素悖论。罗素在1900年便认识到，数学是逻辑学的一部分。1910年，他和他的老师阿尔弗雷德·诺斯·怀特海一起发表了三卷本的《数学原理》，在其中对这一概念做了初步的系统整理。

哲学上罗素最大的贡献是和G.E. 摩尔一起创立了分析哲学，此外他还在认识论、形而上学、伦理学、政治哲学和哲学史方面做出过贡献。在剑桥大学时罗素信奉唯心主义和新黑格尔主义，但是在1898年在摩尔的影响下罗素放弃了唯心主义，转而研究现实主义，并很快成为“新现实主义”的倡导者。罗素此后始终强调现代逻辑学和科学的重要性，批判唯心论。

罗素的分析哲学由此诞生：通过将哲学问题转化为逻辑符号，哲学家们就能够更容易地推导出结果，而不会被不够严谨的语言所误导。在哲学领域内，罗素最大的贡献是发展了分析哲学。分析哲学认为语言的表面具有隐藏的逻辑结构，由于忽视了这些逻辑结构，我们常常被语言的表面所误导。通过分析这一方法，我们不仅可以解决哲学问题，而且，对于那些不能解决的问题，分析哲学可以展示出它们由语言表面的欺骗性所造成的误区。分析这种方法能够取得哲学家的信任，很大程度上要归功于罗素在把数学引入逻辑学这一工作上取得的成就，以及罗素的限定摹状词理论。

罗素在逻辑史上第一次全面地、系统地探讨了摹状词理论。认为摹状词有两种：一种为非限定的摹状词，其语言形式为“一个如此这般的东西”，它的特点是没有指称确定的对象；另一种为限定的摹状词，其语言形式为“那个如此这般的东西”，它所指称的对象是确定的，并且是独一无二的。还进一步区分了专有名词和限定摹状词，认为以专有名词去替换命题中的相应的摹状词而得到的命题，是与原来的命题不同的。此外还定义了摹状词的存在，并发展出一些关于摹状词的主要定理。罗素认为哲学和其他自然科学的不同只是在于其研究的方向（哲学研究更广泛的内容），但他们的研究方法应该是相同的。哲学和数学一样，通过应用逻辑学的方法就可以获得确定的答案，而哲学家的工作就是发现一种能够解释世界本质的一种理想的逻辑语言。

二、本文从思想方法的角度告诉人们如何少犯错误，内容上充满哲理表达方式上却通俗易懂。

避免“愚蠢的见识”其实是要实现对事物的正确理解，这是每个人都应该追求并且做到的事，可不幸的是“怀有各种各样愚蠢的见识乃是人类的通病”。因此要解决这一问题是非常必要、非常迫切的。

既然是解决通病，那么首当其冲就是要寻找病根。文章认为，自以为是和自高自大是形成人类这种“通病”的主要原因。自以为是，自高自大，会使人一叶障目，不愿意面对现实，使有些原本不难弄明白的问题因不去深究而造成常识性的错误，对自身认识不清，带着促狭去认识客观事物，自然难免愚蠢的见解。

接下来，文章从三个方面阐述了避免愚蠢见解的方法。第一个方面讲科学的认知态度。特别强调“观察的经验”和“充分的证据”，对凭观察就可以解决的问题，可用经验加以检验；不能用经验加以检验的，就要有充分的证据。第二个方面讲要听取不同意见。“兼听则明”不论是否能做到明，兼听都是必须的。除此之外，作者还别出心裁地提出了“心理想象力”，用“假想的论敌”来反驳自己以防止自以为是。第三个方面提出要认识到客观世界的复杂性和不确定性。有些问题“本来就根本无法解决”，有些问题“没有明显正确的答案”，认识到这一点，采取谦虚慎重的态度，才能克服自高自大。作者最后指出，克服盲目自大的根本办法就是要知道，相比于宇宙之浩渺无限，我们不过是牛之一毛，何来优越之感呢？

在行文风格和表述方式上，本文的对话方式非常引人注意。一般来讲，读者心里都是有预期的，阅读的过程就是读者与作者的沟通与对话，但本文特别强调了这一点，通篇贯穿着第二人称“你”，甚至通过喋喋地叙述自己的经历想法等，来强调这是“你”和“我”的一场对话，语重心长，炉边夜谈一样拉近了与读者的距离，所以特别能打动人。

思考与讨论

1. 在罗素看来，什么样的见识可以认定为愚蠢的见识？

2. 本篇的核心观点认为，凡事都要多加考量，多角度地思考，并且不断修正自己的观念，采取慎重而谦虚的态度。这样的人是不是没有原则缺乏个性的呢？

阅读视线

我为何而生

［英］罗素

对爱情的渴望，对知识的追求，对人类苦难不可遏制的同情，是支配我一生的单纯而强烈的三种感情。这些感情如阵阵巨风，吹拂在我动荡不定的生涯中，有时甚至吹过深沉痛苦的海洋，直抵绝望的边缘。

我所以追求爱情，有三方面的原因。首先，爱情有时给我带来狂喜，这种狂喜竟如此有力，以致使我常常会为了体验几小时爱的喜悦，而宁愿牺牲生命中其他一切。其次，爱情可以摆脱孤寂——身历那种可怕孤寂的人的战栗意识，有时会由世界的边缘，观察到冷酷无生命的无底深渊。最后，在爱的结合中，我看到了古今圣贤以及诗人们所梦想的天堂的缩影，这正是我所追寻的人生境界。虽然它对一般的人类生活也许太美好了，但这正是我透过爱情所得到场最终发现。

我曾以同样的感情追求知识，我渴望去了解人类的。也渴望知道星星为什么会发光，同时我还想理解毕达哥拉斯的力量。

爱情与知识的可能领域，总是引领我到天堂的境界，可对人类苦难的同情经常把我带回现实世界。那些痛苦的呼唤经常在我内心深处引起回响。饥饿中的孩子，被压迫被折磨者，给子女造成重担的孤苦无依的老人，以及全球性的孤独、贫穷和痛苦的存在，是对人类生活理想的无视和讽刺。我常常希望能尽自己的微薄之力去减轻这不必要的痛苦，但我发现我完全失败了，因此我自己也感到很痛苦。

这就是我的一生，我发现人是值得活的。如果有谁再给我一次生活的机会，我将欣然接受这难得的赐予。

(选自《罗素自传》，北京，商务印书馆，2004)

1950年诺贝尔文学奖授奖辞

［瑞典］安德斯·奥斯特林

1946年，罗素的巨著《西方哲学史》问世时，他本人已经74岁，从他巨著中的各种深沉的功力来看，我们才了解他是经过多么艰难困苦的努力才有了这一成果。如在谈到苏格拉底之前的哲学家时，他说："在研究某个哲学家时，正确的态度应是不卑不亢，先为他们的立场设身处地地想想，直至了解他的思想，才尽可能地放弃先前的偏见，采取正确的批判态度。"

在这部书的另一处，他又写道："忘记哲学所讨论的问题，或在心目中存在着各种先入为主的、固定的哲学答案，都是不好的，教我们如何学会生活在疑问中，但又别让疑问搞得麻木不仁，这可能是我们当前那些研究哲学的人的最主要的课题。"

半个世纪以来，由于罗素个人思想的高超，使他一直成为全球瞩目与争论的中心，他自己除了固定的写作与研究以外，也随时准备迎接任何战斗，未曾一日懈怠。在人类知识和数理方面，他的研究成果可以与牛顿在力学上的成就相媲美。但并不是由于他在这方面的成就而获得诺贝尔文学奖，而是因为他能够把一般性的哲学思想成功地介绍给人们，他这样做，是对哲学家始终保持兴趣的最成功的范例。

他的一生的著作，主要是为公众的良知作辩护。作为一个哲学家，他追求的是以洛克和休谟为代表的英国经验哲学路线，对于那些观念论的信条，他从来没有为之动心，而且还是激烈的反对者。对于欧洲大陆的那套哲学思想，他认为应该从英国的立场冷静地去审视和探讨。他就是这样，在严谨的态度中，不忘记发挥自己的敏锐、冷静和机智，使他的著作充满这些特性而成为非凡的作家，即使从纯文学的观点看，他的作品也是属于永存的不朽之作。诸如《西方哲学史》（1946 年）、《人类的知识——它的极限和范围》（1948 年）以及《我的心路历程》（收于 1951 年出版的《罗素哲学思想》中），无不如此；当然，他的其他很多讨论社会问题的著作也同样是伟大不朽的作品。

罗素的观点和意见的形成受到各种因素的影响，对此不能简单加以归纳。他的家族在对待英国政治的立场，一直受到辉格党传统的影响。他的祖父约翰·罗素是维多利亚时代的宫廷发言人。所以，在他年少时便受到自由主义的熏陶，后来又遇到社会主义思潮的冲击，使他成为事事都权衡轻重、擅长独立思考的社会批评家。他自始至终热心地告诫我们新官僚主义的危害，他强调个人的权利，反对集权制度，对工业文明的日益发展而造成的对人类简朴的生活情趣的威胁，深感忧虑。1920 年，他访苏归来后，便对共产主义表示失望和厌恶。相反，在中国的旅行中，他却深深地为中国的文化所吸引，对道家那种清静的和儒家那种各任教化的精神，他认为可以作为平衡西方文化中存在的略带激进和野蛮的作风之用。

罗素的很多著作都招致了不少攻击，与其他哲学家不同的是，他认为作为一个作家这是很自然的也是很紧迫的事。当然，他的理性主义不可能解决所有棘手的问题，也不可能当作万灵药使用，即使是哲学家们愿意将“药方”开出来也无济于事。不幸的是，世界上存在着而且永远存在着一种神奇的力，使你脱离理性的分析或驾驭。这样，对罗素的著作，那怕从一种纯粹实用的角度看，也没有让他的思想在两次世界大战期间受到很大重视，看来，主要是被完全抛弃了，但是，对他那种满怀自信、敢于以乐观坚决的态度力排众议、说别人不敢说的话的思想家，我们是特别敬佩的，每次读他的作品，如同听萧伯纳喜剧中那心直口快的主人公说话时一样舒服，因为那讲话向来是以高昂的语调和伶俐的言辞而令人折服的。

总之，我们可以这样说：罗素的哲学具体地体现了阿尔弗雷德·诺贝尔先生当初设奖的动机，他们对人生的看法是十分相似的。两人同样相信怀疑论和“乌托邦”的理想，并对于当代世界的格局的悲观看法而共同强调了人类行为的理想化。瑞典学院确认为他把诺贝尔先生的思想得以发扬光大，所以，在本奖设立 50 周年之际，决定将该奖颁发给罗素，以奖励他作为我们这个时代的理想主义和人道主义的倡导者和当之无愧的言论自由和思想解放的巨擘。

我的天——就在整整200年前，让-雅克·卢梭由于在回答“艺术和科学能否有助于人类道德”问题时，说了个“不”字，而获得了第戎学院的颁奖，虽然这个否定并不是什么惊天动地的举动，也没有什么重大结果，况且第戎学院也不存在什么革命性的目的，但今天，我们也以同样的敬意，将诺贝尔文学奖颁给您，因为您的哲学著作毫无疑问地表现了道德文明，并且是对诺贝尔的精神的极其完美的发扬光大。所以，我们表彰您这位人道主义和思想解放的翘楚人物，同时，对于您亲临诺贝尔基金会50周年庆祝大会，使我们深感荣幸。现在，请您上来从国王陛下手中接受1950年的诺贝尔文学奖。

推荐阅读书目

［英］罗素：《西方哲学史》，北京，商务印书馆，1963。

爱是艰难的

阅读提示

“现代诗”起源于美国的惠特曼和法国的波德莱尔，而后者对里尔克产生过巨大影响，他本人也成为了“现代诗”史上一位举足轻重的代表人物，深深影响了许多后世诗人，其中也包括我国的一些诗作名家。

原　文

爱是艰难的

［奥地利］里尔克

爱，很好。但爱是艰难的，因为我们去爱别人：这也许是神给予我们的最艰难、最重大的任务，是最后的考验与测试，是最崇高的工作，别的工作都不过是为此而做的准备。所以那些一切都还刚刚开始的青年们还不能去爱，他们必须要学习。必须用他们整个的生命、用一切的力量，用集聚了他们寂寞、痛苦和荣誉感的心去学习爱。在学习时期这个长久而专注的过程中，爱就会永远地铭刻心扉——深深的寂寞中孤独地等待，是为了所爱的人。爱的要义并不是什么倾心、献身或二人的结合（那会是怎样的一种结合呢？是一种糊涂的、不负责任的、轻率的结合）。它对于个人是一种崇高的动力，是去成熟并实现自身的圆满，去完成一个世界，是为了另一个人而完成一个自己的世界，这是一个艰巨的、不可妥协的目标，用坚定的信念，向远方召唤。青年们应把爱当作他们的课业和工作的意义，并在其中（“昼夜不停地探索、锤炼”）去使用那些给与他们的爱。至于倾心、献身，以及结合，还不是他们所能做的（他们还需长时间地克制、积累），那是最后的终点，也许是我们现在还几乎不能达到的境界。

（选自［奥地利］里尔克：《给青年诗人的信》，冯至译，上海，上海译文出版社，2005）

背景知识

莱纳·玛利亚·里尔克（1875—1926），奥地利诗人。1875 年 12 月 4 日生于布拉格一个铁路职员家庭。曾入过军官学校、林茨商学院，后来又在布拉格大学学习。对哲学、艺术史和文学史进行过系统的研究。1897 年后怀着孤独、寂寞的心情遍游欧洲各国。会见过托尔斯泰，给大雕塑家罗丹当过秘书，并深受法国象征派诗人波德莱尔等人的影响。代表作品有《祈祷书》《新诗集》《新诗续集》《杜伊诺哀歌》《献给俄耳甫斯的十四行诗》等。他被公认为现代德语世界里最伟大的抒情诗人。

导　读

这篇文章是1904年里尔克寄给一位比他更年轻的诗人的第七封信中的节选。这位年轻人向此时已享有诗名的里尔克去信请教诗歌写作的问题，里尔克非常诚恳地回信与之探讨。实际上，这十封信与其说是里尔克在向年轻人讲解诗歌艺术，不如说是他在讲解自己对创造、人生的理解认识。

第六封到第八封信，里尔克主要谈的是关于“寂寞”的问题。他对这位青年说，你要爱你的寂寞。在第七封信中，他说到寂寞中也要有爱，这才能产生好的艺术。“寂寞”与“爱”本就是里尔克的自语中出现频率最高的两个词。他认为寂寞是美的，身在艺术的殿堂里本就该寂寞。而爱，是最美好的，同时又是最艰难、最高和应该最后完成的事。一个人只有经过学习、懂得了很多东西之后才能完成这最后的壮举。这种谨慎，正说明了爱在他心目中的神圣位置。青年正处在一生中最有生机但也最易迷惘的阶段，“爱”很容易成为他们的一种信仰，但爱的责任、痛苦等还不易为他们所理解的东西其实才是爱的本质。听听里尔克的这番肺腑之言对他们是极有裨益的。

我国现代著名诗人冯至在第一次读到这本书信集时，便感深切己心，立刻着手开始翻译，他说“这篇短文内容的丰富，在我看来，是抵得住一部艺术学者的专著的”。对于当代青年人，它仍有着重要的启发意义。

思考与讨论

1. 你对里尔克提出的“爱是艰难的”是怎样理解的?

2. 作者写此文本是为探讨诗歌创作，你认为本文内容与艺术创作有怎样的关系?

阅读视线

先知·论爱

［黎巴嫩］卡里·纪伯伦

于是爱尔美差说：先知，请给我们谈爱。

他举头望着民众，他们一时静默了。他用洪亮的声音说：

当爱向你们召唤的时候，跟随着他，虽然他的路程艰险而陡峻。

当他的翅翼围卷你们的时候，屈服于他，虽然那藏在羽翮中间的剑刃许会伤毁你们。

当他对你们说话的时候，信从他，虽然他的声音也许会把你们的梦魂击碎，如同北风吹荒了林园。

爱虽给你加冠，他也要将你钉在十字架上。他虽栽培你，他也刈剪你。

他虽升到你的最高处，抚惜你在日中颤动的枝叶，

他也要降到你的根下，摇动你的根柢的一切关节，使之归土。

如同一捆稻粟，他把你束聚起来。

他舂打你使你赤裸；

他筛分你使你脱壳；

他磨碾你直至洁白；

他揉搓你直至柔韧；

然后他送你到他的圣火上去，使你成为上帝圣筵上的圣饼。

这些都是爱要给你们做的事情，使你知道自己心中的秘密，在这知识中你便成了生命心中的一屑。

假如你在你的疑惧中，只寻求爱的和平与逸乐，

那不如掩盖你的裸露，而躲过爱的筛打，

而走入那没有季候的世界，在那里你将欢笑，却不是尽情的笑悦；你将哭泣，却没有流干了眼泪。

爱除自身外无施与，除自身外无接受。

爱不占有，也不被占有。

因为爱在爱中满足了。

当你爱的时候，你不要说，“上帝在我的心中”，却要说，“我在上帝的心里。”

不要想你能导引爱的路程，因为若是他觉得你配，他就导引你。

爱没有别的愿望，只要成全自己。

但若是你爱，而且需求愿望，就让以下的做你的愿望吧：

溶化了你自己，像溪流般对清夜吟唱着歌曲。

要知道过度温存的痛苦。

让你对爱的了解毁伤了你自己；

而且甘愿地喜乐地流血。

清晨醒起，以喜飏的心来致谢这爱的又一日；

日中静息，默念爱的浓欢；

晚潮退时，感谢地回家；

然后在睡时祈祷，因为有被爱者在你的心中，有赞美之歌在你的唇上。

（选自《纪伯伦全集》，冰心译，兰州，甘肃人民出版社，1994）

推荐阅读书目

1. 张海燕：《漫游者的超越——里尔克的心灵史》，南昌，江西人民出版社，2007。

2. 叶维廉编译：《众树歌唱：欧美现代诗100首》，北京，人民文学出版社，2009。

罗密欧与朱丽叶

阅读提示

“罗密欧与朱丽叶”式的故事在16世纪前已流传了一千多年，但在莎士比亚手中才成为超越时代、文化的经典之作，原因何在，也许只有自己品读之后才能明白。

原　文

罗密欧与朱丽叶·第二幕第二场

［英］莎士比亚

罗密欧上。

罗密欧　没有受过伤的才会讥笑别人身上的创痕。（朱丽叶自上方窗户中出现）轻声！那边窗子里亮起来的是什么光？那就是东方，朱丽叶就是太阳！起来吧，美丽的太阳！赶走那妒忌的月亮，她因为她的女弟子比她美得多，已经气得面色惨白了。既然她这样妒忌着你，你不要忠于她吧；脱下她给你的这一身惨绿色的贞女的道服，它是只配给愚人穿的。那是我的意中人；啊！那是我的爱；唉，但愿她知道我在爱着她！她欲言又止，可是她的眼睛已经道出了她的心事。待我去回答她吧，不，我不要太卤莽，她不是对我说话。天上两颗最灿烂的星，因为有事他去，请求她的眼睛替代它们在空中闪耀。要是她的眼睛变成了天上的星，天上的星变成了她的眼睛，那便怎样呢？她脸上的光辉会掩盖了星星的明亮，正像灯光在朝阳下黯然失色一样；在天上的她的眼睛，会在太空中大放光明，使鸟儿误认为黑夜已经过去而唱出它们的歌声。瞧！她用纤手托住了脸，那姿态是多么美妙！啊，但愿我是那一只手上的手套，好让我亲一亲她脸上的香泽！

朱丽叶　唉！

罗密欧　她说话了。啊！再说下去吧，光明的天使！因为我在这夜色之中仰视着你，就像一个尘世的凡人，张大了出神的眼睛，瞻望着一个生着翅膀的天使，驾着白云缓缓地驰过了天空一样。

朱丽叶　罗密欧啊，罗密欧！为什么你偏偏是罗密欧呢？否认你的父亲，抛弃你的姓名吧；也许你不愿意这样做，那么只要你宣誓做我的爱人，我也不愿再姓凯普莱特了。

罗密欧　（旁白）我还是继续听下去呢，还是现在就对她说话？

朱丽叶　只有你的名字才是我的仇敌；你即使不姓蒙太古，仍然是这样的一个你。姓不姓蒙太古又有什么关系呢？它又不是手，又不是脚，又不是手臂，又不是脸，又不是身体上任何其他的部分。啊！换一个姓名吧！姓名本来是没有意义的；我们叫做玫瑰的这一种花，要是换了个名字，它的香味还是同样的芬芳；罗密欧要是换了别的名字，他的可爱的完美也决不会有丝毫改变。罗密欧，抛弃了你的名字吧；我愿意把我整个的心灵，赔偿你这一个身外的空名。

罗密欧　那么我就听你的话，你只要叫我爱，我就重新受洗，重新命名；从今以后，永远不再叫罗密欧了。

朱丽叶　你是什么人，在黑夜里躲躲闪闪地偷听人家的话？

罗密欧　我没法告诉你我叫什么名字。敬爱的神明，我痛恨我自己的名字，因为它是你的仇敌；要是把它写在纸上，我一定把这几个字撕成粉碎。

朱丽叶　我的耳朵里还没有灌进从你嘴里吐出来的一百个字，可是我认识你的声音；你不是罗密欧，蒙太古家里的人吗？

罗密欧　不是，美人，要是你不喜欢这两个名字。

朱丽叶　告诉我，你怎么会到这儿来，为什么到这儿来？花园的墙这么高，是不容易爬上来的；要是我家里的人瞧见你在这儿，他们一定不让你活命。

罗密欧　我借着爱的轻翼飞过园墙，因为砖石的墙垣是不能把爱情阻隔的；爱情的力量所能够做到的事，它都会冒险尝试，所以我不怕你家里人的干涉。

朱丽叶　要是他们瞧见了你，一定会把你杀死的。

罗密欧　唉！你的眼睛比他们二十柄刀剑还厉害；只要你用温柔的眼光看着我，他们就不能伤害我的身体。

朱丽叶　我怎么也不愿让他们瞧见你在这儿。

罗密欧　朦胧的夜色可以替我遮过他们的眼睛。只要你爱我，就让他们瞧见我吧；与其因为得不到你的爱情而在这世上捱命，还不如在仇人的刀剑下丧生。

朱丽叶　谁叫你找到这儿来的？

罗密欧　爱情怂恿我探听出这一个地方；他替我出主意，我借给他眼睛。我不会操舟驾舵，可是倘使你在辽远辽远的海滨，我也会冒着风波寻访你这颗珍宝。

朱丽叶　幸亏黑夜替我罩上了一重面幕，否则为了我刚才被你听去的话，你一定可以看见我脸上羞愧的红晕。我真想遵守礼法，否认已经说过的言语，可是这些虚文俗礼，现在只好一切置之不顾了！你爱我吗？我知道你一定会说“是的”；我也一定会相信你的话；可是也许你起的誓只是一个谎，人家说，对于恋人们的寒盟背信，天神是一笑置之的。温柔的罗密欧啊！你要是真的爱我，就请你诚意告诉我，你要是嫌我太容易降心相从，我也会堆起怒容，装出倔强的神气，拒绝你的好意，好让你向我婉转求情，否则我是无论如何不会拒绝你的。俊秀的蒙太古啊，我真的太痴心了，所以也许你会觉得我的举动有点轻浮；可是相信我，朋友，总有一天你会知道我的忠心远胜过那些善于矜持作态的人。我必须承认，倘不是你乘我不备的时候偷听去了我的真情的表白，我一定会更加矜持一点的；所以原谅我吧，是黑夜泄漏了我心底的秘密，不要把我的允诺看作无耻的轻狂。

罗密欧 姑娘，凭着这一轮皎洁的月亮，它的银光涂染着这些果树的梢端，我发誓——

朱丽叶 啊！不要指着月亮起誓，它是变化无常的，每个月都有盈亏圆缺；你要是指着它起誓，也许你的爱情也会像它一样无常。

罗密欧 那么我指着什么起誓呢？

朱丽叶 不用起誓吧，或者要是你愿意的话，就凭着你优美的自身起誓，那是我所崇拜的偶像，我一定会相信你的。

罗密欧 要是我的出自深心的爱情——

朱丽叶 好，别起誓啦。我虽然喜欢你，却不喜欢今天晚上的密约；它太仓卒、太轻率、太出人意外了，正像一闪电光，等不及人家开一声口，已经消隐了下去。好人，再会吧！这一朵爱的蓓蕾，靠着夏天的暖风的吹拂，也许会在我们下次相见的时候，开出鲜艳的花来。晚安，晚安！但愿恬静的安息同样降临到你我两人的心头！

罗密欧 啊！你就这样离我而去，不给我一点满足吗？

朱丽叶 你今夜还要什么满足呢？

罗密欧 你还没有把你的爱情的忠实的盟誓跟我交换。

朱丽叶 在你没有要求以前，我已经把我的爱给了你了，可是我倒愿意重新给你。

罗密欧 你要把它收回去吗？为什么呢，爱人？

朱丽叶 为了表示我的慷慨，我要把它重新给你，可是我只愿意要我已有的东西：我的慷慨像海一样浩渺，我的爱情也像海一样深沉；我给你的越多，我自己也越是富有，因为这两者都是没有穷尽的。（乳媪在内呼唤）我听见里面有人在叫；亲爱的，再会吧！——就来了，好奶妈！——亲爱的蒙太古，愿你不要负心。再等一会儿，我就会来的。（自上方下。）

罗密欧 幸福的，幸福的夜啊！我怕我只是在晚上做了一个梦，这样美满的事不会是真实的。

（朱丽叶自上方重上。）

朱丽叶 亲爱的罗密欧，再说三句话，我们真的要再会了。要是你的爱情的确是光明正大，你的目的是在于婚姻，那么明天我会叫一个人到你的地方来，请你叫他带一个信给我，告诉我你愿意在什么地方、什么时候举行婚礼，我就会把我的整个命运交托给你，把你当作我的主人，跟随你到天涯海角。

乳　媪　（在内）小姐！

朱丽叶　就来。——可是你要是没有诚意，那么我请求你——

乳　媪　（在内）小姐！

朱丽叶　等一等，我来了。——停止你的求爱，让我一个人独自伤心吧。明天我就叫人来看你。

罗密欧　凭着我的灵魂——

朱丽叶　一千次的晚安！（自上方下。）

罗密欧　晚上没有你的光，我只有一千次的心伤！恋爱的人去赴他情人的约会，像一个放学归来的儿童；可是当他和情人分别的时候，却像上学去一般满脸懊丧。（退后。）

朱丽叶自上方重上。

朱丽叶　嘘！罗密欧！嘘！唉！我希望我会发出呼鹰的声音，招这只鹰儿回来。我不能高声说话，否则我要让我的喊声传进厄科[①]的洞穴，让她的无形的喉咙因为反复叫喊着我的罗密欧的名字而变成嘶哑。

罗密欧　那是我的灵魂在叫喊着我的名字。恋人的声音在晚间多么清婉，听上去就像最柔和的音乐！

朱丽叶　罗密欧！

罗密欧　我的爱！

朱丽叶　明天我应该在什么时候叫人来看你？

罗密欧　就在九点钟吧。

朱丽叶　我一定不失信；挨到那个时候，该有二十年那么长久！我记不起为什么要叫你回来了。

罗密欧　让我站在这儿，等你记起了告诉我。

朱丽叶　你这样站在我的面前，我一心想着多么爱跟你在一块儿，一定永远记不起来了。

罗密欧　那么我就永远等在这儿，让你永远记不起来，忘记除了这里以外还有什么家。

朱丽叶　天快要亮了；我希望你快去；可是我就好比一个淘气的女孩子，像放松一个囚犯似的让她心爱的鸟儿暂时跳出她的掌心，又用一根丝线把它拉了回来，爱的私心使她不愿意给它自由。

罗密欧　我但愿我是你的鸟儿。

---

①　厄科（Echo），是希腊神话中的仙女，因恋爱美少年那耳喀索斯不遂而形消体灭，化为山谷的回声。

朱丽叶 好人，我也但愿这样；可是我怕你会死在我的过分的爱抚里。晚安！晚安！离别是这样甜蜜的凄清，我真要向你道晚安直到天明！（下。）

罗密欧 但愿睡眠合上你的眼睛！
但愿平静安息我的心灵！
我如今要去向神父求教，
把今宵的艳遇诉他知晓。（下。）

（选自《莎士比亚全集》，朱生豪译，北京，人民文学出版社，1994）

背景知识

威廉·莎士比亚（1564—1616），著名英国剧作家、诗人，是欧洲文艺复兴时期的代表作家。他出生于英国斯特拉福镇的一个富裕市民家庭，幼年时即对戏剧产生了热爱。父亲破产后，他做过多种工作，20 岁后到伦敦，开始在剧院工作，后来成为演员和剧作家，创作颇丰。他的悲剧作品有《哈姆雷特》《麦克白》等；喜剧作品有《仲夏夜之梦》《威尼斯商人》等；历史剧有《亨利四世》等。另有两首长诗及一百余首十四行诗存世。

导　读

14 世纪以后，特别是十五六世纪，随着资本主义在欧洲的发展，一场新的反封建的思想文化运动——文艺复兴运动波澜壮阔地展开了。这一时期形成的资产阶级的人文主义和人道主义是此时期欧洲文学的主流，而英国表现出这种思想的文学“巨人”便是莎士比亚。

莎士比亚一生的戏剧创作可分为三个时期，《罗密欧与朱丽叶》是他第一时期的代表作品。此时的英国繁盛强大，再加上莎士比亚还真诚相信人文主义理想可以在现实中得到实现，所以他这一时期的创作充满了乐观愉快的浪漫色彩。这种两名出身敌对家族的青年男女的悲剧爱情故事远在古罗马时期就已开始流传，其后的一千多年里，不同国家的不同作家按照自己的方式对之进行了多次书写，甚至莎士比亚之后，仍有作家继续在这个故事上发挥自己的才华。但为什么只有莎士比亚的《罗密欧与朱丽叶》常演常新、盛传不衰？那就是因为莎翁的此剧主题深刻、人物鲜活，全剧充满诗情画意和青春活力；语言更是精妙绝伦，使人百看不厌、回味无穷。

莎翁笔下的男女主人公实际上可说是具有人文主义理想的英国进步青年的代表。两人为了对自由爱情的追求、对理想的捍卫，敢于反抗家族的束缚，甚至不惜牺牲性命，这不能不说是一种反抗封建旧势力的进步行为。所以《罗密欧与朱丽叶》虽是一部悲剧，但无论主题思想还是艺术风格都和莎翁这一时期的喜剧接近。这对恋人的死结束了两家的世仇，使腐朽的旧制度得以埋葬，使更多的青年人投入创造新生活，这是他们伟大的贡献。

莎士比亚是语言大师，他的语言丰富而富于形象性。他的戏剧主要用无韵诗体写成，又结合了散文、有韵诗句和抒情歌谣等；广泛采用了民间语言，还大量运用了比喻、引用及双关语。早期他喜欢用华丽铿锵的语言，后期则更能够用不同的语言表现人物不同的身份。

思考与讨论

1. 有的西方评论家曾说过“罗密欧与朱丽叶的激情烧毁了他们自己”，对此你有怎样的看法？
2. 莎士比亚早期的语言特色在本文中是如何表现的？
3. 在本段中罗密欧与朱丽叶分别表现出了怎样的性格特点？

阅读视线

当你老了

［爱尔兰］叶芝

当你老了，头白了，睡意昏沉，
炉火旁打盹，请取下这部诗歌，
慢慢读，回想你过去眼神的柔和，
回想它们过去的浓重的阴影；

多少人爱你年轻欢畅的时候，
爱慕你的美丽，假意或真心，
只有一个人爱你那朝圣者的灵魂，
爱你衰老了的脸上的痛苦的皱纹；

垂下头来，在红光闪耀的炉子旁，
凄然地轻轻诉说那爱情的消逝，
在头顶的山上它缓缓踱着步子，
在一群星星中间隐藏着脸庞。

袁可嘉　译

（选自陆嘉玉选编：《外国名诗三百首》，武汉，长江文艺出版社，1988）

推荐阅读书目

1. ［德］歌德等：《读莎士比亚》，上海，上海书店出版社，2008。
2. ［英］兰姆姐弟：《莎士比亚戏剧故事集》，天津，天津人民出版社，2007。

驿站长

阅读提示

19 世纪 30 年代是欧洲文学获得丰收的时代，歌德、巴尔扎克、司汤达等都在这一时期完成了自己最重要的作品。俄国文学虽起步较晚，但它的奠基人普希金却毫未落后，成为了这一时代最伟大的作家之一。

原　文

驿　站　长

［俄］普希金

十四级文官，驿站的主宰。

——维亚泽姆斯基公爵①

谁不诅咒驿站长，谁没有和他们吵过架？谁不在盛怒的时刻向他们讨取那本要命的簿子，把自己因受冒犯、粗暴对待和怠慢而产生的徒然的怨恨统统记上去？谁不把他们当作从前那些刀笔吏，或者至少是牟罗马②森林里的强盗那样的万恶之徒？可是只要我们公正一点，设身处地为他们想一想，那么，在我们责备他们的时候，也许就会宽容得多。驿站长是什么样的人呢？不折不扣的第十四等受苦人，凭着自己的官职只能免遭殴打，而且未必都能幸免（希望读者能扪心自问）。维亚泽姆斯基戏称他们为主宰者，他们的职责是什么呢？难道不是真正的服苦役吗？他们日夜不得安宁。旅客们往往把旅途寂寞而产生的怒气发泄在他们头上。天气恶劣，道路坎坷，车夫固执，马匹乏力——这全是驿站长的过错。旅客一走进他那简陋的屋子，就像对仇人一样盯着他；如果他能把不速之客尽快打发掉，那总算他幸运，但是，如果碰巧没有马呢？……天哪！那就会有什么样的谩骂，什么样的威胁劈头盖脸落在他头上！他得冒雨踏着泥泞挨家挨户去跑；在暴风雨中，在三九严寒里，他只好躲到门廊里，避开盛怒的借宿旅客的吼叫和推撞，稍稍歇一口气。要是来了一位将军，战战兢兢的驿站长就把仅有的两辆三套马车调给他，其中一辆是信差专用的。将军走了，连谢谢也不说一声。过了五分

① 题词引自俄国诗人维亚泽姆斯基的诗《驿站》。

② 牟罗马人，公元 9 世纪～12 世纪居住于奥卡河下游的一个部族。牟罗马森林是强盗出没的地方。

钟，又响起来车的铃声！……信差把驿马使用证往桌上一扔！……我们把这一切都仔细想一想，我们的心中就会充满真挚的同情，而不是愤怒。我想再说几句：二十年来我连续不断地跑遍了俄罗斯的东西南北，几乎所有的驿道我都熟悉，几代车夫我都认识，难得有一个驿站长我觉得面生，我不曾与之打交道的驿站长也很少。我很想于短时间内把我在旅行中观察到的趣事整理出版，而现在我只想说一点：公众对驿站长这种人的看法是非常错误的。这些受尽诽谤的驿站长一般说来都是些很和气的人，天生殷勤周到，容易相处，对荣誉极少要求，对钱财也不过分贪婪。从他们的谈话中（过往的老爷们偏偏忽视这些话），可以汲取许多有趣和有益的东西。至于我呢，老实说，我宁可听他们的谈话，也不愿听任何一个因公出差的六级文官的言论。

大家不难猜到，在驿站长这一类可敬的人当中有我的朋友。事实上，有一位驿站长留给我的回忆，我是很珍惜的。从前我们有机会接近过，现在我想把他的事讲给亲爱的读者们听听。

1816 年 5 月，我曾经顺着一条现在已经废弃的驿道经过某省。我官职卑微，只能搭每站都得换乘的驿车，付两匹马的租费。因此驿站长们对我都很不客气，我往往得费九牛二虎之力才能争取到在我看来我有权得到的待遇。我年轻、暴躁，每当站长把为我准备的三匹马套到某个官老爷的四轮马车上时，我对站长的卑劣行径和怯懦都深为愤慨。同样，在省长举行的宴会上，势利的仆人常常绕过我先给别人送菜，对此我也很久不能习惯。现在我觉得这些都是正常现象。事实上，如果不按照做官的尊敬做官的这样一条公认的准则，而代之以聪明人尊敬聪明人这种原则行事，那我们的社会将变成什么样子？将会产生什么样的争吵？仆人送菜时该先送给谁呢？不过我们还是言归正传吧。

那是一个大热天，在离某驿站三里路时稀稀落落地下起雨来了，过了一会儿，便降下了瓢泼大雨，把我淋得浑身透湿。一到驿站，我头一件事就是赶快换衣服，其次是要一杯茶。“喂，杜妮亚！”站长叫道，“生好茶炊，再去拿些鲜奶油。”话音刚落，一个十四岁模样的小姑娘从隔板后面走出来，跑进门廊里去。她的美貌使我深为吃惊。”这是你的女儿？”我问驿站长。“是小女，”他非常得意地回答。“她是那么聪明，那么伶俐，完全像她过世的妈妈。”这时他动手登记我的驿马使用证，我便欣赏他那些用来布置简朴而整洁的房间的图画。这些图画画的是一个浪子的故事：第一幅画的是一个可敬的老人，他头戴睡帽，身穿晨衣，正在送走一个不安分的青年，那青年匆匆接受老人的祝福和钱袋。第二幅用鲜明的笔触画着年轻人的放荡行为：他坐在桌旁，身边围着一群虚伪的朋友和无耻的女人。接着一幅是，挥霍殆尽的年轻人穿着破衣烂衫，戴着三角帽，正在放猪，与猪争食，脸上露出深深悲痛和悔恨的神色。最后一幅画的是儿子回到父亲身边，善良的老人仍戴着睡帽，穿着晨衣，正跑出去迎接儿子。那浪子跪在地上；

后面，一个厨师正在宰肥牛犊，哥哥在询问仆人为什么这样高兴。在每一幅画下面我都读到一首相应的德文诗。所有这一切也像那一盆盆的凤仙花、挂着花布帐子的床以及我周围的其他物品一样，至今仍铭记在我的头脑中。就像在眼前一样，我还清清楚楚地记得那位五十来岁、面色红润、精神矍铄的主人，记得他那件绿色的长礼服，上面别着三枚缀在褪色缎带上的奖章。

我还在给那老车夫付钱的时候，杜妮亚已经端着茶炊回来。这机灵姑娘从第二眼起就看出她给了我什么印象。她垂下那对浅蓝色的大眼睛，我便和她聊起天来，她像一个见过世面的姑娘那样，一点都不害羞地回答我的问题。我请她父亲喝一杯潘趣酒，递给杜妮亚一杯茶，我们三个人就像老朋友一样闲聊起来。

马早就准备好了，可我一直不愿同站长及他的女儿分手。我终于和他们告别；父亲祝我一路平安，女儿送我到马车旁。走到门廊时，我停了步，请求她允许我吻她一下；杜妮亚同意了……

自从我那样做了以后，我可以数得出许多次接吻，但没有一次能给我留下如此长久、如此愉快的回忆。

几年以后，我又有机会经过那条街道，来到那些地方。我想起老站长的女儿，一想到又能见到她，感到很高兴。但我想，老站长也许已经卸任，杜妮亚大概出嫁了。我头脑中也闪过其中一个人已经不在人世的想法，于是我带着悲伤的预感向某驿站走去。

马匹在驿站的小屋旁停住。一走进房间，我立即认出那几幅画着浪子故事的图画；桌子和床铺仍摆在老地方，但窗台上已经没有花；一切都凋敝而零乱。站长在睡觉，身上盖着皮袄，我的到来把他吵醒了。他欠起身……这正是萨姆松·维林，可他衰老得多厉害！他在动手登记我的驿马使用证时，我瞧着他的白发，瞧着他那好久未刮的脸上出现的深深的皱纹，瞧着他那驼了的背——仅仅三四年时间，他竟从一个精力充沛的男子汉变成一个干瘪的老头，这不能不使我感到震惊。“你还认得我吗?”我问他，“我们可是老相识了。”“也许是吧，”他忧郁地答道，“这是一条大路，我这儿来来往往的旅客多着哪。”“你的杜妮亚好吗?”我接着问。老人皱起眉头。“谁知道，”他回答。“这么说，她出嫁了?”我说。老人装作没听见我的问话，继续轻轻念着我的驿马使用证。我不再问他，叫他给我送茶来。我真想知道究竟是怎么回事，心里好不焦急，于是指望潘趣酒能打开我这位老相识的话匣子。

我没有想错：老人没有拒绝喝酒。我发觉朗姆酒驱散了他脸上的乌云。喝到第二杯，他的话就多起来了。他记起或者装作记起了我的样子，于是我从他那儿听到一个当时使我极感兴趣、又使我深深感动的故事。

"这么说，您认识我的杜妮亚啰?"他开始说："其实还有谁不认识她呀? 唉，杜妮亚，杜妮亚! 她原是个多好的姑娘啊! 过去，不管谁到这儿来，都要夸奖她，没有一个人会责备她。太太们常常送东西给她，有的送一块手帕，有的送一对耳环。过路的老爷们故意留下来，似乎是为了吃一顿午饭或晚饭，其实只是为了多看她几眼。往往有这种情况：来了个老爷，不管他脾气多大，只要她在场，他就会安静下来，心平气和地和我谈话。先生，信不信由您，那些信差、信使和她一谈就是半个小时。这个家全靠她撑着：收拾屋子，准备个什么，她都弄得舒舒齐齐。可我这个老傻瓜，对她总是看不够，疼不够。我还能不爱我的杜妮亚吗? 我能不疼自己的孩子吗? 难道她的日子还过得不快活吗? 可是不，灾难是躲也躲不了的，在劫难逃啊!"于是他就详详细细地向我诉起苦来。——三年前，一个冬天的傍晚，站长正在一本新簿册上面划线，女儿在隔板后面缝衣服，这时来了一辆三套马车，那旅客戴着契尔克斯帽，穿着军大衣，裹着围巾，走进来要马。那时所有的马都派出去了。那旅客一听到这消息就提高嗓门，扬起了鞭子。可是见惯了这种场面的杜妮亚从隔板后面跑出来，亲切地问来人：他要不要吃点什么? 杜妮亚的出现产生了与往常一样的效果。旅客的气消了，他答应等候马匹，还定了一桌晚饭。旅客摘下湿漉漉的长毛帽子，解下围巾，脱下军大衣，原来是个身姿挺拔、蓄着两撇黑胡子的年轻骠骑兵。他在站长身边坐下，和站长父女俩快快活活地谈起话来，晚饭端上来了，同时，马匹也回来了，站长便吩咐不必喂马，立即把马匹套到来客的马车上。可是站长回到房间里来的时候，却看见那年轻人躺在长凳上，几乎失去了知觉。那年轻人感到身体不舒服，头痛得厉害，无法动身……怎么办! 站长把自己的床铺让给他，并决定，病人的病情如不见好转，明天一早便派人到C城去请医生。

第二天骠骑兵病得更重了。他的仆人骑上马，进城去请医生。杜妮亚用一块浸醋的手帕扎在他的头上，坐在他的床边缝衣服。病人在站长面前呻吟着，几乎没说过一句话，可是喝了两杯咖啡，还哼哼着要了一份午饭。杜妮亚寸步不离地守着他。他不时要水喝，杜妮亚总是给他端来一大杯亲手做的柠檬水。病人只用嘴唇沾了一下，每次把杯子还给杜妮亚时都要用那只虚弱的手握握杜妮亚的手，表示感谢。午饭前，医生来了。他按按病人的脉搏，用德语和他谈了一会儿话，然后用俄语说，病人只需静养，过两天就可以上路了。骠骑兵付给他二十五卢布诊金，并邀请他吃午饭；医生同意了。两人吃得津津有味，还喝了一瓶葡萄酒，最后高高兴兴地分手了。

又过了一天，骠骑兵的病完全好了。他格外高兴，不停地和杜妮亚或站长开玩笑，用口哨吹着曲子，和旅客聊天，把他们的驿马使用证登记在驿站记事本上，就这样讨得了善良的驿站长的欢心，到第三天早晨，站长和这位可爱的房客分别时便感到依依不舍了。那天是礼拜天，杜妮亚打算去做礼拜。骠骑兵的马车套好了。他和站长道别，慷慨地酬谢了他的留宿和招待；他也和杜妮亚道别，主动表示要送她到村头的教堂去。杜妮亚不知如何是好……“你怕什么呀?”父亲对她说，“他老爷又不是狼，不会把你吃掉的，你就乘车上教堂去吧。”杜妮亚坐在骠骑兵身边，仆人登上驭座，车夫打了一声唿哨，马匹就飞跑起来了。

可怜的站长弄不懂，他怎么能亲自允许杜妮亚和骠骑兵一起乘车去，他怎么会这样糊涂，当时他的理智上哪儿去了。不到半个小时，他心里便愈来愈烦闷，焦急得坐立不安，他终于忍耐不住，亲自到教堂去了。他走近教堂时，发现做礼拜的人都走了，但是杜妮亚既不在院子里，也不在教堂门口。他慌忙走进教堂，神父正从祭坛后面走出来，教堂管事在吹灭蜡烛，两个老太婆还在角落里祈祷，可是杜妮亚却不在教堂里。可怜的父亲好容易下定决心去问那个管事，杜妮亚来做过礼拜没有。管事说她没有来过。站长半死不活地回到家里。他剩下一个希望：杜妮亚年轻好动，也许想起要到下一站她教母那里去。他心急如焚地等待她乘坐的那辆三套马车回来。车夫没有回来。傍晚前他终于独自醉醺醺地回来，带来一个叫人悲痛欲绝的消息：“杜妮亚和骠骑兵又从那一站往前走了。”

老人经不起这样的打击，他立即倒在年轻的骗子头天睡过的那张床上。这时站长回想起这两天的情况，明白骠骑兵的病是假装的。可怜的老人发起高烧来，他被送到C城去看病，他的工作暂时由别人代替。给他看病的就是那个给骠骑兵看过病的医生。他肯定地对站长说，年轻人完全没有病，还说，他当时就猜到那骠骑兵的险恶用心，但他慑于他的鞭子，不敢作声。不管德国人说的是真话，还是想炫耀他有先见之明，都丝毫不能安慰可怜的病人，驿站长身体刚刚康复，就向C城的邮政局长请了两个月假，没跟任何人吐露自己的打算，步行去找女儿。他从驿马使用证上知道，骑兵上尉明斯基是从斯摩棱斯克到彼得堡去的。给他赶过车的车夫说，杜妮亚一路上都在哭，虽然看样子她是自愿跟他走的。站长想：“也许我能把我那迷途的羔羊带回家吧。”他就带着这个想法来到彼得堡，住在伊兹玛伊洛夫团的驻地他的老同事，一个退伍军士的家里，并开始寻找他的女儿。不久他就打听到，骑兵上尉明斯基在彼得堡，住在杰姆特旅馆，站长决定去找他。

驿站长一大清早就来到明斯基的前厅，请求禀报老爷，说有个老兵要见他。勤务兵刷着一只上着楦头的皮靴，对他说，主人在睡觉，不到十一点钟不接见任何人。站长走了，到规定的时间又来求见。明斯基穿着晨衣，戴着红色小圆帽亲自出来见他。“老兄，你有什么事?”他问道。老人的心激动起来，泪水在眼眶里流动，声音颤抖着，只说了句：“老爷！……您行行好吧！……”明斯基迅速地瞥了他一眼，脸刷地红起来，他抓住老人的手，把他带进书房，随手关上门。“老爷！”老人继续说，“泼出去的水收不回来了，您至少得把我苦命的杜妮亚还给我。您已经把她玩够了，您别白白糟蹋了她。”“木已成舟，无可挽回了，”年轻人狼狈不堪地说，“我对不起你，愿意请求你的宽恕。不过你不要以为我会扔掉杜妮亚，她会过上好日子的，我向你保证。你要她干什么？她爱我，她已经不习惯过原来那种生活了。你也好，她也好，都不要忘了已经发生的事情。”接着他把一卷东西往站长袖子里一塞，打开房门，站长自己也不明白是怎么回事，已经站在街上了。

他呆呆地站了好久，后来发现翻袖口上有一卷纸。他拿出来展开一看，是几张揉皱的五卢布和十卢布钞票。泪水又一次在他的眼眶里流动，这是愤怒的泪水。他把钞票捏成一团，扔在地上，用鞋跟狠狠地跺了几下，走了……他走了几步，停下，想了想……转回去……但钞票已经不见了。一个穿着体面的年轻人看见他，立刻向一辆马车跑去，慌忙上了车，喊了声：“走！……”站长没去追他。他决定回驿站去，但走以前想见见可怜的杜妮亚，哪怕只见一面也好。为此，过了两天，他又到明斯基那里去，但勤务兵板着脸对他说，主人谁也不见，便挺起胸脯，把他从前厅里挤出去，当着他的面砰地一声关上门。站长站着站着，最后只好走了。

就在这天晚上，他刚在“一切穷苦人的福音”教堂做完祷告，走上铸造厂大街。突然一辆豪华的四轮马车从他面前疾驰而过，站长认出乘车的是明斯基。马车在一座三层楼房的大门口停下来，那骠骑兵跑上了台阶。站长头脑里闪过一个想碰碰运气的念头。他折了回来，走到马车夫身旁，问道：“老哥，这是谁的马车？是明斯基的吧？”“正是，”车夫回答，“你有什么事？”“是这么回事：你家老爷叫我送封信给他的杜妮亚，可我忘记他的杜妮亚住在哪儿了。”“就住在这里，在二楼。可你的信已经送得太晚，这会儿他本人已经在她那儿了。”“没关系，”站长心里有说不出的激动，说，“谢谢你的指点，不过我还是得去交差。”说着便登上了楼梯。

门紧锁着，他拉了拉铃，焦急不安地等了几秒钟。响起开锁声，门开了。“阿芙多季娅·萨姆松诺夫娜①住在这儿吗？”他问道。“住在这儿，”一个年轻的女仆回答，“你找她有什么事？”站长没答话就走进大厅。“不行，不行！”女仆在他后面叫起来，“阿芙多季娅·萨姆松诺夫娜有客人。”但站长毫不理会，径自往前走。头两个房间黑咕隆咚的，第三个房间有灯光。他走到一扇开着的门前面站住。在这个布置得十分豪华的房间里，明斯基坐在那儿沉思默想，杜妮亚穿着华丽时髦的服装坐在他那把圈椅的扶手上，就像一个坐在英国式马鞍上的女骑士。她含情脉脉地望着明斯基，把他乌黑的鬈发绕在自己凝脂般的手指上。苦命的驿站长！他从来没有觉得女儿长得这么漂亮，便不由自主地欣赏起她来。“谁在那儿？”她没有抬起头，问道。他仍旧默不作声。杜妮亚没有听到回答便抬头

① 阿芙多季娅是杜妮亚的本名，萨姆松诺夫娜是父称。

起……接着大叫一声倒在地毯上。明斯基吃了一惊，跑过去扶她，突然他看见老站长站在房门口，便放下杜妮亚，走到他跟前，愤怒得浑身颤抖。“你要干什么？”他咬牙切齿地对老站长说，“你干吗像强盗似地处处跟着我？你是不是想杀了我？滚出去！”他用一只有力的手抓住老人的衣领，把他推下楼梯。

老人回到住所。朋友劝他去上告，但站长想了想，把手一挥，决定就此罢手。过了两天，他从彼得堡回到驿站，重新干他的差使。“杜妮亚走后，我孤零零的一个人过日子，这已经是第三年了，”最后他说，“她一点消息也没有，是活是死，只有上帝知道了。什么事都会发生的。被过路的浪荡鬼拐骗的，杜妮亚不是头一个，也不是最后一个，这些姑娘给玩弄了一阵就被扔掉了。这样的人在彼得堡很多，都是些年轻的傻姑娘，今天她们穿的是绸缎丝绒，明天呢，你瞧，她们就得和小酒馆里的穷光蛋一起去扫马路了。有时，我一想到杜妮亚可能也会沦落在那里，就不由得起了罪恶的念头，觉得她还是死了好……”

这就是我的朋友老驿站长讲的故事。在讲故事的过程中，他总是泣不成声，常常把故事打断，令人感动地用衣襟擦去眼泪，就像德米特里耶夫那首优美的叙事诗中的真诚的捷连季奇一样。这些眼泪在某种程度上是由于他在讲故事的过程中喝了五杯潘趣酒引起的，但不管怎么说，还是使我十分感动。和他分手后，我久久不能忘记老站长，久久地怀念着可怜的杜妮亚……

不久前，我路过某地的时候，又想起我的朋友；我听说，他管理的那个驿站已经撤销了。我问过许多人：“老站长还健在吗？”可是谁也不能给我满意的回答。我决定去看看我熟悉的那个地方，我在当地租了几匹马，到H村去。

这是秋天的事。灰蒙蒙的云层遮满了天空，寒风从收割过的田野上吹来，卷走树上的红叶和黄叶。夕阳西斜时我来到了村里，在驿站那所旧房子前面停下来。一个胖女人走到门廊里（苦命的杜妮亚曾在那里吻过我），她回答我的问话说，老站长去世快一年了，他的房子里现在住着一个酿酒师傅，她就是那人的妻子。我有些后悔，因为白白跑了一趟，还花掉七个卢布。“他是怎么死的？”我问酿酒师傅的妻子。“喝酒喝死的，老爷，”她回答。“他葬在哪儿？”“在村外，埋在他老伴旁边。”“能带我到他的坟地上看看吗？”“怎么不能？喂，凡卡！别再跟猫玩了。带这位老爷到坟地上去，把站长的坟指给他看。”

话声刚落，一个衣衫褴褛、栗色头发的独眼男孩跑了过来，立即把我带出村子。

“你认识那个死去的站长吗？”路上我问他。

“怎么不认识？他还教我做过笛子呢。从前（但愿他早日进入天国）他从酒店里出来，我们就跟在他后面叫；‘老爷爷，老爷爷，给我们胡桃！’他就把胡桃分给我们。他总是跟我们在一块儿玩。”

“旅客中有人问起他吗？”

“这会儿旅客很少了，只有陪审官顺便来过，可他顾不上死人的事。夏天来过一个太太，她倒是问起过老站长，还到他坟上去过。”

“什么样的太太？”我好奇地问。

“一个非常漂亮的太太，”男孩回答，“她坐着六匹马拉的轿式马车，带着三个小少爷和一个奶妈，还有一条黑色的哈巴狗。她一听说老站长死了，马上哭起来，对孩子们说：‘你们乖乖地待在这里，我到坟上去一下。’我本想带她去，可太太说：‘我自己认得路。’她给了我一个五戈比的银币，真是个好心的太太……”

我们来到坟地，这是个荒凉的地方，没有围墙，竖着一个个木头的十字架，连一棵能给这些十字架遮阴的小树也没有。我从来没有见过这般凄凉的坟地。

“这就是老站长的坟，”小孩对我说，他跳上一个坟堆，那上面竖着一个镶着铜神像的黑色十字架。

“太太到这儿来过吗？”我问道。

“来过，”凡卡回答。“我远远地看着她。她倒在这儿，躺了很久。后来太太到村里去，叫来神父，给他一些钱就坐车走了，她给了我一个五戈比的银币——真是个好太太！”

我也给小孩五戈比，不再懊悔走了一趟，花费了七个卢布。

（选自《普希金文集》，冯春译，上海，上海译文出版社，1999）

背景知识

亚历山大·谢尔盖耶维奇·普希金（1799—1837），19世纪俄罗斯伟大的民族诗人，俄国积极浪漫主义文学的主要代表和俄国批评现实主义文学的奠基人。他生于莫斯科一个古老且家道中落的贵族家庭，受到良好的文化熏陶，1811年进入彼得堡的皇村学校学习。他从学生时代即开始写诗，一生创作了八百多首抒情诗，另有叙事诗、童话诗、剧作、小说等大量作品，内容丰富，形式多样。他的诗歌作品包括《自由颂》《致大海》《高加索俘虏》《茨冈》《致西伯利亚的囚徒》《渔夫和金鱼的故事》等。他的小说作品有长篇诗体小说《叶甫盖尼·奥涅金》、短篇小说集《别尔金小说集》、长篇小说《上尉的女儿》等。高尔基誉普希金为“俄国文学之始祖”。

导　读

1830年9月，普希金在父亲的领地波尔金诺村住了三个月，在文学创作上获得了重大的收获，在这里他不仅完成了《叶甫盖尼·奥涅金》、四个悲剧和几十首抒情诗，还有一部别开生面的短篇小说集《别尔金小说集》。

《别尔金小说集》因作者以伊凡·彼得罗维奇·别尔金为笔名发表而得名，书中共有五篇短篇小说，即《射击》《暴风雪》《棺材店老板》《驿站长》和《打扮成农家姑娘的小姐》。《驿站长》是其中影响最大的一篇。它讲述了一个忠厚善良的小人物维林辛酸悲惨的一生：他身为低微的“十四级文官”，要终日为过往的旅客操劳，还要遭到官吏们的欺凌。在他灰暗的生活中唯一的光彩就是自己单纯美丽的女儿。但女儿被拐走，他想尽办法去寻找，却被狠心的军官拒之门外，维林孤独地回去后不久就悲愤而死。对这个社会底层小人物的命运，作者怀着满腔的同情；而且写到他们的工作与生活时，更表现出发自内心的理解与尊敬。这种态度在之前的俄国文学中是没有出现过的，正是由这篇作品开启了俄罗斯文学中描写“小人物”的先河，又经果戈理、陀思妥耶夫斯基、契诃夫等作家将这一主题进行了长足的发展，使之最终成为俄罗斯文学中的一大特色。普希金的作品成为俄罗斯社会生活的一面镜子，正是因为他关注当时普通人民的苦难，对各种社会问题进行了严肃而深刻的思索，并对以沙皇为代表的统治者的残暴专制进行了猛烈地抨击与批判。

普希金小时候由农奴出身的奶妈照料，经常听奶妈讲民间故事和传说，从小就受到了民间口头创作的熏陶。他的小说就像在讲一个个生动、亲切的故事，紧紧地吸引着读者。由于没有多余的笔墨，所以哪怕是他的短篇小说也具有丰富的大容量。朴素、简练、真实、亲切可谓是普希金小说的美学特色。

思考与讨论

1. 普希金对底层人民的态度在作品中是如何表现的？

2. 做为“现代标准俄语的创始者”，普希金的语言风格是怎样的？结合你所读过的作品谈一谈。

阅读视线

幸　福

［法］莫泊桑

这是在上灯前喝茶的时候。别墅俯瞰着大海；太阳已经落山，留下满天的红霞，而且好像撒上了一层金粉。地中海上风平浪静，那平坦的海面在即将逝去的阳光下闪闪发亮，看上去如同一块其大无比的、光滑的金属板。

远远的，在右边，那些锯齿形的山峰在淡红色的晚霞里显露出它们黑魆魆的身影。

大家谈到了爱情，议论这个老题目，谈的都是那些老生常谈的事情，黄昏的淡淡的忧郁气氛使谈话变得很温和，使一个个人心情都很激动。“爱情”这个词儿不断地重复出现，时而由一个洪亮的男嗓音说出来，时而由一个轻快的女嗓音说出米，仿佛充满在这间小客厅里，像鸟儿似的飞翔，像幽灵似的盘旋。

一个人能够持续不断地爱许多年吗?

“是的,”有人这么肯定。

“不,”也有人这么断言。

他们区别一些不同情况,划清一些界限,举出一些例子。每一个人,不论男女,都充满了回忆,那些使人烦乱的回忆纷至沓来,尽管到了嘴边,却不能说出口,加以引用,因而弄得他们看上去好像十分激动,带着深刻的印象和强烈的兴趣谈论这件既平凡而又高尚的事——两个人之间神秘的感情结合。

但是突然一个人,他眼睛望远处,嚷了起来:

“啊!瞧,那边,那是什么?”

在远在天边的海面上浮现出一团灰色的东西,体积庞大,模糊不清。

女人们站起来,困惑不解地望着她们从没见过的这样惊人的东西。

有人说:

“这是科西嘉岛!每年在某些特殊气候条件下,空气清澈透明,没有经常笼罩着远处的那种水蒸气形成的雾霭,就可以看到它两三次。”

山脊隐隐约约可以辨认出来,甚至还有人认为看到了山峰上的积雪。这次意外地出现了一个世界,这个从海里钻出来的幽灵使所有的人都感到惊讶,感到不安,几乎还感到了恐惧。那些像哥伦布一样到未经勘探过的海洋去旅行的人,说不定会见到这样的奇景。

这时候有一位还没有开过口的老先生说:

瞧,这个岛出现在我们面前,好像是为了用它自身来回答我们谈论的问题,使我想起了一件离奇的往事。我曾经在这个岛上看到过一个忠贞不渝的爱情的例子,令人难以置信的幸福的爱情的例子。这是个非常了不起的例子。

请各位听听吧:

五年以前我到科西嘉去旅行。这个蛮荒的岛屿对我们说来,比美洲还要陌生,还要遥远,虽然在法国的海岸有时候能像今天这样看见它。

请你们想象一个还处在混沌状态中的世界吧!除了山就是山,山与山之间是狭窄的沟壑,里面淌着湍急的流水,没有一片平原,只有像巨大的波涛似的花岗岩,和起伏很大的土地,土地上覆盖着灌木林或者栗树林和松树林。这是一块没有耕种过的、荒凉的处女地,虽然有时候也可以看到一个村庄,看上去就像山顶上的一堆岩石。没有农业,没有工业,没有艺术。你永远不会遇到一块加工过的木头、一片雕刻过的石头,永远不会遇到一样纪念品,说明祖先们对优雅美丽的事物的幼稚的或者是高雅的爱好。对迷人的形式的追求,我们称之为艺术;在这块景色壮丽而又严峻的地方,最使人感到惊讶的,正是世代相传的对这种追求的冷漠态度。

在意大利,每一座充满杰作的宫殿本身就是一件杰作;大理石、木头、钢、铁、金属和石头都证明了人类的才华；在老房子里放着的那些古老的东西，哪怕是最小的，都显示出这种对美的无比崇高的企求。意大利对我们每个人来说都是神圣的祖国，我们爱它，是因为它向我们展示了，向我们证明了具有创造性的智慧的努力、伟大、威力和胜利。

在它的对面对正是蛮荒的科西嘉，简直就像还停留在当初刚降生的时代。那儿的人住着粗糙简陋的房子，凡是与自己的生活或者与自己家族的纠纷无关的事，都不关心。他们继续保留着缺少教养的民族的缺点和优点，他们暴躁，好记恨，无意识地残忍凶暴，但是他们也好客，慷慨，忠诚，单纯；他们打开门欢迎每一个过路的人，哪怕是一丁点儿同情他们的表示，他们都愿意用真诚的友谊来报答。

唔，我在这个景色壮丽的岛上漫游了一个月，感到好像是到了世界的尽头。没有旅店，没有酒馆，没有公路。你沿着骡子走的小道来到那些挂在半山腰、面临弯弯曲曲的深渊的村庄；到了晚上可以听见从深渊里传上来的连续不断的响声，那是急流的低沉、深长的响声。你敲敲那些房子的大门。你要求让你留宿一夜或供你吃到第二天。你坐下来吃那简单的饭菜。你睡在简陋的房子里。到了早上，你握住主人伸出的手告别，他一直把你送到村边。

后来，有一天在走了十个钟头的路程以后，傍晚来到了一所孤零零的小房子跟前。这所房子在一条狭窄的山谷里，山谷在一法里以外通到大海。两道陡峭的山坡上覆满丛林、坍落的岩石和大树，像两堵阴暗的墙锁住这凄凉悲惨的沟壑。

茅屋的周围有几株葡萄，一片小园子，再远些有几株高大的栗树；总而言之，吃的有了，对这个穷地方来说这算是一笔财产了。

接待我的那个女人已经上了年纪，态度庄严，衣衫整洁，这在当地是少见的。男的坐在一把草椅子上，立起来向我行礼，然后又坐下来，没有说一句话。他的老伴对我说：

“请您原谅他；他的耳朵现在聋了。他今年八十二岁。”

她说的是纯正的法语。我感到惊奇。

我问她：

“您不是科西嘉人？”

她回答：

“不是，我们是大陆上的人。不过我们住在这儿已经有五十年了。”

想到在这个远离热闹的城市、凄凄凉凉的角落里度过的这五十个年头，我不由得感到了不安和恐惧。一个老牧羊人过来了，大家开始吃只有一道菜的晚饭，是用土豆、肥肉和白菜放在一起熬的浓汤。

这顿简单的饭很快吃完以后，我来到门外坐下。望着阴郁的景色，我的心由于景色的凄凉而揪紧了，出门人在愁闷的傍晚，在荒凉的地方，往往会感到忧伤，我的心里这时也感到了忧伤。就像生活、世界，一切一切都快要结束了。你突然一下子看见了可怕的人生苦难，离群独居，一无所有，难以忍受的内心孤独，一直到死都靠着梦想来自我安慰和自我欺骗。

老妇人来到我跟前。即使是最听天由命的人，心灵深处也还有着好奇心，她正是在这种好奇心的折磨下，问道：

"您是从法国来的吗？"

"是的，我出来游山玩水。"

"您也许是从巴黎来的吧？"

"我是从南锡来的。"

我觉着她好像非常激动。这一点我是怎样看出或者不如说是怎样感觉出来的，可就说不上来了。

她慢吞吞地跟着说了一遍：

"您是从南锡来的？"

那个男的出现在门口，像所有聋子一样，脸上毫无表情。

她接着说：

"没关系。他听不见。"

过了几秒钟以后她又说：

"这么说，您认识南锡的人了？"

"当然，差不多所有的人我都认识。"

"圣阿莱兹家的人认识吗？"

"认识，而且很熟，他们是家父的朋友。"

"请问您贵姓？"

我说了我姓什么。她聚精会神地望着我，然后用回忆起往事时的那种低低的声音说：

"对，对，我记起来了。布里瑟玛尔一家子，他们现在怎么样了？"

"全都死了。"

"啊！西尔蒙一家子，您认识吗？"

"认识，最小的一个现在当将军了。"

这时候她激动，她苦恼，她有了我也说不清是怎样的一种强烈、神圣的混乱感情，她有了我也说不清是怎样的一种需要，需要承认出来，需要说出一切，需要谈谈她一直闷在心底里的那些事，还有那些提起名字就会扰乱她内心平静的人。因此她浑身哆嗦着说：

"是的，亨利·德·西尔蒙，我知道他。他是我的弟弟。"

我大吃一惊，抬起头来望着她，猛然间我想起了一件事。

从前发生过一件轰动整个洛林贵族阶层的大事。一个年轻姑娘，又美丽，又有钱，叫苏姗娜·德·西尔蒙，被她父亲指挥的那个团里的一个轻骑兵士官拐走了。

这个引诱团长女儿的士官，是个英俊的小伙子，虽然是农家子弟，但是穿起骑兵的蓝色短军服显得非常神气。大概是骑兵队伍经过时，她看见了他，注意了他，并且爱上了他。但是她怎么跟他说话，他们又怎么能够见面，互相约定呢？她怎么敢让他明白她爱他呢？这个就从来没有人知道了。

没有引起丝毫猜测，也没有引起丝毫怀疑。一天晚上，那个当兵的刚服役期满，就跟她一起不见了。到处寻找他们，但是没有能够找到。从此以后再也没有得到他们的消息，大家都以为她已经死了。

没想到我却在这个阴森可怕的山谷里遇到了她。

于是轮到我说了：

“是的，我记起来了。您是苏姗娜小姐。”

她点了点头。泪珠从她的眼睛里滚下来。接着她朝呆坐在茅屋门口的那个老人望望，对我说：

“就是他。”

我明白了她仍旧爱着他，她仍旧用迷恋的眼光望着他。

我问：

“至少您过去幸福吧？”

她用发自内心深处的声音回答：

“啊！是的，很幸福。他曾经使我很幸福。我从来没有后悔过。”

我凝视着她，既感到悲哀和意外，也对爱情威力之大感到惊异！这个富贵人家的姑娘跟随了这个男人，这个农民。她自己也变成了一个农民。她接受了他的那种没有魅力、没有奢华、没有任何一种雅致考究的生活，她适应了他的简朴的习惯。她仍旧爱他。她变成了一个戴着便帽、穿着布裙子的乡下女人。她在白木桌子前，坐在草椅子上，用一只瓦盆子吃白菜、土豆加肥猪肉熬的汤。她挨着他睡在一条草垫上。

她除了他从来没有想过别的！她并不惋惜首饰、丝绸、优雅、柔软的坐椅、四面张着帷幔的香暖的房间，以及身子钻进去后可以得到舒适的休息的鸭绒被。她除了他什么也不需要；只要有他在身边，她什么也不求了。

她年纪轻轻就放弃了生活，放弃了世界和曾经养育过她、爱过她的那些人。她单独一个人跟他来到这个蛮荒的山谷里。对她来说，他就是一切，就是一个人所能要求的一切，所能梦想的一切，所能无限希望的一切。他使得她的一生从开始到结束都充满了幸福。

她不可能更幸福了。

这一整夜我听着那个老兵的嘶哑鼾声，他躺在简陋的床上身边是跟着他来到这个如此遥远地方的女人。我一边听一边想着这段离奇而简单的故事，想着这个幸福，它如此充实完美而它的要求又如此之少。

太阳出来了，我握过这一对老夫妻的手以后就动身了。

说故事的人闭上了嘴。有一个女人说：

“不管怎么说，她的理想太卑下，她的需要太粗俗，她的要求太简单。这只可能是个傻子。”

另外一个女人慢吞吞地说：

“有什么关系，只要她幸福。”

那边，在远远的天边，科西嘉消失在黑夜中，慢慢地回到大海里，抹去了它那巨大的身影，好像刚才是为了亲自来叙述在它岸上居住着的一对谦卑的情人的故事，才特地显露出来的。

郝运　译

推荐阅读书目

1. 刘文飞主编：《普希金集》，广州，花城出版社，2008。
2. 《普希金诗选》，查良铮译，南京，译林出版社，2000。

编后记

一摞很厚的《大学语文新读本》清样，静静地立在工作台上，作为编者，想着这本书不久将出版，心中自然涌动着兴奋与忐忑之情，于是就用拙笔为它的问世写下一些我们的所思所感所获。

要说的第一句话：这本《大学语文新读本》凝结着哈尔滨学院人文学院“大学语文”教研室全体老师和北京师范大学出版社编辑们的共同智慧，是集体劳动的成果。我们承载收获的喜悦，带着谦逊的微笑把它呈现在大学生和其他读者的面前。

2007年，教育部一纸“高等院校面向全体大学生开设中国语文课”的通知掀起了高校“大学语文”的必修之风。中央电视台《文化访谈》栏目为此策划了专题节目，特邀朱大可、张颐武等学者做客并发表见解。由此，这门课程迎来了一个“暖风频吹”的好时节。不管是已经开设，还是未开设此课的高校，都对这门课程给予了关注重视，积极开展教学改革。时至今日，这门课程已列入高等院校公共课系列。它的开设在增强大学生文学修养、提升大学生母语素养和文化精神品位方面皆凸显出其他课程不可替代的重要作用，也越来越受到大学生的重视和欢迎，其诸多重要性自不待言。伴随着时代的变迁和社会的发展，教育改革亦在不断深化，“大学语文”课程亦在争议中存在和发展，它的定位、旨趣等有着多元之说。由此，“大学语文”教材便有着不同的编法、不同的版本。有以读写训练为主要编写思路的，有以纯文学赏读为主要编写思路的，抑或还有以偏重文化综合性为编写思路的。不同的编纂思路，体现了迥异的教学理念，表明了“大学语文”教材编写的不定性和开放性，也显现出这门课程具有广阔的拓展天地，更蕴蓄着课程自身独有的持久活力。

在这样的课程改革背景下，我们亦在教材建设中做着思考，试图找寻一条适合自身开展教学的路子，现在我们已把这种“找寻”付诸行动，今年年初与北京师范大学出版社约定编写一本《大学语文新读本》。

本书的编写理念力求把“大学语文”纳入一个全球文化视野，在世界多元文化的形态中展示汉语的特色和中华民族的优秀文化，以拓宽文化视野、提升文学素养、体认本民族语言为宗旨，遵循将文学作为“大学语文”的基本载体的编写思路，它具体包含如下几个特点：

一、体现文学的专业性，但不过分强调和流于偏狭的专业化。作为一门公共必修课，教材所面向的是非汉语言文学专业学生。它大体上以文学史框架为纲，分成三个部分：中国古代文学、中国现当代文学和外国文学。每部分又分为诗歌、散文、戏剧（曲）和小说。这样，对于汉语言文学专业学生阅读来说，具有一定的专业性；对于非专业学生阅读而言，又可在学习中引领其循着文学史发展的基本脉络，去感知、去触摸不同时代异彩纷呈的文学景观。

二、注重选篇，分块设计。本书以思想内涵丰厚、文学艺术审美价值高、教师乐于讲、学生喜欢听为选篇基本标准。古代作品所占比重稍大，诗歌散文篇目略多。为更好地解读文章，每篇设计了阅读提示、背景知识、导读、阅读视线和推荐阅读书目。其中阅读视线意在为读者开辟又一扇变幻多姿的文学视窗。

三、注重选取本地域具有代表性作家的作品。本书我们选编了在黑土地上成长起来的两位女作家萧红和迟子建的作品。

一部“大学语文”读本不可能尽收所有经典之作，在编写中我们博采众长，努力做得更好，更具特色。在此，实在应该感谢那些编写“大学语文”教材的拓荒者，你们的筚路蓝缕奉献着一个捷径，我们走在这条路上汲取了丰富而有益的营养。

本书的编纂框架及综合统筹由主编设计完成。编委会集体撰写，中国古代文学部分主要由刘威、姚远和陈曦负责编写；中国现当代文学和外国文学部分主要由范莹、麦慧韡、袁洪福负责编写。

“大学语文”教材建设是一个复杂的工程，是一个追求探索的过程，一个传承创新的过程。面对这个过程，我们用热情、严谨和勤奋迎接着一种挑战，但我们尚缺乏渊博的学识，缺乏应付裕如的编写经验，恳请使用本教材的师生及各方专家学者不吝赐教、斧正，以求更新更大之进步！

《大学语文新读本》编者

2010年7月28日于哈尔滨